JN441671

Understanding and Practice of Cultural Diversity

문화다양성의 이해와 실천

이도영 · 노기옥 · 유수영 · 윤채민 · 이진우 · 정은정 지음

지은이 소개

이도영

창신대학교 간호학과 교수

경남 통일교육위원

창신대학교 다문화케어–통일센터 센터장

노기옥

건양대학교 간호학과 교수

대전, 충남 통일교육위원

다문화건강학회 학회지 편집위원, 심사위원

유수영

전남대학교 간호대학 교수

국제한인간호재단(GKNF) 이사

하나반도의료연합(OPEMU) 교육이사

윤채민

창신대학교 간호학과 교수

아주대학교 간호대학 간호학 박사

전) 경남 다문화가족지원센터 자문위원

이진우

창원대학교 미래융합연구소 연구원

한국연구재단 PostDoc

동아대학교 국제학(정치 · 경제 전공) 박사

정은정

글로컬사회연구소 대표

동아대학교 국제학(글로벌 다문화 전공) 박사

부산광역시 교육연수원 다문화교육 강사

머리말

역사적으로 우리나라는 한반도 안에서 단일혈통과 동일한 언어·문화를 가진 한민족이라는 자긍심을 가지고 살아왔습니다. 하지만 산업의 가속화와 인구부족 문제로 한국 사회의 노동시장 변화에 따른 인구 유입이 필요해졌으며, 다문화 사회의 형성은 거스를 수 없는 현실이 되었습니다.

국내 체류 중인 외국인은 매년 증가해 2019년 252만 5,000여 명으로 집계되고 있으며, 코로나-19의 영향으로 2019년 4.87%에서 2021년 3.79%로 감소했지만 2022년 다시 4.37%로 증가했습니다. 국제화·세계화·개방화의 필요에 따라 앞으로도 다문화 사회의 확대가 예상되며, 결국 올바른 다문화 사회 형성에 영향력이 있는 전문직업인을 비롯해 모든 구성원에게 다양한 문화에 관심을 가지고 다문화 역량을 향상시키기 위한 교육이 필요할 것입니다.

다문화 국가의 선례인 독일의 경우, 1980년대 독일에서 태어난 외국인 2~3세로 인해 전형적인 다문화 국가의 모습을 보이고 있으며, 외국인은 전체 인구의 약 9%를 차지하고 있습니다. 독일은 유럽국가 중 외국인이 차지하는 비율이 가장 높음에도 불구하고, 1990년대까지 사회통합을 위한 다문화 정책에서 배타적이고 혈통주의를 지향하면서 외국인 이민자가 독일 사회 속으로 편입하는 데에만 치중해 나타난 시행착오를 겪으면서 고민하고 변화하고 있습니다. 이러한 선례를 통해 우리는 앞으로 다가올 다문화 사회를 대비하고 고찰할 필요가 있습니다.

이주 배경을 가진 인구가 전체 인구의 5%에 달하면 이주사회에 진입하는 것이라는 점을 감안할 때, 우리 모두는 다문화 사회를 유연하게 통합하기 위한 준비를 해야 합니다. 향후 2050년에 이주 배경을 가진 인구가 전체 인구의 10%가 될 것이라는 전망 앞에서 우리 사회는 더욱 다양한 문화와 함께 발전해나가야 하며, 이를 위해 우리 모두가 열린 마음을 가지고 전문직업인으로 나아가야 할 것입니다

이 책은 다문화가 증가하는 현실에 발맞추어 〈문화다양성의 이해와 실천〉에 대한 교육의 현실과 중요성을 공감하는 저자들이 정성과 열정을 다해 집필했습니다.

이 책의 주요 강점

- 〈문화다양성의 이해와 실천〉은 인문학을 비롯해 자연과학, 보건 등 다학제적인 전문지식과 소통이 필요해 집필진은 이에 전문성을 갖춘 실무경력이 풍부한 교수진으로 구성했습니다. 이에 다문화 사회와 관련된 이론적 배경과 실제적인 학습이 가능하도록 통합된 내용으로 저술하고자 최대한 노력했습니다.
- 다문화사회로의 진입에 따른 사회통합과 교육에 대한 필요성이 점점 높아지고 있으므로 이러한 부분에서 인문학적 소양을 함양할 수 있도록 구성했습니다. 특히 간호대학 교수진이 인문학이 강조된 다문화의 이해를 돕고자 다문화에서 전문성을 겸비한 인문 분야 집필진과 융합함에 따라 특히 간호학생의 다문화 학습에 있어 인문학 소양을 함양하는 데 주력해 집필했습니다.

• 간호대학 재직 교수들은 인문학이 강조된 다문화 교재 개발의 필요성을 공감하며, 대학생이 한국 다문화 사회에 대한 올바른 이해와 전문직으로 나아가기 위한 사회통합에 보탬이 되고자 하는 마음으로 이 책을 준비했습니다.

본 교재는 I. 다문화의 이해 / II. 다문화사회의 형성 / III. 다문화사회의 실제 / IV. 다문화사회의 통합과 발전의 4개 부로 구성되었으며, 11개 장은 집필진의 전문성을 고려해 다음과 같이 기술했습니다.

1장 다양성과 문화(창신대학교 간호학과, 이도영 교수)
2장 이주와 다문화(창신대학교 간호학과, 이도영 교수)
3장 다문화사회의 이론(창신대학교 간호학과, 윤채민 교수)
4장 다문화사회의 구성(전남대학교 간호학과, 유수영 교수)
5장 국제이주와 노동(창원대학교 미래융합연구소, 이진우 연구원)
6장 다문화사회와 문화적응(글로컬사회연구소, 정은정 대표)
7장 다문화 관련 법과 제도(창원대학교 미래융합연구소, 이진우 연구원)
8장 외국의 다문화 정책(글로컬사회연구소, 정은정 대표)
9장 이주민 인권과 사회통합(창원대학교 미래융합연구소, 이진우 연구원)
10장 다문화교육과 상담(건양대학교 간호학과, 노기옥 교수)
11장 미래사회와 다문화(글로컬사회연구소, 정은정 대표)
※ 이진우 – 국제학(정치·경제 전공) 박사
※ 정은정 – 국제학(글로벌 다문화 전공) 박사
※ 그 외 간호학 전공 박사 집필진으로 구성

• 각 장은 시작 전 '학습성과'를 제시해 성취목표를 제시했습니다.
• 각 장의 이론 학습을 통해 융합적인 사고를 확장시킬 수 있도록 '읽을거리'와 토론을 촉진하는 '생각해보기'가 수록되어 성숙한 다문화 사회로의 변화하기 위한 이해와 실천을 위한 내용을 반영했습니다.

감사의 글

이 책이 출판되기까지 적극적으로 참여해 주신 주신 집필진 여러분과, 본 교재의 필요성을 느끼고 마무리까지 격려해 주신 분들께 감사드립니다. 아울러 본 교재의 출간을 위해 아낌없이 지원해 주신 사이플러스 대표님과 끝까지 집필과 수정을 반복해 밤낮으로 수고해 주신 관계자분들께도 진심으로 감사드립니다. 앞으로 본 교재는 출간과 더불어 사회적 흐름에 따라 계속 보완하고 발전하기 위해 노력할 것을 약속 드리며, 여러 독자의 애정 어린 관심과 지도편달을 부탁드립니다.

2023년 11월 24일
지은이 적음

차례

제 I 부 다문화의 이해

제 II 부 다문화사회의 형성

제 III 부 다문화사회의 실제

제 I 부

다문화의 이해

제 1 장

다양성과 문화

학습 성과

1. 문화의 개념을 이해하고 정의할 수 있다.
2. 문화의 기능과 속성을 이해하고 그 중요성을 설명할 수 있다.
3. 문화의 유형을 이해하고, 소중한 문화를 보존하기 위한 방법을 제시할 수 있다.
4. 문화를 바라보는 태도에 관해 생각하고 자신의 의견을 제시할 수 있다.
5. 문화다양성과 문화다원주의를 이해할 수 있다.
6. 세계화 속에서 문화의 다양성을 수용할 수 있다.

1 문화의 개념

1 문화의 의미와 정의

문화(culture)는 사전적으로 '배양하다'라는 의미가 있으며, '경작하는 것(cultivating)', '농업(agriculture)'이라는 의미의 라틴어 'cultura'를 어원으로 한다. 그 후 15세기 중반 영어에서 '땅을 가는 것, 곡식을 얻기 위해 땅을 가꾸는 행위(the tilling of land, act of preparing the earth for crops)'라는 뜻으로 사용하게 되었다.

수확을 위해 일군 땅에 씨를 뿌리고 가꾸는 데 정성과 시간이 필요한 것 같이 문화 역시 사람들이 살아가며 주어진 자연환경을 변화시키면서 만들어낸 생활양식과 그에 따른 산물이라고 할 수 있다. 따라서 문화는 언어, 종교, 법이나 도덕, 사상, 의상, 의례, 종교 등의 규범, 가치관과 같은 것들을 포괄하는 "사회 전반의 생활양식"이라고 할 수 있다.

가치관, 윤리, 사회구조와 제도, 행동양식 등에 따라 다양한 관점을 가진 이론을 바탕으로 여러 가지 정의가 존재하며, 특히 문화에 관해서는 철학, 역사학, 사회학, 인류학에서 폭넓게 정의를 내리고 있다.

- '인류학의 아버지'로 불리는 영국의 사회인류학자인 에드워드 버네트 타일러(Edward Burnett Tylor, 1832~1917)는 「원시문화(Primitive Culture, 1871)」에서 문화를 "제 민족의 양식을 고려할 때 한 사회의 구성원이 갖는 법, 도덕, 신념, 예술, 기타 여러 행동양식을 총괄하는 것이다."라고 정의했다.
- 린튼(Linton, 1936)은 문화를 '사회적 유산'이라고 정의했다.
- 미국의 문화학자 리차드 니버(Helmut Richard Niebuhr, 1894~1962)는 "문화란 인간 활동의 총체적 과정과 그 활동으로 인한 총체적 결과이며, 문화라는 것은 인간이 자연적인 것 위에 첨가한 인공적이며 2차적인 환경으로, 이것은 언어, 관습, 사상, 믿음, 습관, 사회조직, 전수된 가공품, 기술적 제조법 그리고 가치 등으로 구성된 것"이라고 정의했다.
- 미국의 인류학자 크리포트 기어츠(Clifford Geertz, 1926~2006)는 저서인 「문화의 해석(The Interpretation of Culture, 1973)」에서 "삶에 대해 사람들이 지식과 태도를 소통하고 지속시키며 발전시키는 상징적 형식으로 표현되어 전달된 개념의 체계"라고 정의했다.

- 그린(Green, 1995)은 "인종적·민족적·종교적·사회적 집단에 속한 사람들 사이의 상호작용과 의사소통을 포함하여, 사회적 경계를 넘나드는 세계관, 행동, 관습, 신념, 성향, 가치, 제도 등을 내포하는 인간행동의 통합된 양식을 의미한다."라고 정의했다.
- 수, 아이비, 피더슨(Sue, Ivey, & Pedersen, 1996)은 "끊임없이 변화하는 가운데 내·외부적으로 학습한 방식으로 사회적 행동을 하는 그 사회의 공유된 사고방식, 행동방식"이라고 정의했다.
- 유네스코(2002)에서는 "문화는 한 사회 또는 사회적 집단에서 나타나는 예술, 문학, 생활양식, 더부살이, 가치관, 전통, 신념 등의 독특한 정신적·물질적·지적 특징"이라고 정의했다.

위와 같이 다양하게 정의된 문화는 일반적으로 사회구성원들이 오랜 세월에 걸쳐 형성한 관습이며, 후천적인 학습으로 한 사회의 구성원들이 함께 공유하는 것이다. 따라서 문화는 본연의 자연을 인간에 의해서 변화시켜 인간의 삶의 방식으로 만들어가는 것으로, 한 집단이 공유하면서 다음 세대로 전승하는 것이라 할 수 있다.

2 문화의 기능

문화는 '사회구성원이나 특정 집단의 독특한 생활양식의 총체'로, 공동체의 의미와 전통을 반영한다. 또한 사람이 사람다운 생활을 하며 한 공동체가 표현하고 표상하는 전반적인 삶의 양식으로, 구성원의 지각과 행동에 폭넓은 영향을 미친다. 따라서 사회구성원 간에 공유되고 사회 속에서 성장하면서 학습을 통해 습득되며, 한 세대에서 다음 세대로 전승되어 누적되며 계속해서 변화한다.

(1) 사회화 기능

문화는 개인의 성격을 형성하고 변화시키며, 개인에게 다양한 생활양식을 내면화시켜 개인이 사회에 적응하면서 살아갈 수 있게 하는 사회화 기능을 한다. 문화는 개인이 세상을 어떻게 인식할 것인가를 제시하는 지침이 된다.

(2) 욕구충족 기능

문화는 개인의 생리적 욕구와 심리적 욕구 등을 충족시켜준다. 다양한 생활양식을 통해 의식주와 같은 기본적인 욕구를 충족시켜주며, 개인은 문화를 통해 사회적으로 안정감을 가질 수 있으므로 욕구충족의 기능을 한다.

(3) 사회통제 기능

문화는 개인의 행동에 대한 규제와 사회의 안정과 질서에 악영향을 미치는 문제를 제거하거나 조절하여 사회질서를 유지하는 기능을 한다. 즉, 문화는 도덕, 신앙, 규범이나 관습 등으로 개인행동을 규제하거나 사회악을 제거함으로써 사회통제의 기능을 수행한다.

(4) 사회존속 기능

문화는 사회의 다양한 분야에서 존속을 유지하는 기능을 한다. 사회가 계속 존재하는 것은 문화를 학습하고 전승하여 후세에게 필요한 생활양식을 전해주기 때문이다.

3 문화의 속성

문화는 사회 속에서 형성되는 것으로, 문화가 아닌 것들과 구별되는 속성이 있다.

(1) 공유성

문화는 한 사회의 구성원들이 공통으로 가지고 있는 생활양식이다. 한 사회의 구성원들은 언어나 행동양식 및 사고방식을 공유한다. 인간행동의 많은 부분은 그가 소속한 집단의 행동양식을 따르는 것이며, 이러한 행동양식은 사회구성원끼리 공유된다. 예를 들면 언어와 같이 공유되는 문화를 통해 상대방의 행동과 기대를 예측할 수 있게 함으로써 사회생활을 원활하게 할 수 있게 한다.

따라서 문화는 사회구성원이 원활한 상호작용을 할 수 있는 토대를 마련하고 상대방의 행동을 예측할 수 있게 한다.

(2) 학습성

문화는 타고나는 것이 아니라 후천적 사회화 과정에 의한 학습으로 형성되는 것이다. 언어, 규범, 관습 등은 학습과정을 통해 새로운 세대에 전승된다.

인간은 특정 문화를 가지고 태어나는 것이 아니라 성장과정에서 학습하고 사회생활을 통해 습득한다. 한 집단의 인간이 공유하고 있다고 해서 모두 문화가 아니며, 문화로 간주되기 위해서는 지속적으로 학습되어야만 한다. 즉, 문화는 생득적인 것이 아니라 비유전적으로 습득한 결과이다.

(3) 축적성

문화는 다음 세대로 전승되면서 기존 문화에 새로운 문화 내용이 축적되고 점점 복잡해지고 다양해진다. 문화는 언어를 통해 세대에서 세대로 전해져왔으며, 문자를 통해 문서의 형태로 저장되고 축적된다. 다시 말해 과거의 문화에 새로운 문화가 더해지고, 시간이 지남에 따라 각 세대에서 이루어진 문화가 추가되어 계속 쌓여간다.

(4) 가변성

문화는 고정된 것이 아니라 시간이 흐르면서 형태, 내용, 의미가 변화하기도 하며, 새로운 특성이 생성되거나 기존 특성이 소멸되기도 한다. 이렇듯 한 사회의 문화적 특성은 고정불변한 것이 아니라 시간이 지나면서 점차 변화한다.

우리는 직면한 문제를 새로운 방법으로 해결하려고 하고, 그 과정에서 가장 효과적인 방법이 전달되고 학습되며, 시간이 흐름에 따라 점차 사회 전체로 확산되어 문화의 한 부분이 형성된다.

(5) 총체성

사회집단이 가진 지식, 예술, 도적, 법, 종교 등과 같이 수많은 부분이 각기 독립적으로 존재하지 않고 상호 긴밀한 관계를 유지하면서 문화의 각 영역이 상호 유기적 관련을 맺고 전체성을 이룬다. 문화 속에서 어떤 한 부분의 변화는 다른 부분에 영향을 미쳐서 또 다른 변화를 일으키며, 거의 모든 영역에도 부수적인 영향을 미친다. 즉, 한 사회의 문화를 구성하는 각각의 부분은 상호 밀접한 관계를 맺고, 한 영역에서의 변화는 그 영역을 포함하여 다른 영역에도 변화를 일으킨다. 따라서 한 사회의 문화를 이해하려면 총체적인 관점에서 각 부분의 문화를 이해해야 한다.

4 문화 보존을 위한 노력

문화는 인간 삶의 총체로서, 유형적인 것과 무형적인 것으로 이루어져 있다. 유형적인 것은 과거와 현재의 문화유적을 포함한 예술문화 혹은 일상적인 삶의 도구를 의미하며, 무형적인 것은 종교 사상, 세계관, 의식, 관습, 가치관 등을 의미한다(이종복 등, 2012).

국제연합교육과학문화기구(United Nations Educational Scientific and Cultural

그림 1-1 UNESCO 유산 로고

출처 https://heritage.unesco.or.kr/

Organization, 이하 UNESCO)는 국제협력을 촉진하여 세계평화와 인류발전을 도모하기 위해 만든 유엔의 전문기관이다. UNESCO가 세워진 계기는 제1·2차 세계대전이며, UNESCO 헌장은 '전쟁은 인간의 마음속에서 비롯되므로 평화의 방벽을 세워야 할 곳도 인간의 마음속이다(Since wars begin in the minds of men, it is in the minds of men that the defences of peace must be constructed).'라고 공포했다. 세계 각국은 세계대전 이후 경제력이나 군사력 등 물리적인 힘만으로는 평화를 지킬 수 없음을 깨닫고 평화를 지키기 위한 새로운 방안을 모색하게 되었다. 이에 각국의 정부 대표와 주요 인사들이 1942년부터 4년간 영국 런던에 모여 여러 차례 논의한 끝에 교육, 과학뿐만 아니라 문화 분야까지 국제협력을 증진함으로써 세계평화에 기여하는 국제기구를 창설하기로 뜻을 모아 설립했다.

특히 UNESCO에서 정의하는 유산이란 "우리가 선조로부터 물려받아 오늘날 그 속에 살고 있으며, 앞으로 후손에게 물려주어야 할 자산"이다. 한 나라에서 신청할 수 있는 유산은 1년에 총 45건으로 제한되며, UNESCO 유산으로 지정되면 '탁월한 보편적 가치'로 인정받는다. UNESCO 유산으로 선정된 유산은 세계 각국의 사람들과 자국민에게 많은 관심을 받을 수 있으며, UNESCO의 지원과 각국의 문화재 보호법에 따라 보호를 받는다. UNESCO는 소멸 위기에 있는 유산을 찾아 유산으로 지정하고 보호하려는 노력을 하고 있다. 이러한 유산들은 세계유산협약이 규정한 보편적 가치를 지닌 유산으로서, 세계유산, 인류무형문화유산, 세계기록유산으로 분류된다.

UNESCO는 이러한 인류 보편적 가치를 지닌 자연유산 및 문화유산을 발굴 및 보호, 보존하고자 1972년 세계 문화 및 자연 유산 보호협약(Convention concerning the Protection of the World Cultural and Natural Heritage; 약칭 '세계유산협약')을 채택했다.

표 1-1 UNESCO에 등재된 한국의 세계문화유산

세계유산	•세계유산에는 자연유산, 문화유산, 복합유산이 있다. •2019년 7월 세계유산은 전 세계 167개국에 분포되어 있으며, 총 1,121점(2019년 등재기준) 가운데 문화유산이 869점, 자연유산이 213점, 복합유산이 39점이다. •우리나라의 세계유산은 해인사 장경판전(1995년), 종묘(1995년), 석굴암·불국사(1995년), 창덕궁(1997년), 수원화성(1997년), 고창·화순·강화 고인돌 유적(2000년), 경주역사유적지구(2000년), 제주 화산섬과 용암동굴(2007년), 조선왕릉(2009년), 한국의 역사마을: 하회와 양동(2010년), 남한산성(2014년), 백제역사유적지구(2015년), 산사, 한국의 산지승원(2018년), 한국의 서원(2019년) 등 총 14점이 있다.
무형문화유산	•무형문화유산은 공동체와 집단이 자신들의 환경, 자연, 역사의 상호작용에 따라 끊임없이 재창해온 각종 지식과 기술, 공연예술, 문화적 표현을 아우른다. 무형문화유산은 공동체 내에서 공유하는 집단적인 성격을 지니고 있으며, 사람을 통해 생활 속에서 주로 구전에 의해 전승되어 왔다. •무형문화유산의 정의(협약 제2조 제1항) 공동체, 집단 및 개인이 자신의 문화유산의 일부분으로 인식하는 관습, 표현, 지식 및 기술 이와 관련된 전달 도구, 사물, 공예픔 문화 공간 모두를 의미한다. (a) 무형문화유산의 전달체로서의 언어를 포함한 구전 전통 및 표현 (b) 공연예술 (c) 사회적 실행, 의식, 그리고 축제 (d) 자연과 우주에 대한 지식 및 관습 (e) 전통적 공예기술 •인류무형문화유산 대표목록에 등재된 무형유산은 전 세계 123개국 492건(2020년 등재기준)에 이른다. •우리나라는 인류무형문화유산 대표목록에 종묘 및 종묘제례악(2001년), 판소리(2003년), 강릉단오제(2005년), 강강술래(2009년), 남사당(2009년), 영산재(2009년), 제주 칠머리당영등굿(2009년), 처용무(2009년), 가곡(2010년), 대목장(2010년), 매사냥(2010년, 공동등재), 줄타기(2011년), 택견(2011년), 한산모시짜기(2011년), 아리랑(2012년), 김장문화(2013년), 농악(2014년), 줄다리기(2015년 공동등재), 제주해녀문화(2016), 한국의 전통 레슬링(씨름)(2018), 연등회(2020) 등 현재까지 총 21건의 유산을 등재했다.
세계기록유산	•세계기록유산은 전 세계적으로 124개국 및 8개 기구 432건(2017년 등재기준)에 이른다. •우리나라의 세계기록유산은 훈민정음(1997년), 조선왕조실록(1997년), 직지심체요절(2001년), 승정원일기(2001년), 해인사 대장경판 및 제경판(2007년), 조선왕조의궤(2007년), 동의보감(2009년), 일성록(2011년), 5.18 민주화운동 기록물(2011년), 난중일기(2013년), 새마을운동 기록물(2013년), 한국의 유교책판(2015), KBS 특별생방송 '이산가족을 찾습니다' 기록물(2015), 조선왕실 어보와 어책(2017), 국채보상운동기록물(2017), 조선통신사 기록물(2017)로 총 16건이 있으며, 세계에서 네 번째, 아태지역에서는 첫 번째로 많다.

출처 https://heritage.unesco.or.kr/

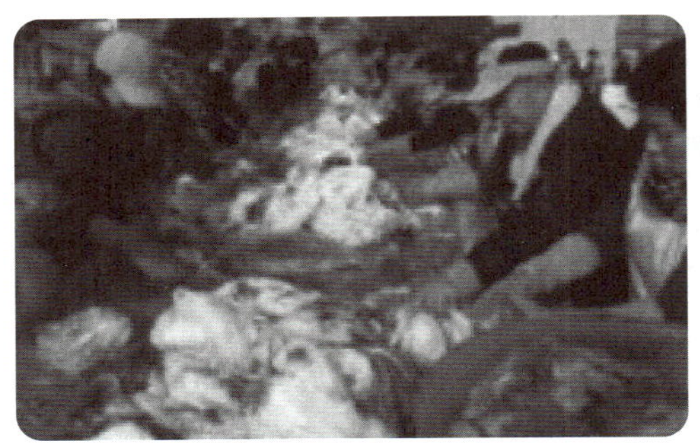

김장(2013년 무형문화유산 등재)

김장은 한국 사람들이 춥고 긴 겨울을 나기 위해 많은 양의 김치를 담그는 것으로, 한국적 방식의 채소 저장식품을 일컫는다. 역사적 기록에 의하면 760년 이전에도 한국인의 식단에는 김치가 있었다고 한다.

농악(2014년도 무형문화유산 등재)

농악은 공동체 의식과 농촌사회의 여흥활동에서 안녕과 번영을 기원하는 데서 유래되었다. 흥을 돋우고 단합과 화합을 이끌어내기 위한 공동체 행사에서 농악이 연주되었다.

제주해녀〈2016년 무형문화유산 등재〉

제주해녀 문화는 제주도 정체성에서 매우 중요한 부분이며, 환경 친화적인 채취 활동을 위해 장비의 도움 없이 호흡만으로 진행된다. 제주해녀 공동체는 물질 실력의 기준을 두고 해녀문화에 필요한 지식과 공동체에 대한 책임감을 전승한다.

씨름〈2018년 무형문화유산 등재〉

씨름은 대중적인 오락의 한 형태이며 2명의 선수가 상대의 샅바를 잡고 다양한 기술을 발휘하여 땅바닥으로 쓰러뜨리는 경기로, 지역공동체의 연대와 협력을 강화한다. 경기에 이기면 '장사'라는 자격이 주어진다.

그림 1-2 UNESCO 에 등재된 무형문화유산

출처 UNESCO 홈페이지 https://heritage.unesco.or.kr/

5 문화를 바라보는 태도

(1) 자문화중심주의

자신의 문화가 가장 우월하다고 생각하는 태도를 가지고 다른 사회의 문화를 부정적이고 열등하게 평가하는 태도이다. 자신의 속한 사회 안에서는 구성원 사이의 사회 통합과 단결을 얻을 수 있으나 국제적 갈등이나 고립을 초래할 수 있다.

자문화중심주의의 예로는 독일의 나치, 중국의 중화사상 등을 들 수 있다.

표 1-2 문화를 바라보는 태도

구분	자문화중심주의	문화사대주의	문화상대주의
정의	자신의 문화가 가장 우월하다고 생각하는 태도를 가지고 다른 사회의 문화를 부정적이고 열등하게 평가하는 태도이다.	자신의 문화가 열등하고 뒤쳐져 있다고 생각하여 다른 사회의 문화를 추종하여 무조건적으로 우수하다고 생각하는 태도이다.	문화의 상대성을 인정하면서 문화 간의 우열을 인정하지 않고 해당 사회의 상황에서 갖는 고유한 의미를 이해하고 존중하는 것이다.
예시	독일의 나치, 중국의 중화사상	한글 경시 풍조, 무분별한 수입 및 애용 등 외국문화에 대한 무조건적인 선호 및 집착	•사티: 인도에서 남편이 죽으면 시체를 화장할 때 아내가 불 속에 뛰어들어 남편의 시체와 함께 불타는 풍습. Sati라는 말의 어원은 '정숙한 아내'를 의미함 •전족: 중국에서 여성의 발을 인위적으로 작게 유지하기 위해 헝겊으로 묶던 풍습 •태형: 잔혹하게 때리는 형벌 •명예살인: 이슬람권 여성이 집안을 명예를 더럽혔을 경우 아버지나 오빠에 의해 죽임을 당하는 것

(2) 문화사대주의

자신의 문화가 열등하고 뒤쳐져 있다고 생각하여 다른 사회의 문화를 추종하고 무조건적으로 우수하다고 생각하는 태도이다. 선진문물을 받아들일 수 있는 계기가 될 수 있으나 자신의 문화에 대한 주체성을 상실할 가능성이 있다.

문화사대주의의 예로는 한글 경시 풍조, 무분별한 수입 및 애용 등 외국문화에 대한 무조건적인 선호 및 집착을 들 수 있다.

(3) 문화상대주의

문화의 상대성을 인정하면서 문화 간의 우열을 인정하지 않고 해당 사회의 상황에서 지닌 고유한 의미를 이해하고 존중하는 것이다. 문화가 형성되는 데에는 복잡한 요소가 작용하기 때문에 외부인이 자신의 기준으로 그 문화를 평가하는 것은 옳지 않다는 태도이다. 다른 문화를 바르게 이해하고 문화의 다양성을 보존하는 데 기여하지만, 극단적 문화상대

나치식 경례

힐틀러 청소년단 단원들이 나치 경례를 하는 모습(1933년)

출처 https://ko.wikipedia.org/wiki/%EB%82%98%EC%B9%98_%EA%B2%BD%EB%A1%80

전족

정상적인 발(왼쪽)을 가진 여성과 구부러진 발을 가진 여성의 비교(1902년)

출처 https://ko.wikipedia.org/wiki/%EC%A0%84%EC%A1%B1

그림 1-3 문화를 바라보는 태도

주의로 치우치면 인류의 보편적 가치를 훼손할 우려도 있다.

극단적 문화상대주의란 모든 문화가 고유한 의미와 가치를 갖는다는 생각을 극단적으로 적용하여 윤리적인 부분까지 침범하는 것이다. 극단적 문화상대주의의 예로는 사티(인도에서 남편이 죽으면 시체를 화장할 때 아내가 불 속에 뛰어들어 남편의 시체와 함께 불타는 풍습, Sati라는 말의 어원은 '정숙한 아내'를 의미), 전족(중국에서 여성의 발을 인위적으로 작게 유지하기 위해 헝겊으로 묶던 풍습), 태형(잔혹하게 때리는 형벌), 명예살인(이슬람권 여성이 집안을 명예를 더럽혔을 경우 아버지나 오빠에 의해 죽임을 당하는 것) 등이 있다.

2 문화다양성과 문화다원주의

1 문화다양성

(1) 문화다양성

세계에는 다양한 문화가 존재하여 공존하고 상호작용한다. 문화다양성이란 사회 속에서 약자가 피해를 보는 것이 아니라 정의와 평등의 원칙에 입각하여 사회구성원 모두가 존중되고, 문화정체성이 서로 다른 구성원들이 그들의 고유성 속에서 인정받으며 함께 살아가는 것을 인정하는 것이다. 개인과 사회의 풍요한 자산으로 문화다양성을 유지하고 증진하는 것은 현재와 미래 세대의 지속가능한 발전을 위한 요건이다. 즉, 다양한 문화적 배경을 지닌 구성원이 자신의 문화적 정체성을 지킬 수 있도록 그들의 인간존엄성을 지켜주고 여러 문화가 공존하고 상생하는 사회를 만들어가야 한다.

'문화다양성'에서 '다양성'이라는 단어는 '각 문화가 지닌 본질적이고 일반적 특성'이며, '문화다양성은 인간의 기본권'이라는 개념을 나타낸다. 문화다양성은 다양한 문화의 공존이므로 인류문화의 지속가능성(sustainability)은 문화생태계의 다양성과 균형을 유지함으로써 실현된다는 뜻이다. 이 점에서 문화다양성은 '문화 간 공존' 및 '새로운 문화의 창조'를 모두 포함하는 개념이라 볼 수 있다. 즉, 문화다양성 그 자체가 경쟁력의 원천이라는 전제에서 이러한 다양성을 사회통합에 활용하고자 하는 것이 근본적인 목표이다.

(2) UNESCO 문화다양성 선언

정식 명칭은 '문화콘텐츠와 예술적 표현의 다양성 보호를 위한 협약'이다. 1995년 세계무역기구(WTO) 출범 이후 다자간투자협정(MAI)이 문화와 같은 비무역적인 문제를 해결할 수 없다는 인식에서 논의되기 시작했다. 이후 세계문화부장관회의(INCP)와 문화다양성연대(CCD)·문화다양성국제연대(INCD) 같은 국제비정부기구(NGO)가 차례로 결성되었다. 1999년 제30차 UNESCO 총회에서 이 선언을 채택하자는 제안이 처음으로 제기되어, 2년 동안 전문가 그룹 회의, 회원국 설문조사 등 다양한 절차를 거쳐 각국의 관심과

표 1-3 유네스코 세계 문화다양성 선언

정체성, 다양성, 그리고 다원주의	제1조: 인류의 공동 유산	문화는 시공간에 여러 형태로 나타난다. 이 다양성은 인류를 구성하는 집단과 사회의 정체성과 독창성을 구현한다. 생태다양성이 자연에 필요한 것처럼 문화다양성은 교류·혁신·창조성의 근원으로서 인류에게 필요한 것이다. 이러한 의미에서, 문화다양성은 인류의 공동유산이며 현재와 미래 세대를 위한 혜택으로서 인식하고 확인해야 한다.
	제2조: 문화다양성에서 문화다원주의로	점점 다양해지는 우리 사회에서는, 함께 살려는 의지와 더불어 다원적이고 다양하며 역동적인 문화정체성을 지닌 사람들과 집단의 조화로운 상호작용을 반드시 보장해야 한다. 모든 시민을 포용하고 모든 시민이 참여할 수 있게 하는 정책은 사회적 단결, 시민사회의 역동성과 평화를 보장한다. 그러므로 문화다원주의는 문화다양성을 실현하려는 명백한 정책 표현이다. 민주체계에서 분리할 수 없는 문화다원주의는 문화교류와 공공의 삶을 지탱해주는 창조적인 역량을 풍성하게 하는 데 이바지할 수 있다.
	제3조: 발전을 위한 요소로서의 문화다양성	문화다양성은 모든 이에게 열려 있는 선택의 범위를 넓혀준다. 발전을 위한 근간 중 하나인 문화다양성을, 단지 경제성장의 관점이 아니라 좀 더 충분한 지적·감성적·윤리적·정신적 존재를 위한 수단으로 이해해야 한다.
문화다양성과 인권	제4조: 문화다양성을 보장하는 인권	문화다양성을 지키는 것은 윤리적으로 의무이며, 인간존엄성의 존중과 뗄 수 없는 것이다. 인권과 기본적인 자유의 실천은 특히 소수민족과 원주민의 권리를 포함한다. 누구도 국제법으로 보장하는 인권을 침해하거나 제한하는 데 문화다양성을 이용해서는 안 된다.
	제5조: 문화다양성을 위한 환경으로서의 문화권	문화권은 인권을 구성하는 데 뺄 수 없으며, 보편적이고 개인적이며 상호의존적인 요소이다. 창의적 다양성이 번성하려면 세계인권선언 제 27조와 경제·사회·문화 권리에 대한 국제협약 제13조 및 제15조에 명시된 문화권을 완전하게 실천해야 한다. 모든 이는 자신이 선택한 언어로, 특히 모국어로 자기 작품을 창조하고 배포할 자유를 누릴 수 있어야 하고, 문화다양성을 전적으로 존중하게끔 질 좋은 교육과 훈련을 받아야 한다. 또 인권과 기본 자유를 존중하면서 그 바탕 위에 자신이 선택한 문화적 생활에 참여하고, 문화적 실천을 행할 수 있어야 한다.
	제6조: 모든 이를 위한 문화다양성	문자와 이미지로 된 아이디어의 자유로운 흐름을 보장하는 동시에, 모든 문화가 자신을 표현하고 알릴 수 있게 하는 조치를 마련해야 한다. 표현의 자유; 매체 다원주의; 다언어주의; 디지털 형식을 포함한 예술과 과학적·기술적 지식에 대한 동등한 접근; 표현과 배포를 위한 수단에 접근할 수 있는 모든 문화의 가능성은 문화다양성을 위한 보장이다.

문화다양성과 창의성	제7조: 창의성의 원천으로서의 문화유산	창조는 문화적 전통에 의존하는 동시에, 다른 문화와 접촉하면서 풍성해진다. 이 이유로 모든 유형의 유산을 보존하고 고양하며 인간의 경험과 염원의 기록으로서 미래 세대에게 반드시 전달해야 한다. 이렇게 함으로써 창의성을 진작하고 진정한 문화 간 대화를 고무할 수 있을 것이다.
	제8조: 특정한 유형으로서의 문화상품과 서비스의 특수성	오늘날 창조와 혁신의 거대한 가능성을 연 경제와 기술의 변화 시기를 맞아 작가와 예술가의 권리에 대한 적절한 인식, 정체성, 가치, 의미의 척도로서, 단순한 상품이나 소비재로 취급되어서는 안 되는 문화 상품과 서비스의 특수성에 비춰 창작품 공급의 다양성에 특별한 관심을 기울여야 한다.
	제9조: 창의성의 촉매로서의 문화정책	사상과 작품의 자유로운 흐름을 보장하는 동시에, 문화정책은 지역과 세계 차원에서 강력한 수단인 문화산업을 통해서 다양한 상품과 서비스의 생산과 배포에 기여할 수 있는 조건을 마련해주어야 한다. 각 국가는 국제적인 의무를 지키며, 운영적 지원이든 적절한 규제든 적합한 수단을 통해 문화다양성을 규정하고 실천해야 한다.
문화다양성과 국제연대	제10조: 세계적 창조와 배포를 위한 역량 강화	현재 세계 차원에서 문화 상품과 서비스의 교역과 유통의 불균형에 직면해, 모든 국가, 특히 발전도상국과 전환기에 있는 국가를 대상으로 국제협력과 연대를 강화해 국내·외적으로 생존력 있고, 경쟁력 있는 문화산업을 육성할 필요가 있다.
	제11조: 공공분야, 민간분야, 시민사회와의 협력 강화	지속 가능한 인간 개발에 핵심인 문화 다양성의 증진과 보호를 시장 기능만으로는 보장할 수 없다. 이러한 의디에서, 민간 분야와 시민 사회와 협력을 통한 공공 정책을 강조해야 한다.
	제12조: 유네스코의 역할	(a) 여러 정부 간 기구의 발전 전략에 이 선언문이 표명한 기본 원칙을 적용하도록 촉진한다. (b) 문화다양성을 위한 개념과 목표, 정책을 마무리하기 위해 정부·국제 정부 간·비정부간 기구·시민사회·민간단체가 함께 참여할 수 있게끔 판단기준과 토론장을 제공한다. (c) 능력이 닿는 한, 이 다양성 선언과 관련된 분야에서 기준 설정·인식 제고·역량 강화를 위한 활동을 추구한다. (d) 이 선언문에 첨부된 주요 행동계획의 실천을 촉진한다.

의견을 수렴했으며, 2001년 11월에는 프랑스 파리에서 '세계 문화다양성 선언'을 채택하고, 2002년에는 5월 21일을 '세계 문화다양성의 날'로 선포했다.

프랑스 파리에서 2001년 10월 15일에서 11월 3일까지 열린 제31차 UNESCO 정기총회에서 164개 회원국은 강대국 주도의 세계화로 인해 위협받고 있는 각 나라를 보호하고 각 지역의 문화적 고유성과 다양성을 보호하고 증진하기 위해 'UNESCO 문화다양성 선언(Universal Declaration on Cultural Diversity)'을 채택했다. 문화다양성 선언문을 살펴보면 강대국이든 약소국이든 자국의 문화를 유지하고 다양성을 보존하며, 관련된 공공 및 민간 기관과 시민사회 간 협력을 강화하기 위한 UNESCO의 역할을 나열했으며, 세계 각국의 문화적 다양성을 인정하고자 했다.

2 문화의 의미와 정의

다문화주의는 한 사회 내의 다양한 인종집단의 권리를 인정할 뿐만 아니라 그들의 문화를 다수집단의 문화에 동화시키지 않고 서로 인정하면서 공존하는 노력과 관련된 이념체계를 말하며, 하나의 언어, 하나의 문화, 하나의 민족으로 구성되어야 한다는 문화적 동화주의와 상반된다. 동화주의는 국가란 하나의 언어, 하나의 문화, 하나의 민족으로 구성되어야 하며, 국민통합 또는 사회통합을 원리로 하여 소수의 사회참여를 유도하는 것이다. 그러나 다양성을 강제적으로 억제함으로써 사회적 갈등과 분열을 초래할 수 있다. 즉, 다문화주의는 다양한 언어, 문화, 민족, 종교 등을 통해 서로의 정체성을 인정하고 함께 어우러질 수 있는 국민통합을 위한 사회적 질서가 될 수 있다.

다문화주의의 개념이 본격적으로 대두한 것은 1960년대 이후 캐나다와 호주에서였다. 이후 세계는 국가적 규모의 민권운동이 일어났고, 미국 내에서는 소수인종의 권리 주장과 유럽계 미국인의 '민족부흥'이 주창되었다. 1980년대는 소수인종 권리 주장을 통해 소수인종도 그들의 권리를 인정받아야 하며, 종교, 나이, 성, 사회경제적 지위, 소외계층의 다양한 문화 등의 의미를 포함하여 여러 민족, 인종, 집단이 평등의 원리 위에 서로의 문화를 인정하고 수용하여 상호 존중함으로써 평화롭게 공존하자는 의미로 확대되었다.

다문화주의는 다양성을 인정하고 사회통합을 지향하는 것으로, 이문화, 이교도 집단의 정체성을 인정함으로써 분열과 갈등을 줄이고 사회통합을 지향한다. 지배문화로부터 종속

문화를 구분하거나 차별하는 것을 거부하고, 집단 간 또는 사회 간 문화의 차이를 존중하여 전 지구적 시민권(global citizenship)을 목표로 한다. 또한 집단 간 문화만이 아니라 집단 내 소수자의 문화 및 권리 존중의 의미로도 사용된다.

하지만 사회적으로 다문화주의를 채택하고 있다고 하더라도 주류사회와의 상호작용이 없다면 개개의 소수민족집단은 어쩔 수 없이 폐쇄적이면서 배타적인 성향을 띠게 될 것이며, 결과적으로 사회의 분리와 분열을 초래할 우려가 있으므로 균형 잡힌 다문화주의의 보급이 필요하다.

3 문화다원주의(culture pluralism)

문화다원주의는 한 문화의 뿌리가 되는 역사, 가치관, 전통의 특수성과 다양한 가치가 존중되도록 개방적이고 유연한 사고를 지향하며, 자신이 속한 문화와 특성을 달리하는 문화에 대해서도 그것을 승인하고 존중하는 태도를 갖는 것이 바람직하다는 관념이다.

문화다원주의와 다문화주의는 서로 유사한 개념이다. 그러나 이 두 개념은 다양성을 인정하고 사회통합을 추구한다는 점에서는 같지만, 전제로 하는 조건과 실현방법이 다르다.

문화다원주의는 20세기 후반 대량으로 발생한 이민으로 인해 미국에서 출발한 이론이며, 소수가 존중되는 것은 바람직하지만 그렇다고 해서 분리나 격리를 전제로 해서는 안 된다는 주의이다. 반면 다문화주의는 1970년대 후반 새로운 형태의 문화다원주의를 설명하는 개념에서 출발했다.

문화다원주의는 문화의 다원성 및 다양성을 인정하면서도 거기에는 주류(core)가 존재한다는 것을 전제로 한다. 이에 대해 다문화주의적 관점에서는 주류의 존재를 인정하지 않고 다양한 문화가 평등하게 인정되어야 한다고 본다. 즉, 다문화주의는 모든 구성원이 동등한 자격이라는 것을 전제로 하는 데 반해, 문화다원주의는 주류문화를 형성하는 지배사회를 인정하고 문화적 다원성을 수용한다. 이를 테면, 캐나다, 호주에서는 다문화주의를, 미국이나 유럽에서는 문화다원주의를 사회통합의 원리로 적용하고 있다.

(1) 자유주의적 다원주의(Liberal Pluralism)

자유주의적 입장에서 다문화주의를 가장 정교하고 체계적으로 정리한 사람은 킴리카

(Will Kymlicka)이다. 자유주의적 다원주의의 경우 사회통합에서는 문화적인 다양성을 허용하고 소수민족집단 혹은 민족의 존재를 인정하지만, 시민생활이나 공적생활 면에서는 주류사회의 문화, 언어, 사회습관에 따라야 한다. 즉, 사적생활 영역에서는 문화적인 다양성을 인정하지만 공적생활 영역에서는 인정하지 않는다는 생각이다.

(2) 조합적 다원주의(Corporate Pluralism)

조합적 다원주의는 '결과의 평등'을 추구하며, 차별 금지와 함께 피차별자가 경쟁에서 불리하다는 점을 인정하고, 소수자의 사회 참여를 위해 적극적인 재정적·법적 원조를 인정한다. 언어나 문화적인 면에서 불리한 사람들은 필연적으로 사회 참여 면에서도 불리해진다는 것은 누구라도 알 수 있는 사실이다. 공적인 영역에서 정부가 소수민족집단의 언어나 문화의 유지를 위한 활동을 원조함으로써 그들의 영속적인 존속이 보증될 수 있다.

문화다원주의란 모든 문화는 각자 독특하고 고유한 특성을 가지고 있으므로 이를 인정하고 존중해야 한다는 문화 태도이다. 즉, 어느 하나의 문화만이 우월하다고 보는 아니라 다양한 여러 문화를 인정하는 것이다. 문화다원주의는 각각의 문화는 고유한 특성을 지니기에 이를 인정하고 존중해야 한다는 이념으로, 낯선 문화와의 관계에 있어 개방성을 요구하며, 모든 문화는 동일한 가치를 지닌다는 주장은 규범적 명제가 아닌 다른 문화와 접근하기 위한 자세를 요구한다.

4 글로컬라이제이션

- *세계화와 지역화를 동시에 추구하는 경영전략*
- *세계화를 추구하되 현지의 문화를 상호 존중하고 공존하는 경영방식*

글로컬라이제이션은 경영의 개념에서 세계화와 현지화를 동시에 추진해 사업의 시너지 효과(synergy effect)를 극대화시키는 전략에서 출발한 개념이다. 글로벌 기업은 현지국의 법률, 문화, 관습에 동화하는 현지화(localization)에 성공해야 진정한 세계화를 달성할 수 있으므로 세계화와 현지화는 상호보완적이면서, 양면성을 동시에 지니고 있다.

글로컬라이제이션(glocalization)은 세계화를 의미하는 글로벌라이제이션(globalization)에 지역화 또는 현지화라고 하는 로컬라이제이션(localization)이 합쳐진 합성어이다. 세계

그림 1-4 기업이 세계화를 추구하면서 동시에 현지 국가의 문화와 사업의 풍토를 존중

화를 추구하면서 동시에 현지 국가의 기업 풍토를 존중하는 경영방식의 예는 흔히 찾아볼 수 있다.

글로컬라이제이션은 세계 어디서나 동인한 '글로벌 스탠더드'가 원칙이지만 현지 사정에 유연하게 적응하는 것이다. 세계화의 추진이 특정 지역이나 민족성과 부합될 때 성공가능성이 크다는 것을 반영한 것으로, 21세기 기업들의 생존전략으로 자리 잡고 있다.

글로컬라이제이션의 예

- 글로벌 패스트푸드 브랜드가 힌두교 국가인 인도를 위허 소고기를 뺀 햄버거 출시
- 미국의 대표적인 만화캐릭터인 미키마우스가 일본으로 건너가면서 일본인들이 입이 작은 캐릭터를 선호한다는 판단에서 입의 크기를 줄여 출시
- 스타벅스의 한국말 표기
- 신한은행의 아시아 1등 달성 사례: 일본과 중국, 미국 등 전략적 중요도가 높은 지역과 베트남, 인도 등 성장이 높은 지역에 중점을 두면서 최고의 성과를 거둠
- 맥도날드가 '빅맥'을 고집하지 않고 한국의 맛을 대표하는 '불고기버거' 출시 및 매운 소스 접목
- 코카콜라가 한국에 진출하면서 녹차와 매실과 같은 전통음료 출시

강강술래는 한국의 대표적인 놀이 노래로서 해남과 진도의 강강술래가 1966년 국가무형문화재로 지정되었고, 2009년에는 유네스코 인류무형문화유산에 등재되었다.

강강술래는 문화재 지정 전에 진강강술래, 자진강강술래와 같은 악곡 중심으로 전승되었으며, 여러 부수놀이 역시 독립된 놀이로 존재했다. 그러나 1975년 경연대회 출전을 계기로 현재와 같이 여러 부수놀이를 순서대로 놀이하는 형태로 고착화되었다. 이후 진도는 세대교체에 따라 새로운 놀이가 추가되어 왔지만 해남은 1975년 형태를 대체로 고수하고 있는 상황이다.

그 결과 현재 문화재 강강술래 내에는 '해남강강술래', '진도강강술래', '문화재 강강술래'가 각기 다른 형태로 연행되고 있다. 해남에는 진도에 없는 가마 등이 있고, 진도에는 해남에 없는 개고리타령, 밭갈이, 손치기발치기, 덕석펴기, 강아지타령, 옥단추 등이 추가되어 있다. 또 남생아를 비롯한 다수의 악곡에서 형식, 선율, 가사의 차이가 발견된다.

위와 같은 변화 과정을 통해 전승방안과 관련해 고민해야 할 문제점을 살펴볼 수 있다.

첫째, 해남과 진도의 강강술래 통합운영에 대한 정리가 필요하다. 마을마다 다르게 전승되는 것이 민속예술의 속성이므로 각 지역별 독자성을 인정하고 각각 개성을 살려 전승될 수 있도록 배려할 필요가 있다.

둘째, 기존에 지정된 문화재 강강술래에 매이지 않고 열린 구조의 강강술래를 지향해야 한다. 지금도 전남의 여러 마을에서 새로운 강강술래 놀이와 노래가 조사되고 있다. 해남과 진도 역시 마을마다 독특한 놀이와 노래가 있었던 지역이므로 얼마든지 새로운 것을 수용하여 확장할 수 있어야 한다.

아울러 이러한 강강술래의 확장과 자유로운 변주를 위해 문화재와 관련 없는 여러 마을을 대상으로 하는 광범위한 조사가 이루어져야 할 필요가 있다. 몇몇 보유자 중심으로만, 또 그들의 기억에 의존해서만은 한계가 있기 때문이다. 이와 같은 열려 있는 구조의 강강술래 전승이야말로 새로운 문화재보호법에 의거한 문화유산으로서의 강강술래를 전승해 나가는 방안이 될 수 있을 것이다.

출처 김혜정(2017). "문화재 강강술래의 형성과정과 전승방안". 「한국민요학」. 49. 109–131.

생각해보기

01 위에 제시된 글을 읽고 같은 문화재를 보호하고 전승하기 위한 방안에 대해서 생각해보세요.

02 그 밖에 각 나라의 UNESCO에 등재된 우수한 문화재를 찾아보고, 공유하는 시간을 가져봅시다.

참고문헌

01 김다원(2010). "사회과에서 세계시민교육을 위한 '문화다양성' 수업 내용 구성". 「한국지역지리학회지」, 16(2), 167-181.

02 김윤수(2013). 「이라크에서 보물찾기」. 서울: 미래엔아이세움.

03 김혜정(2017). "문화재 강강술래의 형성과정과 전승방안". 「한국민요학」, 49, 109-131.

04 신군재(2019). 「글로벌 다문화 이해」. 서울: 무역경영사.

05 이창훈(2021). 「문화다양성 교육을 통한 초등학생 다문화수용성의 증진」. 서울교육대학교 교육전문대학원 석사학위 논문.

06 전종한 외(2015). 「세계지리 경계에서 권역을 보다」. 서울: 사회평론.

07 이종복 외(2012). 「다문화사회의 이해와 복지」. 파주: 양서원.

08 신현정, 이재식, 김비아(2013). 「문화와 심리학」. 서울: 도서출판 박학사.

09 박주현, 이은영, 장영(2022). 다문화사회의 이해와 실천 제3판. 서울: 창지사.

10 조원탁 외(2023). 「다문화사회와 다양성 제4판」. 파주: 양서원.

11 Jary, D. and Jary(1991). *The Harper Collins Dictionary of Sociology*. Harper Perennial.

12 Tylor, E. B.(1974). *Primitive culture: researches into the develoment of mythology, philosophy, religion, art, and custom*. Cambridge.

13 Green, J. W., & Associates(1995). *Cultural awareness in the human services, 2nd ed*. Englewood Cliffs, NJ: Prentice Hall.

14 Sue, D. W., Ivey, A. E. & Pedersen, P. B.(1996). *Theory of Multicultural Counseling and Therapy, 1st Ed*. Cengage Learning.

15 Berry, J. W., Poortinga, Y. H., Segall, M. H., & Dasen, P. R. (1992). *Cross-Cultural psychology: Research and application*. New York: Cambridge University Press.

16 Bennett, MJ(1993). *Towards ethnorelativism: A developmental model of intercultural sensitivity.*

17 In RM Paige (Ed.). Education for the intercultural experience (2nd ed., pp.21-71). Yarmouth, ME: Intercultural Press.

18 Redfield, R., Linton, R., & Herskovits, M. J. (1936). Memorandum on the study of acculturation. *American Anthropologist*, 38, 149-152.

19 Graves, T. (1967). Psychological acculturationina Tri-ethniccommunity. *Southwestern Journal of Anthropology*, 23, 337-350.

20 UNESCO 홈페이지, https://heritage.unesco.or.kr/

제 2 장

이주와 다문화

학습 성과

1. 초국적 이주의 현상과 개념을 이해하고 이에 따른 문제점과 해결방안을 제시할 수 있다.
2. SDGs에서의 이주와 관련된 지속가능발전목표를 이해하고 실천방안을 제시할 수 있다.
3. 디아스포라(diaspora)의 형성과정을 설명할 수 있다.
4. 다문화공간과 사회통합을 이해하고 자신의 의견을 제시할 수 있다.

다문화 이주 현상의 개념

1 초국적 이주의 현상의 개념

현대사회는 초국적 이주가 자유롭고 활발한 이주의 시대(the age of migration)이며(Castles and Miller, 2003), 이주는 국가 간 투자, 무역, 협력 등을 위한 경제, 정치, 사회문화적 활동으로 인한 교류가 증가하면서 나타나는 세계화(globalization)의 주요 현상 중 하나이다. 초국적 이주(transnational migration)란 국경을 넘어 끊이지 않고 계속하여 확장되는 사회연결망을 뜻하며, 그동안 살아온 삶의 터전을 떠나 다른 새로운 자리로 이주·정착하여 이질적 문화들이 다문화가 되어가는 과정이다. 초국적 이주자란 국적에 상관없이 모든 나라와 관계가 되는 대상일 뿐만 아니라 국경을 초월하여 세계 각지를 이어주는 매개자라 할 수 있다. 특히 최근에는 초국적 이주와 정착 과정 또는 다문화사회로의 전환 과정은 역동적 환대 공간의 생산과 재생산 과정을 의미한다(Derrida, 2000).

초국적 이주에 관한 고전 이론은 오래된 동화주의 모델에 토대를 둔 이민의 개념을 바탕에 둔 것이어서 이민자는 고국을 떠나 자아가 뿌리째 뽑힌 사람으로 여겨졌다. 그러나 최근에는 교통통신의 발달로 모국과도 교류가 원활하여 국가를 가로질러 사회적 관계망이 유지되고 확장됨으로써 초국적 이주라는 개념이 변화하고 있다. 따라서 초국적 이주자란 모국과 정착국을 연결하면서 융합하는 하나의 사회적 장인 '초국주의(transnationalism)'를 만들어간다.

2 초국적 이주에 따른 과제와 목표

국내외 이주를 포함한 전 세계 초국적 이주자의 수는 현재 10억 2,100만 명(세계인구의 13.4%, 2018년 기준)에 이르며, 2015년 9월 채택된 지속가능발전목표(Sustainable Development Goals, SDG)의 세부목표에 포함되어 세계의 안정과 발전을 위한 국제사회의 과제가 되었다.

SDGs는 2015년 제70차 UN총회에서 192개 회원국 만장일치로 채택되었고, 2030년까지 전 세계가 함께 추구하는 인류 공동의 목표로, 세계 모든 나라도 각국의 상황에 맞게 SDGs를 달성하기 위해 노력하고 있다. 지속가능발전목표 17개 중 '이주'와 관련되어 있는 목표는 "8. 양질의 일자리와 경제성장 – 포용적이고 지속가능한 경제성장, 완전하고 생산적인 고용과 모두를 위한 양질의 일자리 증진", "10. 불평등 완화 – 국내 및 국가 간 불평등 감소" 및 "17. SDGs를 위한 파트너십 – 이행수단 강화와 지속가능발전을 위한 글로벌 파트너십의 활성화"의 세 가지이다.

이들 목표의 관련 세부목표에서 이주와 관련항 사항은 다음과 같다.

8.8 이주노동자, 특히 여성 이주자와 불안정한 고용상태에 있는 노동자를 포함한 모든 노동자의 권리를 보호하고, 안전하고 안정적인 근로환경 조성을 확대한다.

10.7 계획적이고 잘 관리된 이주정책의 이행 등을 통해 체계적이고 안전하며 정규적이고 책임 있는 인구 이주와 이동을 지원한다.

10c. 2030년까지 이주자 송금 수수료를 3% 미만으로 낮추고, 5% 이상의 비용이 발생하는 송금경로를 제거한다.

17.18 2020년까지 최빈국과 군고도서개발국을 포함한 개발도상국에 양질의, 시의적절하고, 신뢰가능하며, 소득 · 성별 · 연령 · 인종 · 민족 · 이주상태 · 장애 여부 · 지리적 위치 및 기타 국별 맥락에 따라 세분화된 데이터의 가용성을 대폭 향상하기 위해 역량강화 지원을 확대한다.

표 2-1 UN-SDGs(지속가능발전목표)

UN-SDGs (지속가능발전목표)	SDGs는 'Sustainable Development Goals(지속가능발전목표)'의 약자로서, 2015년 UN에서 2030년까지 지속가능발전을 위해 달성하기로 한 인류 공동의 목표는 17개이다. 17개 목표는 "단 한 사람도 소외되지 않는 것(no one will be left behind)"이라는 슬로건과 함께 인간, 지구, 번영, 평화, 파트너십이라는 5개 영역으로 나뉘어 인류가 나아갈 방향을 제시하며, 각 목표마다 더 구체적인 내용을 담은 세부목표(총 169개)로 구성된다.
17개 목표	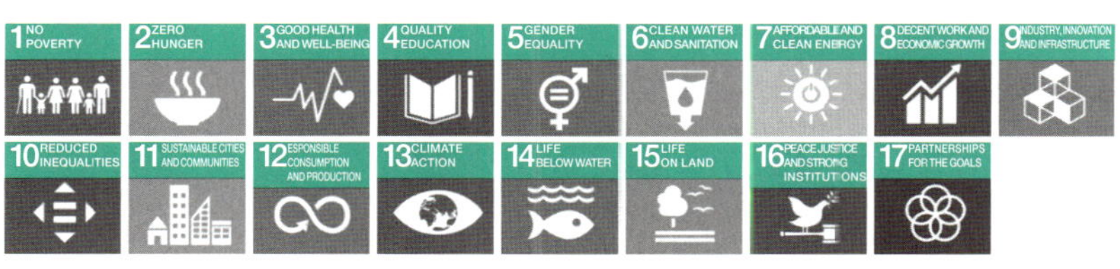

17개 목표	1. 빈곤 퇴치: 모든 곳에서 모든 형태의 빈곤 종식 2. 기아 종식: 기아 종식, 식량 안보와 개선된 영양상태의 달성, 지속가능한 농업 강화 3. 건강과 웰빙: 모든 연령층을 위한 건강한 삶 보장과 복지 증진 4. 양질의 교육: 모두를 위한 포용적이고 공평한 양질의 교육 보장 및 평생학습 기회 증진 5. 성평등: 성평등 달성과 모든 여성 및 여아의 권익 신장 6. 물과 위생: 모두를 위한 물과 위생의 이용가능성과 지속가능한 관리 보장 7. 깨끗한 에너지: 적정한 가격에 신뢰할 수 있고 지속가능한 현대적인 에너지에 대한 접근 보장 8. 양질의 일자리와 경제성장: 포용적이고 지속가능한 경제성장, 완전하고 생산적인 고용과 모두를 위한 양질의 일자리 증진 9. 산업, 혁신과 사회기반시설: 회복력 있는 사회기반시설 구축, 포용적이고 지속가능한 산업화 증진과 혁신 도모 10. 불평등 완화: 국내 및 국가 간 불평등 감소 11. 지속가능한 도시와 공동체: 포용적이고 안전하며 회복력 있고 지속가능한 도시와 주거지 조성 12. 책임감 있는 소비와 생산: 지속가능한 소비와 생산 양식의 보장 13. 기후변화 대응: 기후변화와 그로 인한 영향에 맞서기 위한 긴급대응 14. 해양생태계: 지속가능발전을 위한 대양, 바다, 해양 자원의 보전과 지속가능한 이용 15. 육상생태계: 육상생태계의 지속가능한 보호·복원·증진, 숲의 지속가능한 관리, 사막화 방지, 토지황폐화의 중지와 회복, 생물다양성 손실 중단 16. 평화, 정의와 제도: 지속가능발전을 위한 평화롭고 포용적인 사회 증진, 모두에게 정의를 보장, 모든 수준에서 효과적이며 책임감 있고 포용적인 제도 구축 17. SDGs를 위한 파트너십: 이행수단 강화와 지속가능발전을 위한 글로벌 파트너십의 활성화

출처 https://airtable.com/shr5VFlWRte2uFuka/tblK3Z0hkKnOlsrEb

'세계 속의 한국'에서 '한국 속에 또 하나의 세계'로 우리나라도 국제사회의 책임 있는 일원으로서 국제사회의 공동목표 달성에 기여하고 한국사회의 여러 문제를 해결하기 위해 한국형 지속가능발전목표(K-SDGs)를 수립했다. 지속가능발전(Sustainable Development)이란 미래 세대의 필요를 충족시킬 수 있으면서 오늘날의 필요도 충족시키는 개발활동으로, 사회와 경제발전에 더불어 환경보호를 함께 이루는 미래지향적인 발전을 의미한다. K-SDGs는 5대 전략하에서 17개 목표가 제시되어 있으며 〈표 2-2〉와 같다.

K-SDGs의 17개 목표 중 이주와 관련된 조항은 "10. 모든 종류의 불평등 해소는 사회·경제·정치적 포용성을 확대하고 공정한 기회를 제공하고, 재정·임금·사회보호정책을 강

표 2-2 K-SDGs(국가 지속가능발전목표)

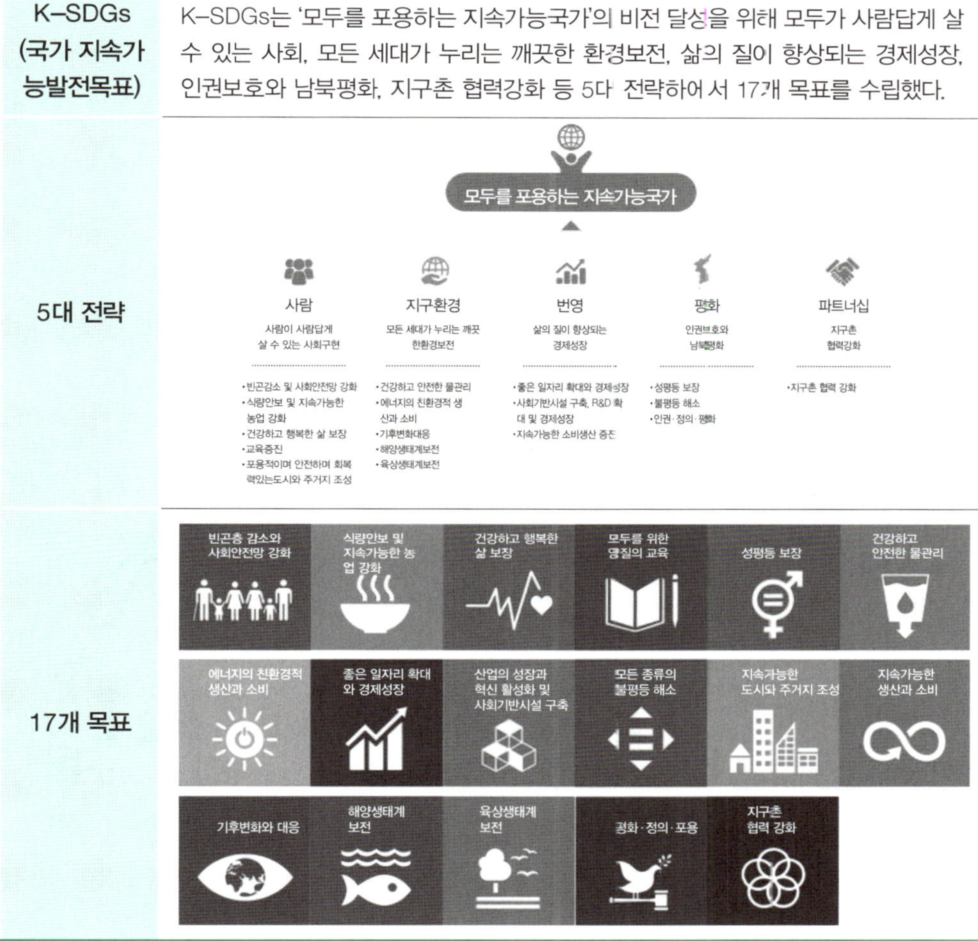

K-SDGs (국가 지속가능발전목표)	K-SDGs는 '모두를 포용하는 지속가능국가'의 비전 달성을 위해 모두가 사람답게 살 수 있는 사회, 모든 세대가 누리는 깨끗한 환경보전, 삶의 질이 향상되는 경제성장, 인권보호와 남북평화, 지구촌 협력강화 등 5대 전략하에서 17개 목표를 수립했다.
5대 전략	모두를 포용하는 지속가능국가 **사람** 사람이 사람답게 살 수 있는 사회구현: ·빈곤감소 및 사회안전망 강화 ·식량안보 및 지속가능한 농업 강화 ·건강하고 행복한 삶 보장 ·교육증진 ·포용적이며 안전하며 회복력있는도시와 주거지 조성 **지구환경** 모든 세대가 누리는 깨끗한환경보전: ·건강하고 안전한 물관리 ·에너지의 친환경적 생산과 소비 ·기후변화대응 ·해양생태계보전 ·육상생태계보전 **번영** 삶의 질이 향상되는 경제성장: ·좋은 일자리 확대와 경제성장 ·사회기반시설 구축, R&D 확대 및 경제성장 ·지속가능한 소비생산 증진 **평화** 인권보호와 남북평화: ·성평등 보장 ·불평등 해소 ·인권·정의·평화 **파트너십** 지구촌 협력강화: ·지구촌 협력 강화
17개 목표	빈곤층 감소와 사회안전망 강화 / 식량안보 및 지속가능한 농업 강화 / 건강하고 행복한 삶 보장 / 모두를 위한 양질의 교육 / 성평등 보장 / 건강하고 안전한 물관리 / 에너지의 친환경적 생산과 소비 / 좋은 일자리 확대와 경제성장 / 산업의 성장과 혁신 활성화 및 사회기반시설 구축 / 모든 종류의 불평등 해소 / 지속가능한 도시와 주거지 조성 / 지속가능한 생산과 소비 / 기후변화와 대응 / 해양생태계 보전 / 육상생태계 보전 / 평화·정의·포용 / 지구촌 협력 강화

출처 환경부 지속가능발전위원회(2019), 국가 지속가능발전목표 수립 보고서.

화하고 인권중심적인 이민정책을 실시"하는 데 주요 내용을 두고 있다. 주요 정책으로는 다층적 노후소득 보장체계 내실화, 장애인 고용서비스 및 직업재활 지원, 고용보험 및 산재보험 사각 해소, 실업급여 보장성 확대를 통한 고용 안전망 강화, 이민정착 지원 및 인권보호 강화 등으로 이민정착에 대한 지원도 포함되어 있다.

K-SDGs 세부목표 10-5는 "내·외국인 권익을 균형적으로 보장하는 이민정책을 통한 상호 문화 이해 환경을 조성한다."로, 이에 대한 정책과제는 ① 이민단계별 정착 지원 및 사회통합 촉진 ② 이민배경 자녀 역량 강화 ③ 이민자 사회통합을 위한 균형 있는 복지제도 운영 ④ 이민자 인권보호체계 강화 ⑤ 문화다양성 증진 및 수용성 제고를 제시하고 있다.

3 국제 이동과 재외동포 현황

① 국제 이동의 추세

경제·문화 발전과 세계화의 영향으로 우리나라에도 국내에 체류하는 외국인이 증가하고 있다. 2017년부터 2019년까지 국내체류 외국인은 218만 명에서 252만 5,000명으로 늘어났으며, 전체 인구 대비 체류외국인 비율은 4.21%에서 4.87%로 매년 증가 추세이고, 향후 지속적으로 증가할 것으로 예상된다. 단, 2021년에는 코로나-19 팬데믹의 영향으로 체류 외국인은 195만 7,000명으로, 전체 인구 대비 체류외국인 비율은 3.79%로 감소했다.

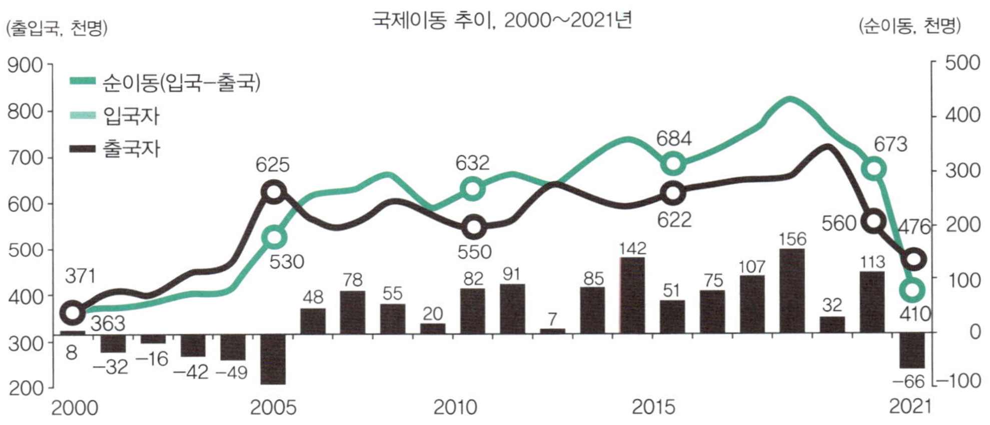

- 체류기간 90일 초과 국제이동자(입국자 + 출국자)는 총 88만 7,000명 전년 대비 34만 7,000명(−28.1%) 감소
- 입국자 41만 명, 전년 대비 26만 3,000명(−39.0%) 감소
- 출국자 47만 6,000명, 전년대비 8만 4,000명(−15%) 감소

그림 2-1 국제이동 추이

출처 통계청(2022), 2021 국제인구이동통계, p.1.

표 2-3 국제이동 구분

구분	내용
외국인 (foreigner)	「출입국관리법」 제2조 제2항에서 대한민국의 국적을 가지지 아니한 사람으로 정의하며, 외국인은 체류자격과 체류기간의 범위 내에서 국내에 체류할 수 있음
재외국민(=교민)	대한민국의 국민으로서 외국에 영주할 목적이거나 외국의 영주권 취득을 목적으로 외국에 거주하는 사람(「재외동포의 출입국과 법적지위에 관한 법률」 제2조)으로서 재외국민 주민등록을 한 사람(「주민등록법」 제6조 제1항 제3호)으로 정의한다. 즉, 이민이나 유학에 의해 해외에서 90일 이상 장기 체류하는 대한민국 국민을 말한다.

국제이동 (international migration)	상주지 국가를 떠나 체류기간 90일을 초과하여 이동한 경우
입국 (immigration)	외국에서 대한민국으로 이동해 체류기간 90일이 초과한 경우
출국 (emigration)	대한민국에서 외국으로 이동해 체류기간 90일이 초과한 경우
국제순이동(net international migration)	입국자와 출국자의 차이(순이동 = 입국자 − 출국자) • 순유입(입국 초과): 입국자가 출국자보다 많은 경우 • 순유출(출국 초과): 출국자가 입국자보다 많은 경우

출처 통계청(2022). 2021 국제인구이동통계. p.41.

② 외국인 입국

한국은 짧은 시간 동안 놀라운 경제성장을 이루어 눈부신 결실을 맺었으나, 산업현장에서 나타난 3D 업종 기피현상의 대안으로 외국인의 노동시장 유입 규모가 급격하게 커졌다. 이와 함께 농촌지역에서 결혼이민이 양적으로 증가했다.

외국인의 입국 당시 체류자격은 취업(30.4%)의 비율이 가장 높았고, 그 뒤로 유학·일반연수(28.8%), 재외동포(15.1%), 영주·결혼이민 등(13.6%)의 순이었다.

한국의 국내 체류 외국인은 230만 6,075명으로, 전체 인구대비 3.93%를 차지했는데, 전체 체류외국인 중 장기체류자가 약 161만여 명, 단기체류자가 약 42만여 명이다(법무부, 2021).

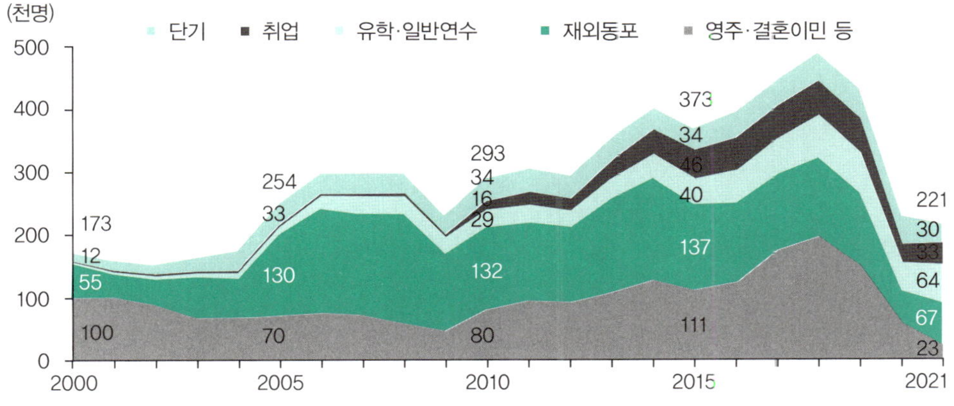

※합계는 기타체류자격을 포함한 수치임.

그림 2-2 외국인 입국 당시 체류자격별 추이

출처 통계청(2022). 2000~2021년 외국인 입국 당시 체류자격별 추이. p.13.

연도별 인구 대비 체류외국인 현황을 보면 전체 인구 대비 체류외국인 비율은 코로나-19의 영향으로 2019년 4.87%에서 2021년 3.79%로 감소했다가 2022년 4.37%로 증가했다(그림 2-3).

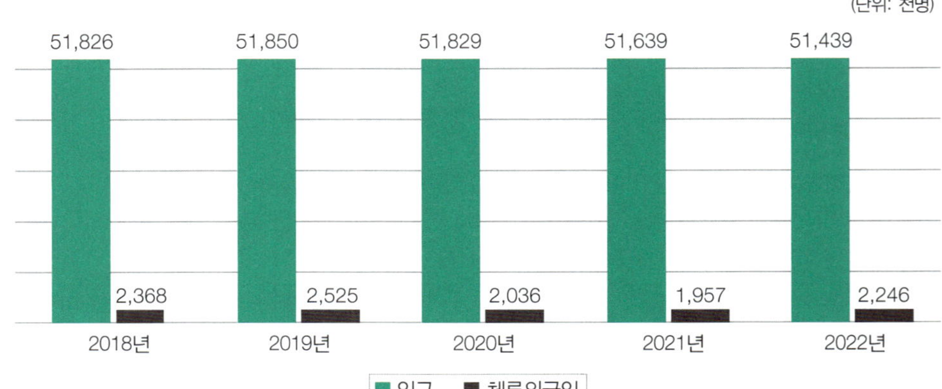

(단위: 명)

구분	2018	2019	2020	2021	2022
전체 인구	51,826,059	51,849,861	51,829,023	51,638,809	51,439,038
체류외국인	2,367,607	2,524,656	2,036,075	1,956,781	2,245,912

그림 2-3 한국의 국내 체류 외국인

출처 https://www.moj.go.kr/moj/2412/subview.do

2 다문화공간의 형성

1 디아스포라의 개념과 현황

(1) 디아스포라

글로벌리즘(globalism)과 글로벌리제이션(globalization)의 국경장벽이 허물어진 현대사회는 세계적 거버넌스를 형성하고 있다. 세계화로 인해 자유롭게 이동할 수 있고 유동범위가 커짐으로써 디아스포라(diaspora) 현상은 전 세계적인 사회적 현상으로 확대되었다.

디아스포라는 '흩어져 사는 사람', '흩어져 사는 곳'을 의미하며, 본디 전쟁에 의한 포로수용, 강제징용, 망명, 추방 등에 의해 타국으로 이주한 후에도 유대교의 규범과 생활관습을 유지하는 유대인을 지칭했다. 그러나 현대사회에서는 단순한 이주의 의미를 넘어 비록 타국에 정착했으나 고국의 자아정체성 유지를 목적으로 동일 출신국가 이주민으로 형성된 집단을 의미한다. 따라서 디아스포라가 지칭하는 영역의 범위가 더욱 확대되면서 디아스포라의 개념은 외국인 근로자, 외국 국적의 동포, 결혼이민자, 귀화자, 외국인 주민 자녀, 유학생, 기타 외국인, 이 밖에 자국의 국적 이외에 이주국가의 국적을 취득한 귀화자, 외국 국적의 가족구성원을 보유한 다문화가정의 자녀, 학업을 목적으로 체류하고 있는 유학생 등의 모든 개념을 포함하게 되었다.

한국도 현재 세계에서 대표적인 디아스포라 국가 중 하나로, 전 세계에 흩어진 재외동포 수는 1976년 100만 명이 넘었으며, 2021년말 기준 700만 명이 넘었다. 이는 인구 약 5,000만 명 중 거의 15%에 이르는 수준이다.

(2) 해외이주와 재외동포의 역사

우리나라 안에서 외국인의 다문화공간 형성과 디아스포라를 언급함에 앞서서 우리 국민이 해외이주를 통해 그 나라에서의 소수자로서 이주 과정과 현황을 파악하는 것은 의미 있는 일이다. 세계화로 인해 다문화에 대한 관심을 가지고 우리나라 안에서 세계화를 올바르게 정착시키는 일은 문화다양성 사회에 대한 이해와 문화적 역량을 갖춘 성숙한 세계시민

재외동포기본법

(2023.11.10. 시행) 제2조(정의)에서 "재외동포"란 다음 각 목의 어느 하나에 해당하는 사람을 말함.

- 대한민국 국민으로서 외국에 장기체류하거나 외국의 영주권을 취득한 사람
- 출생에 의하여 대한민국의 국적을 보유했던 사람(대한민국 정부 수립 전에 국외로 이주한 사람을 포함한다) 또는 그 직계비속으로서 대한민국 국적을 가지지 아니한 사람

재외동포의 출입국과 법적 지위에 관한 법률

(2020.2.4. 시행) 제2조(정의)에서 "재외동포"란 다음 각 호의 어느 하나에 해당하는 자를 말함.

- 대한민국 국민으로서 외국의 영주권(永住權)을 취득한 자 또는 영주할 목적으로 외국에 거주하고 있는 자(이하 "재외국민"이라 한다)
- 대한민국의 국적을 보유했던 자(대한민국정부 수립 전에 국외로 이주한 동포를 포함한다) 또는 그 직계비속(直系卑屬)으로서 외국국적을 취득한 자 중 대통령령으로 정하는 자(이하 "외국국적동포"라 한다)

이 되어가는 과정이다.

코리안 디아스포라의 역사는 19세기 중엽부터 시작되었기 때문에 유대인, 중국인, 그리스인, 이탈리아인 등의 세계 여러 민족에 비교했을 때 역사는 매우 짧지만, 현재는 세계에서 대표적인 디아스포스 국가로 손꼽힌다.

코리안 디아스포라의 역사는 크게 네 시기로 구분할 수 있다.

① 1860~1910년: 한일강제병합 시기

구한말 봉건재의 피해와 기근, 빈곤, 압정을 피해 중국, 러시아, 하와이 등지로 이주했다. 미국 하와이 사탕수수 농장으로의 한인 이주는 1902년 미국 상선 게일릭호를 타고 미국 하와이 호놀룰루에 한국인 102명이 입항한 최초의 한국 이민 역사이며, 1905년까지 7,226명이 이주했는데, 이들은 대부분 20대의 독신 남성이었다. 20대 독신 남성이 일하러 간 후 1,000명가량의 한인 여성이 '사진 신부'로서 1924년 하와이로 건너가 이민 가정을 형성했다. 그로부터 한 세기를 넘긴 지난 2021년 재미동포는 263만여 명으로 늘어났으며, 미주 한인 100주년 기념사업회에서는 100주년 기념으로 2023년 5월 9일을 '미주한인의 날(The Korean American Day)'로 제정하여 한인들이 미국사회 건설에 기여한 부분을 인정받았다.

그림 2-4 고려인 강제 이주경로(1937년)

하와이 외에도 1905년 멕시코 유카탄에서 쿠바를 거쳐 남미로 흘러간 경우와 중국 내 조선족은 약 235만 명(2021년 기준, 외교부)의 이주 소수민족으로 약 160년의 역사를 가지고 있다.

② 1910~1945년: 일제 강점기 시기

두 번째 시기는 일제 통치시기로, 토지와 생산수단을 빼앗긴 농민과 노동자가 만주와 일본으로 이주하거나 정치적 난민, 독립운동을 위해 고국을 떠난 경우이다. 이 시기에는 1931년 만주사변과 1932년의 만주국 건설을 계기로 만주지역 개발을 위해 한인의 대규모 집단이주가 실시되었으며, 이로 인해 1930년 후반 만주지역의 한인 인구는 약 50만 명 정도로 증가했다.

제1차 세계대전 중 일본의 경제발전을 위해 한인을 노동자로 사용했고, 1937년 중일전쟁과 1941년 태평양전쟁 시에는 대규모의 한인이 광산과 전쟁터로 끌려갔다. 이 시기에 강제이주된 한인들은 당시 러시아였던 우즈베키스탄과 카자흐스탄에서 '고려인' 사회를 만들었다. 러시아와 중앙아시아에 퍼져 있는 재외동포 수(2021년 기준, 외교부)는 러시아에 거주하는 약 16만 명을 비롯하여 우즈베키스탄에 약 17단 명, 카자흐스탄에 약 10만 명이 주류를 이루며, 그밖에 키르기스스탄에 약 1만 8,000명, 우크라이나에 약 1만 3,000명 등으로, 약 48만 명에 이른다.

③ 1945~1962년: 남한의 최초 이민정책 수립

세 번째 시기는 남한 최초로 이민정책을 수립한 시기이다. 많은 한인이 한국전쟁을 전후해서 발생한 전쟁고아, 미군과의 결혼, 혼혈아, 유학, 가족 재회 등을 이유로 미국과 캐나다로 이주했다. 1950년부터 1964년까지 6,000명가량의 여성이 미군의 배우자로, 5,000명가량의 아동이 전쟁고아, 혼혈아, 입양아로 미국으로 건너갔으며, 이 두 부류의 이민자들이 전후 한인 이민자의 2/3를 차지했다. 1945년부터 1965년까지 6,000명가량의 유학생이 '아메리칸 드림'을 꿈꾸며 미국으로 건너갔고, 그중 적지 않은 학생이 미국에 정착했다. 이들은 미군과 결혼한 한인 여성과 마찬가지로 1965년 미국으로의 이민 문호가 활짝 개방되었을 때 가족을 초청하여 연쇄이민의 기틀을 마련했다.

④ 1962~현재: 정착을 목적으로 한 자발적 이민

1962년부터 현재까지는 정착을 목적으로 한 자발적이거나 취업과 교육, 사업 등의 이민이 시작되었으며, 이로 인해 약 150개 나라에 한인이 거주하게 되었다. 특히 1960년대는 간호사와 광부가 독일로 떠났고, 베트남 전쟁을 통해 동남아 진출을 시도했으며, 1970년대는 중동 건설로 인해 이주가 있었고, 이들 중 일부는 호주와 뉴질랜드로 건너가기도 했다.

1962년 남한 정부는 남미, 서유럽, 중동, 북미로 집단이민과 계약이민을 시작했으며, 이 시기의 이민정책은 잉여인구를 외국으로 내보냄으로써 인구 압력을 줄이고 해외에서 일하는 교포가 송금하는 외화를 벌기 위한 목적이었다. 1960년 중반 미국과 캐나다가 그 이전까지는 북서구 유럽계 이민자만을 선호하던 이민법을 개정해서 이민의 문호를 한인에게도 개발하자 많은 한인이 보다 넓은 신분 상승의 기회를 찾아 미국과 캐나다로 이주했으며, 특히 이 시기에는 고등교육을 받은 중산층이 이민을 적극적으로 시도했다.

(3) 세계 속의 한국인

최근 한국에서는 경제성장과 사회문화발달, 인구문제 등 여러 가지 사회현상으로 인해 재외동포에 대한 관심이 전체적으로 높아지고 있다. 현재 한국의 재외동포는 주로 미국, 일본, 중국, 러시아 및 중앙아시아에 많이 분포되어있다.

(4) 전 세계 재외동포 현황

전 세계에 흩어진 재외동포 수는 1976년 100만여 명에서 1991년에는 중국동포 등을 포함하여 약 400만 명으로 증가했고, 2007년에는 700만 명을 넘어섰다. 재외동포 수는 약 732만 명(732만 5,143명, 2021년 기준)으로, 외국 국적 동포(시민권자) 481만 3,622명, 재외국민 251만 1,521명으로 구성되며, 이는 남한의 인구의 거의 15%에 이르는 수준이다. 미국에 약 260만 명을 비롯하여 중국과 일본에 전체 재외동포의 80%가 살고 있다.

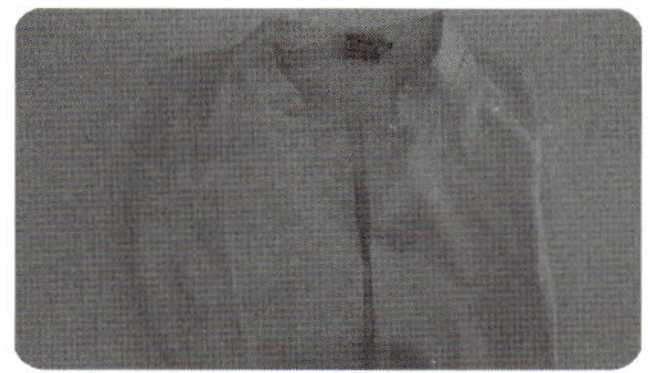
간호복

광부복, 장비 일괄

1905년 멕시코 에네켄 농장

한국이민사박물관 입구

한국이민사박물관 외관

한국이민사박물관은 2023년 미주 이민 100주년을 맞아 우리 선조의 해외에서의 개척자적인 삶을 기리고 그 발자취를 후손에게 전하기 위해 인천광역시 시민과 해외동포가 함께 뜻을 모아 건립한 우리나라 최초의 이민사박물관이다. 우리나라 첫 공식 이민의 출발지였던 인천에 한국 최초의 이민사박물관을 건립함으로써 100여 년의 한인이민역사를 체계화했으며, 관련 역사적 유물 전시, 연구 및 교육을 수행하고 있다.

그림 2-5 UNESCO에 등재된 무형문화유산

출처 www.incheon.go.kr/museum

표 2-4 한국의 재외동포

조선족	일제 때 만주로 이주한 사람
러시아 고려인	러시아어로는 '카레이스키'라고 하며, 일제 때 연해주로 간 사람
재일교포	재일동포라고도 하며 일본에 살고 있는 한국계 거주자
사탕수수밭의 한인 노동자와 (사진 신부)	1903년 하와이 호놀룰루항에 최초로 100여 명의 한인이 사탕수수밭에서의 노동을 위해 정착함. 정착 이민자는 대부분 독신 남성으로, 하와이에는 결혼할 여성이 없어 아내가 될 여성을 찾기 위해 한국으로 사진을 보냈고, 사진을 받은 한국 여성이 남편이 될 사람을 만나기 위해 태평양을 건너갔는데, 이를 '사진신부(picture bride)'라고 하며, 이들은 하와이에 정착하여 뿌리를 내렸다.
멕시코 에네켄 농장의 노동자	1905년 인천 제물포에서 멕시코로 건너가 노동자로 정착
독일 광부와 간호사	1960~1970년대 독일에 파견되어 간호사와 광산 노동자로 정착
브라질과 아르헨티나	인구과밀화, 식량난 해소 차원에 국가 차원의 권장(1963년 브라질 이민, 1965년 아르헨티나와 파라과이, 1980년 후반 멕시코)

표 2-5 재외동포의 지역별 · 연도별 현황 (단위: 명)

지역별 \ 연도별		2015	2017	2019	2021	백분율 (%)	2019년 대비 증감률(%)
총계		7,292,485	7,539,821	7,493,587	7,325,143	100	-2.25
동북 아시아	일본	855,725	818,626	824,977	818,865	11.18	-0.74
	중국	2,585,993	2,548,030	2,461,386	2,350,422	32.09	-4.51
	소계	3,441,718	3,366,656	3,286,363	3,169,287	43.27	-3.56
남아시아태평양		510,633	557,791	592,441	489,420	6.68	-17.39
북미	미국	2,238,989	2,492,252	2,546,982	2,633,777	35.96	3.41
	캐나다	224,054	240,942	241,750	237,364	3.24	-1.81
	소계	2,463,043	2,733,194	2,788,732	2,871,141	39.20	2.96
중남미		105,243	106,794	103,617	90,289	1.23	-12.86
유럽		734,702	739,826	687,059	677,156	9.24	-1.44
아프리카		11,583	10,853	10,877	9,471	0.13	-12.93
중동		25,563	24,707	24,498	18,379	0.25	-24.98

출처 외교부(2021). 재외동포현황 2021. p.14.

표 2-6 거주자격별 재외동포 현황 (단위: 명)

지역별 \ 연도별		재외국민				외국국적 동포 (시민권자)	총 계
		영주권자	일반체류자	유학생	계		
총계		1,018,045	1,322,133	171,343	2,511,521	4,813,622	7,325,143
동북 아시아	일본	342,839	78,953	13,082	434,874	383,991	818,865
	중국	8,979	213,822	34,074	256,875	2,093,547	2,350,422
	소계	351,818	292,775	47,156	691,749	2,477,538	3,169,287
남아시아태평양		94,355	285,457	38,020	417,832	71,588	489,420
북미	미국	434,458	626,005	43,459	1,103,922	1,529,855	2,633,777
	캐나다	60,269	19,114	17,357	96,740	140,624	237,364
	소계	494,727	645,119	60,816	1.200,662	1,670,479	2,871,141

지역별 \ 연도별	재외국민				외국국적 동포 (시민권자)	총 계
	영주권자	일반체류자	유학생	계		
중남미	41,200	8,910	320	50,430	39,859	90,289
유럽	34,344	65,405	23,497	123,246	553,910	677,156
아프리카	1,470	7,356	500	9,326	145	9,471
중동	131	17,111	1,034	18,276	103	18,379

출처 외교부(2021). 재외동포현황 2021. p.28.

표 2-7 재외동포 다수거주국가 현황

(단위: 명)

순위	국가(지역)명	2021 재외동포 수	순위	국가(지역)명	2021 재외동포 수
1	미국	2,633,777	16	아르헨티나	22,847
2	중국	2,350,422	17	싱가포르	20,983
3	일본	818,865	18	태국	18,130
4	캐나다	237,364	19	키르기즈공화국	18,106
5	우즈베키스탄	175,865	20	인도네시아	17,297
6	러시아	168,526	21	말레이시아	13,667
7	호주	158,103	22	우크라이나	13,524
8	베트남	156,330	23	스웨덴	13,055
9	카자흐스탄	109,495	24	멕시코	11,107
10	독일	47,428	25	인도	10,674
11	영국	36,690	26	캄보디아	10,608
12	브라질	36,540	27	아랍에미리트	9,642
13	뉴질랜드	33,812	28	네덜란드	9,473
14	필리핀	33,032	29	덴마크	8,694
15	프랑스	25,417	30	노르웨이	7,744
기타 국가(지역) 재외동포 수					97,926
총 재외동포 수					7,325,143

출처 외교부(2021). 재외동포현황 2021. p.43.

2 다문화공간의 형성

킴리카(Kymlicka, 2005)는 서구 사회에서 다문화주의가 등장하게 된 배경을 ① 저출산과 고령화로 인한 이주노동자의 유입, ② 1960년대의 인권운동의 영향으로 인한 내국인과 소수인종 집단의 권리의식 고양, ③ 민주주의의 확립, ④ 냉전의 종식으로 지정학적 안전의 확보와 그로 인한 소수인종 집단에 대한 억압과 통제 필요성의 감소, ⑤ 자유민주주의에 대한 광범위한 합의와 지지의 존재로 설명한다. 세계화에 따른 양각화 현상과 상호의존성이 낳은 환경 속에서 저개발국가의 실업자가 경제적 목적으로 경제개발국가로 이주하는 '이주의 시대'가 도래한 것이다(김이선 외, 2007)

다문화공간은 기본적으로 '이주한 외국인이 밀집해서 공동체를 형성하며, 그들의 문화를 보존하여 경관으로 나타나는 지역'을 뜻하고 있다. 사회적 범주화에 따른 소수집단의 사회공간적 문제가 표면화된 것이 다문화주의에 관한 더 활발한 논의로 이어지기 시작하면서 그들이 사는 공간에 대한 관심 역시 늘어났다(Kymlicka, 1995). 그리고 사회발전 과정에서 파편적으로 드러나는 공간적 현상은 무시되어왔다는 주장과 공간에 대한 시간 특권화의 반작용으로 '공간적 전환(spatial turn)'이 제시되면서, 다문화를 포함한 여러 사회현상을 공간적으로 바라보기 시작하는 경향이 생겨났다. 한국도 공간적 맥락의 분석 필요성이 대두함에 따라 외국인 공동체 역시 '다문화공간'이라는 개념으로 정립하는 작업이 이루어지기도 했다.

여러 민족의 이주민이 모여서 공동체를 형성한다는 특성 때문에 이 공간을 초국가적 사회공간(transnational social spaces)이라고 부르기도 한다. 이를 통해 하나의 지리학적 공간에 여러 사회문화가 겹쳐서(stacked social spaces) 나타날 수 있음을 보여주었다. 또한 사회학에서는 공간 속에서 이주민이 소수집단(minority)에 해당함에도 불구하고 그들의 문화적 정체성을 보존하고, 경제활동을 진행한다는 점에 주목하여 이 공간을 민족거주공간(ethnic enclave)으로 지칭하는 경우도 많다(Eriksson, 2020). 이 경우에는 상대적 소수자에 해당하는 민족은 집단으로 뭉쳐서 거주함으로써 그들의 정체성을 드러내고 주요 집단과의 교류를 시도한다고 본다.

반면 고용허가제 이후 21세기 초부터 새롭게 등장한 다문화공간은 이주민이 우리 사회에 편입하려는 노력을 중점적으로 행하고, 구성원도 이제는 개발도상국에서 단순 일용직 종사자 혹은 결혼 이주를 목적으로 온다. 초기와 후기 다문화공간 간의 가장 큰 차이점은 한국에 유입하는 목적이며, 이주민과 한국 간의 관계이다. 후기 다문화공간의 경우 이주민은 한국에서 거주하는 것을 하나의 기회로 여기고 있으며, 이에 따라 초기 다문화공간보다 한국사회와 적극적으로 교류하고 통합하려는 한편, 이주민 간의 공동체의식 역시 이전보다는 강화된 형태로 나타난다(임석회, 2011; 김진열 외, 2019).

유입되는 이민자의 국적도 달라졌는데, 기존 다문화공간은 미국, 일본 등 그 당시 한국보다 경제적으로 우위에 있는 이민자들이 형성한 공간이라면, 후기 다문화공간은 중국, 베트남, 인도네시아 등에서 유입된 저임금 노동자 및 결혼이민자가 만든 공간이다.

3 다문화공간과 사회통합

(1) 다문화공간에서의 사회통합의 의미

최근 한국 사회는 경제성장과 저출산·고령화 및 3D 업종 인력 부족 등으로 인해 초국적 이주가 급속히 증가하여 여러 종류의 문화가 함께 존재한다. 그러므로 서로 잘 헤아리고 너그럽게 받아들이며 대처할 수 있는 사고방식이 필요하며, 초국적 이주자의 환대에 대한 공간이 절실하다. 그리고 초국적 이주공간은 이주자와 원주민의 끊임없는 인정과 투쟁의 결과물이며, 그 공간을 원주민이 받아들인다는 자체가 인정의 출발점이자 평등과 사회정의로 특징지어져 나타나는 다문화주의의 시작점이라고 본다.

'다문화'라는 뜻은 '많을 다(多)' 자에 '문화(文化)'라는 달이 붙어서 생긴 것으로, 여러 나라의 다양한 생활양식이라고 말할 수 있으며, 다인종-다문화 사회의 형성은 한 개인 혹은 구성원 집단이 자의나 타의로 원 사회를 떠나 다른 지역으로 이동함으로써 생겨난 현상이다. 그러나 이주는 때로 한 국가의 문제이자 국가 간의 문제이면서 다른 한편으로는 개인적 문제, 인종의 문제로도 나타난다.

다문화는 여러 유형의 이질적인 문화가 하나의 제도권 안에서 상호교류를 통해 형성되는 것을 말한다. 6개 대륙에 수많은 민족이 분화한 인류는 오래 전에는 물적 자원을 주고받는 교류를 주로 해왔지만, 21세기에 접어들면서 교통, 통신의 발달과 세계화의 영향으로 정치, 사회, 경제 및 문화 영역에 이르기까지 다방면에 영향을 미치면서 다문화사회를 형성하게 되었다. 현대사회는 정보와 통신의 발달로 국가 간 인구이동이 잦아지면서 국가의 장벽이 유연해졌고, 한 사회 안에서 서로 다른 인종, 언어, 계급, 종교, 문화가 공존하는 '다문화사회'를 형성했다. 우리나라도 이러한 세계 흐름에 따라 국제결혼, 이주 외국인 노동자, 북한이탈주민, 유학생 등 다양한 사회문화적 배경을 지닌 사람이 지속적으로 증가하는 추세이다.

(2) 사회통합을 위한 노력

1994년 UN이 개최한 세계사회발전정상회의(World Summit for Social Development)에서는 '사회통합'을 다음과 같이 두 가지 의미로 정의했다.

UN이 개최한 세계사회발전정상회의에서 '사회통합' 의미

1. '배제(exclusion)'와 대비되는 '포용(inclusion)': 더 많은 사람에게 정의, 물질적 복지, 정치적 자유 등의 더 많은 혜택을 주는 것을 의미한다.
2. 해체와 대비되는 '조화와 유대(harmony and solidarity)'
   - 가족이나 공동체 등이 해체되고 범죄나 부패 등으로 사회질서가 와해되는 것을 방지하는 것
   - 이주민에 의한 다문화사회 현상과 관련한 사회통합에 대해서는 국제이주기구(IOM)에서 "특정 국가의 통합정책은 통일성과 단문화적(monocu ture) 형태를 지향하는 '동화정책'과 다양한 가치와 문화를 지향하는 '다문화정책'의 양극단의 연속선상에 위치"하는 정책

사회통합을 이룩하기 위한 핵심 구성요소에 대한 연구 또한 많은 분야에서 연구가 활발하게 이루어지고 있다. 사회통합의 의미를 다각적인 차원에서 접근하기 위해 제시된 다섯 가지의 통합 차원은 다음과 같다.

보베와 젠슨(Beauvais and Jenson) 사회통합의 통합 차원 5가지

① 공통된 가치와 시민 문화(common values and civic culture)
② 사회 질서와 사회 통제(social order and social control)
③ 사회적 연대와 부의 격차 감소(social solidarity and reductions in wealth disparities)
④ 사회적 관계와 사회적 자본(social networks and social capital)
⑤ 지역적 소속감과 정체성 (Territorial belonging and identity

OECD에서도 사회통합을 위한 구성요소를 다음과 같이 제시하고 있다.

OECD의 사회통합 구성요소

① 기회 균등, 경제적 불평등 해소, 공공사회지출비용, 실업률 등과 같은 '사회적 포용(social inclusion)'
② 대인 및 기관 신뢰, 사회 참여, 자원봉사 및 기부, 관용 등과 같은 '사회적 자본(social capital)'
③ 직업 자유, 승진 기회, 지위 사다리 등과 같은 '사회적 이동(socialmobi ity)' 등

모든 다문화가정이 부적응 양상을 보이는 것은 아니지만, 많은 다문화가정이 사회적 편견과 함께 열악하고 불안정한 가정환경 등으로 인한 갈등을 겪는다. 문화 차이에 따른 가치관 충돌, 언어문제에 따른 의사소통 및 서로에 대한 이해 부족, 양육 및 교육 문제 등으로 인해 다문화가정 아동은 일찍부터 정체성 혼란 및 심리·정서적 갈등을 겪는다. 전 세계적으로 진행된 세계화는 외국인 노동자와 이민자의 필연적 증가를 초래했으며, 이로 인한 다양한 문화의 유입으로 자국민과 이방인 간의 사회적 통합에 관한 고민이 발생했다. 세계화(globalization)와 개방화(liberalization)의 영향으로 우리가 살아가는 지구촌은 국가, 인종, 직업, 외모, 이념을 넘어선 새로운 형태의 사회통합의 의식이 필요해졌다. 그러므로 다차원적 사회통합 모델을 개발하여 자신의 세대뿐만 아니라 나아가 자녀 세대의 사회통합까지 이어지는 중장기적 발전방안을 수립해야 한다. 이를 위해서는 관계부처 간의 유기적인 업무협조가 필요하다.

① 지원을 위한 지역 네크워크 구축

다문화가족의 욕구를 해결하기 위해 스스로가 조직화될 수 있도록 도와주고, 지역사회의 인적·물적 자원을 조직적으로 통합해 자원이 필요한 사람과 그 자원을 제공해줄 수 있는 사람을 조직적으로 연계해주는 역할을 해야 한다. 또한 다문화가정 학생의 교육격차 해소 및 통합교육, 일반 학생의 다문화 감수성 및 이해 제공 등을 위해 노력하고 있고, 학교와 교육청, 지역사회가 협력하여 다문화 학생에 대한 멘토링, 한국어 교육, 기초 교과교육, 생활 및 학습상담, 문화체험 등 다양한 활동을 진행하고 있다.

② 다문화 민감성 향상

앞으로 다문화적 배경을 가진 사람은 더욱 증가할 것이며, 발생하는 문제의 지원에는

한계가 있을 것이다. 한국 사회의 대다수를 차지하는 한국인의 의식 및 태도를 변화시키고 다문화적 상황에 적극적으로 대응할 수 있는 역량을 보유하기 위해서는 다문화 민감성의 증진이 필요하다. 다문화에 대한 고정관념과 편견을 해소하기 위해서는 타 문화에 대해 수용성을 향상시킬 수 있는 문화적 감수성 증진 프로그램이 필요하다.

③ 다문화가족의 가족통합

외국의 이민은 아버지인 근로자를 중심으로 온 가족이 함께 들어오기 때문에 가족은 더욱 단결되고 화목해질 수 있는 계기가 되지만, 한국으로 이주한 결혼이민자의 경우 보통 외국인 여성이 낯선 가정으로 들어와 언어소통의 미흡과 문화이해 차이로 갈등이 많다.

국제결혼 부부의 가족해체 시 자녀문제, 불법체류, 인권문제, 국가 이미지 훼손 등 다양한 문제가 수반된다. 따라서 다문화가족이 서로 존중할 수 있는 가족통합이 필요하다.

④ 다문화 관련 교육

대부분의 국가에서 사회통합을 위한 교육정책은 부족한 부분이라 할 수 있다. 새롭게 이주해온 학생은 의무교육의 권리를 가질 수 있어야 하며, 이에 대한 전문적 평가와 모니터링도 이루어져야 한다. 이주학생은 동등한 사회 환경에서 다른 학생과 동등한 교육적 혜택을 받을 수 있어야 하며, 빠른 적응을 위한 언어적 교육이 뒷받침되어야 한다. 문화 차이에 대한 차별과 편견을 없애기 위한 평등에 대한 교육도 모든 학생을 대상으로 이루어져 미래에 발생할 수 있는 사회적 갈등을 교육 차원에서 예방할 수 있어야 한다.

다양성 존중 학생들 따뜻이 품는 열린 쉼터

1955년 개교한 안산 원곡초는 경기도교육청이 지정한 '다문화영역국제혁신학교'다. 전교생은 400명이 넘지만 이 중 한국인은 단 6명뿐인 이곳 다문화학교는 벨소리도 단순하지 않다. 자주 쓰는 문장을 골라 교사들이 3개 국어로 벨을 직접 녹음·제작해 들려주는 학교, 가정 알림문조차 특별하다. 구글 번역기, 통역사를 동원해 학생 개별 맞춤형으로 배부한다.

학부모 출신 나라도 다양하다. 특히 중국, 우즈베키스탄, 러시아, 인도, 카자흐스탄, 캄보디아, 베트남, 파키스탄, 태국, 페루, 타지키스탄, 필리핀, 우크라이나, 일본, 콩고, 인도네시아 등 17개국이나 된다. 학교는 존재 자체로 세계화가 됐다.

학교 교육방향도 일반 학교와는 180° 다르다. 가장 집중하는 것은 국어교육이다. 다문화가정 자녀들이어서 한국어에 서툴러 일부 학생들은 일상생활에 지장을 받고 있기 때문이다.

출처 경기신문(2022.06.14.), https://www.kgnews.co.kr/news/article.html?no=705354

생각해보기

01 앞의 '읽을거리'를 읽고 "다문화공간의 사회통합 방안"에 대한 의견을 제시해보자.

02 다문화사회의 편익과 발생되는 문제를 제시해보자.

참고문헌

01 강해순(2023).「잠재 혼합된 다문화 특성 유형에 따른 초국적 이주자 자녀의 진로 요소 차이와 가지 경로 분석」. 경상국립대학교 대학원 박사학위 논문
02 강혜영(2022).「다문화와 건강」. 서울: 현문사.
03 김경식 외(2020).「다문화사회의 이해」. 서울: 신정.
04 김이선, 황정미, 이진영(2007).「다민족 · 다문화사회의 이행을 위한 정책 패러다임 구축(I): 한국사회의 수용 현실과 정책과제」. 한국여성정책연구원.
05 박주현, 이은영, 장영(2022).「다문화사회의 이해와 실천」. 서울: 창지사.
06 백인순, 고민경(2018). “다문화가정 사례를 통해 바라본 초국적 이주와 공간(최병두의 이주 연구)”.「공간과 사회」, 28(4), 71–111.
07 외교부(2022).「재외동포현황 2021」.
08 이성미(2012).「다문화정책론」. 서울: 박영사.
09 이운영(2021).「초등학교 국어 교과서 문학작품에서의 다문화 내용 요소 분석」. 한국교원대학교 대학원 석사학위 논문.
10 제갈민정(2019).「다문화가정 아동의 자기표현 및 자발성을 위한 미술치료 질적사례연구」. 이화여자대학교 교육대학원 석사학위 논문.
11 최병두(2012). “초국적 이주와 한국의 사회 공간적 변화”.「대한지리학」, 47(1), 13–36.
12 최병두(2015). “행위자-네트워크이론과 위상학적 공간 개념”.「공간과 사회」, 25(3), 125–172.
13 최병두(2017). “관계이론에서 행위자-네트워크이론으로 : 초국적 이주 분석을 위한 대안적 연구방법론”.「현대사회와다문화」, 7(1), 1–47.
14 최병두(2018).「초국적 이주와 환대의 지리학」. 서울: 푸른길.
15 최영은(2021).「다문화사회의 국가 정체성과 다문화 정책」. 서울: 북코리아.
16 한권식(2009).「코리안 디아스포라를 통한 선교전략 연구」. 한세대학교 석사학위 논문.
17 허권 (2021).「다문화정책 담론에 따른 다문화 공간과 거버넌스 변화 – 안산시를 사례로–」. 서울대학교 석사학위 논문.
18 환경부 지속가능발전위원회(2019).「국가 지속가능발전목표 수립 보고서」.
19 Kymlicka, W. (2005). *Liberal multiculturalism, multiculturalism in Asia*. Oxford University Press.
20 Castles, S., and Miller, M. J.(2003). *The Age of Migration: International Population Movements in the Modern World*. New York: The Guilford Press.
21 Derrida, J.(2000). *Of Hospitality Anne Dufourmantelle Invites Jacques Derrida to Respond*. STANFORD.
22 Giddens, Anthony.(1991). Structuration Theory: Past, Present, and Future. In Christopher G. A. Bryant and David Jary. (eds.). *Giddens' Structuration Theory : A Critical Appreciation*, 201–220. New York: Routledge.

제 3 장

다문화사회의 이론

학습 성과

1. 다문화사회와 다문화주의를 이해할 수 있다.
2. 다문화사회의 용광로 이론을 설명할 수 있다.
3. 다문화사회의 모자이크 이론을 설명할 수 있다.
4. 다문화사회의 샐러드 볼 이론을 설명할 수 있다.
5. 다문화사회의 이론들을 비교하여 이해할 수 있다.
6. 다문화주의의 변천과 과제를 이해할 수 있다.
7. 사회통합정책 이론에 따른 다문화주의 모델을 설명할 수 있다.

다문화사회와 다문화주의

다문화사회란 한 국가의 전체 인구 중 외국 태생 인구비율이 5% 이상일 때를 의미하며, 다양한 인종, 문화, 가치가 한 국가에서 공존할 때, 우리는 다문화사회라고 한다. 단일민족, 단일국가, 단일문화를 자긍심으로 생각했던 한국도 2006년 다문화사회로의 공식적 전환이 시작되면서 다문화사회를 위한 다문화정책에 관한 다양한 논의가 이루어졌다.

'다문화사회'란 현재 진행형인 다문화주의를 포괄하는 사회를 말하는 것으로, 다문화사회가 되기 위해서는 사회구조와 제도가 다문화주의를 반영해야 하고, 구체화되어야 하며, 다양한 민족과 문화가 공존하는 사회임을 인정해야 한다. 다시 말해, 자유민주주의의 기본 원리와의 정합성을 높이면서도 다양성 증대에 따른 사회적 분절성을 극복하기 위한 새로운 '국민통합'의 이데올로기를 가지는 사회로 정의할 수 있을 것이다. 따라서 오늘날 다문화사회는 '개방성'과 '다양성'이 전제되어야 한다. 주류문화가 비주류문화에 비해 대중성 및 우월성이 상대적으로 넓다고 하여 그 문화를 중심으로 다른 문화를 편승시키거나 동화시키려는 시도는 옳은 다문화사회라고 말하기 어렵다. 가령, 외국계 국민을 그들 특유의 종교나 언어를 비롯한 고유문화에 대한 고려 없이 오로지 다수민이 속한 사회와 문화에 동화시켜야 하는 대상으로 바라보는 시각은 성숙한 다문화사회라고 보기 어려울 것이다.

그렇다면 다문화주의란 무엇인가? 다문화주의라는 개념은 1970년대 이후 다민족국가인 호주와 캐나다에서 본격적으로 대두했다. 이 시기는 세계 곳곳에서 국가적 규모의 인권운동이 활발하게 일어났던 시기로, 다민족국가의 입장에서는 문화다양성을 유지하기 위해 초반에는 문화 간의 충돌을 피할 수 없었겠지만 장기적으로 봤을 때에는 문화의 다양성을 지키기 위한 조화를 이루는 과정에 반드시 필요한 시기였다.

다문화주의는 민족과 인종의 다양성을 정의하는 것부터 주류집단으로의 동화주의가 아닌 소수집단의 문화권리와 다문화주의 국가정책에 이르기까지 다양한 범주와 영역을 포함하고 있다. 다문화의 적용범위를 구분한 마르코 마르티니엘로(Marco Martiniello)에 따르면, 다문화 적용범위와 적용방식에 따라 ① 온건한 다문화주의, ② 정책적 다문화주의,

③ 강경한 다문화주의로 나눌 수 있다. 강경한 다문화주의는 사회공동체에 대한 사회적 정신 자체의 재구성을 목표로 하는 다문화주의를 의미하며, 온건한 다문화주의와 정책적 다문화주의는 적용범위와 적용방식을 정책이나 제도의 보완 정도로 제한하는 다문화주의를 말한다.

다문화주의는 동화주의 개념과 상충되는 의미로 사용될 수 있는데, 다양한 민족의 이질적인 문화를 자연스럽게 수용하는 것을 목표로 하는 문화다원주의에서 발전한 개념이다. 일반적으로 다문화주의란 다양한 민족이 언어와 문화, 종교, 예술 등을 통해 서로의 정체성을 인정하고 함께 어우러져 살아가는 사회적 질서를 의미한다.

다문화주의에 대한 사전적 정의를 살펴보면, "학교, 기업, 이웃, 도시 또는 국가와 같은 조직적 수준에서 인종의 다양성과 운용상의 이유를 위해 하나의 특정 장소의 인구학적 구성에 적용되는 다양한 인종문화를 수용하는 것"이다. 그러나 다문화주의에 대한 정의는 학자마다 중요하게 보는 관점에 따라 다양한 시각에서 정의될 수 있기 때문에 광의적 의미에서의 다문화주의에 대한 정의가 필요하다.

종합해볼 때, 다문화주의에 대한 광의적 정의는 "현대사회가 평등한 문화적·정치적 지위를 지닌 상이한 문화집단을 끌어안을 수 있도록 다양한 민족구성과 이에 부합되는 정치적 문제, 즉 인권, 복지 등을 포괄하는 사회적 통합"이란 의미를 내포한다. 또한 동시에 "한 사회 속에 존재하는 다양한 인종집단의 문화를 단일문화로 동화시키지 않고 서로의 차이를 인정하고 존중하면서 공존하는 데 그 목적을 두는 이념체계 또는 체계적인 이론"으로 정의할 수 있다. 따라서 다문화사회 및 다문화주의에 대한 이해를 넓히기 위해서는 특정한 사회의 지배적인 문화의 억압으로 인해 실현되지 못한 다양한 문화적 차이에 대한 인식, 그리고 그 차이를 열린 마음으로 인정하고 포용하기 위한 일련의 문화적 상대주의 등으로 다문화주의를 이해할 필요가 있다. 한국도 다양한 문화가 모여 새로운 문화를 형성해나가고 있는 다문화사회로의 전환이 이미 시작된 시점에서 다문화주의에 대한 이해를 높이기 위해 관련된 몇 가지 다문화사회 이론을 살펴보고자 한다.

1 다문화사회 이론

(1) 용광로(melting pot)이론

용광로 이론은 1908년 미국에서 공연된 이스라엘 감독 쟁윌(Zangwill)의 연극 제목에서 유래되었다. 'melting pot'이라는 용어는 미국이 본국에 거주하는 다양한 인종과 문화를 흡수하기 위해서 하나의 거대한 용광로가 되고, 수많은 이민자를 철광석에 비유하면서 미국이 수많은 인종과 문화를 흡수하는 사회라는 의미로 사용되었다. 즉, 미국 사회의 주류인 앵글로색슨계 백인 문화(White Anglo−Saxon Proestant, WASP)에 용해되어 미국인이라는 새로운 인종으로 바뀐다는 의미로, 동화교육을 의미한다. 용광로의 동화는 완전 총체적인 동화를 의미하며, 공식을 이용하여 설명하면 "가 + 나 + 다 = 라"가 되는 것이다. 여기에서 "라"는 용광로 속에서 녹아 미국인이라는 새로운 정체성을 지닌 인간으로 다시 태어나는 것을 의미한다. 용광로 이론은 초창기 미국이 여러 민족을 하나로 통합하고자 하는 목표에 중점을 두고 동화 이론을 정리하여 체계적인 틀을 만들었다. 틀의 범주에는 인종과 민족, 종교, 사회계급, 도시와 시골 거주지역 등의 다양한 요소를 고려하여 주류문화로의 동화를 유도했다. 특히 동화를 문화적 동화(언어, 교육, 관습 등)와 구조적 동화(결혼, 소속, 사회클럽)로 구분하여 문화정책을 펼쳤으나 구조적 동화는 문화적 동화에 비해 잘 진전되지 않았던 것으로 평가된다.

그림 3-1 용광로(melting pot) 이론

이름처럼 용광로 이론은 용광로를 거치는 다양한 인종과 소수민족이 그 사회의 주류문화에 동화되어 거기서 태어난 사람처럼 전환되기를 기대하고 통일성과 일체성을 강조한 매우 이상적인 이론이었으나 ① 문화적 다양성에서 오는 가치를 전혀 고려하지 않았다는 점, ② 문화를 단순히 물질로 치부하여 합칠 수 있다는 지나친 이상주의적 이론이었다는 점, ③ 실질적으로 소수 문화를 주류문화에 흡수되기를 원한 강한 동화주의적 입장이었다는 점 등의 제한점이 있다. 따라서 현실적으로 다양한 문화적 차이가 존재하는 미국 사회에 적용하기 쉽지 않았기 때문에 많은 사회과학자에게 비난을 받았다.

그러나 용광로 이론이 비록 배타적으로 실시되었다 할지라도 해외 이민자의 다양한 문화를 수용했다는 점에서는 의미가 있으며, 이후 미국 문화는 용광로식의 강제 융화주의에서 문화다원주의 또는 다문화주의로 변화하게 되었다.

(2) 모자이크(mosiac) 이론

모자이크 이론의 이름은 1938년 캐나다의 존 머레이 깁슨(John Murray Gibson)의 저서 「캐나다식 모자이크」에서 유래했다. 그래서 캐나다를 모자이크 이론의 대표국가로 여기기도 한다. 모자이크 이론은 기존의 용광로 이론이 각 민족의 특수성을 인정하지 않은 정책이라는 비난과 반성을 기반으로 대두한 만큼, 캐나다는 이민자의 나라로서 가장 우선적인 국가적 관심사는 역사와 문화적 배경이 다양한 이민집단을 구성하여 다수의 이질적인 집단을 조화시킴으로써 원만한 사회통합을 이루는 것이었다.

모자이크 이론은 다양한 모양과 여러 색상의 조각인 이민자들이 모여서 하나의 아름다운 모자이크가 완성된다는 의미로, 모자이크 이론의 핵심은 다양한 인종이나 집단이 상호 공존하는 가운데 결합을 통해 한 사회의 전체 문화를 이루는 것이다. 이 과정에서 개별적

그림 3-2 모자이크(mosiac) 이론

인 문화가 구성요소가 되며, 이들이 조화를 이루면서 하나의 통합된 전체 문화를 만든다. 모자이크에서 각각의 개별 조각은 바로 해외 이주민의 고유한 전통적 특징과 문화를 대표하는 의미가 있으며, 전체 문화에서도 그대로 유지된다. 나아가 이주민은 정착한 국가에서도 모국과 지속적으로 관례를 맺을 뿐만 아니라 기존 문화를 계승 및 발전시킬 수 있는 활동에 적극적으로 참여할 수 있고, 이주국가에서도 이들의 활동이 지속가능하도록 다양한 정책을 제공한다. 다양한 문화를 적극적으로 수용한다는 의미에서 모자이크 이론은 다문화주의, 문화다원주의, 샐러드 볼 이론과 유사한 개념으로 사용되기도 한다.

하지만 모자이크 이론은 이민자의 민족적 특수성을 인정하는 다문화사회를 만들었음에도 불구하고, 그 바탕이 되는 밑그림은 문화적 제국주의를 근간으로 한다는 데 문제가 있어 비난을 받았다.

(3) 샐러드 볼(salad bowl) 이론

샐러드 볼 이론은 20세기 동·남유럽인의 미국 이민이 증가하자 칼렌(Kallen)에 의해 주장되었다. 미국의 용광로 이론이 시대의 변화에 맞지 않아 새로운 패러다임 요구가 커지면서 탄생한 이론으로, 캐나다의 모자이크 이론과 비슷한 면이 있다. 이 이론은 20세기 후반 세계화 시대로 진입하면서 기존 다문화주의에 대한 반성에서 출발했으며, 다양한 고유문화의 특성을 살렸을 뿐만 아니라 새로운 문화를 창조한다는 의미가 있어 최근 미국에서 지향하는 이론이다. 즉, 샐러드 볼 이론은 각 인종의 독특하고 다양한 개성 및 특성이 한 가지로 용해되지 않고 그대로 유지되면서 전체와의 조화 속에서 미국 사회를 구성해나간다

그림 3-3 샐러드 볼(salad bowl) 이론

는 이론이다. 일명 문화다원주의 이론의 동의어로 사용되며, 하위문화의 다양성을 인정하고 존중하는 터전 위에 문화통합, 국가통합의 가능성을 인정하는 이론이다. 용광로 이론이 단일민족 국가의 이론이라면 샐러드 볼 이론은 문화적 다원주의 개념이 내포된 것이라 할 수 있다. 이는 주류사회의 문화를 배경으로 점점이 박혀 있는 모자이크가 아니라 다양한 사회구성원이 상호 공존하며 각각의 색깔과 향기를 지니고 조화로운 통합을 이루어내는 샐러드 볼을 의미하는 것이다. 샐러드 볼 이론을 한국식으로 한다면 '비빔밥'에 비유할 수 있다.

이 이론은 20세기 후반 다문화교육 이론으로, 국가나 민족의 경계를 허물고 이민자의 정체성을 가지게 하려는 의도로 만들어졌다. 하지만 샐러드 이론도 극단적인 다문화주의자에게는 비판의 대상이 되기도 한다. 왜냐하면 샐러드는 재료 자체를 그대로 먹지 않고 드레싱의 종류에 따라 미국식이 되기도 하며, 이탈리아식이 되기도 하기 때문이다. 이러한 한계가 샐러드 재료인 각각의 정체성을 인정하며 배려하는 자국민이나 이민자 각자의 정체성을 살리기보다는 드레싱의 종류에 따른 통합을 유도하려는 경향이 강하다는 비판을 피할 수 없는 이유이다.

2 다문화주의의 변천과 과제

세계화가 이루어지기 전에는 정치, 경제, 사회, 문화 등의 영향이 국가별로 한정되어 있었다면, 세계화 이후에는 교통과 정보통신의 발달로 인해 각국의 개방이 급속하게 진행되어 전 세계로 확대되었다. 이로 인해 인종, 언어, 정치, 경제, 문화 등이 서로 다른 다양한 집단이 국가 간의 경계도 모호해질만큼 하나의 지구촌 공동체가 되어가고 있다. 1990년대 이후 한국도 국제적 교류가 활발하게 확대되면서 수많은 외국인이 유입되었을 뿐만 아니라 다양한 다문화가정과 외국인 근로자가 포함된 다문화사회로 변화하고 있다. 다문화사회는 인종적·언어적·문화적 배경이 서로 다르지만 집단 간 차별과 편견 없이 함께 살아가는 평등한 사회를 의미한다. 바람직한 다문화사회로 성장하기 위한 사회통합을 이루기 위해서는 다학제적인 노력이 필요하다.

그러나 그동안 시행했던 많은 다문화주의 정책은 다양한 이유로 인해 한국 사회를 바람직한 다문화사회로 이끌지 못했다. 대표적으로 자유주의자와 공동체주의자의 의견 대립에서 그 예를 찾아볼 수 있다. 먼저 개인주의로 표현되는 자유주의자는 공적인 영역에서 문화와 정체성의 다양성을 인정하려 하지 않았고, 개인은 사회 중심의 한 시민으로서 개인의 권리와 의무를 전적으로 인정받아야 한다고 했다. 반면 단체주의로 표현되는 공동체주의자는 공동체는 꼭 필요한 조건이기 때문에 소수에 의해 결정되는 집단적 권리를 인정하고자 했다. 그래서 자유주의자는 동화주의적 입장에서 강경한 다문화주의를 주장했고, 공동체주의자는 공동체의 고립과 분리에 대해 충분하게 고려하지 않은 채 정책적으로 온건한 다문화주의 입장을 내세웠다.

이러한 다문화주의에 대한 입장 차이는 다문화주의에 대한 인식부터 각각의 입장 차이로까지 점차 확산되고 심화되어 다양한 집단으로 하여금 차별과 편견을 가지게 만들었고, 이 때문에 평등한 사회통합을 이루지 못했다. 또한 다문화주의를 반대하는 보편주의자도 다문화주의의 상대주의적인 권리 담론에는 부정적인 입장을 보이고 있고, 보수주의자도 다문화주의가 국가의 고유한 주권과 정신적 가치를 훼손시킨다며 다문화주의를 비판하고 있다.

따라서 다문화주의가 앞으로 나아가야 할 방향은 '이주집단과 공동체의 사회통합을 위해 다문화주의에 어떻게 실용적으로 접근해나갈 것인가?'이다. 어떻게 서로 간의 차이를 줄여나갈 것이냐에 대한 고민과 함께 보편적인 규범성을 어디까지 부여할 것인가에 대해서도 깊은 고민이 필요하다. 다문화주의 입장에서의 사회정체성에 관한 문제, 다문화국가에 대한 의식 및 형태 문제, 이주민의 사회적응과 사회통합의 문제 등 다양한 과제를 해결해야 한다. 따라서 다문화사회로의 바람직한 적응을 위한 현실을 반영한 이주민 관련 제도의 개선뿐만 아니라 사회통합을 위한 다양한 정책 모색이 필요하다.

이처럼 급격한 환경 변화 속에서 다양한 문화적·민족적 배경을 지닌 주체 간의 새로운 관계가 잘 형성되기 위해서는 그에 따른 합리적인 문화수용 또한 새로운 방향으로의 통합이 모색되어야 할 것이다. 이러한 정책적 대응을 모색하기 위해서는 현재의 제도적 틀과 이주민의 위치 및 관계양상뿐만 아니라 향후 전개 가능성을 포괄할 수 있는 정부 차원의 대응책을 마련해야 한다.

한국 사회통합정책의 출발은 동화주의정책의 성격을 내포하고 있었지만 문화다원주의 성격이 짙은 다문화주의정책 모형과 서서히 병용되고 있다. 다문화주의는 흔히 소수집단을 고립화하여 사회통합을 방해한다는 비판을 받지만 상호문화주의는 소수문화의 다양성을 인정하면서도 통합을 강조하는 모델로 제시된다. 따라서 한국의 사회통합정책 방향은 한국사회가 오랫동안 유지해온 혈연적·문화적 동질성을 쉽게 바꾸기는 어렵기 때문에 동화주의 모형에서 다문화 모형을 병용하면서 한국의 상황과 흐름에 맞게 보완·발전해가는 상호문화주의 모델을 목표로 하는 것이 바람직할 것이다.

최근 사회통합의 흐름을 보면 어느 하나의 모형을 따르는 것이 아니라 병용되는 현상을 보이고 있다. 유럽의 여러 국가에서 정치적 지도자들이 다문화주의의 비판을 수용하면서, 유럽 국가들도 동화주의 모형과 다문화주의 모형의 병용이라는 새로운 정책방향으로 수렴되는 경향을 보이고 있다. 차별배제 모형을 따르던 독일이 다문화주의 정책의 도입으로 이민자의 국적취득 기회의 확대와 독려정책의 일환으로 동화주의정책이 유지 및 제기되고 있으며, 영국 또한 동화주의정책 시행에 대한 요구가 제기되고 있는 상황이다(김병찬, 2013).

이러한 맥락으로 볼 때, 한 나라의 사회통합정책이 어느 한 유형을 따르는 것은 다원화·다변화되는 현실 상황에서 어려울 수 있으므로, 나라마다의 정치·경지·문화·사회 및 역사 등의 특수성에 따라 사회통합정책 방향을 설정해야 한다. 사회통합정책에 대해 수용과 협력의 방식으로 적극적인 논의를 위한 관련 모델을 몇 가지 살펴보고자 한다.

2 사회통합정책 모델

1 차별적 배제 모델(differential exculusion model)

차별적 배제 모델은 '혈통주의'에 입각하여 문화적 '단일성'을 중요시하는 다문화정책으로, 이는 수출자유지역이나 경제특구 같은 특정 지역이나 직업에 한하여 특정한 경제영역 외에는 이민자 유입을 배제하는 것이다. 이러한 배타적 의국인 이민정책을 시행한 나라로는 독일, 스위스, 오스트리아, 일본 등이 있다. 특히 독일은 이주자 통합방식에 있어 전형적인 차별적 배제 모델을 채택한 나라로, 이민자의 영구정착을 허용하지 않았고, 이주노동자의 계약기간이 만료되면 본국으로 귀환할 것임을 서명한 때에만 입국을 허용했다. 하지만 장기체류 문제가 심각해지자 노동자로서의 지위 유지를 위한 정책을 시행하면서 '통제 및 관리'에 초점을 맞추던 이주노동자 정책을 '효율적 사회통합'으로 변경했다. 한국 사회도 단순기능직 노동인력의 수급과 통제를 위한 고용허가제를 실시하고 있다.

차별적 배제 모델은 동화주의와 함께 다문화주의와 대비되는 개념인 단일문화주의(monculturalism)를 강조한다. 단일문화주의는 하나의 국가나 민족이 하나의 문화만 가진다는 입장으로, 국가나 민족의 강력한 동질성을 전제로 순혈주의, 단일민족주의, 자민족중심주의 등으로 나타난다. 따라서 차별적 배제 모델은 주류문화에 대한 문화적 우월을 인정하며, 이민자나 소수집단의 문화, 가치를 주류문화에 통합시킬 수 있다는 입장을 취하기 때문에 문화적 다양성에 대해서는 부정적인 관점을 보여주는 이데올로기이다.

2 동화주의 모델(assimilation model)

동화주의란 이민자나 외국인 노동자가 자신의 언어·문화 및 사회적 특성을 포기하고 현재 거주하는 나라의 언어, 문화 및 사회적 특성을 따르면 모든 면에서 주류사회 구성원과 차이를 두지 않고 동일하게 사회에 참여할 수 있도록 하는 모델이다. 이는 1960년대 미국에서 시작된 '용광로 정책'과 유사하며, 공화주의 모델(republican model)이라고도 한다. 동화주의 모델 또한 단일문화주의의 한 형태이다. 동화주의는 동화 대상인 소수집단이나 이민자가 주류집단의 문화와 가치관으로 동일하게 변해갈 것이라고 기대하고 시행하는 흡수통합방식이다. 즉, 이민자나 소수집단이 이민사회의 다수집단 사회 속에 동화되어 주류집단으로의 문화 및 가치관으로 적응해야 함을 의미한다. 동화주의 모델을 적용하는 이유는 국가와 사회의 동일한 정체성 유지, 통일에 목적을 두기 때문이다. 따라서 소수집단과 이민자는 동화의 과정을 거치면서 그들이 가진 특성, 관습, 종교, 문화 등을 소멸하거나 상실하고, 주류집단의 정체성과 유사성을 습득해간다.

이러한 동화주의 모델의 이민정책을 펼친 대표적인 국가는 프랑스와 영국이다. 현재까지 프랑스 다문화정책의 특성과 방향의 기조는 '통합'정책으로, 동화주의적 경향을 강하게 보여주었다. 이는 현재 한국사회가 표방하는 다문화주의와 유사한 양상으로, 이민자로 하여금 한국어와 한국문화를 습득하고 한국인화되는 것이 문화적응이라고 보는 관점이다. 동화를 위한 최선의 방법은 언어와 역사 등의 교육을 통해 국민공동체로서의 통일성과 정체성을 동일시하는 것이다. 일반적으로 동화의 형태는 비주류에 대한 주류문화 주입의 강제와 강요적 방식으로 진행된다. 비주류문화에 대한 존중보다는 주류문화의 집단적 정체성을 강압적으로 주입하면서 비주류문화를 차별화하는 정책은 정서적 반감과 비주류문화 정체성 강화의 역효과를 유발할 수 있으므로 비주류집단의 요구를 수용하면서 동화정책을 시행해야 사회적 갈등을 막을 수 있다.

동화주의 모델로 이민정책을 펼쳤지만 실패한 대표적인 사례로 1992년 일어났던 LA 폭동 사건을 꼽을 수 있다. 이 사건으로 코리아타운의 피해가 유독 컸는데, 그 이유는 한인을 지켜야 할 백인 경찰들이 베벌리힐스와 할리우드로 넘어가 부촌에 사는 백인을 보호했기 때문이다. LA 폭동은 백인 경찰이 흑인 음주운전자 로드니 킹을 과잉진압했음에도 무죄 판결을 받자 분노한 흑인들이 폭동을 일으킨 사건으로, 당시 25세 흑인 청년 로드니 킹이 음주운전으로 체포되는 과정에서 백인 경찰의 구타로 인해 청각장애인이 되자 분노한 흑인들은 백인들이 사는 곳으로 향하던 중 코리아타운에서 무차별 약탈과 폭력을 일으켰다. LA 폭동으로 사망자 58명, 부상자 2,400여 명, 재산피해 7억 달러가 발생했는데, 이 피해액의 절반 이상이 한국 교민이 입은 피해였다. LA 폭동은 미국에서 소수민족은 스스로를 보호해야 한다는 것을 새삼 확인시켜준 계기가 되었고, 이후 이러한 자각을 바탕으로 소수민족운동의 성격을 띤 권익운동과 정치력 신장운동이 점차 본격화됨으로써 동화주의의 한계와 변화가 생겼다는 점에서 의미가 있다.

3 다문화주의 모델(multiculturalism model)

다문화주의 모델은 이주민의 언어, 인종, 종교, 문화 등의 다양성을 인정하면서 그 속에서 이주국가의 정체성을 추구하고, 이를 통해 이주민과 정착민 간의 통합성과 단일성(unity)을 찾아가는 것을 정책적 목표로 한다. 이는 이민자가 자신의 고유한 문화를 지켜가는 것을 인정하는 것으로, 타 인종과 민족에 대해 포용적인 특성이 있다.

다문화주의 모델은 문화의 다양성·다원성을 인정함과 동시에 주류사회 중심의 이민자 정책이나 소수민족정책을 포함하는 문화다원주의(cultural pluralism)와, 이민자와 소수자를 존중하면서 사회 전체의 소통과 교류 및 외국인 간의 대등한 관계에 초점을 두는 다문화주의(multiculturalism)로 나눌 수 있다. 문화다원주의와 다문화주의의 공통점은 다양성을 인정하고 사회통합을 추구한다는 것이다. 다문화주의를 수용하는 국가들의 특징은 이주민의 사회 통합을 돕고 또 통합의 중요성을 강조하기는 하나 이주국가로의 동화를 '강요하지' 않는다. 즉, 이주자는 공식적으로 자국민과 동등한 권리를 부여받으면서도 이주민의 다양한 문화를 고스란히 인정받을 수 있다. 현재 이와 같은 다문화주의 모형을 채택하고 있는 대표적인 국가는 스웨덴, 호주, 미국, 캐나다 등이다. 스웨덴은 1997년 이전에는 프랑스와 마찬가지로 동화주의를 표방하고 있었으나 1997년에 들어서는 새로운 통합정책을

표 3-1 이주민 사회통합정책 모형

	차별적 배제 모형	동화주의 모형	다문화주의 모형
정책방향성	국가 및 사회가 원치 않는 이민자의 영주가능성을 막고 내국인과 차별적 대우를 유지하려 함.	'국민됨'을 전제로 조속한 동화를 지원하고 제도적으로 내국인과 평등하게 대우하려 함.	소수자의 동등한 가치를 인정하고 이에 대한 보존을 지원하여 적극적 조치 등 우대조치를 마련함.
정책목표	인종적 소수자 제거 및 최소화	소수자의 주류사회 동화	다양성 인정과 공존을 통한 사회통합
국가역할	적극적 규제	제한적 지원	적극적 지원
이주민에 대한 관점	이방인, 위협적 존재	완전한 동화를 전제로 이주민 인정	상호 존중과 관용
평등 개념	차별의 정당성 강조	사회보장 및 기회평등	적극적 조치

출처 허준영(2012).

통해 다문화주의로 전환했다. 다문화주의는 국가라는 질서를 유지하기 위해 다양한 문화적 정체성이 조화롭게 공존할 수 있는 방법을 모색하여 사회적·정치적 통합을 구현하고자 한다.

4 상호문화주의 모델(Interculturalism model)

상호문화주의 모델은 서구에서 시작된 공화주의 모델과 같은 통일성을 강조하던 국가에서 기존의 소수집단을 통합하려고 했던 다문화주의 이론 및 정책의 이질성과 심화되는 갈등 상황을 해결하고자 그 대안으로 등장했다. 이 모델은 서로 다른 문화 사이의 관계 속에서 주류문화와 비주류문화가 묵시적 상호작용을 통해 계속적으로 변화하는 것임을 강조한다.

상호문화주의(interculturalism)는 1990년대 후반부터 유럽의 학자들로부터 대두한 이데올로기로, 다양한 문화집단과 이들 집단 사이의 편견을 완화하는 데 초점이 맞추어져 있다. 영국의 상호문화주의 모델은 상호문화적 대화와 소통을 전제로 하고 있다. 영국 캔틀 보고서(Cantle report; Home Office, 2001)의 핵심 내용을 살펴보면, '공동체의 융화 증진, 접촉을 통한 상호이해 증진, 다양한 문화 간의 상호존중'의 "교차문화적 접촉(cross-cultural contact)"을 강조한다. 상호문화주의 이론을 강조한 인물로는 파레크(Bhikhu Parekh), 브라(Avtar Brah), 센(Amartya Sen) 등이 있으며, 이들은 상호문화주의가 다문화주의(multiculturalism)의 결함을 보완할 수 있다고 했다.

특히 파레크는 다문화사회가 지향해야 할 바람직한 방향을 '상호적 다문화주의(inter active multiculturalism)'로 정의하고, 기존 다문화주의적 한계를 극복한 상호적 다문화주의가 되기 위해서는 서로의 가치를 존중하면서 공동체와 개인이 서로의 문화에 대해 배우는 데 초점을 두는 새로운 이론으로 확장되어야 함을 강조했다. 이러한 파레크의 다중적 가치에 대한 수용적 입장이 다양한 문화적 속성을 가지고 있는 한 사회가 성공적인 다문화사회가 되기 위한 기본적인 토대임을 인식하게 되었다. 성공적인 다문화사회는 그 사회의 모든 구성원을 포괄할 수 있는 문화적 다양성과 다양한 제도 및 정책의 가치를 얼마나 잘 수용할 수 있는가에 의해 좌우된다.

영국의 브렉시트(Brexit) 사례를 통해 앞으로 다문화주의가 나아가야 할 방향을 생각해보자.

영국을 뜻하는 단어 '브리튼(Britain)'과 탈퇴를 뜻하는 '엑시트(exit)'를 합성해 만들었다. 영국의 유럽연합(EU) 탈퇴는 2016년 국민투표로 결정됐으며, 2020년 1월 31일 유럽경제공동체(EEC)에 합류한 지 47년 만에 공식적으로 탈퇴했다.

배경 및 경과

영국에서 유럽연합(EU) 회의주의는 2008년 금융위기를 계기로 확산했다. 이후 유로존 경제의 불확실성이 증가하는 한편, 역내 이민 증가와 중동에서의 대규모 난민 유입 등으로 인해 EU에 대한 인식이 악화하며 탈퇴 여론은 더욱 커졌다. 전문가들은 유럽연합(EU) 내에서 영국의 낮은 위상과 유럽연합(EU) 예산에 대한 분담금 부담, 높은 규제 수준 등도 영향을 주었다고 분석한다.

2015년 '유럽연합(EU) 가입 계속 여부를 묻는 국민투표'를 공약으로 걸었던 보수당이 총선에서 과반수를 얻었다. 보수당의 데이비드 캐머런 총리는 유럽연합(EU) 잔류를 예상하고 영국 내 불만을 완화하기 위해 유럽연합(EU) 정상들과 합의 후 2016년 국민투표를 진행했다. 그러나 예상과 달리 투표 결과 탈퇴 51.9%, 잔류 48.1%가 나오며 영국의 유럽연합(EU) 탈퇴가 결정되었다.

'브렉시트'를 둘러싼 찬반 논쟁

구분	EU 잔류	EU 탈퇴
무역	관세면제 혜택 소멸로 대(對) EU 수출 위축 우려	중국, 인도, 미국 등 수출 대상 다변화 가능성 제기
EU예산	1가구 평균 연간 340파운드 부담 10배 가까운 경제 이득	분담금으로 교육, R&D, 신산업 육성 등에 추가 지원 가능
규제	국가별로 상황 달라 단일 규제 불가능	EU 이탈 시 노동법, 보건, 안전 등에 통제력 강화
이민자	EU 탈퇴한다고 이민자 유입이 줄어드는 것은 아님	이민자 이민자 유입을 시스템적으로 제어할 수 있음

〈Britain Stronger in Europe, Vote Leave, Economist〉

EU 탈퇴	EU 잔류	투표율
17,410,742표(51.9%)	16,141,241표(48.1%)	72.2%

캐머런 총리는 결과에 책임을 지고 사퇴했으며 테리사 메이 총리가 취임했다. 메이 총리는 2017년 3월 영국의 탈퇴 의사를 유럽연합(EU)에 공식 전달했으며 2년 후인 2019년 3월 29일이 브렉시트 시한으로 결정됐다. 탈퇴 협정의 최대 쟁점은 아일랜드와 북아일랜드 간 국경 문제로, 북아일랜드는 현행 유럽연합(EU)에 가까운 수준의 통합을 맺는 쪽으로 정했다. 그러나 협정안은 브렉시트 찬성파의 반대로 하원에서 3차례 부결됐으며, 시한도 계속 연기되자 메이 총리는 국민투표 결과를 이행하지 못한 책임을 지고 사퇴한다.

2019년 7월 브렉시트 강경파인 보리스 존슨이 총리로 취임했다. 존슨 총리는 이행기간 종료 시 북아일랜드를 포함한 영국 전체가 유럽연합(EU) 관세동맹에서 탈퇴하는 것으로 협정안을 수정했다. 2019년 12월 조기 총선에서 보수당이 압승하며 브렉시트 이행법안(Withdrawal Agreement Bill)이 의회를 통과했다. 이에 따라 2020년 1월 31일 23시 영국은 유럽연합(EU)을 탈퇴했으며 2020년 12월 31일까지 이행기간을 거친다. 이행기간에는 기존과 유사한 상태가 유지되지만, 이후로는 통행과 무역 등 다양한 분야에서 변화가 일어나게 된다. 이행기간 영국과 유럽연합(EU)은 관세·어업권·안보 등을 중심으로 협상을 진행한다. 한편, 한국 산업통상자원부는 브렉시트에 대비해 2020년 1월 영국과 자유무역협정(FTA)을 체결했으며 관련 법령은 이행 기간이 끝나는 2021년 1월 1일 자동 발효된다.

주요 내용

1. 아일랜드와 북아일랜드 국경 문제

이행기간 이후 북아일랜드를 포함한 영국 전체가 유럽연합(EU) 관세동맹에서 탈퇴한다. 단, 유럽연합(EU) 법령 일부는 이행기간 종료 후에도 4년간 적용되며 이후 북아일랜드 의회가 계속 적용 여부를 결정한다. 아일랜드와 북아일랜드 간 국경은 기존과 같이 낮은 수준으로 유지한다. 국경에서 통관은 시행하지 않으며, 영국에서 북아일랜드로 이동하는 상품이 아일랜드로 운반될 경우 영국 정부가 유럽연합(EU) 대신에 관세를 부과한다.

2. 거주자 권리

탈퇴일 기준 영국에 거주하는 유럽연합(EU) 국민과 유럽연합(EU)에 거주하는 영국민은 기존에 상응하는 권리를 부여한다. 체류기간이 5년 미만이면 한시적 거주권이 부여되며 5년 이상일 때는 영주권 취득 권리를 부여한다. 탈퇴일 이전에 취득한 영주권은 조건 없이 신규 취득이 가능하다.

3. 예산 및 통상관계

영국은 2019~2020년 유럽연합(EU) 예산에 탈퇴 전처럼 기여하고, 이행기간이 끝나는 2020년 12월 31일 남은 의무를 부담한다. 유럽연합(EU)과 영국 간 통상관계는 관세 및 수입할당이 없는 자유무역협정을 지향한다.

출처 [네이버 지식백과] 브렉시트(Brexit)

읽을거리

대영제국은 어디로…'브렉시트' 후 추락하는 영국 경제

대영제국은 어디로...'브렉시트' 후 추락하는 영국 경제

입력 2023. 2. 11. 21:12 | 수정 2023. 2. 11. 22:25

영국 4분기 GDP 성장률 0.0%
IMF, 올해 영국 마이너스 역성장 예상
서방제재 받는 러시아조차 0.3% 성장
10%대 최악의 인플레이션 지속
정부, "인플레 잡기 위해 금리 높일것"

"영국이 이 지경에 이르게 된 이유는 한 트럭이다. 코로나19, 최악의 인플레이션, 에너지 위기, 생활 물가 위기, 공공운수와 의료 분야의 파업, 식량 부족, 빈곤과 불평등의 확산, 러시아-우크라이나 전쟁이 있겠다. 그러나 무엇보다 영국을 망친 주범은 바로 '브렉시트'(Brexit)다."

국제 현안 전문지 〈포린폴리시〉의 기자 리즈 쿡만은 침체된 영국 경제 상황에 대해 이같이 밝히며 "무려 전쟁 중인 우크라이나와도 비교될 정도"라고 지난 1일자 기사에서 평가했다.

2분기 연속 GDP 감소 '겨우' 피했다

실제로 영국은 아주 근소한 차이로 가까스로 '경기후퇴'(recession)를 피했다. 경기후퇴의 기술적 정의는 국내총생산(GDP)이 2분기 연속으로 감소하는 것을 뜻한다.

지난 10일(현지시간) 영국 통계청(ONS) 발표에 따르면 영국의 2022년 4분기 GDP는 전분기와 동일했다. 즉 3분기 대비 0.0% 상승한 것이다. 3분기가 2분기 대비 0.2% 감소했기에 4분기에 마이너스 성장을 했다면 명실상부한 경기후퇴 국면에 들어설 뻔했다. 게다가 이 수치는 2019년 4분기 GDP와 비교해서도 여전히 0.8% 작아, 주요국 G7 가운데 영국만이 팬데믹에서 완전히 회복되지 못한 상황을 극명하게 보여줬다. GDP 수치는 수정이 뒤따르기 때문에 경기후퇴로 판명날 가능성은 여전히 열려있다. 수정된 결과는 3월 말에 공개된다.

국제통화기금(IMF)은 2023년 영국 경제가 주요국 가운데 유일하게 마이너스 0.6%로 역성장할 것이라며, 광범위한 서방 제재를 한 몸에 받고 있는 러시아(0.3% 성장)보다도 암울할 것이란 전망을 내놨다. 아울러 영국은행(BOE)에 따르면 2022년 4분기 가계지출은 단 0.1% 증가하면서 소비자들이 근 수십년간 겪어보지 못한 최악의 생계비 위기를 겪고 있음을 보여줬다.

시민들이 소비를 줄이면서 지난해 영국 전역에서 하루 평균 50개의 가게가 폐점했다. 오랫동안 장사를 이어온 지역 식료품 가게는 물론, 영국인들이 즐겨찾는 펍(Pub)이 무수히 사라졌다. 영업 중인 상점도 오후 4시면 문을 닫고, 전기료와 난방비 부담에 일주일에 사나흘만 가게 문을 여는 자영업자가 넘쳐난다고 현지 언론은 전했다. 또, 런던 거리에 노숙자가 넘쳐나고, 밥을 굶는 가정이 증가한 사실에 뉴욕타임스(NYT) 등 외신은 주목했다.

고물가 잡기 끝나지 않아…국민 고통 계속, 파업 일상화

하지만 영국 정부는 여전히 인플레이션을 잡기 위해 금리를 인상하고, 세금을 더 거두려고 할 것이라고 블룸버그는 전망한다. 제레미 헌트 영국 재무장관은 10일 공개된 4분기 GDP 결과가 경기후퇴를 가까스로 피하자 "영국 경제는 많은 사람들이 우려하는 것보다 더 회복력이 있다"면서도 "하지만 41년만에 최고치를 기록한 인플레이션에 관해서는 더욱 억제할 필요가 있다"고 밝혔다.

헌트 장관이 여전히 높은 인플레이션을 경계하는데는 이유가 있다. 지난해 영국의 임금상승률은 7.4%로 1999년 이래 최대치로 상승했다. 미국 연준(Fed)과 마찬가지로 임금상승이 물가상승으로 연쇄적으로 이어지는 것을 우려하는 것이다.

그러나 현재 영국 인플레이션율은 10% 안팎을 상회하고 있어, 7%대의 임금상승률은 "부족하다"는 인식이 압도적이다. 특히 철도와 우편, 교육분야 등 공공부문 노동자들은 임금이 일상생활을 유지하기에 턱없이 부족하다고 호소한다.

지난 1일(현지시간) 영국에서 교사, 공무원, 기관사 등 최대 50만명이 동시에 파업을 벌였다. 이는 약 100만명이 참여했던 2011년 파업 이후 최대 규모다. 영국 싱크탱크 경제경영연구소(CEBR)는 올해 1월까지 8개월간 영국의 파업 비용이 19억파운드(약 2조9000억원)에 달한다고 추산했다. 교사 파업 비용은 하루에 2000만파운드로 계산했다.

'선진국' 영국이 이 지경에 처하게 되자 영국 각계에서 브렉시트를 성토하는 목소리가 점차 커지고 있다. 마침 대규모 파업이 일어난 날은 브렉시트(2020년 1월 31일) 3주년을 맞이한 시기와도 맞아 떨어졌다.

최악 부른건 브렉시트…식량, 가스, 노동력 모두 부족

러시아–우크라이나 전쟁의 탓도 있지만 EU 탈퇴로 인해 영국의 공급망이 더욱 위축됐다는 인식이 팽배하다. 슈퍼마켓의 진열대가 텅 비었고, 달걀, 감자 등 식료품 부족현상이 일상이라고 현지 언론은 전했다.

런던정경대(LSE)의 보고서에 따르면 브렉시트의 장기적 비용은 가계가 가장 많이 부담하고 있다. 가계당 식품비는 2019년부터 2021년 말까지 평균 210파운드(약 33만원) 증가했다. 이는 특히 저소득층에 큰 타격을 입혔다.

브렉시트가 EU 역내에서 영국으로 들어오는 저임금 노동력 공급을 막아 임금상승률을 부채질한 측면도 지목된다. 현재 영국은 운송, 저장, 의료, 대면서비스 직군 직업 33만명의 노동력이 부족한 것으로 조사됐다. 포린폴리시는 "영국인들은 점점 저임금의 오랜시간 힘든 근무를 하는 직종을 기피하고 있다"고 전했다.

현재 병원 응급실에서 12시간 이상을 기다리는 것은 예사이며, 40분 거리 버스 교통비는 24파운드(약 3만6000원)를 넘나들고 있다고 포린폴리시는 전했다. 난방비, 기름값이 폭등해 시민들이 집안에서 숨만 쉬어도 지출이 늘어나고 있다고도 덧붙였다. 또, EU에서 탈퇴하면서 글로벌 금융회사들이 프랑스 파리로 다수 이전하는 등 고부가가치 산업 기반 역시 흔들리고 있는 상황이다. 영국 정부는 브렉시트로 인해 장기 GDP가 4% 감소할 것으로 예상했다.

2023년에도 영국의 경제상황이 암울할 것으로 예상되면서 브렉시트로 인한 국민 분열 역시 한층 가열될 전망이다. 가디언지에 따르면 영국인의 57%가 EU 재가입을 원하는 것으로 나타났다.

하지만 리시 수낵 총리는 브렉시트 3주년 메시지에서 "우리는 브렉시트가 봉인 해제한 자유에 힘입어서 크게 전진했다"며 "코로나19 백신 접종을 유럽에서 가장 빨리 했고 70여 개국과 무역협정을 체결했으며 국경 통제권을 다시 확보하는 등 자신감을 갖고 독립 국가로서 길을 개척했다"고 괴리된 인식을 보였다.

출처 헤럴드경제(2023.2.11.), https://v.daum.net/v/20230211211216172

읽을 거리

브렉시트 3년, 독립인가 고립인가

브렉시트(영국의 유럽연합 탈퇴) 국민투표 이틀 전, 마지막 티브이(TV) 토론회가 열렸다. 나중에 영국 총리가 된 보리스 존슨 당시 보수당 의원이 탈퇴 지지 쪽 연사로 나왔다. 영국이 유럽연합을 떠나야 하는 이유를 한참 설명한 존슨은 막판에 이렇게 말했다. "이번주 목요일(국민투표 당일)은 우리나라의 '독립기념일'이 될 것입니다."

그의 호소력 짙은 연설 때문인지, 유럽연합 잔류로 살짝 기울어 있었던 여론이 투표 당일 뒤집혔다. 52대48로 탈퇴 진영의 신승이었다. 이후 약 3년 반 동안 지리한 협상 과정을 거쳐 2020년 1월31일 영국은 유럽연합 회원국 지위를 공식적으로 반납했다. 토론회 당시 평의원이었던 존슨은 외교장관을 거쳐 총리가 돼 자기 손으로 탈퇴 협정을 마무리했다.

그리고 3년이 지났다. 리시 수낵 현 총리는 브렉시트 3주년 기념사에서 3년 전 영국이 "자유를 향한 큰 발걸음"을 내디뎠으며 이후 "자신 있게 독립국가로서 기틀을 다졌다"고 평했다. 세계에서 가장 빠른 코로나19 백신 접종, 70여개 국가와 새로운 무역협정 체결, 독립적인 이민 규제와 농축산업 보호 강화 등을 브렉시트의 성과로 꼽았다. 꽤나 자신만만한 평가다.

하지만 영국 시민 다수의 생각은 다른 듯하다. 지난해 말 여론조사에서 응답자 56%가 브렉시트를 '잘못된 결정'으로 평가했다. '잘한 결정'이라는 답변은 32%에 불과했다. 심지어 국민투표 때 탈퇴에 찬성했던 사람들조차 브렉시트의 효용에 의문을 품고 있다. 이들 중 브렉시트가 영국 경제에 좋은 영향을 미쳤다고 답한 이는 14%에 그쳤고 나쁜 영향을 미쳤다고 답한 경우는 41%에 달했다. 브렉시트와 후회(regret)를 합쳐 만든 '브레그레트'란 신조어가 나올 정도다.

브렉시트 3년, 독립인가 고립인가

BREXIT GOT THE UK DONE

2023년 1월9일 영국 런던 도심에서 한 시민이 "브렉시트가 영국을 끝장냈다"고 쓴 손팻말과 유럽연합(EU) 국기를 들고 브렉시트에 반대하는 시위를 하고 있다. 런던/AP 연합뉴스

실제 영국 경제 상황도 좋지 않은 편이다. 주요 선진국 중 영국만 유일하게 팬데믹 직전 경제 규모를 회복하지 못했다. 2019년 4분기 대비 2022년 4분기 영국의 경제성장률은 −0.8%로, 미국(5.1%), 캐나다(3.4%), 이탈리아(1.8%), 프랑스(1.2%), 독일(0.2%)에 못 미친다. 국제통화기금(IMF)의 최근 세계경제전망 보고서는 영국의 2023년 성장률을 −0.6%로 예측했다. 유럽 주요국은 물론, 전쟁의 한복판에 있는 러시아조차 플러스 성장이 기대되는데, 영국만 역성장이다.

블룸버그 경제연구소는 영국이 유럽연합에 머물렀으면 국내총생산(GDP)이 지금보다 4% 이상 많았을 것이라 추정했다. 브렉시트로 인한 경제적 손실이 연간 1천억파운드(약 154조 원)에 육박한다는 말이다. 불확실성 증대로 영국의 기업 투자 증가율이 주요국보다 저조했던 한편, 유럽연합에서 인력 유입이 제한되면서 임금상승률은 가장 높았다.

교역 부문 성적도 기대 이하다. 영국은 브렉시트 이후 독자적으로 양자, 다자간 자유무역협정을 맺었으나, 2022년 하반기 기준 영국의 무역량은 주요 7개국(G7) 가운데 가장 적은 것으로 나타난다. 브렉시트 이후 복잡해진 통관 절차로 인해 영국 중소·영세 수출입 기업들의 거래비용이 도리어 상승했다.

수낵 총리의 자랑대로 영국이 전세계에서 가장 빨리 코로나−19 백신 접종을 시작한 것은 사실이지만, 접종이 빨랐을 뿐 영국이 코로나−19 피해에서 벗어났던 건 아니다. 영국의 인구 대비 누적 코로나19 사망자는 1만명당 32명으로, 독일(20명), 프랑스(24명), 스페인(25명)은 물론 유럽연합 평균(27명)보다도 많다.

여러 지표를 검토한 결과, 영국의 '독립'은 그리 성공적이지 못한 듯하다. 자유무역으로 자국 제조업이 쇠락하고, 이민자 유입으로 내국인이 일자리를 빼앗긴다는 논리가 브렉시트 지지의 기저에 깔려 있었다. 경제 통합으로 피해를 본 이들에게 자원을 분배하는 대신, 고통을 양분 삼아 갈등을 증폭시킨 결과가 바로 브렉시트였다. 3년이 지난 지금 돌아보면, 영국은 독립을 쟁취한 것이 아니라 고립을 자초한 셈이 됐다.

소규모 개방 경제인 우리나라야말로 고립되면 살아남을 수 없다. 시장이 개방되고 외국인력이 유입되면 경쟁력이 약한 국내 산업이나 내국인 저숙련 노동자가 피해를 보는 것도 사실이다. 그러나 이 피해에 대한 해답이 고립일 리는 간무하다. 이익과 손해를 고르게 분담하되, 더 넓은 세계와 교류를 포기해서는 안 된다. 영국이 우리나라에 주는 교훈이다.

출처 한겨레(2023.2.14.). https://www.hani.co.kr/arti/opinion/column/1079694.html

광고주와의 계약을 통해 40세 이상을 구인광고에서 배제하고, 흑인, 남미 이주민, 고등학생 엄마, 이슬람교도 등을 주택광고에서 차별했던 페이스북(메타). 2017년 프로퍼브리카와 뉴욕타임스의 보도를 통해 알려진 메타의 '차별 알고리즘'은 2022년 6월에서야 법무부와의 합의에 의해 '수정'되었습니다.

사용자의 인터넷 이용기록(행태정보)을 수집해 이를 프로파일링하고, 이에 맞는 광고를 마치 꼬리표처럼 해당 사용자에게 노출하는 표적광고(맞춤형 광고, 타깃광고, 감시광고)만 문제인 것은 아닙니다. 최소한 2017년 이후 페이스북(메타)은 40세 이상의 사용자에게 구인광고를 노출하지 않고, 흑인, 고등학생 엄마, 유대인, 남미 이주민 등에게 주택 광고를 '배제'했습니다. 이는 페이스북(메타)의 알고리즘에 의한 것이었죠. 차별과 배제의 알고리즘인 셈입니다. 해당 알고리즘은 2022년 6월 21일에서야 법무부와의 합의에 의해 수정되었습니다.

2017년 프로퍼블리카와 뉴욕타임즈의 공동조사에서 페이스북의 일부 구인광고가 40세 이상 이용자에게 표시되지 않는다는 사실이 밝혀졌습니다. 이는 고용에서 연령에 따른 차별을 금지하고 있는 법률 위반에 해당합니다. 이에 미국통신노동조합(Communications Workers of America, CWA) 등이 연령차별 광고주를 대상으로 집단소송을 제기했습니다.

2017년 11월 프로퍼블리카는 페이스북 주택 광고에서 흑인, 고등학생 엄마, 휠체어 이용자, 유대인, 남미 이주민, 스페인어 사용자, 이슬람교도 등을 배제하는 차별이 가능하다는 사실을 실제 광고 집행을 통해 입증하고 보도했습니다. 이에 전미공정주택연합이 2018년 페이스북을 상대로 소송을 제기했습니다.

2018년 미국 시민권단체 ACLU와 CWA는 미국고용평등기회위원회(EEOC)와 함께 페이스북 및 광고주에 대해 광고 표시의 여성 차별에 대해 집단소송을 제기했습니다.

2019년 페이스북은 광고 차별에 대한 집단소송 5건에 대해 원고와 합의하고 주택, 고용, 금융 분야 광고에서 지역, 연령, 성별에 따른 표적 광고를 금지했습니다.

2019년 3월 페이스북 주택 광고 알고리즘의 차별에 대한 미국 정부(주택도시개발부)의 소송에 대해 메타 측은 '인종·성차별' 주택 타깃광고 알고리즘을 고치기로 미국 정부와 합의했고, 11만 5,054달러의 민사상 벌금을 납부하기로 했습니다(2022년 6월 22일).

미국 오하이오주에서는 메타가 어린이들에게 미치는 악영향을 알고도 공개하지 않았다는 이유로 최소 1,000억 달러(약 118조 원)라는 천문학적인 소송액의 손해배상 소송을 제기했습니다(2021.11.)

2022년 1월 극단적 선택으로 딸을 잃은 어머니가 인스타그램·스냅챗 등 소셜미디어 업체에 소송을 제기했습니다. 미국 코네티컷주의 태미 로드리게스는 인스타그램 모회사 '메타', 스냅챗 모회사 '스냅'의 이용자 보호조치가 충분하지 않았다며 캘리포니아 연방법원에 소장 제출했습니다.

영국에서는 2021년 9월 시민단체 글로벌 위트니스(Global Witness)가 페이스북이 구직광고에서 영국 평등법과 개인정보보호법을 위반했다며 영국 평등인권위원회와 개인정보보호감독기구 ICO에 진정을 제기했습니다.

출처 슬로우뉴스(2023.1.18.). https://slownews.kr/88014

생각해보기

01 META(구 페이스북) '배제광고'를 보면서 차별적 배제 모형에 입각하여 앞으로 나아가야 할 다문화사회 방향에 대해 생각해보자.

02 사회통합을 위한 정책으로 다문화주의 선택은 바람직한가?

03 가장 바람직한 사회통합정책이 이루어지기 위해서는 어떤 내용이 포함되어야 하는가?

04 영국의 브렉시트 사건을 거울 삼아 한국이 나아가야 할 다문화사회 방향에 대해 생각해보자.

참고문헌

01 김영란(2013). "다문화사회 한국의 사회통합과 다문화주의 정책". 「한국사회」, 14(1), 3-30.

02 김정현(2017). "다문화주의와 상호문화주의의 차이에 대한 한 해석". 「코기토」, 82, 70-99.

03 김태원(2012). "다문화사회의 통합을 위한 패러다임으로서의 유럽 상호문화주의에 대한 이론적 탐색". 「유럽사회문화」, 1, 179-214.

04 김태희(2016). "다문화사회와 동화주의정책에 관한 연구: 한국과 호주의 다문화교육을 중심으로". 「한국행정사학지」, 38, 1-26.

05 노인숙(2022). 「다문화시대의 인권과 사회통합」. 서울: 현문사.

06 손영화(2022). "다문화사회의 공정과 정의에 관한 관견(管見)". 「문화교류와 다문화교육」, 11(2), 51-81.

07 이선주 외(2009). 「다민족 · 다문화 사회로의 이행을 위한 정책패러다임 구축(III) : 다문화사회의 사회통합과 다각적 협력체계 증진방안」. 33-34, 서울: 한국여성정책연구원.

08 이정은(2017). "다문화주의와 상호문화주의의 대결 – 한국적 적용을 위한 연구 –". 「시대와 철학」, 28(1), 191-234.

09 이화용(2022). "다문화주의에서 민주주의로 : 다문화사회의 공존을 위한 하나의 단상". 「한국과 국제사회」, 6(6), 189-213.

10 전경미(2019). 「한국 이민자 사회통합프로그램(KIIP)의 이해관계자 경험에 관한 사례연구」. 인하대학교 박사학위논문.

11 전미순(2022). 「최신 문화다양성 사회와 건강」. 파주: 수문사.

12 전미현, 김대희(2019). "캐나다의 다문화 교육 정책에 대한 연구: 온타리오 주의 평등과 다양성 교육을 중심으로". 「현대사회와 다문화」, 9(2), 37-56.

13 최정은(2013). 「한국과 외국의 다문화 사회통합정책에 관한 비교연구」. 동국대학교 석사학위논문.

14 허준영(2012). "북한이탈주민 사회통합정책 방안 모색: 서독의 갈등관리에 대한 비판적 검토". 「통일정책연구」, 221(1), 271-300.

15 황갑진(2016). "한국 다문화사회의 특성에 관한 연구". 「사회과교육연구」, 23(2), 49-65.

16 Home Office(2001), Community cohesion: a report of the independent review team, London: Home Office.

17 Marco Martiniello(2002), 「현대사회와 다문화주의: 다르게 평등하게 살기」, 윤진 역(2002), 서울: 한울아카데미.

제 II 부

다문화사회의 형성

제 4 장

다문화사회의 구성

학습 성과

1. 다문화사회의 구성원에 해당하는 다양한 집단을 열거할 수 있다.
2. 결혼이민자와 다문화가정 자녀의 현황과 관련 이슈를 설명할 수 있다.
3. 외국인 유학생 현황과 연관된 이슈를 설명할 수 있다.
4. 외국인 근로자의 현황과 연관된 이슈를 설명할 수 있다.
5. 북한이탈주민과 난민의 개념을 구분하여 설명할 수 있다.
6. 정체성의 개념과 문화적응의 개념을 설명할 수 있다.
7. 다문화사회 구성원의 부적응으로 인해 발생가능한 사회현상을 설명할 수 있다.
8. 다문화사회 구성원의 적응전략을 설명할 수 있다.

다문화사회의 구성원

2000년대 이후 국내 외국인 주민의 비율은 폭발적으로 증가하고 있다. 1990년대 말 국내 거주 내국인 대비 1% 미만에 불과하던 외국인 비율은 2019년 기준 5%에 달할 정도로 급격히 증가했다. 특히 취업, 유학 등 국내에 정주기반을 두고 생활하는 장기체류 외국인이 크게 증가했다. 또한 이러한 경향은 고령화, 세계화, 1인당 국민소득 증가 등 다양한 이유로 앞으로도 지속될 것으로 보인다.

다문화사회를 구성하는 구성원은 다양한 민족과 인종, 국적으로 이루어져 있을 뿐만 아니라, 이주 사유, 체류자격 등에 따라 각기 다른 집단으로 구분된다. 이 장에서는 다문화사회의 구성원을 ① 결혼이민자와 다문화가정 자녀, ② 외국인 유학생, ③ 외국인 근로자, ④ 북한이탈주민과 난민으로 구분한 후 각 집단의 정의, 법적 자격, 개념과 규모, 통계자료를 통해 국내 현황을 다룬다. 마지막으로 다문화사회 구성원의 적응방법에 있어 그 정체성을 확인하고 부적응 사례를 소개하며, 적응전략을 모색해보고자 한다.

1 결혼이민자와 다문화가정 자녀(marriage immigrants and offsprings)

(1) 결혼이민자의 정의

국제결혼은 국적이 다른 서로 남녀가 결혼하는 것이다. 국제결혼을 통해 한국으로 유입된 외국인을 일반적으로 결혼이민자 또는 결혼이주자라고 지칭한다(국가법령정보센터, 2023). 「재한외국인 처우 기본법」에서는 '결혼이민자'를 "대한민국 국민과 혼인한 적이 있거나 혼인관계에 있는 재한외국인"이라고 규정했다. 여기서 재한외국인이라 함은 "한국의 국적을 가지지 아니한 자로서 한국에 거주할 목적을 가지고 합법적으로 체류하고 있는 자"를 말한다.

결혼이민자는 한국 국적을 가진 국민과의 혼인관계를 바탕으로 국내에 체류하고 있는 외국인으로서, F-2-1(국민의 배우자 구 체류자격), F-5-2(결혼이민 영주자격), F-6-1

(국민의 배우자), F-6-2(자녀양육), F-6-3(혼인단절) 체류자격 소지자에 한정된다. 외국인이 한국 국민과 혼인해서 한국에 거주하면 한국 국민의 배우자로서의 지위를 가지게 되지만 한국의 국적을 곧바로 취득하는 것은 아니다. 다만, 한국 국민인 배우자와 적법하게 혼인신고를 한 후 한국에서 2년 거주 또는 3년 경과 1년 거주한 외국인의 경우에는 간이귀화를 통해 한국 국적을 취득할 수 있다.

간이귀화란?

'귀화'는 한국 국적을 취득했던 사실이 없는 외국인이 법무부장관의 허가를 받아 한국 국적을 취득하는 방식을 의미한다.

귀화에는 일반귀화, 간이귀화, 특별귀화가 있는데, 한국 국민인 배우자와 적법하게 혼인신고를 한 외국인의 경우 간이귀화를 통해 보다 쉽게 한국 국적을 취득할 수 있다. 한국과 아무런 혈연이나 지연관계가 없는 외국인은 일반귀화 허가를 받기 위해 귀화적격심사를 받는 절차를 거치는 반면 간이귀화는 귀화허가 신청서와 관련 서류를 첨부하여 출입국·외국인청장, 출입국·외국인사무소장, 출입국·외국인청 출장소장 또는 출입국·외국인사무소 출장소장에게 제출하는 방식으로 이루어진다(국적법, 2023).

그리고 다문화가족의 자녀라 함은 「재한외국인 처우 기본법」에서 명시하는 결혼이민자와 「국적법」 규정에 따라 한국 국적을 취득한 자로 이루어진 가족에서 출생한 자녀를 말한다.

(2) 결혼이민자 현황

① 결혼이민자 혼인 비중과 출신 국적

한국의 전체 혼인 중 한국 국적을 가진 자가 외국인과 혼인하는 건수는 2022년 기준 대략 1만 7,000여 건에 달했다. 건전한 국제결혼문화 정착을 위해 결혼이민 사증 발급요건 강화조치 이후에도 국적을 취득하거나 출국하는 결혼이민자보다 신규 유입되는 결혼이민자가 많다. 2019년까지 결혼이민자의 수는 전년 대비 2% 이상 증가했다. 그러나 코로나-19로 국가 간 이동이 제한됨에 따라 2020년 이후 신규 입국하는 결혼이민자는 감소했다가 점차 회복세를 보이고 있다.

한국의 전체 혼인 중 다문화혼인의 비중 또한 2019년 이후 다소 감소했으나 2022년에 8.7%를 차지했는데, 이 수치는 1990년 1.2%에 비하면 8배 넘게 증가한 것이다(통계청, 2022). 국제결혼 건수와 그 비중이 지속적으로 증가할 것이라 예상됨에 따라 결혼이민자 가족의 안정적인 정착과 가족관계 증진 지원을 위한 통합적인 가족지원체계 구축과 강화의 필요성이 증대할 것이다.

성별을 보면, 한국 남성이 외국 여성과 혼인하는 비중이 72.0%(1만 2,000건)로 대다수를 차지하고, 한국 여성과 외국 남자의 혼인 비중은 28.0%(5,000건)를 차지했다. 다시 말해, 아내가 외국인일 확률이 남편이 외국인일 확률보다 3배가량 높다.

다문화혼인을 한 외국인 또는 귀화자 아내의 출신 국적은 1990년대까지는 종교단체를 통해 유입된 일본 여성이 많았으나, 2000년대 초부터는 중국 및 필리핀 국적의 여성이 증가했다. 2022년 통계에 따르면, 다문화혼인을 한 외국인 또는 귀화자 아내의 출신 국적은 중국이 23.9%로 가장 많고, 베트남(13.5%), 태국(11.4%) 순으로 아시아권이 대다수를 차지한다. 반면 다문화혼인을 한 외국인 또는 귀화자 남편의 출신 국적은 미국이 9.4%로 가장 많고, 그 뒤로 중국(8.5%), 베트남(11.4%) 순으로 많아 북미권과 아시아권으로 비교적 다양하다(표 4-1 및 그림 4-1 참고)(통계청, 2021).

② 혼인연령대의 성별 간 차이

외국인과 혼인한 남녀의 연령대를 각각 살펴보면, 평균 초혼 연령은 남편은 35.1세이고 아내는 30.5세로 남성의 혼인연령대가 여성에 비해 높은 편임을 알 수 있다. 다문화혼인을 한 남녀 간의 평균 초혼 연령 차이는 4.6세이며, 남편 연상 부부가 71.4%로 높은 비중을 차지한다. 그중 부부간 연령차가 10세 이상의 남편 연상이 24.8%를 차지할 만큼 그 비중이 특히 높다. 남성의 혼인연령은 45세 이상이 27.7%로 가장 많고, 여성의 혼인연령은 20대 후반이 26.0%로 가장 많다(통계청, 2021).

③ 다문화혼인 가정의 결혼생활 지속기간

다문화혼인 가정의 평균 결혼생활 지속기간은 9.4년이다. 한국 전체 혼인의 평균 지속기간이 17.3년인 것에 비하여 짧은 수치이다. 결혼생활 5년 미만 비중은 무려 33%를 차지하는데, 이러한 수치는 점차 감소 추세이지만 한국인 간 이혼(17.4%)보다는 높은 수준이다. 구체적으로 살펴보면, 다문화가정 중 이혼을 한 부부의 결혼생활 지속기간은 5년 미만이 33.8%로 가장 많고, 10년 이상~15년 미만은 24.1%, 5년 이상~10년 미만이 그 다음을 차지한다(그림 4-2 참고).

표 4-1 출신 국적별 혼인비중(2019~2021년)

(단위: 건, %)

남편	2019년	2020년	2021년	아내	2019년	2020년	2021년
건수	24,721	16,777	13,926	건수	24,721	16,777	13,926
한국	72.9	70.7	66.9	한국	17.7	19.2	22.7
외국	27.1	29.3	33.1	외국	82.3	80.8	77.3
미국	6.1	7.0	9.4	중국	20.3	21.7	23.9
중국	8.2	8.4	8.5	베트남	30.4	23.5	12.5
베트남	2.6	3.1	3.2	태국	8.3	10.7	11.4
캐나다	1.5	1.6	1.6	일본	3.7	4.7	5.2
일본	1.1	0.9	1.0	미국	2.7	2.9	3.6
영국	0.8	0.9	0.8	러시아	1.3	1.7	2.6
대만	0.6	0.8	0.6	필리핀	3.6	2.6	2.3
프랑스	0.5	0.6	0.6	대만	1.3	1.4	2.0
캄보디아	0.7	0.7	0.6	캄보디아	2.5	2.4	1.6
호주	0.7	0.5	0.6	몽골	0.9	1.0	1.4
기타	4.4	4.9	6.2	기타	7.3	8.0	9.7
계*	100	100	100	계*	100	100	100

* 국적미상 제외

귀화자는 귀화 이전 출신의 국적, 외국인은 혼인 당시 외국 국적으로 분류

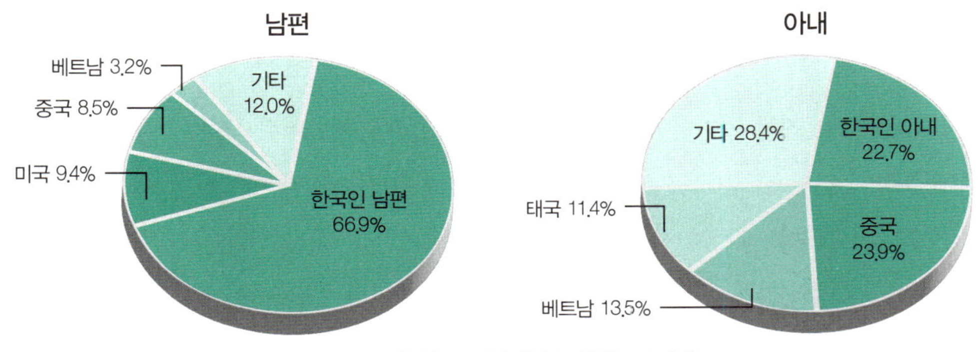

그림 4-1 출신 국적별 혼인 비중(2021년)

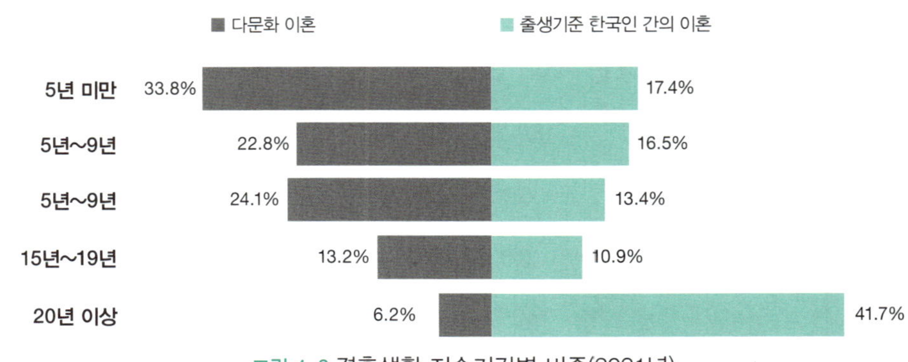

그림 4-2 결혼생활 지속기간별 비중(2021년)

④ 결혼이민여성의 노동 현황

한국으로 이주한 결혼이민여성의 이주 경험에는 이주–결혼–노동이 얽혀 있으며, 결혼이민여성의 삶의 공간은 가정뿐만 아니라 일터, 지역사회, 출신국 등 광범위한 영역에 걸쳐 있다. 결혼이주여성의 경제활동 상태를 살펴보면 경제 비활동 인구가 52%였고, 고용(44.2%) 및 실업(3.8%)과 같은 경제활동 인구가 48%였다. 연령대가 높고 한국 체류기간이 길수록 고용률이 높은데, 고용률이 가장 높은 나이 그룹은 50~59세 그룹(62.4%)과 한국 체류기간이 10년 이상인 그룹(58.7%)이다.

결혼이주여성의 거주지역 분포는 출신 국가에 따라 다양하다. 일반적으로 한국계 중국인과 중국인은 서울과 경기도에 집중되어 있으며, 베트남, 필리핀, 태국 및 캄보디아는 수도권 외 지역에 거주하는 비율이 비교적 높다. 출신 국가에 따른 이러한 차이점은 직업과 산업 분야에서도 나타난다.

한국계 중국인(48.3%)과 중국인(47.9%)의 경우 도매/소매업 및 숙박업 비율이 비교적 높고, 베트남(62.1%), 필리핀(51%) 및 캄보디아(53%)는 채굴 및 제조업 비율이 높다. 태국(40.3%)과 캄보디아(53%)는 농업, 임업 및 어업 종사자 비율도 다른 그룹에 비해 상대적으로 높다.

특정 산업분야에서 이주민의 종사비율이 높은 현상은 '인종화된 노동'이라 할 수 있다. 그 근본적인 원인으로는 결혼이주여성 개인의 경향뿐만 아니라 이주시기, 공공고용기관 및 지원단체의 영향, 직장환경, 가족, 지역사회, 네트워크, 한국어 학습 기간 및 기회, 한국어 능력 등 여러 가지 요인이 있을 수 있다. 또한, 이러한 원인은 출신 국가에 따라 '출신국에 따라 하게 되는 일이 달라지는' 결과와 가깝다고 여겨질 수 있다.

직업은 결혼이민여성이 종사하는 직업군의 비중 순으로 나열하면 단순노무 종사자(40.3%) > 서비스 및 판매 종사자(22.8%) > 기술/기계 조작/조립 종사자(22.7%) > 경영/전문가 및 관련 종사자(7.7%) > 사무 종사자(3.6%) > 농림어업 숙련 물리(2.9%) 순으로 나타났다.

국적에 따라 거주지, 근무지 및 산업에 대한 차이는 직업에서도 나타난다. 전체적으로 무숙련 노동자 비율이 높지만, 한국계 중국인(34.3%)과 중국인(41.7%)은 서비스 및 판매 종사자 비율이 높고, 베트남인(34%)과 필리핀인(31.4%)은 기술, 기계 조작 및 조립 종사자 비율이 높다.

(3) 결혼이민여성의 사회적 이슈

① 결혼과정에서의 인권침해

대부분의 국제결혼은 중개업체를 통해 이루어지는데, 국제결혼 중개업은 고도로 상업화되어 모집된 여성을 상품화시키는 등 인신매매혼적 국제결혼 사례가 많다. 결혼과정 중 인권침해 유형은 ① 성차별적 광고행위, ② 결혼정보의 비대칭성, ③ 인신매매혼적 구조와 자기결정권의 침해 등으로 나눌 수 있다.

먼저 결혼광고에서는 여성이 남성에게 '선택받기' 위한 대상으로 상품화되고 성적 대상화된다. 또한 결혼중개업체로부터 부정확한 정보나 허위정보를 제공받음으로써 결혼이민여성은 배우자에 대해 잘 알지 못하는 상태로 결혼하게 되는 경우가 있어서 결국 인권침해로 이어진다. 마지막으로, 국제결혼은 빠르게 진행되는 경우가 대부분이다. 맞선 후 1~3일 사이에 혼인까지 이루어지며, 맞선을 보고 다음날 결혼식을 올리고(때로는 맞선 당일) 합방이 이루어진다. 한 명의 남성이 수십여 명의 여성 중 한 명의 배우자감을 고르는 방식으로 이루어지는 경우도 있어 국제결혼 중개업이 극도로 상업화되었음을 알 수 있다.

② 혼인생활에서의 인권침해

가. 체류의 불안정과 국적취득의 어려움

결혼이민여성이 결혼동거 목적으로 입국할 때에는 유효한 여권과 법무부장관이 발급한 결혼이민(F-6) 가목에 해당하는 결혼동거 목적 사증을 발급받아야 한다. 사증을 발급받기 위해서는 초청인인 한국인 배우자가 여성의 신원보증인이 되어 신원보증서를 제출해야 한다. 이와 같은 신원보증제도는 입국 시부터 결혼이민여성의 국내체류자격을 배우자에게 종속되게 함으로써 평등한 부부관계를 저해하고, 배우자가 결혼이민여성을 억압하는 수단으로 악용될 여지가 있다.

나. 가정폭력

폭력은 결혼이민여성이 국내에서 가정생활을 할 때 발생하는 인권침해 중 가장 큰 비율을 차지한다. 폭력에는 신체적 폭력, 성적 폭력, 정서적 폭력, 경제적 폭력 등이 포함된다. 결혼이민여성은 가정 내 성폭력과 물리적 폭력을 동시에 경험하는 경우가 많으며, 체류 불안으로 신고를 꺼리는 경향이 있다.

다. 사회적 편견과 차별

한국 사회의 일원으로서, 결혼이주여성은 직장 및 일반적인 생활환경에서 성별 및 출신 국가(인종)에 따른 복합적인 차별을 경험한다. 결혼이주여성 중 26%가 한국에서 차별을 경험한 적이 있다고 답변했으며, 그중 11.8%가 차별 개선을 요구했다. 고용자(27.7%)나 실업자(33.5%)와 같은 경제활동 인구는 비경제활동 인구(24%)보다 차별 경험률이 높았다.

차별 경험이 있는 공간에 대한 응답에 따르면, 결혼이주여성은 가게에서(39.7%) > 길거리에서(37.8%) > 직장에서(33.9%) > 공공기관에서(25.3%) 차별을 경험했다고 답변했다. 차별 경험을 평균 점수로 환산하면, 차별 경험이 가장 많이 발생한 곳은 직장(43.9점)이었다. 차별의 이유는 출신 국가(52.8%) > 한국어 능력(36.5%) > 외모(6.2%)와 같은 순서로 나타났다. 고용자 및 실업자와 같은 경제활동 인구의 차별 이유는 출신 국가(48.1%) > 한국어 능력(43.7%) > 외모(3.2%) > 직업(2.8%) > 경제력(1.5%) 순이었다. 거주지 자체는 차별의 주요 이유로 꼽히지 않았다.

(4) 다문화출생 현황

다문화출생아 수는 2011년 2만 2,000여 명에서 2022년 1만 4,000여 명으로 그 수가 지속적으로 감소하고 있다. 코로나바이러스 감염증 2019(COVID-19)의 전 세계적 유행으로 인해 다문화결혼 수도 줄어서 2021년과 2021년에는 출생아 수도 함께 감소했으며, 2022년 다문화출생아 비중은 전체 출생아 비중의 5.5%를 차지했다. 국적이 한국인 부부간 출산율이 전체적으로 감소하고 있는 데 반해 다문화가정 출생 비중은 오히려 증가하는 추세라고 할 수 있다(그림 4-3 참고).

다문화출생의 유형은 외국인 어머니(65.1%), 귀화자(19.5%), 외국인 아버지(15.4%) 순

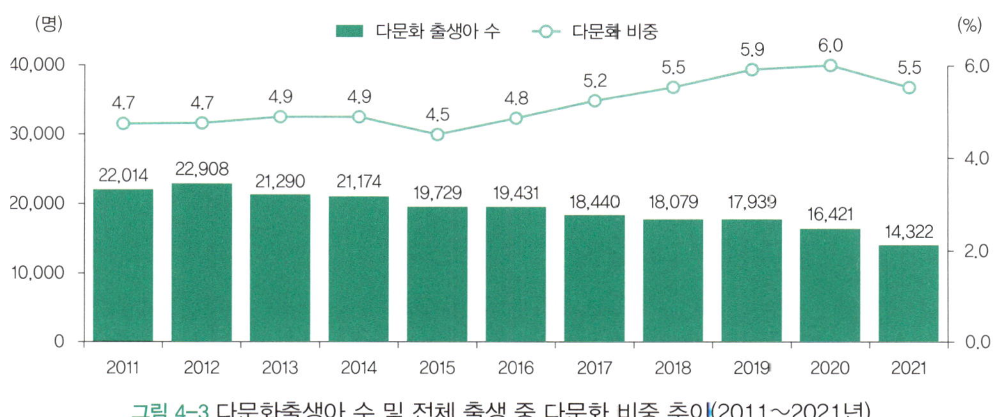

그림 4-3 다문화출생아 수 및 전체 출생 중 다문화 비중 추이(2011~2021년)

이다. 즉, 다문화가정의 아이일 경우 남성이 외국인일 때보다 여성이 외국인 확률이 6배가량 높았다.

또한 다문화가정 산모의 평균연령은 31세로, 전체 출산 평균연령인 32세보다 낮다. 다문화출생에서의 산모의 연령별 출산은 30대 초반이 34.1%로 가장 많고, 20대 후반 23.2%, 30대 후반 23.0% 순이다.

2 외국인 유학생(International Students in Korea)

'외국인 유학생'이란 한국에서 유학 또는 연수활동을 할 수 있는 체류자격을 가지고 있는 외국인을 말한다(「출입국관리법」 제19조의4 제1항).

입학을 원하는 학교에 입학원서 및 관련 서류를 제출한 후 입학이 허가되면 한국에 입국하기 위한 사증(VISA)을 발급받아야 한다. 사증은 본국이나 제3국에 있는 한국의 재외공관에 신청할 수 있으며, 입국 목적에 따라 유학(D-2) 사증, 일반연수(D-4) 사증 또는 단기방문(C-3) 사증을 발급받는다. 유학(D-2) 또는 일반연수(D-4)의 자격으로 입국하는 경우에는 1회에 2년까지, 단기방문(C-3) 자격으로 입국하는 경우에는 1회에 90일까지 체류기간을 부여받을 수 있다.

(1) 외국인 유학생 통계

① 외국인 유학생의 규모

국내 외국인 유학생 수는 2008년 6만 3,952명에서 점점 증가하기 시작하여 2016년에는 처음으로 10만 명을 넘어선 이래 2021년 15만 2,281명으로 증가했다. 이러한 규모로 증가하게 된 배경으로는 전 세계적인 국제교류의 증가뿐만 아니라 국내 대학에서 외국인 대학생 유치를 적극적으로 전개하면서 외국인 유학생의 규모가 증가한 것으로 파악된다(그림 4-4 참고).

학위과정과 비학위과정으로 구분해서 살펴보면, 2021년 기준 전체 15만 2,281명 중 학위과정 유학생은 9만 4,849명으로 62.2.%를 차지하고, 비학위과정 유학생은 1만 1,632명으로 38.8%를 차지한다. 학위과정 유학생의 수가 상대적으로 더 많지만 학위과정 유학생의 경우 2011년부터 2014년까지 지속적으로 감소하다가 최근에야 다시 증가세로 돌아섰고, 비학위과정 유학생은 2010년 이후 지속적인 증가 추세에 있다.

② 외국인 유학생의 출신 국가별 분포

외국인 유학생의 출신 국가별 규모를 살펴보면, 국내 외국인 유학생의 출신 국가는 아시아권에 집중되어 있고, 그중에서도 중국 출신 유학생이 차지하는 비중이 가장 높다. 구체적으로 보면, 2021년에는 아시아권 출신이 90.8%로 대다수를 차지했고, 아시아 국가 중에서도 중국 출신 유학생이 44.2%로 압도적으로 많았다. 베트남 출신 유학생의 비율은 2012년 1.1%에서 2021년 23.5%로 증가했고, 그 다음으로 우즈베키스탄(5.4%), 몽골(4.0%)의 순으로 분포한다. 이 밖에도 미주 지역 출신이 1.5%, 기타 지역 출신이 18.9%를 차지했다.

③ 외국인 유학생의 유학형태별 분포

외국인 유학생을 유학형태별로 살펴보는 것도 이들의 특성을 이해하는 데 유용하다. 유학형태는 자비 유학생, 정부초청 장학생, 대학초청 장학생, 자국정부 파견 장학생 등으로 구분한다. 〈표 4-2〉에 4년제 일반대학에 등록한 외국인 유학생의 유학형태별 분포가 제

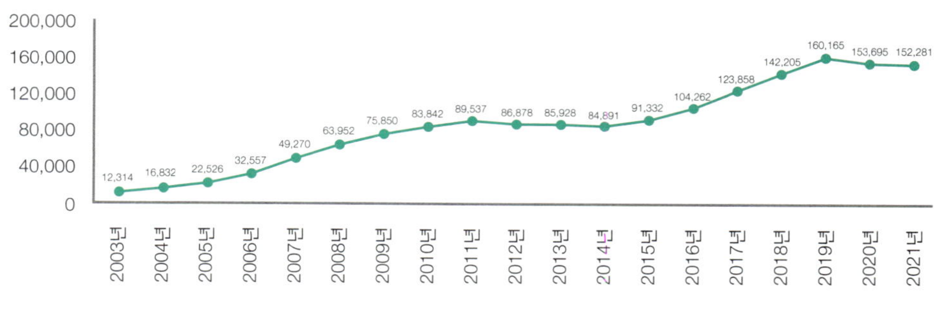

그림 4-4 연도별 유학생 수

표 4-2 유학형태에 따른 시계열 증감 추이 (단위: 명, %)

유학 형태	2020년	2021년	증감	비율
자비 유학생	141,397	139,161	-2,236	91.4
정부초청 장학생	2,971	3,262	291	2.1
대학초청 장학생	6,390	6,291	-99	4.1
자국정부 파견 장학생	323	258	-65	0.2
기타	2,614	3,309	695	2.2
합계	153,695	152,281	-1,414	100.0

시되어 있다. 국내 4년제 대학의 외국인 유학생은 대부분 자비 유학생이며, 한국 정부나 대학의 초청, 자국 정부의 파견 등에 의한 유학생은 일부에 그친다. 2021년의 경우 자비 유학생 91.4%, 한국 정부초청 유학생 2.1%, 대학초청 유학생 4.1%, 자국정부 파견 유학생 0.2% 등으로 나타난다. 증감 추세를 살펴보면, 자비 유학생 비율은 감소하고 정부초청 유학생 비율은 증가했다.

(2) 외국인 유학생이 겪는 어려움

① 언어 장벽: 한국어는 배우기 어려울 수 있으며, 특히 영어 구사가 제한된 지역에서 많은 외국인이 의사소통에 어려움을 겪을 수 있다. 이 때문에 일상생활을 탐색하고 보건의료 등 필수 서비스에 접근하기가 어려울 수 있다.

② 문화적 적응: 새로운 문화, 관습, 사회적 규범에 적응하는 것은 유학생에게 부담이 될 수 있다. 교육, 의사소통 방식 및 사회적 상호작용의 문화적 차이는 오해와 고립감을 유발할 수 있다.

③ 교육체계의 차이: 한국의 학문체계는 엄격하고 학생 간 경쟁이 치열하다. 외국인 학생은 학업량을 감당하기 어렵고, 교수법에 대한 적응이나 한국 교수의 기대에 부응하는 데 어려움을 겪을 수 있다.

④ 비자 및 이민 문제: 비자 신청절차, 갱신 및 기타 이민 관련 문제를 해결하는 것은 유학생에게 복잡하고 시간이 많이 소요될 수 있다.

⑤ 주택 및 생활비: 적합하고 저렴한 주택을 찾는 것은 특히 서울과 같은 주요 도시에서 어려울 수 있다. 생활비도 상대적으로 높아서 학생의 예산에 영향을 미칠 수 있다.

⑥ 사회통합: 언어장벽과 문화적 차이로 인해 현지 친구를 사귀고 한국 사회에 통합되는 것이 어려울 수 있다. 이러한 어려움은 고립감을 갖게 하고 향수병으로 이어지기도 한다.

⑦ 건강보험 등 사회보장제도: 한국의 보건의료체계를 이해하고 이에 접근하는 것은 외국인 학생에게 혼란스러울 수 있다. 또한 건강보험 적용범위가 본국에서 익숙한 것과 다를 수 있다.

⑧ 취업 제한: 한국에 있는 외국인 학생은 비자 제한으로 인해 수행할 수 있는 근무시간이 제한되는 경우가 많다. 생활비를 지원하기 위해 아르바이트를 찾는 것이 어려울 수 있다.

⑨ 정신건강 문제: 유학생은 고향인 본국을 떠나 타국에서 가족과 분리되어 지내면서 다양한 문제에 직면하게 되는데, 이는 스트레스, 불안 및 정신건강 문제로 이어질 수 있다.

⑩ 차별 및 편견: 경우에 따라 외국인 유학생은 국적 또는 인종에 따른 차별 또는 편견을 경험할 수 있으며, 이는 전반적인 한국 생활에 부정적인 영향을 미칠 수 있다.

3 외국인 근로자(foreign workers in Korea)

(1) 외국인 근로자의 개념

"외국인 근로자"란 한국의 국적을 가지지 않은 자로서, 한국에 소재하고 있는 사업 또는 사업장에서 임금을 목적으로 근로를 제공하고 있거나 제공하려는 자를 말한다(「외국인근로자의 고용 등에 관한 법률」 제2조). 외국인이 한국에서 취업하려면 「출입국관리법」에 따라 취업활동을 할 수 있는 체류자격을 받아야 한다(「출입국관리법」 제18조 제1항).

외국인 근로자와 동일한 의미를 갖는 용어로 국제연합(United Nation, UN)은 '이주노동자(migrant workers)'를 사용한다. 이주노동자는 노동력 송출국과 수용국에서 모두 사용할 수 있는 개념이지만, 외국인 노동자(근로자)는 노동력 수용국에서만 사용한다(설동훈, 2021).

(2) 고용허가제

고용허가제는 외국인 근로자의 입국과 관리를 위한 제도로서, 내국인 구인 노력에도 불구하고 인력을 구하지 못한 기업이 일정 규모의 단순기능직 외국인 근로자를 고용할 수 있도록 하는 제도이다. 한국은 1993년에 외국인 산업연수생제도를 통해 단순기능직 외국인력을 공식적으로 도입하게 되었다. 이후 산업연수생제도하에 인권침해, 불법체류자 증가 등의 문제가 발생함에 따라 이러한 문제를 해결하기 위해 2003년에 「외국인근로자의 고용 등에 관한 법률」(외국인고용법)이 제정되었고, 2004년부터 고용허가제가 실시되었다(「외국인근로자의 고용 등에 관한 법률」 참고).

고용허가제하에 고용되는 외국인은 '근로자'로서 노동관계법의 적용을 받는다. 외국인고용허가제는 순수 외국인을 고용허가하는 일반고용허가제와 외국국적 동포를 고용허가하는 특례고용허가제로 구분된다. 일반고용허가제하에 고용되는 외국인 근로자는 비전문취업(E-9) 사증을 발급받아 한국에서 취업활동을 할 수 있다. 일반고용허가는 인력송출양해각서(MOU)를 체결한 국가의 외국인구직자명부 등록자 중 사용자와 근로계약을 체결하고 비전문취업(E-9) 체류자격으로 입국하여 합법적으로 취업한 외국인 근로자이다. 이에 반해, 특례고용허가자는 외국국적 동포가 방문취업(H-2)으로 입국하여 취업교육을 이수한 후 취업한 외국인 근로자이다.

외교부 공식 비자(E-9, H-2)를 통해 공식적으로 입국을 승인받은 외국인 외에도 밀입국 등을 통해 국내에 거주하고 있는 비등록 외국인 근로자도 상당수 있을 것이라고 예상하나 공식적인 문서나 통계자료에서 이들에 대한 정보는 자료화되기 어려운 실정이다.

일반고용허가제에 의한 고용허가 국가는 2023년 현재 필리핀, 태국, 인도네시아, 스리랑카, 베트남, 몽골, 우즈베키스탄, 캄보디아, 파키스탄, 중국, 방글라데시, 키르기스스탄, 네팔, 미얀마, 동티모르, 라오스 등 16개국이다.

고용허가제 근로자의 고용허용 업종은 제조업, 건설업, 농축산업, 서비스업, 어업 등 5개 업종이다. 2022년 기준 외국인 근로자를 고용하고 있는 사업장 수는 6만 785개소이며, 이 중 경기도의 외국인 근로자 고용 사업장 수가 2만 4,955개소로 가장 많고, 고용허가제를 통해 근무하고 있는 일반 외국인 근로자 수는 20만 3,121명이다.

외국인 근로자의 근무지역을 살펴보면, 경기도에서 근무하고 있는 외국인 근로자의 수

표 4-3 국내체류 외국인의 비자 유형 요약

결혼이민자	국민과의 혼인관계를 바탕으로 국내에 체류하고 있는 외국인으로서 F-2-1(국민의 배우자 구 체류자격), F-5-2(결혼이민 영주자격), F-6-1(국민의 배우자) F-6-2(자녀양육), F-6-3(혼인단절) 체류자격 소지자 ※ 귀화 등으로 대한민국 국적을 취득한 자(혼인귀화자)는 체류 외국인 통계에서 제외
외국인 유학생	체류자격 D-2(유학), D-4-1(일반연수), D4-7 (외국어연수)을 소지하고 체류 중인 외국인
외국인 근로자	체류자격 E-9(비전문취업), H-2(방문취업)을 소지하고 체류 중인 외국인 E-1~E-7, E-9~E-10

가 8만 3,514명으로 가장 많다. 이와 같은 통계는 내국인을 구하지 못한 중소제조업 사업장이 경기도에 밀집되어 있고, 외국인 근로자가 경기도에 다수 분포하는 것으로 분석된다.

(3) 외국인 근로자 처우 개선

「외국인고용법」에서는 표준근로계약서 작성, 최저임금 보장, 보증보험과 출국만기보험·신탁 가입 등을 의무화함으로써 외국인 근로자의 임금과 퇴직금을 보장하도록 하고 있다. 하지만 외국인 근로자가 한국에서 겪는 가장 큰 근로문제는 임금체불이며, 이와 관련하여 법적·제도적·구조적·문화적 이슈가 다양하게 존재한다(이인경, 유선경, 2020; 한국외국인노동자지원센터).

4 북한이탈주민과 난민(North Korean defectors and refugees)

(1) 북한이탈주민 용어

1997년에 제정된 「북한이탈주민의 보호 및 정착지원에 관한 법률」에서 '북한이탈주민'이라 함은 '군사분계선 이북 지역(북한)에 주소, 직계가족, 배우자, 직장 등을 두고 있는 사람으로서, 북한을 벗어난 후 외국 국적을 취득하지 아니한 사람'으로 정의된다(국가법령정보센터, 2020). 이들을 지칭하는 용어는 '북한이탈주민'이라는 법적 용어 외에도 시기와 이념적 지향에 따라 의미를 다르게 부여되고 변천되어 왔다.

한국 전쟁 직후인 1960년대에서부터 1980년대까지는 '귀순용사', '월남자'라 불렸는데,

이는 남북간 체제경쟁의 정치적 이념이 반영된 용어였다. 이후 1990년대 초에는 취약계층 보호에 방점을 두어 '북한동포'라고 지칭했다. 그러다 2000년대 이후부터 자립과 자활능력 배양에 중점을 두어 '북한이탈주민'이라는 공식적 명칭을 사용하고 있다. 현재도 '북한이탈주민'이라는 법적 용어 외에도 이들을 지칭하는 용어는 '탈북자', '탈북민', '새터민(new settlers)', '실향민(internally displaced persons)', '피난민', '귀순 북한동포' 등 정치적 입장과 사회적 변화에 따라 다르게 통용되고 있다(김영순, 2014).

한국 정부는 외국에 체류하고 있는 북한이탈주민이 한국행을 희망하는 경우, 인도주의와 동포애 차원에서 전원 수용한다는 원칙하에 국내법과 UN난민협약 등 국제법에 부합되게 이들을 보호·수용하고 있다.

(2) 북한이탈주민의 특징

북한이탈주민의 경우, 남북 정치체제와 외교적 관계의 특수성 아래 국경이탈 및 이동경

표 4-4 이주 유형 분류

기준	이주 유형	사례
공간	국내이주(internal migration)	국민의 국내 거주지 이전
	국제이주, 이민(international migration)	유입이민(immigration) 유출이민(emigration)
시간	일시적 이주(temporary migration)	단기계약근로자(temporary contract worker) 계절노동자(aseasonal worker) 순환이주노동자(circular migrant worker)
	영구적 이주 (permanent migration)	
형태	자발적 이주(voluntary migration)	근로이민, 결혼이민, 교육이민, 은퇴이민 등
	비자발적 이주(involuntary migration)	비호신청자(asylum seeker) 난민(refugee) 인신매매(human trafficking)
	강제이주(forced migration)	노예제(slavery), 계약노동(indentured labor) 국내유민(internally displaced person)
규모	개인 이주(individual migration) 대량 이주(mass migration) 집단 이주(collective migration)	

로 형태에서 다른 이주와는 구분되는 차별성을 가지고 있다. 북한이탈주민의 이주 유형을 여러 기준에 따라 구분해봄으로써 이주 성격을 알아보고자 한다. 이주 유형은 〈표 4-4〉와 같이 공간(국내 · 국제 이주), 시간(일시적 · 영구적 이주), 형태(자발적 · 비자발적/강제적 이주), 규모(개인 · 대량/집단 이주)별 기준에 따라 구분한다(신지원, 2011; 정재각, 2010).

먼저 이주의 '공간'적 기준에서는 탈북 과정에서 대부분 제3국 경유를 통한 경로로 물리적 이동이 이루어지므로 국가 간 경계를 넘는 초국가적 이주에 해당한다. 북한과 접경하고 있는 중국과 러시아를 거쳐 몽골, 필리핀, 캄보디아, 태국 등으로의 이동이 주요 탈북경로로 알려져 있다(윤인진, 2007).

이주의 '시간'적 기준에서 보면, 북한이탈주민의 이주는 임시적이라기보다 영구적 속성을 지닌다. 북한 국적을 가진 주민이 국경 외 지역으로 허가를 받지 않은 채 이동하여 접경국에서 공안 등에 의해 북한으로 송환되면 북한에서 법적 처벌을 받는다. 이러한 이유로 인해 북한으로의 회귀 성향이 높지 않기 때문에 북한이탈주민은 제3국에 장기체류하거나 남한에 정착하려 한다.

북한이탈주민의 이주 '형태'에 있어서는 자발적 이주와 비자발적 이주가 혼합되어 있다. 이들의 북한이탈 및 국경 이동은 1990년대 북한 내 식량난(고난의 행군)으로 인한 생존 위협이 가장 큰 원인이었다(이금순, 2005). 하지만 1990년대 후반 이후에 남한으로 들어오는 북한이탈주민의 수가 급증한 것은 생존 위협보다는 상대적 박탈감에 기인한 것으로 보고 있다. 남한에 먼저 들어와 거주하던 북한이탈주민으로부터 남한의 발전된 경제사회 정보를 듣고 취업과 학업 기회를 얻고자 탈북을 시도하는 것이다. 그리고 식량난 이후에 북한 내에서 마약밀수, 위조미화 제작 등의 범죄율이 증가했는데, 범죄 적발 시 처벌을 모면하고자 남한행을 결심하기도 한다(문남철, 2004; 이금순, 2005).

최근 남하한 북한이탈주민이 북한으로부터 떠나올 때는 자발적 이주의 성격이 강하더라도 접경 국가에 체류 시 신분이 보장되지 않고 접경국 공안에 발각되어 북송될 우려가 있으므로 이주 과정에서 이들의 자율성은 보장되지 않는다. 또한 신변보호 위협을 빌미로 한 인신매매, 매춘, 저임금 노동착취 등 각종 범죄에 노출될 위험이 존재한다(이금순, 2005).

이주의 '규모' 측면에서는 대량이주 또는 집단이주가 아닌 개인이주의 형태를 보인다. 북한이탈 시 대규모로 집단을 이루어 이동하면 북한 경비병이나 제3국의 국경경비대에 발각

될 가능성이 높기 때문에 대부분 개별적으로 탈북 전문 중개인(브로커) 접촉을 통한 이동을 감행하는 개인이주 형태를 띠고 있다.

북한이탈주민의 이주 규모에 있어 최근 특이한 양상으로 나타나는 사항은 '연쇄이주(chain migration)'의 형태가 증가하고 있다는 점이다(손명아, 김석호, 2017). 북한이탈주민의 연쇄이주는 가족, 친척 등 사회관계망을 이용한 가족이주로서, 가족 동반 입국을 시도하거나 가족구성원이 각기 탈북시기를 달리하여 남한에서 재결합하는 형태로 이루어진다(김유정, 2011).

법적인 측면에서 북한이탈주민을 분류함에 있어서도 국제법과 한국 헌법 내 규정상 차이가 존재한다. 북한이탈주민은 1951년에 체결한 난민협약에 근거하여 국제법에서 위임난민(mandate refugee)으로 분류된다(손현진, 2017; 장복희, 2017). 한편, 한국 헌법에서 '한국의 영토는 한반도와 그 부속도서'라고 명시하고 있으므로 한국 헌법에 의거하여 북한이탈주민은 '영토 외 국민의 이민'이 아닌 군사분계선 이북지역 주민의 '동일국적자 이주(defectors)'로 정의된다. 따라서 북한이탈주민은 남한에 입국한 순간부터 외교부 소관이 아니라, 통일부로 이관되어 「북한이탈주민의 보호 및 정착지원에 관한 법률」에 의한 보호조치를 받는다.

북한이탈주민의 이주 성격을 종합적으로 검토해본 바에 따르면, 공간적으로는 초국가적 이주로 간주되며, 시간적 기준으로는 영구적 속성을 지닌다. 형태에 있어서는 자발적 및 비자발적 이주가 혼합되어 있고, 규모의 측면에서는 개인이주 형태로 분류된다(유수영, 2020). 북한이탈주민을 칭하는 용어에서도 정치적 입장과 사회적 입장에 따라 대외적으로 용어가 다르게 표현됨을 알 수 있다.

(3) 북한이탈주민의 규모

북한이탈주민은 1990년대 중반, 북한의 식량사정 악화를 계기로 꾸준히 증가하기 시작했으며, 2002년 1,000명을 넘어선 이래 2006년에는 2,000명을 초과했으며, 2007년 2월 북한이탈주민 총 입국자 수가 1만 명을 넘어섰고, 2010년 11월에는 2만 명, 2016년 11월에는 3만 명을 넘어섰다. 최근 연도별 입국인원을 보면 2020년 229명, 2021년 63명, 2022년 67명이 입국했다. 특히 2020년 이후로 코로나-19(COVID-19)로 인한 북중 국경통제, 제3국에서의 이동 제한 등의 영향으로 입국인원이 감소한 것으로 보인다. 북한이탈주민 중 여성의 입국비율은 꾸준한 증가 추세를 보이다가, 2002년을 기점으로 전체의 약 72%를 차지하고 있다.

(4) 난민(Refugee)

① 난민의 정의

난민은 인종, 종교, 국적, 특정 사회집단의 구성원이 신분 또는 정치적 견해를 이유로 박해를 받을 수 있다고 인정할 충분한 근거가 있는 공포로 인해 국적국의 보호를 받을 수 없거나 보호받기를 원하지 아니하는 외국인 또는 그러한 공포로 인해 한국에 입국하기 전에 거주한 국가로 돌아갈 수 없거나 돌아가기를 원하지 아니하는 무국적자인 외국인으로 정의된다. 난민인정자는 난민으로 인정받은 외국인을 지칭한다.

이와 달리 인도적 체류허가는 「난민법」상 난민인정사유에는 해당하지 않으나, 고문 등의 비인도적인 처우나 처벌 또는 그 밖의 상황으로 인해 생명이나 신체의 자유 등을 현저히 침해당할 수 있다고 인정할 만한 합리적인 근거가 있는 경우(「난민법」 제2조 제3호)에 해당한다.

난민인정사유는 인종, 종교, 국적, 정치적 견해, 특정 사회집단의 구성원 등 요건을 갖추어야 한다. 먼저, '인종'은 민족집단까지 포함하는 광의의 개념으로, 미얀마의 소수민족인 로힝기야족의 대거 유입이 그 사례이다. 두 번째, '종교'는 특정 국가가 하나의 종교만을 인정하는 등 개인의 자유와 반할 때이다. 이슬람교도였던 이란 국적 난민신청자의 기독교로의 개종 사례가 해당한다. 세 번째 '국적'은 에리트레아(Eritrea) 무국적자 사례가 있으며, 마지막으로 정치적 견해는 정치적 동기에 의한 징집거부 사례 등이 해당한다. 현재 정치적 박해를 중심으로 난민 개념이 통용되고 있어 환경, 전쟁난민, 경제적 사유에 따른 새로운 형태의 난민을 포괄하지 못한다는 한계가 있을 수 있다.

② 난민의 권리와 복지 보호를 위한 국제기구(UNHCR)

전 세계적으로 난민을 보호할 임무를 부여받은 국제기구인 유엔난민기구(United Nations High Commissioner for Refugees, UNHCR)는 국제연합(United Nation, UN) 총회를 통해 1949년에 설립되었다. 유엔난민기구의 목적은 난민의 권리와 복지를 보호하는 것으로서, 난민 문제를 해결하기 위해 국제적인 조치를 주도하고 조정할 권한을 부여받았다. 누구나 비호를 신청할 권리를 누리고, 자발적 본국 귀환, 현지 동화 혹은 제3국 재정착의 방법으로 다른 나라에서 안전한 피난처를 보장받을 수 있도록 UNHCR이 앞장서고 있다.

난민의 지위에 관한 협약(Convention Relating to the Status of Refugees)은 국제사회에 널리 적용되고 있는 난민에 대한 다자조약으로, 1951년 7월 제네바 UN 총회에서 채택되었다. 이후 UNHCR은 난민에게 국제적 보호를 제공할 책임을 지니고 있으며, 전 세계적으로 난민을 보호할 구체적 임무를 부여받은 유일한 국제기구이다. "UNHCR의 보호대상자"에는 일반적으로 난민, 비호신청인, 귀환민, 무국적자, 또한 일부의 국내 실향민 등이 포함된다. 특히 한국이 2013년에 UNHCR 집행이사회 의장국으로 선출되어 국제적으로 난민정책을 기획·조정할 수 있는 지위에 오른 바 있는 국제적 위상을 가지고 있다.

③ 난민 현황

가. 국내 난민인정자 현황

2022년 기준 누적 난민인정자 수는 총 1,338명이며, 2022년 한 해 동안의 신규 난민인정자 수는 175명이다. 참고로 2022년 한 해 동안의 난민인정 신청건수는 1만 1,539건이며, 난민인정심사를 완료한 5,463건 중 인정은 141건, 인도적 체류허가는 45건, 불인정은 5,277건이었다.

난민인정자의 국적별 현황은 다음과 같다. 2022년 기준 누적 난민인정자 중 미얀마 국적자가 432명(32.3%)으로 가장 많았고, 다음으로 에티오피아 151명(11.3%), 방글라데시 122명(9.1%) 등의 순으로 많았다. 2022년 한 해 동안의 난민인정자도 미얀마 국적자가 77명(44.0%)으로 가장 많았으며, 다음으로 이집트 42명(24.0%), 파키스탄 16명(9.1%), 수단 및 에티오피아 국적자가 각 6명(3.4%) 등의 순으로 많았다(표 4-5 참고).

2022년 기준 누적 난민인정자 중 가족결합을 사유로 인정받은 경우가 490명(36.6%)으로 가장 많았고, 다음으로 정치적 의견 413명(30.9%), 인종 254명(19.0%) 등의 순이다. 2022년 한 해 동안의 난민인정자의 경우에는 정치적 의견을 사유로 인정받은 경우가 90명(51.4%)으로 가장 많았고, 다음으로 가족결합 64명(36.6%), 종교 10명(5.7%) 등의 순으로 많았다(표 4-6 참고).

나. 국내 인도적 체류자 현황

2022년 기준 누적 인도적 체류자는 총 2,485명이며, 2022년 한 해 동안의 신규 인도적 체류자는 67명이다. 2022년 기준 누적 인도적 체류자 중 시리아 국적자가 1,256명(50.5%)

표 4-5 국적별 난민인정자 현황 (단위: 명)

국적 / 기간	계	미얀마	에티오피아	방글라데시	이집트	파키스탄	기타
전체 누적	1,338	432	151	122	102	102	429
국적 / 기간	**계**	**미얀마**	**이집트**	**파키스탄**	**수단**	**에티오피아**	**기타**
2022년	175	77	42	16	6	6	28

표 4-6 사유별 난민인정자 현황 (단위: 명)

사유 / 기간	계	종교	정치	특정집단	인종	국적	가족결합
전체 누적	1,338	123	413	54	254	4	490
2022년	175	10	90	7	4	0	64

표 4-7 국적별 인도적 체류자 현황 (단위: 명)

국적 / 기간	계	시리아	예멘공화국	미얀마	중국	파키스탄	기타
전체 누적	2,485	1,256	786	45	37	32	329
국적 / 기간	**계**	**이집트**	**시리아**	**아이티**	**예멘공화국**	**기니**	**기타**
2022년	67	17	11	10	5	4	20

으로 가장 많았으며, 다음으로 예멘공화국 786명(31.6%), 미얀마 45명(1.8%) 등의 순으로 많았다. 2022년 한 해 동안의 인도적 체류자 중 이집트 국적자가 17명(25.4%)으로 가장 많았으며, 다음으로 시리아 11명(16.4%), 아이티 10명(14.9%) 등의 순으로 많았다(표 4-7 참고).

인도적 체류자의 사유를 살펴보면, 2022년 기준 누적 인도적 체류자 중 2,216명(89.2%)은 본국 정황 등을 고려한 인도적 견지에서, 269명(10.8%)은 가족결합을 사유로 인도적 체류허가를 받았다.

2 다문화사회 구성원의 적응

1 다문화사회 구성원의 부적응

(1) 다문화사회 구성원의 정체성과 문화적응

'정체성'이란 용어의 정의부터 먼저 살펴보면, 라틴어 'identitas'에서 유래한 말로서 '전적으로 동일한 것이다', '그것은 자기 자신', '그 사람에 틀림없는 본인이다', '정체' 등의 의미를 지니고 있다. 사회학적으로 정체성은 '나는 누구이며, 나는 무엇을 해야 하고 어떻게 해야 하는지에 대한 판단의 집합이다'(변세권, 2001). 이러한 정의는 정체성이 '주체의 자기관념'이라는 점과 정체성을 통해 주체가 사회적 구조와 연결된다는 점을 함축하고 있다.

다문화사회에서 이주민이 정체성을 형성하고 탐색하는 데 있어서 주목할 개념이 바로 문화적 정체성이다. '문화적 정체성(cultural identity)'이란 한 국가의 고유문화를 공유하며 자신을 그 집단의 일원으로 인식하여 동일시하는 것을 말한다. 특히 베리(Berry, 2017)는 다차원 모델의 대표적인 학자로서, 문화적응 모델에서 문화적 정체성이 문화적응(acculturation)의 형태를 결정짓는 요인이라고 했다. 다시 말해, 이주자는 이주 초기에 문화정체성과 관련한 이슈로 심리적인 갈등을 겪을 수 있는데, 이주자 자신의 본국 문화와 이주국의 문화 중에서 어떤 문화를 선택할 것인가에 관해 심리적 갈등을 느끼며, 각 개인의 선택에 따라 결과가 달라진다.

베리는 문화적응 모델에서 이러한 개인의 선택을 모국 문화를 유지하느냐와 이주사회의 주류문화에 참여하는가에 따라 동화(assimilation), 통합(integration), 분리(segregation), 주변화(marginalization)의 4가지 유형으로 구분된다고 했다(제6장 참고). 모국 문화를 포기하고 주류사회와 관계를 유지하는 경우는 동화 유형이며, 모국 문화의 정체성을 유지하면서 주류사회와 관계를 유지하는 전략은 통합 유형이다. 주류사회와 관계를 유지하지 않고 모국의 문화적 정체성을 유지하는 분리 유형과 주류사회와 관계를 맺지 않으면서 동시에 모국 문화도 거부하는 주변화 유형이 있다.

이러한 적응은 순간적으로 이루어지기보다는 장기간에 걸쳐 이루어지는 과정이라고 할 수 있다. 이주민의 연령, 성별 등의 인구학적 요인뿐만 아니라 개인의 성향, 이주에 대한 동기가 수동적이냐 혹은 능동적 동기에 기인했느냐에 따라서도 적응의 양상이 달라진다. 문화적인 요소인 언어, 종교, 스트레스 또한 영향을 미친다고 알려져 있다(부향숙, 2018).

(2) 이주정책의 변화에 따른 다문화주의 모델의 방향성

전통적인 이주정책은 출입국 및 체류자격 관리 등 국가의 구성원 자격, 즉 국민됨을 규정하고 관리하는 통칭 '국경관리(border control)'에 국한하는 소극적 개념으로 파악했으나, 점차 이주 이후의 수용사회 정착과 궁극적인 사회통합을 포함하는 적극적 개념으로 확장되고 있다(허준영, 2012). 이는 한편으로 이주민이 지역사회에 정착만 하면 자동적으로 통합되리라 생각했던 것에서 점차 '통합에는 장기간이 소요된다'는 점을 인식하게 된 결과이다. 국제이주 사례가 많아지고, 이로 인한 이질적인 문화의 유입과 아울러 이에 대한 수용사회 문화 및 주민과의 충돌과 갈등에 대한 관심이 점차 증가하면서 통합을 저해하는 사회갈등 대응에 대한 '정부의 계속적인 책임을 강조'하는 현재의 추세를 반영하는 것이라 할 수 있다.

이주정책에서 사회통합정책 논의는 통합의 지향에 따라 캐슬과 밀러(Castles & Miller), 마르티니엘로(Martiniello)가 제안하는 세 가지 모델, 즉 차별적 배제 모델(differential exclusionary model), 동화주의 모델(assimilationist model), 다문화주의 모델(multicultural model)로 분류된다(제3장 참고). 이 중 다문화주의 모델은 소수민족의 주류사회로의 동화가 아닌 공존(symbiosis)에 초점을 두면서 이민자가 스스로의 문화를 지켜가는 것을 인정하고 장려한다. 다문화주의 모델은 타 문화를 인정하고 문화적 이질성을 존중하고 보호하는 바, 소수집단의 고유성 인정을 통한 사회갈등 방지 및 궁극적인 사회통합을 목표로 한다.

그러나 다문화주의 모델은 주류사회의 정체성을 약화시킬 수 있고, 실행하는 동안 많은 이익집단 사이의 갈등을 유발할 가능성이 높다는 점이 한계로 거론된다. 다문화주의 모델은 사회갈등을 방지하고 문화의 공존을 통한 이상적인 사회통합을 지향한다는 원칙하에 적극적 지원을 한다. 다만, 국가의 정체성이 혼란스러워질 수 있기에 주류사회의 충분한 이해와 관용이 필요하다. 여기서는 이러한 다문화주의 모델에 입각하여, 다문화사회의 부적응 실태를 살펴보고 차후 개선방안에 대해 알아보고자 한다.

2 다문화사회 구성원의 부적응

다문화라는 단어가 주는 의미로 인해 편견과 불신이 사회적 갈등을 지속해서 부추기고 있을뿐더러 다문화라고 명명되는 자체만으로도 다문화사회 구성원이 여러 형태로 주변화되어 가고 있다. 다문화사회의 구성원이 겪는 문화부적응은 문화적 다양성에 대한 인식이 뿌리 내리지 않은 사회일수록 이주민에 대한 문화적 차이를 이해하려는 노력보다 이주민의 생활습관에 대한 배타적인 시선이 존재하면 발생한다.

일반적으로 이주민은 원문화와 현지문화의 차이에서 문화적응의 어려움을 겪는데, 이는 심리적(정서적/감정적) 적응과 사회문화적(행동에 관한) 적응으로 구분된다. 심리적 적응은 새로운 문화 환경에서의 심리적인 안녕감과 만족감을 말하고, 사회문화적 적응은 사회학습 관점에서 문화적으로 적절한 지식과 기술을 획득하여 일상의 문제를 잘 처리하는 능력을 말한다. 한국으로 이주한 이주민은 정치체계, 법, 제도 등의 환경이 변화된 상태에서 새로운 삶을 시작하며, 신체적 변화보다는 사회적 변화를 크게 경험한다. 이러한 환경적 영역의 변화 측면을 포함하여 이주민이 일반적으로 겪는 다양한 문제가 쟁점화된다.

① 이중 문화에 따른 문화적 부적응 및 정체성 문제

이주한 곳에서 생겨나는 문화적 충돌은 생활 속에서 장벽으로 작용하여 주류사회에 대한 부정적인 인식이 생겨나면서 심리사회적 문제를 동반한다. 이주민은 타 문화권으로 진입함과 동시에 다른 식습관, 음식과 주거양식, 생활방식과 가치관, 전통문화 등에서 어려움을 느낀다.

② 한국어 능력 부족으로 인한 의사소통의 어려움

타국 출신 부모의 한국어 능력 부족은 가족 간의 원활한 의사소통에 어려움을 유발한다. 이는 문화적 차이에 따른 갈등을 더욱 심화시키고, 가족의 관계 형성 및 소통의 어려움을 초래하며, 더욱이 이주민 자녀의 언어발달에도 직접적으로 영향을 미쳐 아동의 정서 및 자존감 등에 부정적인 영향을 미친다. 언어는 사회구성원과의 소통을 위한 매개역할을 하기 때문에 의사소통은 매우 중요한 적응 지원방안으로 볼 수 있다.

③ 자녀의 육아와 교육과 관련된 문제

결혼이민자의 문화적응 실패는 임신, 육아, 자녀교육 등 다양한 문제와 혼재되어 부부적응 문제와 함께 심리사회적 문제로 나타나며, 새로운 가족 문제를 양산하는 결과를 초래할 수 있다. 가정 내 이중문화는 부모의 서로 다른 가치관과 문화 사이에서 혼란과 갈등을 일으킬 수 있으므로 자녀의 안정적인 양육 과정에 어려움이 자리할 수 있다.

다문화가정의 자녀는 자신에 대한 정체성 혼란과 더불어 자신에 대한 사회적 편견과 가정과 학교교육 사이에서 겪는 여러 가치에 대한 혼란 속에서 어려운 성장 과정을 거치게 되고, 주변인으로 성장해갈 위험성이 상존하며, 부모와 자녀는 언어를 매개로 소통을 하기 때문에 부모의 언어 능력은 자녀 양육에 중요한 영향을 미친다.

④ 경제적 부적응

상당수 이민자는 유입국에 안정된 정착을 하기까지 인적·사회적 자본이 충분하게 확보되지 않은 상황에서 경제적 어려움을 느낀다. 이민자의 소득이나 취업이 어려워지고 있으며 빈곤층이 증가하고 신규이민자 중 언어적·문화적으로 이질적인 유색인종이 차지하는 비율이 증가함에 따라 취업장벽, 언어, 훈련, 정착서비스 접근에 어려움을 경험하는 이민자가 증가하고 있다.

⑤ 사회적 편견과 차별, 사회적 지지체계 및 연계망의 부족 경험

다양성이 공존하는 환경을 조성하기 위해서는 다문화자녀의 한국어 능력, 가구 유형, 부모의 출신 등 개인별 특성을 고려한 맞춤형 교육지원을 강화하고 다문화교육 활성화를 위한 지속적인 노력이 필요하다. 또한 사회적 지지체계를 넓혀주고 연계망을 촘촘하게 연결 짓는 프로그램이 체계적으로 제공되어야 할 것이다.

3 다문화사회 구성원의 적응전략

이론적으로는 이주민의 문화적응을 위해서는 동화보다 '통합' 방식이 보다 바람직하다고 알려져 있지만, 적응의 유형은 그 사회의 정책적 지향성과 방향성, 문화개방성, 역사성, 사회경제적 발전 정도 등 다양한 요인에 의해 결정된다. 다문화사회 구성원의 특성에 따라 적응에 있어 다양한 이슈를 수반하고 이에 따른 해결방안도 각기 다르게 제시된다. 이에 결혼이주여성, 외국인 유학생, 외국인 근로자, 북한이탈주민 및 난민으로 구분하여 각 집단별로 적응전략에 대해 알아보고자 한다.

(1) 결혼이주여성

한국 사회가 여전히 단일민족주의, 순혈주의 등과 같은 다문화적 흐름을 지향하면서, 결

혼이민여성이 한국 사회에 일방적으로 동화되기를 원하는 것은 자칫 또 다른 형태의 차별과 폭력이 될 수 있다. 따라서 이러한 갈등을 해결하기 위한 방안을 개인 차원, 지역사회 차원으로 나누어 살펴본다.

먼저, 개인 차원에서는 결혼이민여성이 탄력성을 가지고 문화적 차이를 극복할 수 있도록 역량강화(empowerment) 프로그램 개발이 필요하다. 현재의 한국어 교육, 음식·가족문화와 관련된 프로그램을 넘어서 결혼이주여성의 '주체적 행위성'을 강조하는 내용이 제공되어야 할 것이다. 또한 지역주민에게는 소수집단의 문화적 다양성에 대한 수용과 인식 전환을 이룰 수 있는 교육 프로그램이 다양한 방법으로 제공되어야 한다.

둘째, 지역사회에서 결혼이민여성과 지역주민이 공존하고, 양자 간 상호호혜 관계를 증진하기 위해서는 결혼이민여성과 지역주민의 접촉에서 양적인 면과 질적인 면을 모두 관리해야 한다. 양적으로는 공공기관(학교, 주민자치센터 등), 보육시설, 복지관, 서비스 제공기관, 시장 등 공공·민간 기관에서 양자가 빈번하게 접촉할 수 있도록 프로그램의 횟수를 양적으로 확대해야 한다.

접촉의 질적 수준 향상을 위해서는 콘텐츠를 어떻게 구성해야 할 것인가가 핵심 과제라 할 수 있다. 이주민과 지역주민을 위한 유네스코의 세계시민교육이 구체적 콘텐츠의 한 예가 될 수 있을 것이다. 이러한 교육과정을 거친다면 결혼이민여성은 지역주민으로서의 정체성이 보다 강화되고, 지역사회 연계망을 형성할 수 있는 기회를 제공함으로서 순조로운 적응으로 이어질 수 있을 것이다.

마지막으로, 결혼이민여성의 역량을 강화하고 지역사회 참여를 증대하기 위해서는 결혼이민여성에게 적합한 취업교육과 일자리를 제공해야 한다. 취업은 빈곤에 대응하기 위한 개인적 전략을 넘어서서 지역사회에서의 참여를 의미한다. 또한 취업 여부는 한국에서 결혼이민여성의 결혼 불안정성을 극복하고 안정적 삶을 살아가기 위한 토대가 된다는 점에서 중요한 전략이다(성항숙, 2011).

(2) 외국인 유학생

한국은 2005년 Study Korea Project를 시작으로 유학생 정책을 지속해왔지만 구체적인 계획의 질적 수준에는 큰 변동 없이 유치 유학생의 양적 증가에 목표를 두고 있었다. 특히 교육부는 외국인 유학생 유치에 중점을 두고 적극적 유치를 위한 계획을 시행하고 있으나 법무부는 불법체류자 입국 금지와 노동시장 보호 등에 초점을 둔 방어적 태세를 정책목표의 기본 방향으로 두고 있다. 이와 같이 동일 정책에 대한 주무부처 간 목표가 불일치함으로써 대학 현장에서는 실무적인 혼란을 겪고 있었다. 유사한 맥락에서 2011년부터 시작된 교육국제화역량 인증제의 목표도 유학생 유치 확대와 질 관리를 통한 우수 유학생 선발관리가 필요하다는 현장의 목소리가 혼재한 가운데 명확한 설정이 필요한 것으로 나타났다. 이러한 사항을 감안하여 유학생 지원정책이 정부, 지방자치단체, 대학, 개인 수준에서 다층적이고 종합적으로 수행되어야 한다(김지하 외, 2020).

먼저 정부 차원에서 유학생 관리 지원방안으로는 ① 교육국제화역량 인증제 개선, ② 교육국제화역량 강화를 위한 재정 지원사업 실시, ③ 외국인 유학생 수 적정 규모 유지, ④ 온라인 콘텐츠 개발 지원 등을 통한 포스트 코로나 시대의 유학생 질 관리 강화 등이 필요하다. 특히 코로나-19 사태 이후 온라인 수업 확대에 따른 학습 및 생활 지원의 문제점이 두드러졌다. 이를 해결하기 위해 유학생 대상 온라인 강의 콘텐츠 개발과 지원이 필요하고, 유학생 온라인 교육 질 관리 가이드라인이 개발되어야 한다. 예를 들어, '한국어 교육, 교양교과목' 등과 같이 대학들이 공동으로 활용할 수 있는 교과목부터 온라인 개발을 지원할 필요가 있다. 특히 외국인 유학생의 비율이 높은 전공(예: 경영학, 한국어학 등)에서 운영되는 공통 교과목의 온라인 콘텐츠 개발도 지원할 필요가 있다. 현재는 K-MOOC 과정 개발 지원사업을 통해서 유학생을 위한 '한국어 학습강좌'가 개발되어 제공되고 있는데, 향후에도 유학생을 위한 K-MOOC 과정을 지속적으로 개발할 필요가 있다. 이와 같이 온라인 교과목 개발이 공동으로 이루어질 경우, 각 대학에서는 외국인 유학생을 위한 맞춤형 학습지원과 튜터링 제공에 보다 많은 시간을 투자할 수 있을 것이다.

또한 유학생 교육의 질이 저하되지 않기 위해서는 국내 대학의 온라인 교육 수준과 외국의 고등교육 평가인증기준 등을 고려하여 초국가적 수준에서의 고등교육 평가인증 모델을 개발함으로써 국내 대학의 분교 설립에 대한 평가인증절차 등을 마련해야 할 것이다.

다음으로 지방자치단체 차원의 개선방안으로는 ① 지역사회 내 취업 및 안정적 정주여건 구축, ② 외국인 유학생의 지역사회 활동 확대 유도, ③ 코로나-19 확산에 따른 지방자치단체의 상시대응 및 지원체제 구축 등이 필요할 것이다.

지역대학은 입학자원 감소에 대응하기 위해 낮은 수업료로 학생을 양적으로만 확보하기

보다는 어학연수 및 기타 교육활동 이후에도 전문분야 석박사 학위과정으로 전환하거나 지역사회 특성화 분야에 취업하도록 유도해야 할 것이다. 구체적인 방안으로서 지방자치단체는 지역사회 내 외국인 유학생 대상 맞춤형 일자리, 협력기업 및 유관기관 발굴, 학업과 취업이 연계될 때 지역사회에 거주하는 데 발생하는 행정적·재정적 조건에 대한 정보 제공, 어학–학업–인턴십–취업–장기 거주 및 인력 활용으로 연결되는 체계적이고 단계적 지원방안 구축 등을 검토할 수 있다

마지막으로 대학 차원의 개선방안으로는 ① 중장기 외국인 유학생 유치계획 수립, ② 대학별 유학 관련 정확한 정보 제공, ③ 유학생의 입학 준비 부담 경감을 위한 필수서류 표준화 및 간소화, ④ 외국인 유학생 지도교수에 대한 지원 강화, ⑤ 외국인 유학생 학업 및 생활 지원, ⑥ 외국인 유학생 진로 및 취업 지원, ⑦ 외국인 유학생에 대한 인식 개선, ⑧ 포스트 코로나 시대를 대비한 온라인 교육과정 개발과 질 관리체계 구축 등이 있다.

특히 유학생의 출신 국가가 다변화됨에 따라 국가별 특수성을 고려한 맞춤형 지원에 대한 요구가 증대하고 있다. 중국 유학생이 여전히 대다수를 차지하지만, 베트남, 몽골, 우즈베키스탄 등의 국가 출신 유학생도 늘어나면서 새로운 학습 및 생활 지원 요구가 발생하고 있다. 이에 따라 개별 대학 차원에서는 유학생 전담부서에서 출신국별 특성을 고려하여 유학생 지원을 강화하고 있지만, 대부분 지원 인력과 예산 규모가 미흡하기 때문에 충분한 지원을 제공하지 못하고 있다. 그리고 유학생 전담부서가 행정부서이기 때문에 '생활 지원서비스' 제공은 가능하지만, '학업 지원서비스' 제공에는 근본적인 한계가 있다. 이러한 문제점을 해소하기 위해서는 대학 본부 차원의 유학생 지원시스템 구축 의에도, 학과 단위로 1~2학년 학부과정 유학생의 학업을 지원할 수 있는 '학습 코디네이터 제도' 등이 운영될 필요가 있다. 대학생활 적응이 가장 어려운 1학년 시기와 전공과정 수업이 본격적으로 시작되는 2학년 시기에 유학생의 학업을 지원해줄 수 있는 학습 코디네이터가 운영될 경우 이들의 중도탈락을 선제적으로 예방할 수 있기 때문이다.

이 밖에도 외국인 유학생의 대학생활 전반을 지원하는 본부 차원(국제교류처, 국제 협력처 등)에서 외국인 유학생 전담조직의 전문화를 강화함으로써 다양한 교류 프로그램을 제공해야 할 것이다. 또한 외국인 유학생이 원활하게 교육과정을 이수하기 위해서 소속 대학 및 학과의 교육과정과 학사행정시스템의 사용방법에 대한 이해를 높이기 위해 교육과정

이수체계도를 영문 등 다양한 언어로 제공하는 방법 등을 통해 개별 학생 지도를 더욱 강화해야 할 것이다.

(3) 외국인 근로자

외국인 근로자의 적응과 통합 정책의 수립에 있어서는 무엇보다도 총체적인 접근이 필요하다. 수용국의 입장에서만 이주근로자의 적응과 통합 정책을 바라보는 시각에서 벗어나 노동이주를 단순히 인력수급정책으로만 보지 않고, 수용국-송출국-이주당사자 모두의 상호이익을 고려하는 총체적 접근이 필요하다(신지원 외, 2011). 수용국 국경에 한정되어 단일사회 내에서 이주자의 통합문제에 접근한다면 적응 및 통합 정책의 효과성을 떨어뜨릴 수 있기 때문이다. 따라서 이주근로자의 통합정책은 수용국뿐만 아니라 송출국과 이주당사자의 관점을 모두 반영하는 것이 중요하며, 이주근로자의 역량강화와 국제협력은 이주근로자의 통합정책에 대한 이러한 접근을 실현시키는 데 중요한 방안이 될 수 있다.

이러한 배경에서 우선적으로 다양한 행위자로 구성된 다차원적인 국제협력이 도모되어야 할 것이다. 한국 입국 전 사전교육에 대한 모니터링을 강화하고 입국 전 사전교육-취업교육-사후지원의 유기적 연계를 위한 정부 간 협력이 이주근로자의 모든 교육단계에서 필요하다. 이러한 노력을 바탕으로 한 노동이주를 통해 개인의 글로벌 역량을 강화하고, 이들이 재정착하게 될 지역 고유의 자원과 특색을 활용하는 전략은 세계화와 지방화가 융화되는 세계지방화(glocalisation) 시대에 적합한 발전전략이라 할 수 있다.

무엇보다도, 외국인 근로자가 한국에 입국한 후 실질적으로 적응할 수 있도록 고용허가제 이주근로자 대상 교육의 내실화가 필요하다. 취업교육은 2박 3일 집체훈련과정으로 16시간 이상 진행하며, 취업활동에 필요한 업종별 기초기능에 관한 사항, 관계법령 및 고충상담절차, 한국어와 한국문화 이해 등을 다루고 있는데, 주로 국적별 또는 업종별로 이주근로자를 분류하여 해당 취업교육기관에서 담당하고 있다. 그러나 교육시간이 짧고 기관 간 교육 프로그램의 차별성 또한 크지 않아 직업생활 오리엔테이션 정도의 역할에 그치고 있다. 또한 현지어 소통이 가능하면서 해당 분야의 전문교육과정을 이수한 강사가 필요하지만 열악한 처우로 인해 이직률이 높고 임시방편적 교사 수급의 문제가 있다. 교육방식에 있어서도 강의식 수업방식이 주를 이루고 있으며, 기초기능 과목의 경우 단시간 동안 이루어지는 집체교육의 특성상 실습교육은 실효성이 없다. 취업교육 실적은 기관별·연도별로 등락의 변동성이 크기 때문에 개별 기관에서 중·장기적인 교육계획 수립 및 실행에 어려움이 많다.

이주근로자 대상 한국어 교육에 있어 출국 전 사전교육에서부터 사후지원까지, 단계별로 프로그램화된 교육을 실시하는 것이 바람직할 것이다. 특히 이주근로자가 본국에서 한국 취업을 준비하는 과정부터 한국에서 취업활동 및 일상생활을 하기까지 전 과정의 한국어 교육이 유기적으로 연계되어야 할 것이다.

이주근로자의 통합을 위한 교육과정 개선방안을 교육의 공급 및 수용적 측면, 교육제도 측면, 정책 운영 측면에서 각각 살펴보면 다음과 같다. 먼저 교육공급 측면에서 16시간이라는 취업교육시간이 절대적으로 부족하다. 그 대안으로 지역맞춤형 사후지원 강화를 생각해볼 수 있다. 이에 더해, 귀환 프로그램의 공인자격증제도와의 연계를 꾀하여 실효성 측면에서의 제고가 필요하며, 장기적 안목으로 귀환을 계획할 수 있도록 안내해줄 필요가 있다. 기존의 일방향적인 강의 중심의 교육방식이 참여자 중심의 토론과 멀티미디어를 활용한 실습 위주의 교육방식으로 변화되어야 한다. 전문성 있는 교·강사 확보 및 질 관리를 위해서 강사진의 처우 개선과 장기적인 고려에 의한 외국인력 수급 관리의 필요성이 제기된다. 교육의 효과성 제고를 위해서는 교재의 개정작업이 필요하며, 관련 교·강사의 협조 및 국가 차원의 재정 지원이 필수라고 할 수 있다.

교육수용 측면에서는 학습자가 국가별로 상이한 교육생의 특성을 감안한 맞춤형 수업이 유용할 것이다. 수업의 내실화를 위해 개별화 수업을 촉진하는 측면에서 현실적으로 공적인 방송시스템인 EBS TV 프로그램이나 원격교육을 고려해볼 수 있다.

교육제도의 거버넌스 측면에서는, 중앙정부 수준에서 인력관리의 안정적인 제도화가 필요하다. 제도적인 개선은 결과적으로 입국 전 교육기관뿐만 아니라 취업교육기관과 사후지원기관으로 하여금 교육 수요의 투명하고 안정적인 관리가 이루어질 수 있게 한다. 장기적인 마스터플랜하에 입국 전 교육기관과 한국산업인력공단, 외국인근로자지원센터, 민간대행기관 등 관계기관의 파트너십을 통한 긴밀한 협력체계 조성이 필요하다. 중앙부처의 컨트롤타워가 미비한 현실에서 산업인력공단이 전체 총괄기능과 평가기능을 바탕으로 전체 지원체계의 구심점이 되는 방안을 고려할 수 있다.

정책운영 측면에서는 입국 전 교육, 취업교육, 사후지원 및 귀환교육을 인력개발교육이라는 총체적 체계 차원에서 운영할 필요가 있다. 예를 들어, 이주근로자 개인역량카드제도를 도입하여 개별 외국인 근로자의 교육내력을 관련기관이 공동으로 관리하고, 교재, 교육내용, 교·강사 등을 공유할 필요가 있다. 유기적 연계를 위해서는 송출국가 기관과의 연계가 중요하며, 국가 차원에서 각국 영사관(노무관)과 적극적인 연계 구축을 통한 협력이 필요하다. 장기적으로는 송출국 내 남아 있는 외국인 근로자 가족에 대한 교육(재정 관리 등)까지 고려할 필요가 있다.

또한 임금체불 문제를 비롯하여 사용자의 외국인 근로자에 대한 태도 문제는 고용허가제가 실시된 이후 지속적으로 쟁점화되어 왔다(유승희, 2022). 퇴직금 또는 수당 미지급, 최저임금 미준수, 근로시간의 부정확한 산정 등의 문제를 해결하기 위해서 외국인 근로자의 임금체불 등 처우개선 및 인권보호를 위한 정보 제공과 체계적 교육 또한 실질적인 방법으로 이루어질 필요가 있다. 외국인 근로자의 임금체불을 예방하고, 임금체불이 발생했을 때 적절한 조치가 신속·정확하게 이루어지도록 함으로써 외국인 근로자가 자신이 일한 대가를 온전히 받을 수 있도록 하는 법적·행정적 제도 마련과 이에 대한 정보 제공이 중요하다. 2021년 4월 「외국인고용법」이 개정되면서 사용자 교육 조항이 신설된 것과 같이, 외국인 근로자와 사용자 모두에게 외국인 근로자의 법적 권리와 임금을 비롯한 근로조건 준수의 중요성을 인식시켜야 하며, 관련 정보와 법에 대한 지속적인 교육이 필요하다.

(4) 북한이탈주민과 난민

① 북한이탈주민

현재 북한이탈주민의 남한 사회 적응에 대한 지원은 「북한이탈주민의 보호 및 정착지원에 관한 법률」에 따라 입국조치 후 초기자립지원과 사후관리가 진행된다. 초기적응을 위해서 하나원에서의 적응교육을 비롯하여 하나원 퇴소 이후 취직, 정착지원금 지급 및 주거알선 등의 과정이 이루어지며, 안정적 정착을 위한 사후관리로는 신변 담당관제도와 취업보호 담당관제도, 거주지보호 담당관제도를 두어 정착 후 계속적인 보호 및 적응을 지원하고 있다. 하지만 북한이탈주민의 사회정착 성공률이 15% 미만이라고 지적된 바와 같이(하영수, 2010) 북한이탈주민의 남한 사회 적응에 대한 정부 지원과 노력에도 다수의 북한이탈주민이 남한 사회에 성공적으로 적응하지 못하고 있다.

북한이탈주민의 적응에 영향을 미치는 요인으로는 성별, 경제 수준, 남한 정착기간 등의 인구사회학적 특성, 외상 후 스트레스 장애, 적극적 성격, 자아존중감, 회복탄력성 등의 개인적 특성, 사회적 지지 등이 알려져 있다. 다양한 영향이 미치는 가운데, 정책제도적 접근에서 거시적 수준, 중도적 수준, 미시적 수준으로 나누어 해결방안을 제시하고, 이후 사회통합적 접근방법으로 각각 나누어 접근해보고자 한다.

먼저, 거시적 수준이라 함은 법과 제도에서의 개선을 의미한다. 첫째, 법적 지원은 정착지원법, 가족법, 복지서비스 전달체계, 주거정책 그리고 다문화가족 관련법에 대한 개선을 통해서 통합적 지원체계를 갖춰야 한다. 효과적이고 효율적인 정책을 만들기 위해서 북한이탈주민의 안정적인 고용을 지원하는 제도가 중요하다. 중도적 수준에서는, 지역적응센터인 하나센터가 지역사회기반 프로그램 개발을 위해 가장 중요한 조직으로서 원스톱서비스체계를 갖추도록 해야 할 것이다. 비영리 민간 영역의 역할은 북한이탈주민의 요구에 대응하는 유연하고 다양한 프로그램 개발에 있다. 미시적 수준에서는 문화적으로 민감한 실천의 측면에서 북한이탈주민의 경험을 이해하고 수용하는 상담기술과 그들의 정신적·사회적 지원을 위한 서비스를 구축해야 할 것이다(이민영, 2015).

사회통합적 접근방법에서, 언어통합, 심리·사회적 위기 중재가 이루어질 수 있다. 북한이탈주민이 한국 사회에서 경험하는 스트레스, 우울, 트라우마, 자살 시도, 무력감을 줄이기 위해서는 효과적인 한국 사회 적응을 위해 정확한 사회나 정치 영역에서 접할 수 있는 실제적이고 구체적인 정보나 교육을 통해 장·단점을 숙지하고 변화에 대한 대처 및 준비 교육을 시켜주는 것이 중요하다. 10대, 20대에 비해 30대 이상 북한이탈주민이 높은 비중을 차지한다는 점을 고려하여, 한국에서 교육 수준을 확보할 수 있도록 지원하는 방법이 보편적인 차원에서 이들의 사회자본을 구축하는 데 중요한 기여를 할 것이다.

북한이탈주민이 지지체계를 탐색하도록 돕고, 비공식적·공식적으르 지지받을 수 있도록 체계적 지지망을 개발해야 한다. 그러므로 북한이탈주민에게 다양한 사회적 교류를 통한 상호작용을 할 수 있는 장의 마련이 시급하다. 남한에서의 교육을 통한 접촉을 늘리는 방식과 동시에 남한주민과 북한주민이 함께 할 수 있는 다양한 민간단체를 양성하고 이들을 지원하는 제도적 장치가 필요하다.

② 난민

「난민법 시행령」 제14조에 따라 법무부장관은 난민인정자에 대한 사회적응교육으로 「출입국관리법」 제39조에 따른 사회통합 프로그램을 시행할 수 있도록 규정하고 있다. 이에 따라 재정착 난민은 사회통합 프로그램에 따른 '교육, 정보 제공, 상담 등'을 제공받을 수 있고, 건전한 사회구성원으로 정착할 수 있도록 「출입국관리법」 제41조에 따라 사회통합자원봉사자로부터 지원을 받을 수 있다.

한국은 자립과 통합의 원칙하에 입국 전 단계, 입국 후 단계, 정착 단계로 구분하여 초기 적응과 정착지원정책을 추진함으로써 자립을 기반으로 통합이 이루어지도록 맞춤형 교육을 재정착 난민에게 적절하게 제공한다(정근심, 2020). 국민은 쌍방향 통합의 측면에서 난민에 대한 편견을 버리고 문화적 다양성을 인정하여 지역사회에서 그들을 구성원으로서 수용한다면 한국사회의 정(情)과 박력성의 문화적 특성이 이민정책과 결합하여 난민문제 해결에 있어 국제사회의 연대적 책임을 완수할 수 있을 것으로 기대된다.

앞서 언급한 북한이탈주민을 포함해서 난민은 자국을 이탈하는 경로에서 고위험상황에 노출되어 정신건강 및 사회문제로 발전할 수 있는 트라우마 사건을 경험하는 점이 다른 이주민과 차별성을 갖는다. 외상적 경험은 전쟁, 혁명, 기근, 생태학적 위험 등의 사건으로 인해 나타나며, 이러한 사건은 자연적인 발생으로 나타나기도 하지만, 군사개입 등을 포함한 반인륜적 행위를 통해서도 일어난다. 이주 전의 외상과 현재 생활 스트레스로 인해 우울증과 외상 후 스트레스장애가 유발되고, 외국의 난민과 이주민은 대다수가 새로운 환경의 정착과정에서 외상 후 스트레스로 인해 우울증을 경험한다(한나영 외, 2015).

난민과 이주민의 심리사회적 위기에 대한 대처와 정신건강을 증진하기 위한 이론적 개념 모델로는 다차원 모델(Multi-Level Model, MLM)과 TPO(Transcultural Psychosocial Organization) 프로그램이 대표적이다.

먼저, MLM은 정신건강 증진과 위기 개입을 위한 기술과 이해를 습득하게 하고, 민감성, 사회정치적·문화적·심리적 현실감과 외상적 경험과 이주과정의 상실을 이해하도록 설계된다. 총 4단계로 구성되며, 1단계는 정신건강 교육에 초점을 두어 신뢰적 관계를 형성하는 것이 중요하다. 2단계는 서구적·의학적 접근으로, 정신치료 과정으로서 난민의 이동과정에서의 심리사회적 특성을 파악하여 상담, 입원치료, 약물치료를 수행한다. 3단계는 문화적 역량강화의 과정으로, 이주 후 난민에게 주택 구입, 고용, 언어학습, 사회복지서비스 체계 이해 등을 통해 숙달감을 향상시키는 데 초점을 둔다. 난민이 재정착국에서 직면할지도 모르는 민족주의, 차별, 억압에 대처하는 기술을 획득하는 방법 또한 포함된다. 마지막으로 4단계는 서구적 치료와 전통적 치료방법의 통합 단계이다. 이를 위해서는 지역사회 지도자, 종교지도자가 치료자와의 관계강화를 꾀한다.

MLM이 광범위한 심리사회적 접근방법인 데 반해, 난민에게 나타나는 심리사회적 위기와 정신건강의 문제를 일반적 방법으로 해결하지 못하는 한계를 극복하기 위해 고안된 프로그램이 TPO 프로그램이다.

TPO 프로그램은 지역사회 중심의 접근을 기반으로, 가족과 지역사회의 구조 내에서 난민과 이주민의 역량강화를 고취하여 심리사회적 문제를 해결하려는 목적으로 개발되었으며, 모두 9단계로 구성된다. 1단계는 생존으로서 의식주와 필수 의료를 제공한다. 2단계는 정치적 개입으로서 인권, 평화, 민주주의, 갈등해결, 화해를 증진한다. 3단계는 지역사회에서의 역량강화로서 지역사회 주민이 스스로 원조하도록 한다. 4단계는 공무원, 교사, 사회복지사, NGO 관계자 등 원조자의 훈련과 능력을 구축하는 단계이다. 5단계는 가족 및 지지자의 연결망을 구축한다. 6단계는 자조집단(self-helping group)을 형성하여 스스로 문제를 해결해가는 구조를 형성한다. 7단계는 상담으로서 정서적 스트레스를 감소하는 방법으로, 문화와 맥락에 따라 차별화될 수 있다. 8단계는 심리치료로서 훈련과 자문이 필요한 전문적 분야이다. 마지막으로 9단계는 정신병, 정신지체 등 다양한 정신의학적 문제가 있을 경우 개입하는 단계이다. TPO의 4가지 주요한 대처전략은 사례관리(case management), 지지적 상담(supportive counseling), 정보제공 및 사회기술 훈련(information and skills training), 위기 개입(crisis intervention)이라고 할 수 있다.

난민과 북한이탈주민을 위한 정신건강 증진 프로그램의 대표적인 두 가지 모델은 모두 위기 개입에 관해 개인적 차원으로의 문제해결 방향을 지양하고, 지역사회 전체가 이해하여 문제를 해결하는 방향의 추구를 강조한다. 북한이탈주민과 난민에 대한 일차적 이해는 일부 전문가 혹은 국가적 수준에서 추상적으로 논의되지 않고 지역사회 수준에서 주민과 함께 해결되는 방향으로 확산되어야 한다. 이를 통해 지역사회가 북한이탈주민과 같은 이주민에게 자립과 역량강화를 통해 스스로 삶을 유지할 수 있게 해야 할 것이다.

동해에 온 '러시안 보트 피플' … 전쟁 난민 인정될까

블라디미르 푸틴 러시아 대통령이 지난달 21일 러시아 일반 국민을 대상으로 '부분적 동원령'을 내린 뒤, 동해안을 통해 한국 입국을 시도하는 러시아인이 속속 등장하고 있다. 2018년 '예멘 난민' 이후 4년여 만의 난민 행렬을 바라보는 정부와 시민사회의 시선에 상당한 온도차가 감지된다.

이달 1일부터 10일 사이 러시아에서 출발한 요트 6척에 탑승한 러시아인 27명이 한국 영해에서 발견됐다. 이 중 6명은 한국 입국이 허가됐지만, 나머지 21명은 입국 목적이 불분명하고 관련 서류(비자, 전자여행허가)가 미비해 입국이 금지됐다. 해경은 입국이 거부된 이들 중 10명에 대해서 "자국 징집회피 목적의 입국이 의심된다"는 보고서를 작성했다.

그러나 난민 사건을 주로 맡아온 변호사들은 출입국 당국의 이번 조처가 유엔 난민협약과 현행 난민법을 위반할 소지가 있다고 지적한다. 명시적 난민신청이 없었다는 이유로 이들을 돌려보내면, 난민협약이 정한 '강제송환금지' 의무를 위반한 것이라는 지적이다. 난민협약은 잠재적인 난민 신청자에게 관련 절차 등을 안내하지 않은 채 입국거부 처분을 하지 못하도록 정하고 있다.

공익법센터 어필의 이일 변호사는 "당사자들이 밝힌 입국 목적이 불분명하다고 판단했다면, 당국이 입국 목적을 무엇으로 봤는지 궁금하다"며 "징집령이 내려진 러시아의 상황을 감안했을 때, 규정에 따라 이들에게 난민신청 절차를 안내했어야 한다. '징집 거부'는 난민협약이 정하는 난민 인정 사유"라고 말했다. 한국은 모든 남성이 병역의 의무를 이행해야 하는 특수한 상황이라 '징집 거부'에 반감이 크지만, 국제법의 기준에 따르면 양심·종교·정치적 이유의 징집 거부는 난민으로 인정되는 사유다.

러시아인들의 난민 관련 문의가 늘고 있는 가운데 '일관된 인도적 기준'을 하루빨리 설정해야 한다는 목소리가 높다. 이달 들어 난민을 지원하는 시민사회 연대체 '난민인권네트워크'에는 10여 명의 러시아인들이 난민 인정 절차 등을 문의했다고 한다. 난민인권센터의 김연주 변호사는 "러시아 상황을 봤을 때, 강제징집을 피하고자 하는 사정은 난민으로 인정받을 수 있는 충분한 사유에 해당한다"며 "2018년 예멘 난민을 받아들였던 것과 같은 기준으로 러시아 피난민을 대해야 할 것"이라고 말했다. 이에 대해 법무부는 "비자와 여행허가 등 요건을 갖췄는지에 따라 입국 여부가 결정된다"며 "원칙대로 대응한다는 방침 말고 특별한 입장은 없다"고 밝혔다.

(중략)

출처 한겨레(2022.10.18.). https://www.hani.co.kr/arti/society/society_general/1063090.html

"군대가기 싫어 왔다"는 러 남성 난민심사 허용..법무부 항소

법무부가 우크라이나 전쟁 강제징집을 피해 러시아에서 한국으로 넘어온 러시아인들에게 난민심사 자격을 부여하라는 법원 판단을 받아들이지 않고 항소했다.

1일 법조계에 따르면 법무부 인천공항출입국·외국인청은 러시아인 2명의 난민 인정심사 불회부 결정 취소 소송과 관련, 지난달 28일 인천지법에 항소장을 제출했다.

앞서 법원은 지난달 14일 러시아인 3명이 법무부를 상대로 낸 난민 인정심사 관련 소송에서 러시아인 A씨와 B씨 2명에게 승소 판결을 내렸다. 나머지 1명인 C씨는 이중국적자로 확인돼 기각됐다.

이들은 지난해 10월 러시아에서 탈출해 한국으로 왔다. 그해 9월 러시아 정부가 내린 '예비군 30만 동원령'을 피해 온 것이다. 이들은 이후 법무부에 난민심사를 신청했으나, 법무부는 '단순 병역기피는 난민 사유에 해당하지 않는다'는 이유로 심사를 거부했다.

이에 이들은 인천공항출입국·외국인청장을 상대로 난민인정심사 불회부결정 취소소송을 냈고, 재판부는 "피고가 지난해 10월12일 원고 A에 대해 한, 피고가 2022년 10월11일 원고 B에 대해 한 각 난민인정심사 불회부 결정을 취소한다"라고 판시했다. 다만 "원고 C의 청구는 기각한다"라고 밝혔다.

당시 재판부는 "징집거부가 정치적 의견을 표명한 것으로 평가할 수 있으면 박해의 원인으로 볼 수 있다"라며 "난민심사를 통해 구체적인 판단을 받을 필요가 있다"라고 판시했다.

1심 재판에서 패소한 법무부는 "단순히 징집을 거부한 사정만으로는 난민 인정 사유가 될 수 없다는 대법원 판례 및 국제규범에 따라 항소했다"라는 입장을 내놓은 것으로 전해졌다.

법무부는 그러면서 '징집 거부'를 난민 인정 사유로 받아들이게 될 경우 "향후 징집 관련 유사한 난민 신청 사례가 속출할 가능성과 출입국항의 난민 심사가 형식적인 심사로 위축돼 공항만의 국경관리 기능에 장애가 생길 가능성을 고려했다"라며 "대한민국의 국익과 인도주의 원칙을 함께 고려한 것"이라고 설명했다.

출처 파이낸셜뉴스(2023.3.2.). https://www.fnnews.com/news/202303012109113606

생각해보기

01 난민인정 사유는 인종, 종교, 국적, 정치적 견해, 특정 사회 집단의 구성원 등이 해당하는데 이 밖에도 어떤 상황이 발생할 수 있는지 알아보고, 난민인정사유의 타당성에 대해 논의해보자.

02 한국에 유입된 난민의 발생배경과 현재 처우에 대해 알아보고, 이들을 실질적으로 돕기 위한 방안이 무엇이 있을지 고민해보자.

03 대학생으로서 외국인 유학생의 학교와 한국 사회에서의 적응을 위해 도울 수 있는 방법을 구체적이고 실제적으로 생각해보자.

– 외국인 종합안내센터, 한국 유학안내시스템, 각 학교 프로그램 등

04 2019년 코로나-19 전 세계 유행으로 인해 외국인 근로자의 인원이 크게 감소하면서 근로인력 부족 현상에 대한 우려가 있었다. 최근 입국 현황에 대해 조사해보고 양적 유입에 대한 의견을 나누어보자.

05 외국인 근로자의 인권 향상을 위한 방안을 논의하고 구체적인 실천방법을 토의해보자.

참고문헌

01 교육부(2021). “2021년도 국내 고등교육기관 외국인 유학생 통계”. https://www.moe.go.kr/boardCnts/viewRenew.do?boardID=350&boardSeq=90123&lev=0&searchType=null&statusYN=W&page=1&s=moe&m=0309&opType=N.

02 김영순(2014). “인천 논현동 북한이탈주민 공동체의 경계 짓기와 경계 넘기”. 「로컬리티 인문학」, (12), 121-154.

03 김유정(2011). “북한이탈주민 재결합 가족에 대한 지원 방안 -레질리언스 관점을 중심으로”. 「통일연구」, 15(1), 99-129.

04 김지하, 조옥경, 서영인, 문보은, 송효준, 김지은, 체재은(2020). 「대학의 외국인 유학생 유치관리 실태 분석 연구」. 진천: 한국교육개발원.

05 문남철(2004). “북한이탈주민의 이주요인과 이주패턴 및 이주경로-재외 거주공간정책의 필요성”. 「국토지리학회지」, 38(4), 497-512.

06 법무부(2022). 난민인정절차 가이드북. https://www.moj.go.kr/bbs/immigration/226/558710/artclView.do.

07 부향숙(2018). “Berry의 문화변용이론에 대한 탐색”. 「캐나다학 연구」, 24(1), 67-84.

08 사회통계국 인구동향과(2023). 「인구동향조사: 2021년 다문화 인구동태 통계」.

09 사회통계국 인구동향과(2023). 「인구동향조사: 2022년 혼인 · 이혼 통계」.

10 설동훈(2015). “한국의 인구고령화와 이민정책”. 「경제와 사회」, 106, 73-114.

11 성향숙(2011). “결혼이민여성의 가족생활 적응전략”. 「한국콘텐츠학회논문지」, 11(7), 316-327.

12 손명아, 김석호(2017). “북한이탈주민의 가족이주에 관한 연구: 연쇄이주 현상을 중심으로”. 「한국인구학」, 40(1), 57-81.

13 손현진(2017). “북한 탈북자의 법적지위에 관한 고찰-난민인정과 보호를 중심으로”. 「법제 연구」, 53, 109-147.

14 신지원(2011). “이주민 통합의 개념과 정책방향에 대한 고찰”. 「한국정책학회 하계학술발표논문집」, 2011, 169-185.

15 신지원, 허준영, 최서리, 신예진, 문광민(2012). 「이주근로자의 적응과 효과적 귀환을 위한 통합정책: 인력개발교육과 국제협력을 중심으로」. IOM 이민정책연구원.

16 유수영(2020). 「북한이탈주민의 결핵 투병 경험에 대한 내러티브 탐구」. 서울대학교 대학원 박사학위논문.

17 유승희(2022). “비전문취업(E-9) 외국인근로자의 임금체불 문제와 정책 개선방안에 관한 연구”. 「현대사회와 다문화」, 12(2), 165-192.

18 윤자호(2022). “결혼이민여성 노동실태와 현황-결혼이민자 (F-6) 를 중심으로”. 「한국노동사회연구소 이슈페이퍼」, 2022(5), 1-30.

19 이금순(2005). 「북한주민의 국경이동 실태: 변화와 전망」. 서울: 통일연구원. http://kiss.kstudy.com/public/public2-article.asp?key=50773321.

20 이민영(2015). “북한이탈주민의 사회통합을 위한 정착 지원에 관한 연구 동향 분석: 통합적 문헌고찰 방법을 활용하여”. 「한국가족복지학」, 49, 39-69.

21 이운영(2021). 「초등학교 국어 교과서 문학작품에서의 다문화 내용 요소 분석」. 한국교원대학교 대학원 석사학위 논문.

22 이인경, 유선경(2021). 「부산지역 이주노동자 인권현안과 정책제언을 위한 연구」. 부산: 부산연구원.

23 장복희(2017). “북한이탈주민의 인권 보호”, 「이화젠더법학」, 9(2), 125-158.

24 정금심(2020). “한국과 일본의 난민 재정착 법제 비교 연구”. 「공법학연구」, 21(2), 365-393.

25 정재각(2010). 「이주 정책론」. 고양: 인간 사랑.

26 하영수(2009). “북한이탈주민의 지원정책과 적응실태에 관한 연구”. 「대한정치학회보」, 17(1), 125-142.

27 한나영, 이소희, 유소영, 김석주, 전진용, 원성두, 신미녀(2015). "북한이탈주민진료센터 정신건강의학과를 내원한북한이탈주민에서 외상 후 스트레스장애와사회 적응 및 삶의 질 관계". 「신경정신의학」, 54(1), 105-111.

28 국가법령정보센터, "재한외국인 처우 기본법", https://www.law.go.kr/법령/재한외국인처우기본법.

29 찾기쉬운 생활법령, https://easylaw.go.kr/CSP/CnpClsMain.laf?popMenu=ov&csmSeq=508&ccfNo=1&cciNo=1&cnpClsNo=1

30 e-나라지표, "고용허가제 고용동향", https://www.index.go.kr/unity/potal/main/EachDtlPageDetail.do?idx_cd=1501

31 Berry, J. W. (2017). "Theories and models of acculturation". *The Oxford handbook of acculturation and health*, 15-28.

제 5 장

국제이주와 노동

학습성과

1. 국제이주의 유형과 특징을 설명할 수 있다.
2. 국제노동이주의 이론과 노동인력의 시대별 국제이주 원인과 특징 및 차이점을 말할 수 있다.
3. 한국의 외국인 근로자 관리정책(노동정책, 고용허가제)을 이해하고 설명할 수 있다.
4. 외국인 근로자에 대한 한국사회의 반응과 포용을 위한 정책적 지향에 대해 설명할 수 있다.

국제이주의 개념과 이주의 유형

2022년 기준, 전 세계 인구는 80억 7,790만 명이며, 2022년 국제이주인구는 2억 8,100만 명으로, 세계 인구의 약 3.6%를 차지한다. 비록 국제이주인구가 전 세계 인구에 비해 낮은 비율이지만 1970년 국제이주인구(8,400만 명)보다 3배 이상 증가했으며, 그 비율은 계속 증가하고 있다(World Migration Report 2022). 1990년대 이후 세계 각국의 경제시장과 노동시장이 개방·확대되면서 국제이주 현상은 계속 증가하는 추세이다.

2022년 말 기준 한국 국내 체류 외국인은 224만 5,912명이고, 인구 대비 체류 외국인 비율은 4.37%로 국제평균을 상회하며, 유학생, 전문인력, 단순기능인력, 결혼이민자, 영주자격취득자가 매년 증가 추세를 보이고 있다. 이와 같이 대한민국도 다민족·다인종 사회로 급격히 진입하고 있다.

국제이주와 이민은 유입국가 입장에서는 부족한 노동력 공급 및 대체로 경제에 새로운 활력을 줄 수 있는 장점, 이주민의 증가로 사회의 다양성 증진이라는 장점도 있지만, 이주민과 원주민 간의 경제적 갈등, 문화적 갈등이 증폭되는 문제점이 나타나기도 한다. 이 장에서는 국제이주의 개념과 유형, 국제노동이주의 이론과 노동인력의 시대별 국제이주 원인과 특징을 살펴보고자 한다. 또한 한국의 외국인 근로자 관리정책(노동정책, 고용허가제)을 검토하고, 외국인 근로자에 대한 한국 사회의 반응과 포용을 위한 정책적 지향점에 대해 논의하고자 한다.

1 이주의 개념적 정의

이주 또는 이민(migration)이란 사람들이 자신이 태어난 곳, 자신이 사는 곳을 떠나 다른 지역이나 다른 국가로 옮겨 사는 것을 의미한다. UN에서는 이민을 12개월 이상의 기간 동안 의도적으로 다른 국가에 체류하는 국제적 거주의 이동으로 정의한다. 이주와 이민은 양방향적이며 동시적인 성격을 지니며, 이주자의 의지에 따라 자발적 이주, 강제이주로 구분하고, 이주기간에 따라 영구·장기·단기·계절 이주로 구분하며, 이주목적에 따라 노동이주, 결혼이주, 교육이주로 구분한다.

2 이주의 유형

(1) 자발적 이주와 강제이주

자발적 이주는 개인의 자유의지에 따라 국제이주를 선택하여 타국으로 이주하는 형태를 뜻한다. 현대에 들어 대부분의 자발적 이주는 경제적 성공과 이익을 기대하며 이주하는 경우가 많다. 1970년대 한국 국민도 선진국으로의 국제이주를 통해 경제적 성공을 기대했다. 그러나 1990년대 이후에는 한국의 경제적 성장에 따라 많은 개도국의 노동자가 경제적인 이유로 이주하고 있다. 또한 선진국과 다국적기업의 개발도상국이나 후진국 현지에 FDI를 통한 경제적 이익 추구가 증가하면서 사업이민이 크게 늘고 있다.

강제이주는 자신의 의지와는 상관없이 타국으로 이주하는 형태이다. 고대부터 현대까지 종교적 탄압과 차별, 경제적 이유, 정치적 박해 등 다양한 이유로 강제이주가 발생하고 있다. 고대 로마제국 시기 유대인은 종교적 차별과 탄압으로 강제이주를 했으며, 1948년 이스라엘 건국 이전까지 타국으로 흩어져 떠도는 삶을 살았다.

16세기 이후 유럽 열강은 신대륙 식민지 개척과 식민지 경영을 위해 많은 노동력이 필요했다. 서구 열강은 자국의 경제적 이윤을 위해 무력으로 아프리카인을 신대륙으로 강제이주시켰다.

19세기 이후에도 강제이주 현상은 꾸준히 나타나고 있다. 정치적 박해, 종교적 차별, 특정 사회집단에 소속된 이유로 인한 박해, 자연재해나 전쟁 등의 이유로 자신의 나라에서 더 이상 살기가 힘들어 다른 나라로 이주하는 현상이 나타나고 있다. 정치적 탄압이나 종교적 차별 등의 사상과 신념의 문제로 국제이주(망명)를 원하는 경우 대부분 제3국을 거쳐 정치적·종교적 안정이 보장되는 선진국으로 이동하여 난민지위를 요청하는 경우가 많다. 그러나 최근 많은 국가가 망명과 입국 신청절차를 까다롭게 하여 이주를 제한하는 추세이다. 자연재해나 전쟁으로 인한 국제이주(난민)의 경우에는 해당 국가에서 가까운 지역의 임시피난처에서 불안정한 생활을 유지하는 특징을 보인다.

(2) 계절이주, 단기이주, 장기이주, 영구이주

계절이주는 특정 계절에만 한 나라에서 다른 나라로 이주하는 것을 뜻한다. 계절이주를 하는 가장 일반적인 이유는 유입국가의 농업, 어업, 건설산업 분야의 노동력 부족으로, 긴급한 노동력이 필요한 경우에 나타난다. 단기이주는 한 나라에서 다른 나라로 관광, 학업, 취업, 의료 등의 이유로 1년 미만의 기간에만 거주하는 것이다. 장기이주는 사업, 투자, 교육 등의 이유로 1년 이상 타국에 이주하여 거주하는 것을 뜻하며, 영구이주는 가족결합, 자녀교육, 경제적 기회, 정치적 자유 등의 이유로 한 나라에서 다른 나라로 거주지를 영구적으로 옮겨 고국으로 돌아갈 계획이 없는 경우를 뜻한다.

(3) 노동이주, 결혼이주, 교육이주

노동이주는 경제적 목적의 이주이다. 이주자가 양질의 일자리와 임금을 위해 국외로 이동하는 것으로, 유입국과 송출국의 목적을 충족시킬 수 있는 수단이 될 수 있다. 유입국의 경우 인구구조의 변화에 따른 고령화, 저출산, 고학력화로 인한 노동력의 인구 변화로 산업에 적합한 노동인구가 부족한 상태이다. 유입국은 노동이주를 통해 부족한 국내 노동인력을 외국인 근로자로 대체할 수 있으며, 송출국의 경우에는 노동이주를 통해 자국 국민이 경제적 기회를 얻고, 자국민이 삶의 질을 개선하기를 희망한다.

결혼이주는 결혼을 목적으로 하는 이주이다. 한국의 경우 2022년 12월 기준 결혼이민자(F-6비자)는 13만 6,266명으로, 총 체류 외국인 중 6%를 차지하며, 결혼이민자의 성비는 여성이 80.3%로 압도적으로 높은 특징을 보인다(출입국 통계연보, 2022).

교육이주는 자국보다 더 나은 환경, 더 나은 취업기회를 위해 다른 나라로 이주하여 교육을 받는 것이다. 선진국의 경우 고령화와 저출산으로 인해 취학인구가 크게 감소하여 학생 모집에도 큰 어려움을 겪고 있고 이로 인해 많은 대학이 재정난을 겪고 있다. 선진국의 대학들은 대학의 재정수입 감소와 학생 모집의 어려움을 해결하기 위해 유학생 유치에 힘을 쏟고 있다.

2 국제이주 관련 이론과 시대별 국제이주의 원인과 특징

1 국제이주의 현황

국가 간 노동력의 이주는 역사적 사실에 근거해볼 때, 취업기회의 확보, 노동임금의 격차 등 경제적 이유에서 비롯되었다.

한국 정부는 부족한 노동력을 채우기 위해 1990년대 후반부터 외국인 근로자의 이주를 장려하고 있으며, 2005년 고용허가제를 도입하여 중소기업이 외국인 근로자를 합법적으로 채용할 수 있도록 정책을 변경했다. 최근에는 고령화, 저출산으로 부족해진 취학인구를 채우기 위해 외국인 유학생 유입정책에도 적극적인 입장을 취하고 있다.

2 국제이주 관련 이론

국제이주에 관해서는 여러 사회과학 분야에서 연구가 진행되었는데, 이에 따라 분야별로 국제이주 현상을 바라보는 관점과 분석에 상당한 차이를 보인다. 국제이주는 매우 다양한 원인과 상황 속에서 일어나기 때문에 어떤 한 가지 이론만으로는 설명할 수 없다. 따라서 각각의 국제이주 이론은 상호보완적인 역할을 한다.

국제이주 이론은 크게 경제적 관점 이론, 구조 중심 이론, 사회관계망 이론으로 나뉜다. 경제적 관점 이론은 자유의지를 가진 개별 근로자의 경지적 요인을 바탕으로 합리적인 선택의 결과로 국제이주가 일어난다고 보는 관점이며, 구조 중심 이론은 개별 근로자의 국제이동 선택배경을 송출국과 유입국의 시장, 사회, 국가정책 등 관련 국가의 사회구조와 그 필요성에서 찾으려고 하며, 사회관계망 이론은 이주자의 이주의사 결정, 이주경로, 이주 후 정착에 미치는 영향, 이민의 영속화 과정을 설명하는 이론이다.

(1) 경제적 관점 이론

① 배출 – 흡입(Push & Pull) 이론

라벤스타인(Ravenstein)은 인구통계학자로, 인구란 밀드가 높은 곳에서 낮은 곳으로, 소득이 낮은 곳에서 높은 곳으로 이동한다는 가정을 토대로 이주의 요인을 설명했다. 라벤스타인은 1881년에 실시된 인구센서스 분석 통계를 바탕으로 인구이동에 대한 7가지 법칙을 제시했다. 특히 이주는 주로 단거리에서 발생하고, 장거리 이주가 발생하는 경우 정착지는 주로 도시이며, 이주는 유입과 유출을 동시적으로 반영하고, 유입이 많은 지역의 인구가 성장하며, 농촌거주자일수록 이주 경향이 높고, 젊은 층일 수록, 여성일수록 이주를 선택하는 경향이 높다고 주장했다.

배출 – 흡인 이론은 라벤스타인의 이주 이론을 국제적 관계로 확대시켜 가난한 국가에서 부유한 국가로의 이주를 설명하는 데 사용되고 있다(이용균, 2017). 이 이론은 과거 국제이주의 설명을 위한 분석틀로 폭넓게 활용되었으며, 국제이주는 송출국과 유입국 간의 현존하는 불균형(existing disequilibrium)에 의해 형성되고, 이주를 통해 균형이 회복된다는 전제를 바탕으로 한다. 특히 경제적 이유가 이주의 원인이 되며, 이주의 흐름과 규모 방향성을 결정한다는 이론이다(김용찬, 2006). 그러나 배출–흡인 이론은 "이주자가 왜 특정 지역으로 밀집되는가?"에 대한 설명을 하지 못한다는 점, 그리고 이주의 목적이 반드시 경제적 이유만 있는 것은 아니기 때문에 다른 이주원인에 대해서는 설명하지 못한다는 한계가 존재한다.

② 신고전주의 경제이론과 이주의 신경제학 이론

신고전주의 경제이론의 관점은 거시적 관점과 미시적 관점으로 구분된다. 거시적 관점은 국제이주가 국가 간 노동력 수요와 공급의 차이, 지역 또는 국가 간 고용기회와 임금 차이에 의해서 발생한다고 보는 반면, 미시적 관점은 이주시장에서 자유의지를 가진 현명한 개인이 이주에 관한 정보를 분석하고 가장 큰 순익이 남는 곳으로 이주한다고 판단한다. 그러나 거시이론과 미시이론은 기본적으로 경제균형론을 전제로 한다. 국제이주는 국가 간 임금 차이 때문에 일어나기 때문에 양국 간 경제적 균형상태가 이루어지면 국가 간 이주는 중단된다고 본다(석현호, 2000). 그러나 신고전주의 경제이론은 국제이주로 국가 간 균형상태를 이룬다고 주장했지만, 실제로는 이론과 달리 국가 간 격차가 더 심화되고 있다는 점에서 한계를 갖고 있다. 또한 인구 이동에 있어 아무런 장애물이 없다고 가정하지만 실제로 인구인동에 따라 지불해야 하는 직·간접적 비용을 고려해야 한다는 점을 놓치고 있으며, 노동력이 동질적이라는 가정, 이주자가 이동에 필요한 각종 정보를 갖고 있다는 가정은 현실과 다르다는 비판을 받고 있다(이남철, 2020).

이주의 신경제학 이론은 개인의 선택에 초점을 둔 신고전주의 경제이론을 비판하며 등장했다. 신경제학 이론은 국제이주가 합리적인 개인의 결정에 의해 이루어지는 것이 아니라 가족과 공동체를 위해 나타난다고 본다. 이주자는 가족 및 공동체의 경제적 이익을 책임지고 싶으나 국내 경제환경이 좋지 못하여 타국으로 이주하는 것이며, 노동자의 송금이 국제이주에 미치는 영향을 강조함으로써 국제이주와 경제 발전의 연계를 설명하는 데 기여했다.

③ 분할된 노동시장 이론

개인과 가계 및 공동체 결정에 중심을 두고 있는 신고전주의 경제이론 및 이주의 신경제학 이론과는 차별화된 차원에서 이주를 설명하는 '분할된 노동시장' 이론이 등장했다. 분할된 노동시장 이론은 국제노동이주는 단순히 후진국의 저임금이나 높은 실업률에 의해 이루어지는 것이 아니라, 이주노동력을 필요로 하는 선진국의 경제구조적 요인에 의해 형성된다고 주장한다(김용찬, 2006). 분할된 노동시장 이론은 국제이주가 국가의 노동력 분절(화이트칼라, 블루칼라, 핑크칼라, 퍼플칼라 등)에 따른 틈새시장을 이주노동자가 메우면서 발생한다고 판단한다.

1970년대 이후 선진국의 경제가 정보, 서비스 중심의 사회로 변화하면서, 3D 업종을 포함한 근무환경이 열악한 저임금 부문에 대한 미숙련 노동력에 대한 수급에 문제가 발생했고, 미숙련 노동력의 공백을 채우기 위한 충원정책으로 이주자가 유입되었다고 판단한다(이영민, 박경환 외 공역, 2013). 분할된 노동시장 이론은 그간 경제학적 관점에서 주장하는 합리적인 개인이 이주를 선택한다는 관점과 달리 국제이주는 선진국의 노동수요에 의해 일어나고, 고용주에 의한 충원 또는 이들을 위해 활동하는 정부에 의해 주도된다는 입장을 취하고 있다(석현호 2000). 그러나 현재 국제이주의 원인이 되는 다양한 원인, 사회적 관계에 의해 발생하는 원인에 대해서는 설명하지 못한다는 한계가 존재한다.

④ 경제학적 관점에 대한 평가

경제학적 관점은 여타 학문 분야의 국제이주 분석에 큰 이론적 영향을 미쳤지만 한계점도 존재한다. 경제학적 관점의 한계 중 하나는 노동력 송출국은 실제로 극빈국, 후진국보다는 급속한 경제개발이 이루어지는 개발도상국에서 많이 이루어졌다는 점이며, 송출국 국제노동력 이주계층은 극빈층이 아니라 중간층이 주류를 이루었다는 점을 설명하지 못한다. 또한 경제학적 관점에 따르면 모든 선진국으로 국제이주가 보편적으로 이루어져야 하지만 실제로는 특정 선진국으로의 국제이주가 집중되었다는 점을 설명하지 못한다는 한계를 가지고 있다. 또한 경제학적 관점에서는 합리적인 개인, 가족이 국제이주를 결정하는 중요한 행위자라고 설정하지만 개별국가의 이주정책이 국제이주에 큰 영향을 미친다는 점을 간과하고 있다. 1960년대 독일은 경제성장에 필요한 노동력을 확보하기 위해 외국인 근로자를 적극적으로 유치하는 정책을 펼쳐 200만 명 이상의 노동자가 정착했지만, 1973년 오일쇼크 이후 외국인 근로자 고용제한조치로 국제노동이주민이 감소하는 결과를 가져왔다. 이처럼 경제학적 관점은 각국 정부의 출입국 제한과 같은 부분을 간과하고 있다는 비판을 받고 있다.

(2) 역사 - 구조 접근 이론

역사 - 구조 접근 이론은 경제이론이 갖는 한계를 비판하는 과정에서 등장했다. 국제이주가 단순히 개인의 선택이 아니라 사회, 경제, 정치, 문화 등과 같은 다양한 요인에 의해 결정된다고 주장하며, 마르크스 정치경제학과 세계체제론의 관점을 기초해 세계경제체제와 후기 자본주의 발전과정에서 노동력 국제이주의 기원과 역할에 주목한다.

① 상대적 과잉인구 이론

상대적 과잉인구 이론은 자본주의 발전과정의 산물로 국제노동이동을 설명한다. 상대적 과잉인구 이론은 자본주의 발전과정 중 산업의 변화에 의해 실업자, 불완전 취업자가 양산되어 상대적 과잉인구가 발생한다고 본다. 실업상태의 노동자, 여성, 청소년, 자영농 등이 산업예비군이 되고, 이들이 중심부 국가로 이동하여 중심부 국가의 노동력 부족 문제, 임금 상승 문제를 해결할 수 있는 수단으로 활용된다고 했다. 국제노동인력의 이동 방향과 규모는 상이한 생산양식이나 국제 분업 위계상의 지역 간 관계를 반영하며, 자본 축적국과 산업 변화 현상이 국제노동력 이동을 유발한다고 보고, 국제이주 노동자는 정치적·법적 취약성 때문에 저임금 노동자로 전락할 수 있다고 경고한다(이용균, 2017).

상대적 과잉인구 이론을 설명할 수 있는 사례는 독일로의 외국인 근로자 이주사례를 들 수 있다. 1950~1970년대 독일경제의 급속한 성장은 기존의 농업, 건설업, 중화학산업 등 다양한 분야의 필요 노동력을 증대시켰다. 남유럽국가들의 노동자, 튀르키예, 아시아의 외국인 근로자가 독일의 산업예비군 역할을 담당했으며, 독일은 이들 노동력을 활용하여 경제회복과 경제발전을 이루었다. 그러나 상대적 과잉인구 이론의 한계는 이주의 결정요인을 자본주의의 발전과정과 상대적 과잉인구만으로 환원시켜 국제이주에서 이주민과 국가의 역할에 대해서는 고려하지 못했다는 한계가 존재한다.

② 세계체제 이론

세계체제 이론은 세계가 단일 경제체제로 작동하는 과정을 통해 이주를 설명하는데, 국제노동의 이동을 자본주의체제 발전에 따른 구조적 문제로 파악한다. 이 이론은 세계는 핵심부 – 주변부 – 반주변부로 구성되며, 국가는 구조화된 세계체제에 종속된다고 본다. 핵심국가의 기업과 경제활동으로 인해 저개발국가는 핵심 국가에 종속되면서 생산 노동자가 유출되어 노동의 국제적 분업을 초래하며 노동이주가 발생한다고 판단한다. 이로 인해 주변국의 국가발전이 지체되어 국가 간 경제발전의 차가 심화된다고 설명한다.

세계체계 이론은 자본주의적 생산 및 세계시장의 전 지구적 확대로 인해 상대적 과잉인구의 발생지역도 전 세계로 확대되고, 자본주의 발전은 제국주의로 변질되며 식민지 장악을 통해 저개발국가의 발전을 왜곡시킨다고 주장한다. 그 결과 식민지 국가의 전통산업이 와해되고 많은 사람이 상대적 과잉인구가 되며, 이 과정에서 자본주의 국가는 더욱 발전하고 식민지 국가의 노동력이 자본주의 국가로 유입된다고 설명한다.

아민(Amin, 1974)은 저개발국가의 생산적이고 훈련된 노동자의 선택에 의한 국제이주는 가치의 지리적 이전을 의미하며, 노동력 송출국 입장에서는 근로자의 송금보다 더 많은 비용이 유출되어 국가적 손실이 된다는 점을 강조했고, 사센(Sassen, 1988)은 중심부 자본이 주변부로 이동하면서 두 나라 사이에 사회적 연결구조가 발생하고 이를 통해 노동인력이 이동한다고 설명한다. 이러한 과정에서 초국적 기업과 금융이 등장하여 전 지구화를 강화하고, 첨단 신기술 산업이나 전문 서비스업이 발달한 대도시에 단순노동자가 이동하는 현상이 나타난다고 설명한다.

세계체제 이론은 국제이주의 흐름과 과거 식민 본국과 식민관계에 있었던 국가 간의 인구이동을 잘 설명해주지만 중심국 자본의 지배논리에 지나치게 의존하여 송출국인 주변국의 경제적·비경제적 요인을 제대로 고려하지 못했으며, 현대에 나타나는 일시적 노동이주를 설명하는 데 한계를 가지고 있다. 과거 식민 본국과 식민지 간 영구이주가 지배적인 이주형태였다면 현대에는 국가 간의 경제적·정치적·사회적 상호의존성의 증대로 이주가 일어난다는 점에서 이론의 한계를 가지고 있다(석현호, 2000).

③ 사회관계망 이론

사회관계망 이론은 국제이주를 개인, 가족, 친척, 친구 등 네트워크의 영향으로 설명하는 이론으로, 국제이주를 결정하는 요인으로 개인의 경험, 가치, 신념, 목표, 욕구, 네트워크, 사회적 자원 등의 요인이 작용한다고 보는 관점이다. 어느 국가든 이민자가 일정수를 넘어서면 선 이민자와 송출국의 가족, 지인 간에 이민 네트워크가 형성된다. 이렇게 형성된 네트워크는 이주를 위한 정보와 자원을 제공하고, 이주한 사람이 새로운 환경에 적응하도록 도울 수 있어 이민 비용과 위험이 감소하고 이민의 순익이 증대하기 때문에 네트워크 간의 이민 가능성을 높이고 연쇄이주 현상을 유발한다. 이주자의 사회적 관계는 사회적 자본으로 작동하며 강한 연대가 형성·유지되어 공식·비공식 부문에서 행위자 네트워크가 구성된다고 본다. 실제로 유입국 정착에 성공한 이주민이 자신의 가족, 지인에게 이민 정보를 제공하고 이들의 이주를 독려하여 정착에 도움을 주는 경우가 많다. 1970~1980년대 미국으로 이주한 한인의 네트워크, 2000년대 한국으로 이주한 베트남인의 네트워크가 그 예시이다. 이처럼 사회적 자본은 이주의 발생과 정주에 큰 영향을 미치는 요소로 작용한다.

그러나 사회관계적 접근은 이민의 근본적인 요인이라기보다는 촉진하는 매개변수로 작용한다는 비판과 사회관계망 이론은 사회적 자본이 이민의 발생과 지속에 긍정적인 측면만을 강조하지만 이민을 억제할 수 있는 부정적인 요인이 될 수도 있다는 비판을 받기도 한다(김현숙, 김희재, 2016).

3 시대별 국제이주 원인과 특징

(1) 신대륙의 발견 – 식민지 경영을 위한 국제이주

1453년 비잔틴 제국이 오스만 제국에 최종적으로 패하면서 비잔틴 제국의 1000년 역사가 마감되었다. 비잔틴 제국의 멸망은 유럽의 향신료 교역에 큰 영향을 미쳤다. 향신료는 적은 양으로도 고기의 풍미를 높여주고 고기의 부패를 막아주어 당시 유럽에서는 향신료 수요가 매우 컸다. 당시 향신료는 육로를 통해 아시아에서 유럽으로 이동했는데, 비잔틴 제국은 아시아와 유럽을 연결하는 지점에 위치해 있었기 때문에 향신료 무역의 거점이었다. 그런데 오스만 제국이 비잔틴 제국을 함락한 이후 유럽과의 향신료 교역을 차단하면서 향신료 가격이 폭등하기 시작했다.

향신료 육로무역이 막히자 유럽 각국이 향신료를 구하기 위해 바다로 진출하면서 대항해 시대가 열렸다. 가장 먼저 대항해 시대를 개막한 국가는 바로 이베리아 반도의 변방국가인 포르투갈과 스페인이었다. 포르투갈 왕실은 아프리카 희망봉을 돌아 인도의 캘리컷에 도달하는 항로를 개척함으로써 향신료 무역을 주도하며 경제대국으로 성장했다.

스페인 왕실 또한 향신료 무역을 개척하기 위해 노력했다. 스페인 왕실의 후원을 받은 콜럼버스는 다른 국가와의 항해 진로와는 달리 대서양을 가로질러 항해하여 아메리카 신대륙에 도착했다. 콜럼버스는 원래 목적인 향신료는 발견하지 못했지만, 신대륙에서 막대한 금과 은이 발견되면서 스페인은 막대한 부를 획득했다. 스페인은 신대륙을 식민지화하기 시작했고 신대륙에서 쏟아져 들어온 금과 은은 스페인을 유럽 최강국의 반열로 이끌었다.

신대륙의 발견은 스페인에게는 축복이었지만 신대륙의 원주민에게는 대재앙의 시작이었다. 구대륙에서 유행하던 인수공통 감염병이 신대륙으로 퍼지면서 원주민이 대량으로 사망하기 시작했고, 금·은 채굴과정에서 고된 노동에 시달리던 많은 원주민이 사망하면서 노동인력 부족이 심각해졌다. 스페인은 노동력 수급 문제를 해결하기 위해 열악한 노동조건과 열대성 기후를 잘 견딜 것이라고 생각되는 아프리카인을 무력으로 신대륙으로 강제이주시켜 노예 노동을 시켰다. 서아프리카 해안지역의 아프리카인은 노예무역의 희생자로, 1800년대 중반까지 1,000만 명이 넘는 사람이 노예무역에 희생되었다. 초기 아프리카인 노동인력은 광산노동과 대규모 플랜테이션(사탕수수, 밀, 옥수수, 목화 농장 등)에 투입되었다.

이러한 노예계약 형태의 강제이주는 노예해방 이후에도 식민지 공장, 농장, 광산 등에서 계속되었으며, 부족한 노동인력은 인도인이나 동남아시아인, 중국인이 '쿨리'의 형태로 보충하기 시작했다. 쿨리는 '머슴', '일꾼'을 뜻하는 인도 힌디어 'kuli'에서 유래했다. 영어로는 'coolie'로, 해외에서 일하는 저임금 계약노동자를 뜻한다. 쿨리는 19세기 초 유럽 국가의 노예해방과 밀접한 관련이 있다. 영국은 본국의 면직물과 럼주, 서인도제도의 설탕, 아프리카의 노예를 교환하는 삼각무역으로 큰 이득을 얻었지만 인간을 사고판다는 도덕적 비난에 직면했다. 급기야 영국 정부는 1807년 노예 수입을 금지했고, 프랑스, 네덜란드 등 다른 유럽 국가도 이를 뒤따랐다. 그러자 유럽 각국이 신대륙에 벌여 놓은 플랜테이션 사업과 금·은 광산에서는 일손이 부족해졌다. 이러한 대안으로 각광받은 것이 바로 쿨리제도였다. 쿨리제도는 형식상 노예가 아닌 계약노동자였지만 대개는 문맹이어서 불리한 조건의 근로계약서에 서명했는데, 이 때문에 혹독한 노동에 시달리면서도 계약해지가 불가능했고, 일을 게을리하면 처벌을 받는 등 근로계약서를 쓴 이외에는 노예와 다를 것이 없는 삶을 살았다(오형규, 2018).

(2) 제1차 세계대전 이전까지의 국제이주

산업혁명으로 인한 산업구조의 변화는 농민을 공장근로자로 유입시키는 변화를 가져왔다. 과학기술과 의학의 발달은 사망률을 급격히 저하시켜 인구가 폭증했고, 인구 증가는 잉여인구의 증가로 이어져 대규모 빈민층을 만드는 계기로 작용했다. 일부는 산업혁명 이후 급증하는 공업 노동력으로 흡수되었으나, 많은 사람은 도시의 잉여인구로 남게 되었다(김덕수 외, 2018).

유럽의 잉여인구는 생존을 위해 신대륙의 이주를 선택했다. 1850~1914년 사이 미국으로 이주한 유럽인의 대부분은 아일랜드, 이탈리아, 스페인, 동부유럽국가 출신의 비숙련, 반숙련 노동자로, 약 3,000만 명이 미국으로 이주한 것으로 추정된다. 이들 이주자들은 미국에서 도로와 철도건설 노동자로, 광산의 광부로 자리를 잡았다. 그러나 미국은 1880년부터 자국민과 동화가 어려운 민족을 배제하기 시작했다. 1880년 캘리포니아주에서는 중

1. 아일랜드인의 미국 이주
1845년~1851년 아일랜드를 덮친 감자대기근 사건으로 약 110만 명 이상이 아사(餓死)했다. 아일랜드인들은 대기근을 피해 신대륙 미국으로 이주하기 시작했으며, 20세기 초반까지 약 550만 명이 이주했다. 당시 아일랜드인들은 선박을 타고 미국으로 이주했다. 1912년 타이타닉 침몰 당시 아일랜드인의 희생이 가장 컸었다. 아일랜드인의 피해가 컸던 이유는 그들이 타이타닉 맨 아래 3등칸에 탑승했기 때문이었다.
2. 중국인 배제법
중국인 배제법(The Chinese Exclusion Act)은 중국인의 수가 급증하여 미국이 중국화될 것을 우려한 조치로 10년간 중국인의 미국 입도를 금지하고, 미국 태생 중국인의 시민권 취득을 금지하는 내용을 담고 있는 인종차별적인 법안이었다.

국인 쿨리와 그 가족이 30만 명에 이르러 주 전체 인구의 10%를 차지하면서, 1882년 '중국인 배제법(The Chinese Exclusion Act)'이 제정되어 중국인의 미국 입국에 제한을 걸었으며, 또한 아프리카인의 입국을 금지하고 이미 입국한 아프리카인에 대한 귀향을 권장했다. 아메리카 인디언은 보호구역을 지정하여 생활공간을 제한했으나 1920년까지 유럽인과 라틴아메리카인은 미국으로 자유롭게 이주할 수 있었다(한국이민학회 역, 2013).

호주와 캐나다에서도 이 시기 자국민과의 동화가 어렵다고 판단된 아시아인의 노동이주를 제한했다. 캐나다는 유럽인의 입국에 대해서는 허용하지만 아시아계 이민자의 입국은 금지하고 통제하는 정책을 펼쳤으며, 호주 또한 백인 중심 국가의 건설을 기치로 유색인종의 이민을 막기 위해 1901년 '이민제한법(Immigration Restriction Bill)'을 제정하고 언어시험을 통해 이민 적격 여부를 결정했는데, 이 법은 1950년대 후반까지 유지되었다.

(3) 제1·2차 세계대전 기간의 국제이주

유럽을 전쟁터로 총력전을 벌였던 제1차 세계대전은 19세기 유럽에 엄청난 타격을 주었다. 전쟁의 직접적인 전비는 1,800억 5,000만 달러, 간접적인 전비는 1,510억 6,000만 달러에 달하는 물적 손실, 900여만 명의 사망자와 2,200여만 명의 부상자 등 커다란 인적 손실을 초래했다. 또한 전쟁은 유럽의 호엔촐레른가(家)의 독일 제국, 합스부르크가(家)의 오스트리아 제국, 로마노프가(家)의 러시아 제국, 술탄 칼리프가 지배하는 오스만투르크 제국 등 4개 제국이 붕괴된 동유럽에는 많은 신흥국이 성립하게 되었다(마야자키 마사카츠, 2018). 제1차 세계대전 이후 엄청난 사망자와 부상자의 발생으로 각국에서 노동력 수급 부족 사태가 발생했다. 이를 해결하기 위해 유럽 각국은 자국 노동자의 해외유출을 막았으며, 프랑스는 부족한 노동력 문제를 해결하기 위해 자국 식민지의 노동자를 유치하는 정책을 펼치기도 했다. 1920~1930년 프랑스로 유입된 외국인 근로자 수는 약 200만 명 정도로 추산된다(한국이민학회, 2013). 그러나 1929년 이후 미국을 비롯한 선진 각국에서 경제대공황 사태가 발생하자 무역정책에서 보호주의적 성향을 보이기 시작했고, 대공황에 따른 경제위기, 높은 실업률 때문에 이주에 제한을 두기 시작하면서 국제이주는 급격한 소강상태를 보였다.

제1차 세계대전 후 인플레이션 현상과 경제대공황에 따른 경제위기 사태는 또 다시 세계대전으로 이어지는 단초가 되었다. 제2차 세계대전은 60여 개국이 넘는 참전국이 유럽,

아시아, 아프리카, 태평양에 이르는 여러 지역에서 벌인 인류 역사상 최악의 전쟁이었다. 대량폭격과 유대인 학살과 같은 인종말살작전 등으로 군인과 무고한 민간인을 포함하여 4,200만 명에 달하는 인원이 희생되었으며, 건물과 교통, 공장 등 인프라 시설이 모두 붕괴되었다(김덕수 외, 2018).

(4) 제2차 세계대전 이후~ 1980년대의 국제이주

제1·2차 세계대전으로 유럽 전역에 많은 사망자와 부상자가 발생하면서 노동인구가 크게 급감했다. 유럽 국가들은 전후 복구 및 경제재건 과정에서 많은 노동력이 필요했고, 이에 프랑스, 독일을 비롯한 여러 유럽 국가는 단기 노동자 수급정책으로 초청노동자제도를 도입했다. 이 과정에서 과거 식민지 국가, 남부·동부 유럽, 튀르키예, 북아프리카 등에서 수백만 명의 이주노동자가 유입되었다. 프랑스는 전후 부족한 노동력을 이주노동자로 해결했으며, 독일 또한 적극적인 이주노동자 유입정책을 통해 서독의 경제 기적을 이루는 데 크게 기여했다. 영국 정부도 경제발전을 위해 외국인 근로자 이주정책을 시도했지만 노동조합의 강력한 반대로 좌절되었다. 결국 영국 정부는 이주노동자의 입국을 강력히 규제하는 정책을 펼쳤다. 결과적으로 프랑스와 독일은 급속한 경제성장을 이루었으나 영국은 느린 경제성장을 보였다.

유럽 국가들은 초기에는 단기간의 노동력 수급을 원했으나, 안정적인 노동력 확보를 위해 노동자의 가족재결합 프로그램을 추진했고, 이 과정에서 수백만 명의 노동자가 가족과 함께 유럽에 정착했다. 1970년대 프랑스에는 200만 명의 외국인 근로자와 70만 명의 노동자 가족이 거주했고, 독일 또한 초청 노동자의 가족재결합정책이 추진되면서 외국인 근로자가 260만 명에 육박했다. 그러나 1973년 OPEC의 갑작스러운 유가 인상으로 인한 오일쇼크 사태가 전 세계를 덮치면서 글로벌 경제위기가 발생했다. 경제위기에 대부분의 서유럽 국가는 초청노동자제도를 전면 중단했다(이용균, 2017). 서유럽 국가들이 '체류허가제도'를 도입하여 이주노동자의 출국을 강요하기 시작하면서 정착하려는 이주노동자와 많은 마찰과 갈등을 빚기 시작하여 이주노동자 체류문제가 사회적 문제로 비화되기도 했다. 이에 서유럽의 여러 국가는 장기체류 중인 이주노동자를 자국 사회로 통합하려는 노력과 정책(사회통합정책)을 병행하기 시작했다.

미국도 제2차 세계대전 이후 「중국인배제법(The Chinese Exclusion Act)」을 폐지하고, 이민 쿼터제 범위 내에서 이민자를 받기 시작했다. 1965년 '이민 및 국적법(Immigration and Nationality Act)'은 미국 이민정책에 있어 획기적인 변화를 일으킨 법안으로, 이전의 이민정책이 주로 유럽 출신의 이민자를 선호했던 것과 달리, 국적에 관계없이 모든 사람에게 이민의 기회를 제공하면서 미국으로의 본격적인 국제이주가 시작되었다. 이 법안의 시행으로 아시아와 라틴아메리카로부터의 대량유입이 시작되었다.

1970년대 이전까지만 하더라도 아시아인의 주요 이민 목적국은 아메리카 지역 또는 유럽 지역이었으나, 1973년 오일쇼크 이후 유럽경제 침체는 아시아인의 이동경로를 아시아 지역 내부로 변경시켰다. 1970년대 중동의 산유국들은 유가 상승을 통해 얻은 재정적 여유로 경제발전과 사회건설에 힘쓰기 시작하여 많은 노등력이 필요했다. 초기에는 중동지역과 지리적·역사적으로 유대를 갖고 있던 인접 아랍국가 출신의 노동자가 많이 이주했으나, 이후 아시아인이 노동인력으로 대거 유입되기 시작했다. 1970년대에는 산업시설, 사회간접자본 건설을 위한 건설노동자 중심의 노동자 유입이 많았다면, 산업기반 건설이 마무리된 이후에는 정유시설의 유지·보수를 위한 기술인력이 늘어나 노동인력에도 계층 변화가 나타났다. 그러나 1980년대 후반부터 유가 하락으로 산유국의 재정적 여유가 줄어들면서 외국 노동력 유입이 크게 감소하기 시작했으며, 1990년 이라크의 쿠웨이트 침공으로 중동 분쟁이 격화되면서 외국인 근로자는 크게 감소했다.

1980년대 중후반 일본을 비롯한 한국, 대만, 홍콩, 싱가포르 등 아시아 신흥공업국들은 비약적인 경제성장을 이루었고, 제조업의 노동인력이 부족해지기 시작했다. 1980년대 후반 중동 산유국의 경기침체 이후, 아시아 각국의 노동자는 일본을 비롯한 한국, 대만, 홍콩, 싱가포르 등 아시아 신흥공업국으로 이주하기 시작했다. 이주 초기 아시아 신흥공업국들은 합법적 취업조건을 갖추지 못한 이주노동자의 국내 유입을 묵인하기도 했다. 일본은 '외국인 기능실습제도'를 통해 산업체의 인력난을 해소했고, 한국은 일본의 '외국인 기능실습제도'를 벤치마킹하여 '외국인 산업기술연수제도'와 '산업연수생제도'를 통해서 인력난을 해결하려 했으며, 대만과 싱가포르는 '고용허가제'를 도입하여 이주노동자의 수를 조정했다.

유럽 국가와 마찬가지로 아시아 신흥공업국에서도 불법체류 외국인 근로자 문제가 빈번해지자 이를 해결하기 위한 정책이 입안되었다. 그러나 불법체류 외국인 근로자가 나타난 원인과 문제 해결을 위한 정책 입안 배경에는 유럽과 신흥공업국 사이에 차이가 있다. 유럽 국가는 제2차 세계대전 이후 경제재건을 위해 외국인 노동이주정책을 입안했고, 이를 통해 외국인 근로자가 대거 유입되었다. 그러나 1970년대 초반 경기침체와 경제위축으로 기존 외국인 근로자를 강제출국시키는 과정에서 외국인 근로자의 미귀국과 불법체류가 발생했고, 이런 문제를 해결하기 위한 정책이 입안되었다. 반면 아시아는 유럽과 중동에서 남게 된 동남아시아 근로자가 자발적으로 유입되어 불법체류 외국인 근로자 문제가 발생했고, 이를 해결하기 위한 방책으로 이주노동자정책을 시작했다는 차이점이 존재한다.

(5) 1990년대 이후의 국제이주

1989년 동·서독의 통일, 1990년 소련 공산체제의 붕괴는 세계화를 더욱 가속화시켰으며, 국제이주에도 큰 영향을 미쳤다. 소련 해체 이후 동유럽 국가의 민주화와 EU 가입으로 동유럽 국가의 국민이 서유럽 국가로 이주하는 사례가 급격히 증가했다. 소련 공산체제 해체 이후, 발칸반도에서는 억눌렸던 민족주의가 한꺼번에 폭발하면서 국가 간 민족·종교 분쟁(유고슬라비아분쟁·코소보분쟁)으로 대량학살사건이 벌어졌다. 발칸반도에서 발생한 분쟁으로 20만 명 이상이 사망했고, 난민 또한 200만 명 이상 발생했다. 이로 인한 대규모 난민이 유럽으로 향하자, EU는 EU 회원국 차원에서 난민 관련 문제에 공동으로 대처하기 위해 공동유럽난민제도(Common European Asylum System, CEAS)를 제정했으며, 난민 심사의 효율성을 높이는 동시에, 난민 신청이 특정 국가로 편중되는 것을 억제하기 위해 더블린 조약(Dublin Regulation)을 제정했다(이기완, 이진우, 2021).

서유럽은 기존 초청 노동자의 가족재결합에 의한 이주자 증가가 1990년대에도 지속되었다. 독일은 이민 유입을 엄격하게 통제했으나 1996년에는 체류 외국인 수가 730만 명에 이르렀다. 2004년에는 670만 명으로 다소 감소했으나, 전체 국민 중 외국인이 약 10%를 차지했다. 서유럽 국가뿐만 아니라 남유럽 국가(이탈리아, 그리스, 스페인)로의 국제이주도 크게 증가했다. 또한 미국으로 이주도 크게 증가하는 모습이 나타났다. 1971~1980년까지 합법적으로 미국으로 이주한 자는 450만 명이었고, 1981~1990년까지 730만 명이 이주했으며, 1991~2000년까지 910만 명이 추가로 이주했다(이용균, 2017).

1990년대 이후 나타난 국제이주의 특징은 다음과 같다. 냉전의 종식으로 세계화가 가속되면서 이주에도 큰 영향을 미쳤으며, 특히 개도국에서 선진국으로의 이주가 크게 증가했다. 개도국과 선진국의 인구구조(고령화·저출산) 문제, 취업기회, 임금 수준, 사회복지 혜택의 정도, 근로환경, 교육 등 다양한 경제적·사회적 격차는 국제이주에 큰 영향을 미쳤다. 선진국은 고령화와 경제규모의 확대로 노동력 부족 현상이 나타나고 있어 외국 노동인력의 수요가 증가했으며, 여러 선진국에서는 내국인이 기피하는 3D 일자리에 외국인 근로자를 활용하고 있다. 한국 정부 또한 고용허가제를 통해 외국인 근로자가 일부 업종에서 근무할 수 있는 정책을 펼치고 있다.

외국인 근로자의 고용은 경제개발을 위한 부족한 노동인력 해결에 도움을 줄 수 있지만, 외국인 근로자의 사회적응 문제, 인권 및 사회권 침해 문제, 사회통합 문제 등 사회적 비용 증가라는 공통적인 상황을 초래했다.

이처럼 국제이주는 긴 역사와 다양한 모습을 가지고 변모해왔으며 개별 시대의 요구와 필요에 따라 국제이주의 모습과 규모도 변화해왔다. 앞서 밝혔듯이 한국도 인구구조의 문제와 경제규모의 확대로 노동력 부족 현상이 나타나고 있어 정부는 고용허가제를 통해 외국인 근로자가 일부 업종에서 근무할 수 있는 정책을 펼치고 있다. 여기서는 한국 정부의 외국인 근로자 관리정책(노동정책, 고용허가제)을 검토하고, 외국인 근로자에 대한 한국사회의 반응과 포용을 위한 정책적 지향점에 대해 논의하고자 한다.

3 한국의 외국인 근로자 관리정책과 지향점

1 외국인 근로자의 유형과 현황

〈이주노동자 권리협약〉에서는 '이주노동자'를 국적국이 아닌 국가에서 유급활동에 종사할 예정이거나 종사하고 있거나 또는 종사해온 사람으로 정의하고 있다(UN, 1990). 그러나 한국 정부는 이주노동자(migrant workers)라는 표현을 사용하지 않고, '외국인 근로자(foreign workers)'라는 용어를 사용한다. 「외국인근로자의 고용 등에 관한 법률」에 따르면 '외국인 근로자'란 대한민국의 국적을 가지지 아니한 사람으로서 국내에 소재하고 있는 사업 또는 사업장에서 임금을 목적으로 근로를 제공하고 있거나 제공하려는 사람을 말한다. 다만 「출입국관리법」 제18조 제1항에 따라 취업활동을 할 수 있는 체류자격을 받은 외국인 중 취업분야 또는 체류기간 등을 고려하여 대통령령으로 정하는 사람은 제외한다고 규정하고 있다(「외국인근로자의 고용 등에 관한 법률」 제2조). 이는 외국인 국적의 노동자 모두를 인정하는 것이 아니라, 한정적인 직업군(비전문취업 체류자격, 방문취업자 체류자격 등)에 체류기간 내 체류자격을 인정받은 자만을 외국인 근로자로 인정하겠다는 것을 의미한다. 또한 외국인 유입 규모와 불법체류자를 최소화하고, 제조업, 농축산업 등 일부 산업에 한시적으로 외국인 근로자를 활용하고 고국으로 돌려보내려는 정부의 정책을 반영

1. '외국인 근로자(foreign workers)'의 용어 사용
2003년 「외국인근로자의 고용 등에 관한 법률」이 제정되면서 '외국인 근로자'가 법률용어로 정해졌기 때문이다.
2. 「출입국 관리법」 제18조(외국인 고용의 제한)
① 외국인이 대한민국에서 취업하려면 대통령령으로 정하는 바에 따라 취업활동을 할 수 있는 체류자격을 받아야 한다. ② 제1항에 따른 체류자격을 가진 외국인은 지정된 근무처가 아닌 곳에서 근무하여서는 아니 된다. ③ 누구든지 제1항에 따른 체류자격을 가지지 아니한 사람을 고용하여서는 아니 된다. ④ 누구든지 제1항에 따른 체류자격을 가지지 아니한 사람의 고용을 알선하거나 권유하여서는 아니 된다. ⑤ 누구든지 제1항에 따른 체류자격을 가지지 아니한 사람의 고용을 알선할 목적으로 그를 자기 지배하에 두는 행위를 하여서는 아니 된다.

표 5-1 체류외국인 국적별 현황 (단위: 명)

국적별	계	중국	베트남	태국	미국	우즈벡	필리핀	러시아	기타
인원	2,245,912	849,804	235,007	201,681	156,562	79,136	57,452	56,995	609,275
비율	100%	37.8%	10.5%	9%	7%	3.5%	2.6%	2.5%	27.1%

출처 법무부 출입국외국인정책본부, 2022년 통계연보.

한 것이다. 「외국인근로자의 고용에 관한 법률 시행령」 제2조는 외국인 근로자에서 제외되는 직역을 정하고 있다. 교수(E-1), 회화지도(E-2), 연구(E-3), 기술지도(E-4), 전문직업(E-5), 예술흥행(E-6), 특정활동(E-7)과 같은 전문직종, 단기취업(C-4), 계절근로(E-8), 관광취업(H-1), 재외동포(F-4), 영주(F-5), 결혼이민(F-6)은 외국인 근로자에 해당하지 않는다고 규정한다. 이들을 제외한 비전문취업(E-9), 선원취업(E-10), 방문취업(H-2) 자격을 갖춘 사람은 외국인 근로자로 분류된다.

방문취업(H-2) 자격

중국 및 구소련 지역 6개 국가(우즈베키스탄, 카자흐스탄, 우크라이나, 키르기스스탄, 타지키스탄, 투르크메니스탄) 출신 만 18세 이상 외국 국적 동포로서 「외국인근로자의 고용 등에 관한 법률」에 따라 고용이 허용된 업종의 사업주는 특례고용허가를 받아 해당 동포를 고용할 수 있다. 그간 방문취업 동포(H-2 비자)를 고용할 수 있는 업종은 제조업, 건설업, 농축산어업과 서비스업의 일부 업종에 한정되었는데, 2023년부터 내국인 일자리의 보호 등을 위해 일부 서비스 업종을 제외하고 모든 업종에 허용의 길이 열렸다(고용노동부, 2023).

법무부 외국인정책본부 통계에 따르면 2022년 12월 기준 국내에 체류하는 외국인 수는 224만 5,912명으로, 이 규모는 대한민국 전체 인구(5,143만 9,038명)의 4.37%에 해당하며, 충청남도 인구(212만 5,333명: 지자체 인구 순위 8위)를 넘어서는 수치이다. 연 증가세를 고려할 때 2030년에는 대구광역시의 인구(235만 7,881명)를 넘어설 것으로 예상된다.

체류 외국인의 국적별 비중을 살펴보면 중국(37.8%), 베트남(10.5%), 태국(9%), 미국(7%), 우즈베키스탄(3.5%), 필리핀(2.6%), 러시아(2.5%) 순으로 나타났다. 중국 국적의 외국인 체류자는 중국 동포 60만 2,907명을 포함하여 84만 9,804명이며, 이는 전체 국내 체류 외국인의 37.8%로서 압도적인 위치를 차지하고 있다. 베트남은 2016년 10월 이후 미

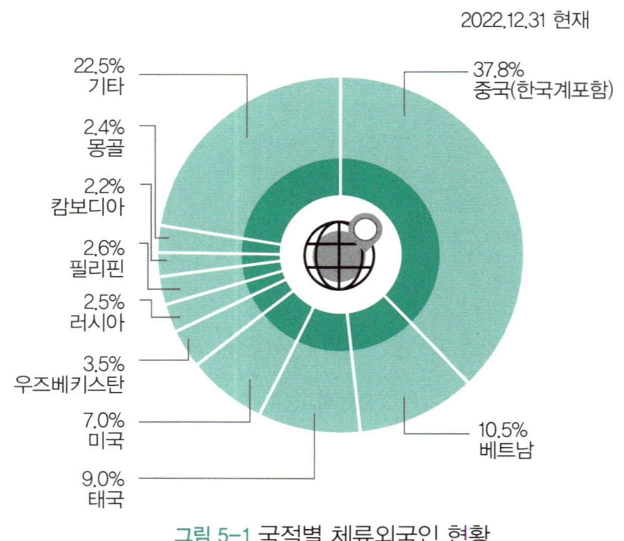

그림 5-1 국적별 체류외국인 현황

출처 법무부 출입국외국인정책본부, 2022년 통계연보.

국을 넘어 체류 외국인이 두 번째로 많은 국가가 되었으며, 이는 베트남 국적의 결혼이민자와 그 동반 가족의 지속적인 증가에 따른 것으로 판단된다.

취업자격 체류 외국인은 2022년 12월 31일 기준으로 44만 9,402명으로, 전문인력은 2021년에 비해 12.5% 증가했으며, 단순기능인력은 10.3% 증가했다. 이는 코로나 상황 완화에 따른 국경 개방에 따른 추세라고 판단된다. 취업자격 체류자 중 합법체류자가 83.65%이며, 불법체류자는 16.35%이다. 불법체류자 중 비전문취업(E-9) 자격의 불법체류 외국인은 5만 5,171명(75%)으로 높은 비율을 차지했다. 취업자격 전체 체류자 중 89%가 단순기능인력이며, 전문인력은 11%에 불과하다. 비전문취업(E-9)은 취업자격 체류자 중 59%로, 단순기능인력에서는 67%에 해당한다. 방문취업(H-2)은 취업자격 체류자 중 23%이며, 단순기능인력에서는 26%에 해당한다.

2021년 비전문취업 비자(E-9) 전체 발급은 2020년 대비 57% 증가했는데, 2022년 비전문취업 비자(E-9) 전체 발급은 전년 대비 738.1% 증가했다. 2022년 제조업 비자(E-9-1) 발급은 전년 대비 816.8% 증가했는데, 2022년 비전문취업 비자(E-9) 전체 발급 중 제조업 비율은 77%였다. 건설업 비자(E-9-2) 발급은 전년 대비 178.5% 증가했으며, 농축산업 비자 발급은 전년 대비 533.6% 증가했다. 이는 코로나 상황 완화 따른 영향이라고 판단된다.

표 5-2 취업자격 체류 외국인 업무유형별 현황 (단위: 명)

구분		2021년	2022년		
		총체류	총체류	합법체류	불법체류
계		406,669	449,402	375,948	73,454
전문 인력	소계	45,143	50,781	46,031	4,750
	단기취업(C-4)	1,691	1,985	1,602	383
	교수(E-1)	2,017	2,012	2,009	3
	회화지도(E-2)	13,403	14,251	14,212	39
	연구(E-3)	3,638	4,009	4,004	5
	기술지도(E-4)	177	214	213	1
	전문직업(E-5)	257	238	233	5
	예술흥행(E-6)	3,285	3,989	2,614	1,375
	특정활동(E-7)	20,675	24,083	21,144	2,939
단순 기능 인력	소계	361,526	398,621	329,917	68,704
	계절근로(E-8)	383	4,767	3,394	1,373
	비전문취업(E-9)	217,729	268,413	213,242	55,171
	선원취업(E-10)	17,921	19,874	11,142	8,732
	방문취업(H-2)	125,493	105,567	102,139	3,428

출처 법무부 출입국외국인정책본부, 2022년 통계연보.

표 5-3 비전문취업(E-9) 연도별 도입 현황 (단위: 명)

업종별	2020년	2021년	2022년
합계	6,688	10,501	88,012
제조업	4,806	7,455	68,350
건설업	207	595	1,657
농축산업	1,388	1,841	11,664
서비스업	1	18	125
어업	286	592	6,216

출처 통계청, 고용허가제고용동향.

2 한국의 '외국인 근로자' 관련 제도와 정책

(1) 한국으로 외국인 근로자가 유입된 배경과 외국인 근로자제도의 변천과정

한국은 1980년 중반까지만 하더라도, 자국민의 외국 송출을 장려하던 대표적인 국가였다. 1950년 한국전쟁 이후 급속한 인구 증가와 높은 실업률에 1960년대부터 정부는 국내 노동시장 안정 및 국가 경제 이익과 발전을 위해 국가적 차원에서 해외 송출정책을 시행했다. 1962년 중남미 국가로의 농업이주를 시작으로, 1963년 제2차 세계대전 이후 국가 경제재건에 많은 노동력이 필요했던 서독에 광부와 간호사를 파견했으며, 1970년대 중동의 산유국이 유가 상승을 통해 얻은 재정적 여유로 경제발전과 사회건설에 힘쓰기 시작하자 많은 노동력이 필요했던 중동에 건설인력을 송출했다.

한국이 노동력 송출국가에서 노동력 유입국가로 전환이 일어난 시기는 1980년대 중반부터였다. 1980년대 중후반 한국은 아시아를 대표하는 신흥공업국으로 비약적인 경제성장을 이루었고, 소득 수준도 급격히 상승했으며 산업구조에도 큰 변화가 나타났다. 특히 한국의 경제규모가 급격히 성장하면서 노동력 수요를 공급이 따라가지 못하는 상황이 나타나고, 국내 대기업과 중소기업 간 노동임금의 격차가 본격화되었으며, 내국민의 3D 업종 기피 현상이 심화되면서 저숙련 공업산업의 인력난이 심화되었다. 이러한 요소들이 외국인 근로자가 유입된 배경이 되었다.

1986년 아시안게임, 1988년 서울 올림픽 이후 외국인 국내 입국이 용이해지면서 아시아 국가의 노동자가 유입되기 시작했다. 이에 미등록 외국인 근로자의 불법체류가 증가하면서 정부는 이들의 유입을 막기 위해 노력했으나 실패했다. 정부의 불법체류 외국인 근로자의 입국을 막는 규제와 통제가 강해지면 외국인 근로자는 이를 우회하는 방법으로 입국했으며, 정부는 구인난에 시달리는 기업의 상황을 묵인할 수 없는 진퇴양란의 상황에 직면했다. 이에 정부는 기업의 입장을 들어주면서도, 이를 반대하는 입장도 거스르지 않는 묘수로 도입한 정책이 바로 '산업기술연수생제도'이다. 이 제도는 앞서 언급했듯이, 일본의 '외국인 기능실습제도'를 벤치마킹한 제도이다. 일본은 저임금의 외국인 근로자 인력을 활용하여 기업의 요구를 들어주면서도 정부의 출입국 정책에 부담을 주지 않는 방안으로 외국인 기능실습생제도를 고안했다.

정부는 1991년 10월 법무부 훈령 제 255호「외국인 산업기술연수 사증발급에 관한 업무지침」을 제정하여 '해외투자기업 연수생' 제도를 도입했고 중국, 베트남, 필리핀, 인도네시아 등을 비롯한 아시아 국가로부터 산업기술연수생을 받아들였다. 그러나 이 지침에 의해 연수생을 받을 수 있는 기업은 '해외직접 합작투자기업, 해외기술제공기업, 산업설비수출기업, 상공부장관의 추천을 받은 기업들'로 한정되었다.

여기서 해외직접 합작투자기업, 해외기술제공기업은 대기업이었기 때문에 중소기업은 해당 대상이 아니었으므로 중소기업 구인난에는 전혀 도움이 되지 못했다. 이에 중소기업들은 산업기술연수 대상 업체의 확대를 요구했고, 정부는 중소기업의 요구를 받아들였다. 정부는「외국인 산업기술연수 사증발급에 관한 업무 지침」을 개정하여 인력난이 심각한 10개 종목의 3D 제조업 중소기업도 연수대상으로 확대하고, 상공부장관, 중소기업 중앙회, 건설협회, 수협, 농협 등의 추천을 받아 산업연수생을 채용하게 되었다. 기업은 산업기술연수생을 1년간 고용할 수 있으며, 필요에 따라 1년 연장할 수 있도록 제도화했다. 이것이 바로 한국의 '산업기술연수생제도'의 시작이다.

산업기술연수생제도는 1994년부터 2004년까지 10년간 존속되었으며, 중소기업에서 근무하는 이주노동자가 본격적으로 늘어나기 시작했다. 산업기술연수생제도는 인력난에 힘들어하던 중소기업에 도움을 주고, 외국인 근로자에게는 실질적인 경제적인 도움을 주었지만, 시행 초기부터 많은 문제점이 발생했다. 산업기술연수생 제도는 송출국가 내 민간 송출기관이 기술연수생 명단을 국내연수추천단체에 보내면 연수생을 선정하는 방식으로 진행되었다. 송출국가에서는 한국에 일하려는 수요는 많은 반면, 국내로 들어올 수 있는 쿼터는 정해져 있다 보니 송출국가의 송출기관에서 노동자에게 금품을 요구하는 비리가 끊이지 않아 많은 논란을 빚었다.

산업기술연수생제도가 지닌 가장 큰 문제점은 외국인 근로자의 신분이었다. 이들은 실제 노동자임에도 불구하고 연수생 지위다 보니 작업장에서의「근로기준법」(최저임금, 근로시간, 휴가)의 보호를 받을 수 없었으며, 산업재해, 의료보험 등의 보호도 받을 수 없었다. 특히 작업장에서 발생하는 인권유린 문제, 열악한 노동환경, 임금체불 등은 많은 논란을 빚었다. 이런 상황에서 연수생의 근무지 이탈 문제, 불법체류 문제가 사회적인 문제로 부각했다.

1995년 정부는 외국인 산업기술생의 보호를 위해 「외국인 산업기술연수생의 보호 및 관리에 관한 지침」을 제정했다. 이로써 산업기술연수생도 「근로기준법」의 법적 보호를 받을 수 있게 되었고, 산재보험, 의료보험 및 최저임금제도가 적용되었다.

그럼에도 불구하고 현장에서는 연수생제도를 둘러싼 문제가 해결되지 않았다. 작업장 내에서의 인권유린, 근무지 이탈 문제, 불법체류 문제가 계속되었다. 정부는 이런 문제를 해결하기 위해 외국인 노동력을 합법적으로 활용하기 위한 논의를 개시했지만, 산업연수생에서 노동자로 법적 지위를 변경하는 논의는 쉽지 않았다. 정무부처와 중소기업의 반대로 산업연수생의 법적 지위 변경이 번번이 무산되자 대신 정부는 '연수취업제도'를 도입했다. 연수취업제도는 산업연수생 자격으로 1년 동안 연수장소를 이탈하지 않고 연수한 연수생은 2년간 연수업체에 취업할 수 있는 제도이다. 그러나 연수취업제도는 산업기술연수생의 연수기간을 연장한 정책에 불과하다는 비판을 받았다. 연수기간의 연장이 산업연수생제도에서 발생하는 문제를 해결할 수 있는 방안이 아니었기 때문이었다. 산업연수생제도에서 발생한 인권침해의 핵심적 원인은 외국인 근로자를 법적으로 인정하지 않은 데에서 비롯되었기 때문에 사업연수생에게 법적 지위를 부여해야 한다는 의견이 대두했다. 그러나 외국인 근로자를 법적으로 인정하면 임금 상승 및 복지비용 증가 등으로 기업의 경영 효율성을 해친다는 주장과 외국인 근로자가 내국인의 일자리를 빼앗을 수 있다는 반대 입장 또한 강했다.

외국인 근로자의 법적 지위 인정 여부에 대한 오랜 갈등과 논란의 끝에 2003년 「외국인 근로자의 고용 등에 관한 법률」이 제정되어 2004년 8월부터 '고용허가제'가 시행되었다. 고용허가제를 통해 외국인 근로자는 내국인과 동일하게 「근로기준법」, 「최저임금법」, 「산업안전보건법」의 적용을 받을 수 있게 되었다. 또한 사업주의 근로계약 위반, 부당해고 등 위법 부당한 처분에 대해서 권리구제가 가능해졌다(「외국인근로자 고용 등에 관한 법률」 제24조의2). 외국인 근로자의 근로계약과 관련하여 외국인 근로자가 국내 노동자와 달리 적용받는 부분은 근로계약 자유와 사업장 변경과 관련된 것뿐이며, 고용허가제는 3년 취업활동 범위 내에서 당사자 간 합의에 따라 근로계약을 체결하거나 갱신(2012년 7월부터 성실근로자의 경우 재입국을 1회 허용하고 있음)할 수 있도록 하고 있다(「외국인근로자 고용 등에 관한 법률」 제9조 제3항).

기존에 시행되던 산업기술연수생제도는 2007년 3월까지 고용허가제와 병행 시행되다가 2007년 산업연수생제도가 폐지되고 고용허가제로 단일화되었다. 「외국인근로자의 고용 등에 관한 법률」이 제정됨에 따라 불법체류 외국인 근로자의 비율은 2003년 8월에 85%에서, 12월 38%로 대폭 감소했다(법무부, 2020).

표 5-4 한국의 외국인 근로자 정책 변천 과정

	시기	외국인 근로자 정책	내용
1단계	1988~ 1990	정부 정책의 부재	• 외국인 근로자의 불법체류 증대 • 정부통제 실패-구인난에 시달리는 기업의 상황을 묵인할 수 없는 진퇴양란의 상황에 직면 • 정부는 미등록 외국인 근로자의 정착을 묵인, 방임
2단계	1991. 11~ 2004. 7	해외투자기업 연수생 제도	• 해외직접 합작투자기업, 해외기술제공기업 등 대기업 대상 '해외투자기업 연수성제도' 첫 시작
		산업 연수생 제도	• 중소기업 확대 요청으로 '산업기술연수생제도' 시작(연수 1년 후 1년 연장): 현장에서는 연수생 제도를 둘러싼 문제 빈발
		연수취업제	• '연수취업제' 실시(연수 1년 + 취업 2년): 연수생 제도의 문제 해결방안이 되지 못함
3단계	2004. 8.~ 2007. 1	고용허가제와 산업연수생 제도 병행	• 외국인 근로자의 법적 지위 인정 - 근로기준법, 최저임금법, 산업안전보건법의 적용 - (취업 3년, 1회 갱신 가능)
4단계	2007. 1~ 현재	고용허가제로 일원화	• 국가의 사회통합적 요소 도입 • 방문취업(H-2)제도 실시

3 외국인 근로자 정책의 지향점과 한계점 및 시사점

2007년부터 시행된 고용허가제는 한국의 외국인 근로자 정책의 지향점을 여실히 보여준다. 고용허가제는 몇 가지 특징이 있다. 첫째, 국가 주도의 관리정책이다. 고용허가제의 시행 이전 정부는 외국인 근로자의 공급관리 권한을 시장에 맡겨둔 채 방관적인 입장을 유지하다가 문제가 발생하면 소극적으로 대응하는 형태를 보였다면, 2004년 고용허가제 시행 이후에는 인력 선정, 관리에 이르기까지 정부(고용노동부)에서 직접 관리한다. 즉, 정부가 근로자를 송출하는 16개 국가와 양해각서를 체결하고, 근로자 명단을 작성하여 중소기업 고용주와 외국인 근로자를 연결 짓는 과정을 직접 관리하는 것이다. 한국 산업인력공단은 현지에서 한국어능력시험 공고, 신청, 접수, 실시 및 외국인 근로자 송출 전 교육을 담당하고, 근로자 입국 이후에는 고용지원센터에서 담당한다. 민간기업의 직접채용과 민간기관의 위탁관리를 전면금지함으로써 고용허가제 시행 이전 송출과정에서 발생하던 비리를 원천적으로 방지하고 있다.

둘째, 고용허가제는 외국인 근로자의 '비정주 단기순환 교체원칙'과 '내국인 고용기회의 보호원칙'하에 시행되고 있다. 고용허가제에 따르면 외국인 근로자는 입국한 날부터 3년의 범위에서 취업활동을 할 수 있다(「외국인근로자의 고용 등에 관한 법률」 제18조). 입국 이

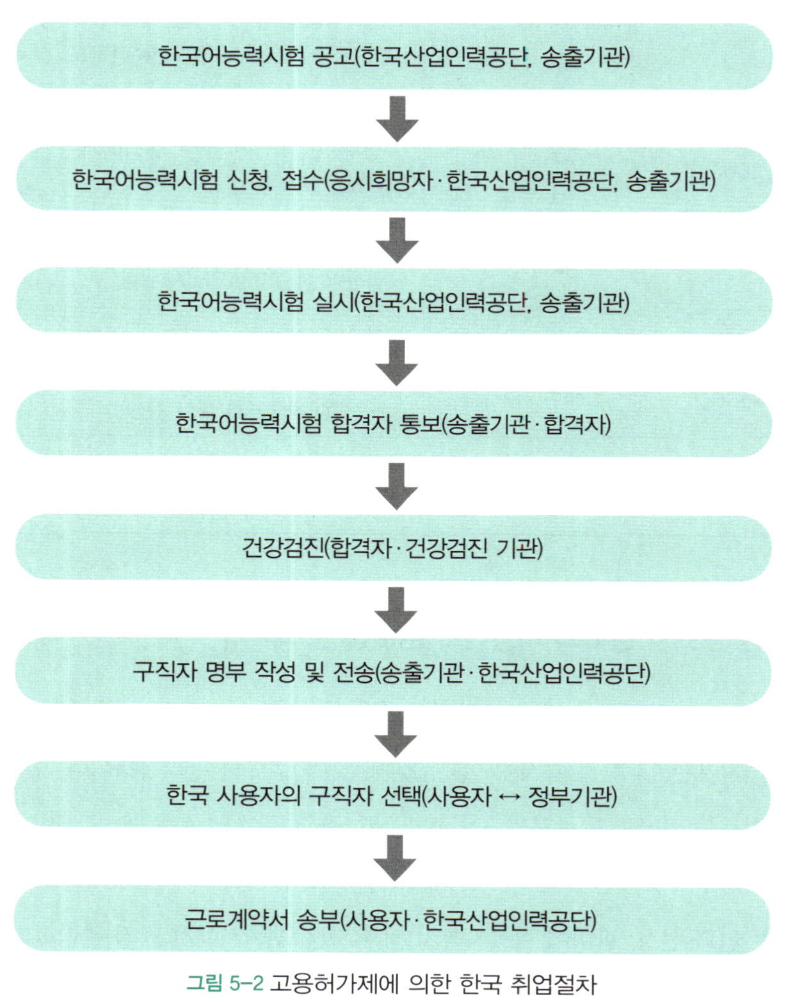

그림 5-2 고용허가제에 의한 한국 취업절차

후 3년이 경과하면 고국으로 돌아가야 하지만, 2년 미만의 범위에서 취업활동기간을 한 차례 연장받을 수 있다(「외국인 근로자의 고용 등에 관한 법률」 제18조의2 제1항). 이는 한국의 「국적법」에서 5년 이상 합법적 체류를 하면 영주권을 신청할 수 있기(「국적법」 5조) 때문에 외국인 근로자의 정주를 막기 위해 2년 미만으로 정한 것이다. 외국인 근로자로 중소기업의 인력 부족은 해소되지만 외국인 근로자는 보완적인 요소로 본다는 차별적인 시각이 깔려 있으며, 외국인 근로자의 근로계약, 갱신및 재고용, 사업장 변경에 대한 모든 권한이 사용자 · 고용주에 집중되어 있다. 그러다 보니 외국인 근로자와 사용자 간에 절대적 갑을관계가 형성되어 외국인 근로자는 매우 불안정한 지위에 놓일 수 있으며, 노동착취와 인권침해에 대한 가능성이 항시 존재한다.

「외국인 근로자의 고용 등에 관한 법률」의 제정목적을 살펴보면 "내국인 근로자에 대한 고용기회 보호의 원칙하에 외국인 근로자를 체계적으로 도입함으로써 인력수급을 원활히 하여 중소기업 등의 인력부족을 해소하고 지속적인 경제성장을 도모하는 한편, 외국인 근로자에 대한 효율적인 고용관리와 근로자로서의 권익을 보호하기 위한 장치를 마련하려는 것이다."라고 밝혔으며, 외국인 근로자를 고용하고자 하는 자는 외국인 근로자 고용허가를 신청하기에 앞서 직업안정기관에 내국인 구인신청을 하도록 하고, 직업안정기관의 장은 내국인 우선채용을 위해 노력하도록 한다(「외국인 근로자의 고용 등에 관한 법률」 제6조)고 명시화하고 있다. 이는 이주노동자의 국내 노동시장 잠식을 막기 위한 조치이며, 외국인 근로자를 보완적인 존재로 인식하는 정부의 관점을 보여주는 것이다.

한국은 단일민족 신화를 공유한 사회로, 강한 동질의식을 나타내며 유색인종에 대한 배타성이 강하고 국가의 발전 정도에 따라 외국인을 대하는 태도에도 큰 차이를 보인다. 특

1. 외국인 근로자의 계약갱신
외국인 근로자의 입장에서 고용계약기간 만료 후 계약갱신을 거절할 수 있는 권리는 있으나 계약갱신을 거절할 경우 불안정한 지위에 놓이게 되고 경우에 따라 출국해야 하는 상황이 될 수 있다.
2. 외국인근로자의 고용 등에 관한 법률 제25조
외국인 근로자의 사업장 변경에 제한이 설정되어 있다. 외국인 근로자의 사업장 변경권을 원칙적으로 인정하지 않고, 외국인 근로자의 사업장 변경 신청권은 제한적으로 인정되고 있으며, 사업장 변경을 한 경우에는 재입국 취업에 제한 불이익을 감수해야 하기 때문에 사실상 어렵다고 봐야 한다.

표 5-5 외국인 지난 1년간 차별대우를 받은 경험 및 주된 이유

	합계	있음	차별받은 주된 원인						없음
			출신 국가	한국어 능력	외모	경제력	직업	기타	
2020. 5.	(100.0)	(20.3)	(61.1)	(24.9)	(7.0)	(1.4)	(2.1)	(3.5)	(79.7)
2022. 5.	(100.0)	(19.7)	(58.0)	(27.9)	(8.3)	(1.4)	(1.8)	(2.7)	(80.3)
남자	(100.0)	(18.8)	(57.4)	(27.5)	(8.8)	(1.3)	(2.6)	(2.4)	(81.2)
여자	(100.0)	(20.8)	(58.7)	(28.4)	(7.6)	(1.4)	(0.9*)	(2.9)	(79.2)

출처 통계청(2022). 이민자 체류실태 및 고용조사.

히 저개발국가, 개도국 출신의 근로자에 대한 무시와 차별 문제는 통계에서도 여실히 나타난다. 2022년 통계청의 '이민자 체류실태 및 고용조사'에 따르면 지난 1년간 차별대우를 받은 경험 및 주된 이유의 원인으로 '출신 국가'가 가장 많았다(통계청, 2022).

한국은 고령화와 출산율의 감소로 생산인구가 급격히 줄어들고 있으며 2020년 11월 기준으로 인구 데드크로스 상황이 발생하여 인구감소국가로 전환되었다. 즉 한국은 외국인 근로자의 유입 필요성이 더 커지고 있는 사회로 변화하고 있다. 그러므로 외국인 근로자에 대한 인식에 변화가 필요하다. 물론 외국인 근로자의 고용은 한국경제에 사회적 편익과 비용을 동시에 유발하고 있는 것은 부정할 수 없는 사실이다. 그러나 외국인 근로자는 제조업 분야에 근무하면서 제조산업의 경쟁력과 한국 수출 전반에 많은 기여를 하고 있다. 장기적인 관점으로 한국 사회는 이주노동자가 더 증가할 것으로 예상된다. 지금은 현재 고용허가제에서 문제가 되고 있는 체류기간과 사업장 변경에 대한 제한 완화에 대해 고민해봐야 할 시점이며, 외국인 근로자 포용을 위한 사회적 노력과 인식 변화, 외국인 근로자의 사회적 통합과 포용을 제도적으로 준비해야 할 시기이다.

고용부, 고용허가제 개편 … 외국인 근로자, 장기 체류 길 넓어지나

정부가 외국인 근로자에 장기 체류가 가능한 숙련기능인력 비자(E-7-4) 확대에 나설 가능성이 높아지고 있다. 외국인 근로자가 안정적으로 장기 체류를 해야 근본적인 중소기업 인력난을 해결할 수 있다는 지적이 이어지고 있기 때문이다.

이정식 고용노동부 장관은 9일 부산에서 열린 '2023 고용허가제 컨퍼런스 부산'에서 "고용허가제는 지속가능한 제도로서 기능할 수 있도록 전면적으로 획기적인 개편이 필요하다"며 "20년 전에 설계된 고용허가제 원칙부터 재검토하겠다"고 밝혔다.

외국인 근로자가 국내에서 일할 수 있는 대표적인 방법은 고용부가 운영하는 고용허가제를 통해서다. 2004년 도입된 이 제도는 비전문 취업 비자(E-9) 근로자가 대상이다. 이 제도를 통해 약 90만 명이 입국했다. 내년에는 연 기준 역대 최대인 약 11만 명이 입국한다. 문제는 이 비자의 최장 체류기간이 4년10개월로 현장에서 느끼기 짧다는 점이다. 체류 기간을 늘리려면 본국으로 출국해 6개월을 지낸 뒤 입국해야 한다. 이 기간 업무 공백이 발생하는 것이다.

고용부는 작년 말 장기근속 특례 제도를 신설해 E-9 근로자 중 숙련 근로자일 경우 체류 기간을 최대 10년까지 늘리기로 했다. 하지만 이 방식도 일부 E-9 근로자로 한정되는데다 기존대로 체류 기간이 정해졌다는 점이 한계로 지적된다.

고용부는 이날 컨퍼런스에 참여한 우수 외국인 근로자 사례 소개로 고용허가제 개선 방향을 가늠하게 했다. 6년째 한국에서 일하고 있는 스리랑카 국적인 차라마씨는 E-9 비자에서 E-7-4 비자로 전환했고 대학에서 공부까지 하고 있다. 관건은 E-9 비자에서 E-7-4 비자로 전환하기가 어렵다는 점이다. E-9 비자 외국인 근로자는 소득, 숙련도, 학력 등 여러 기준을 통과해야 비자 전환이 가능하다. 무엇보다 외국인 근로자는 사측(사용자)의 동의를 얻어야 비자를 전환할 수 있다. 고용부와 법무부는 이 전환 방식을 개선할 수 있는지 협의하고 있다.

출처 서울경제(2023.8.9.), https://www.sedaily.com/NewsView/29TCAO4BM9/GK0

생각해보기

01 고용허가제가 도입된 지 20년이 되었다. 고용허가제는 '비정주 단기순환 교체정책'을 원칙으로 하고 있다. 이제 정책에 변화가 필요하다는 의견이 대두하고 있다. 여기에 대해서 어떻게 생각하는지 함께 의견을 나누어보자.

참고문헌

01 국가법령정보센터. “외국인 근로자의 고용 등에 관한 법률”.
02 김덕수 외(2018). 「세계사」. 서울: 천재교육.
03 김용찬(2006). “국제이주분석과 이주체계접근법의 적용에 관한 연구”. 「국제지역연구」. 10(3). 81-107.
04 김현숙, 김희재(2016). 「이민의 사회학」. 서울: 박영사.
05 마야자키 마사카츠(2018). 「하룻밤에 읽는 근현대 세계사」. 오근영 역. 서울: 알에이치코리아.
06 마이클 새머스(2013). 「이주」. 이영민, 박경환 외 공역. 서울: 푸른길.
07 법무부(2020). 「2019년 12월호 출입국 외국인정책본부 통계월보」.
08 법무부(2023). 「2022년 출입국 외국인정책본부 통계연보」.
09 석현호(2000). “국제이주이론: 기존이론의 평가와 행위체계론적 접근의 제안”. 「한국인구학회」. 23(2). 5-37.
10 오형규(2018). 「보이는 경제 세계사」. 서울: 글담.
11 이기완, 이진우(2021). 「미래사회의 이해」. 창원: 창원대학교 출판부.
12 이남철(2020). 「국제이주와 외국인 노동정책」. 서울: 넥센미디어.
13 이용균(2017). 「글로벌 이주: 이동관계 주변화」. 광주: 전남대학교 출판부.
14 이진우(2022). “한국의 난민제도의 문제점과 개선방안에 대한 연구 – 난민 불복 소송 판례 분석을 중심으로”. 「민족연구」. 79. 68-91.
15 통계청(2022). 「이민자 체류실태 및 고용조사」.
16 통계청(2023). 「고용허가제 고용동향」.
17 한국이민학회(2013). 「이주의 시대」. 서울: 일조각.
18 International Organization for Migration. 2022. “World Migration Report 2022”.
19 UN(1990). 이주 노동자 권리협약.

다문화사회의 실제

제 6 장

다문화사회와 문화적응

1. 문화적응의 개념과 단계를 이해할 수 있다.
2. 문화적응의 영향요인을 이해할 수 있다.
3. 문화적응의 유형을 설명할 수 있다.
4. 문화 간 감수성의 개념을 설명할 수 있다.
5. 문화적 역량을 이해하고, 다문화사회에서 요구되는 문화적 역량을 설명할 스 있다.

문화적응의 개념과 유형

1 문화적응의 개념

서로 다른 문화가 만나면 문화접촉이 일어난다. 이러한 접촉은 사회 내에서 개인이나 집단 간에 나타나는 사회 내 접촉과 다른 국가나 인종 등 상이한 사회 간에 나타나는 사회 간 접촉으로 나눌 수 있다. 사회 간의 접촉은 여행, 유학, 출장 등 목적을 가지고 다른 나라로 가면서 발생하는 접촉이다(Bochner, 1982).

근원이 서로 다른 문화와의 접촉으로 문화적 양식을 이차적으로 습득하는 과정을 문화적응(acculturation)이라 한다(Castro, 2003). 문화적응은 문화가 다른 사람 간의 지속적이고 직접적인 접촉의 결과로 일어난다. 따라서 접촉은 문화적응의 전제조건이 된다. 접촉으로 상호영향을 주고받으며 이후 변화의 단계에 도달하는 것이다. 베리(Berry, 1997)는 문화접촉 현상이 서로 다른 두 집단 간의 상호작용을 통해 발생하는데, 이때 두 집단의 변화는 동일하지 않으며, 대부분 어느 한 집단이 더 많은 변화를 겪는다고 보았다. 문화접촉으로 자신이 속한 집단의 변화를 가져올 때 사람들은 선택해야 한다. 적응은 주어진 환경에 자신을 변용해가는 과정이며, 개인의 의지에 따라 적응의 정도에는 차이가 있다. 궁극적으로는 개인이 사회의 변화를 수용하고 적응할 수밖에 없다고 하더라도 수용의 정도나 속도에 대한 개인의 선택은 다를 수 있다.

문화접촉에 노출된 개인이 적응하는 과정에서 발생하는 심리적 문제로 인해 문화적응에 대한 심리학자의 연구가 이어지면서 문화적응은 사회적 연구에서 인지적·정서적·행동적 측면을 포함한 개인 수준에서의 변화로 개념화되었다(Berry, 1997). 이는 문화적응이 개인의 행복과 삶의 만족도, 정신건강 등을 포함하는 심리적 적응(psychological adaption)과 문화학습을 통해 사회적 기술을 습득하여 사회에 적응하는 사회문화적 적응(sociocultural adaption)으로 구분되는 두 가지 차원이 상호 밀접한 과정으로 구성되어 있기 때문이다(Ward & Kennedy, 1999).

2 문화적응의 유형

미국의 사회학자인 파크(Robert Park, 1914)는 이주민의 동화과정을 이주민이 주류사회와 접촉하는 접촉(contact) 단계, 주류사회의 사람들과 갈등하지 않으려는 수용(accommodation) 단계, 기존 주류문화에 융화하는 동화(assimilation)의 3단계로 일반화하였다. 하지만 이주민의 일방적인 문화에 대한 동화만 나타나는 것이 아니므로 이주문화의 특성을 수용하기도 하면서 발생하는 문화변용에 대한 연구가 진행되었다.

(1) 베리(Berry)의 4가지 문화적응 유형

베리(Berry, 1997)는 새로운 문화에 적응하는 과정을 원문화를 생각하는 정도와 개입하는 정도에 따라 '문화적 유지(cultural maintenance)'와 '접촉과 참여(contact and participation)'를 기준으로 4가지 유형으로 나눈다. 이 가운데 통합은 다문화사회가 추구해야 하는 방향으로, 원문화에 대한 정체성과 이주 사회의 참여를 동시에 추구하는 유형이다.

문화적응의 4가지 유형(Berry)

1. 통합 : 원문화에 대한 정체성과 이주 사회의 참여를 동시에 추구하는 유형
2. 동화 : 원문화와 새로운 문화가 상호작용을 하지만 원문화의 정체성 유지보다는 새로운 문화를 추구하는 유형
3. 분리 : 새로운 문화와의 상호작용에는 소극적이며 원문화에 대한 정체성 유지를 추구하는 유형
4. 주변화 : 원문화에 대한 정체성 유지와 새로운 문화의 상호작용 모두 관심이 없는 유형

제시된 문화적응의 4가지 유형은 이주민이 선택할 수 있는 자유가 보장될 때 가능하다. 이주민의 선택에 영향을 미치는 개인적 수준은 통과(passing), 국수주의(chauvinism), 주변화(marginalization), 조정(mediating)의 네 가지이다(Bochner et al., 1986). 베리의 문화적응의 4가지 유형에 어떤 영향을 미치는지를 연계해보면 첫째, 이주문화가 원문화보다 사회적·경제적으로 수준이 높은 경우 원문화의 정체성을 '통과'하여 새로운 문화를 수용함으로써 '동화'의 유형이 될 수 있다. 일의 영역에서는 동화형이 많이 나타난다. 한국사회는 그동안 단일민족에 대한 강한 자부심을 가지고 있어 외국인의 한국 사회 동화가 당연한 것으로 받아들여지기도 했다. 둘째, 원문화의 정체성을 고집하는 '국수주의'는 새로운 문화와 소통하지 않고 사회에서 '분리'되는 모습을 보인다. 이는 가족 및 공동체 영역에서 많이

나타나는 현상이다. 셋째, 원문화와 새로운 문화에 대해 어떤 것도 선택하지 못해 정체성의 혼란을 초래하는 '주변화'는 베리의 문화적응 이론에서 나타나듯이 두 문화 모두에 관심이 없어지는 유형이 된다. 넷째, '조정'은 두 문화 모두 수용하여 성공적인 '통합'을 이루는 것으로, 개인적인 성장은 물론 사회갈등을 예방할 수 있다. 음식이나 사회관계 영역에서는 쉽게 통합되는 모습을 보인다.

(2) 문화 간 감수성과 적응

"문화는 시간과 공간을 넘어서 다양한 양식을 가지며, 그 다양성은 인류를 구성하는 사람과 사회의 정체성과 문화적 표현의 독특성과 다원성에서 구현된다." (문화다양성보호협약 전문 7)

문화가 커뮤니케이션(communication)을 거치면 적응으로 이어진다. 특히 적응은 베리의 말처럼 두 문화의 충돌에서 어느 한 문화에 좀 더 치우치면서 호스트(host) 문화를 만든다. 이때 문화에 적응한 인간은 이중문화적인 사람이 되는 것이다.

인간이 사물과 현상을 한순간에 인지하는 것이 아니라 학습된 데이터와 새로운 현상에 대한 분석 단계를 거쳐야 이해가 가능한 것처럼, 이중문화나 다문화에 대한 수용에도 단계가 필요하다. 이를 '문화 간 감수성'이라 하며, 여러 단계를 거쳐 발전한다고 하여 '문화 간 감수성 발전 모형'이라 한다(Bennet, 1998). 이 모형에 따르면 '부정–방어–최소화–수용–적응–통합'의 여섯 개의 발전단계를 거친다. 부정, 방어, 최소화는 문화접촉 시 자민족 중심에서 외현화되는 반응이며, 수용, 적응, 통합은 민족상대주의의 적용으로 변화하는 단계이다.

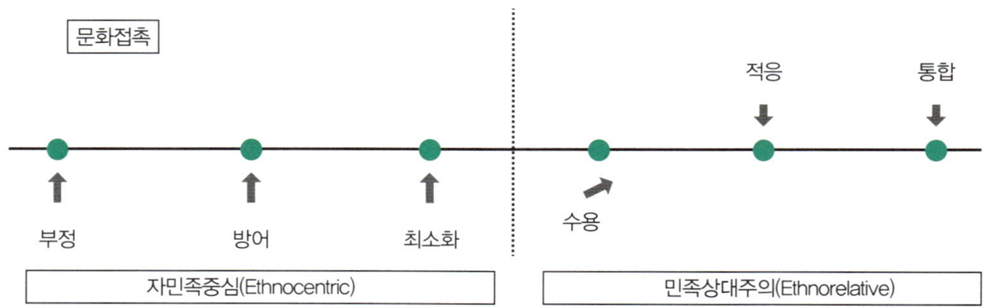

그림 6–1 문화 간 감수성 발전단계(Bennet)

① 부정(denial) 단계: 문화적 차이에 경험이 없거나 극도로 단순한 방법으로 경험하는 단계이다. 이 단계는 문화적 차이에 무관심하고 회피하려는 경향이 있다. 차이점을 발견해도 문화의 차이로 보려고 하지 않거나 자신의 가치체계에 적용한 뒤 맞지 않으면 나쁜 것으로 인식한다. 이 단계에서는 상호작용을 통해 긍정적인 경험을 많이 가질 수 있도록 하는 것이 좋다.

② 방어(defense) 단계: 원문화가 절대적이지 않다는 것을 인식하고 문화적 차이를 알고 있지만 '우리'와 '그들'을 이분법적으로 구분하며, 타 문화를 원문화보다 못하다고 비하하거나 과도하게 찬양하기도 한다(김정하, 2021). 이 단계에서는 문화적 차이를 인지하고 구분할 수 있지만 자신의 문화를 보호하기 위해 타 문화에 대한 '고정관념'을 적용하고 극단적인 경계를 보이므로 인간의 공통성과 보편성을 학습할 수 있도록 해야 한다.

③ 최소화(minimization) 단계: 문화적 차이를 인지하는 과정에서 '차이'의 내용이 무엇인지보다 차이가 있다는 것 자체를 중요하게 생각하며, 모든 문화는 보편적 특성이 있다는 것을 강조해야 한다. 이 단계는 '부정'과 '방어' 단계보다 타 문화에 대한 지식을 가지고 있지만 여전히 자민족 중심주의 범주에 있다. 문화적 차이는 유사성과 다양성이 조화롭게 공존해야 한다. 문화적 차이의 최소화는 타 문화에서 원문화의 패턴을 찾아 이해함으로써 적응의 단계로 나아갈 수 있다.

④ 수용(acceptance) 단계: 타 문화에 대한 상대주의적 시각으로 문화적 범주를 차별화하여 차이를 이해하고 존중할 수 있는 단계이다. 이해와 존중이 가능할 때 타 문화에 대한 자신의 경험과 타 문화의 다양함을 긍정적인 태도로 수용할 수 있다. 또한 문화적 다양성에 대한 문제를 제시하고 해결책을 고민하고 답을 찾으려고 시도할 수 있다.

⑤ 적응(adaption) 단계: 문화적 차이가 수용되었다면 이것에 적응해가는 단계로 행위의 변화가 진행된다. 타 문화를 실제적으로 소통하고 대응할 수 있고, 원문화를 타 문화의 관점으로 적용하여 재구성할 수 있는 상호문화 간 감정이입(intercultural empathy)이 가능하다. 적응 단계부터는 문화 간 감수성을 갖게 되며, 타 문화에 감정이입이나 행위적응을 할 수 있다.

⑥ 통합(integration) 단계: 특정한 문화에 근거한 자아정체성을 고집하지 않고 이중문화

또는 다문화 집단의 정체성을 수용하여 상호문화적 관계를 내면화할 수 있다. 새로운 문화를 수용하고 자신의 고유문화를 유지하는 것이다.

베넷(Bennet)의 문화 간 감수성 발전 모형이 개인의 문화접촉 발전 단계를 의미한다면 집단, 즉 사회가 다문화주의를 수용하는 단계를 버젤(Wurzel, 1988)은 7단계로 구분한다(이주배경청소년지원재단, 2013).

① 단일문화주의 단계: 자신의 문화에 대한 자부심으로 타 문화를 자신의 문화보다 열등하다고 인식하는 자민족 중심의 단계

② 문화 간 접촉 단계: 타 문화의 배경을 가진 사람과 직·간접적으로 접촉하며 다문화에 대한 인식이 생기기 시작하고, 자신의 문화와 타 문화를 비교하는 과정에서 타 문화에 대한 호기심을 보이기도 하며 때로는 충격을 받기도 하는 단계

③ 문화갈등 단계: 의사소통의 오해와 편견이 문화적 갈등으로 이어져 문화나 인종적 편견에 의해 문화적 부조화와 갈등이 발생하는 단계

④ 교육적 조정 단계: 문화충돌이 효과적인 교육으로 인해 감소될 수 있는 다문화적 관점이 적용되는 단계로, 자신의 문화가치를 존중하고, 문화의 차이와 공통된 인간성을 이해하는 교육의 단계

⑤ 불안정 단계: 교육으로 조정된 학생이 문화 관점의 불안정을 경험하며 자신이 가지고 있던 인식을 스스로 재조정하여 타 집단에 대한 자신의 관점을 구축하는 단계

⑥ 인식 단계: 문화의 개념을 인식하고 자민족 중심의 문제점을 인식하는 단계

⑦ 다문화주의 단계: 다문화적 관점에 입각하여 문화적 다양성을 수용하고 다문화적 인간이 되는 단계

2 문화적응의 영향요인

문화적응에 영향을 미치는 요인은 다양하며, 요인의 분석은 문화적응 과정에서의 어려움에 대한 해결책을 마련하여 문화적응을 좀 더 높은 수준으로 올릴 수 있게 한다.

표 6-1 문화적응 영향요인

인구사회학적 요인	연령, 교육 수준, 체류기간, 직업 유무, 국적취득 유무, 종교 등
개인적인 요인	자아의 기능(자아존중감, 자아효능감, 자아탄력성 등)
가족적 변인	가족관계 및 가족기능, 정서적 의사소통 등
사회적 변인	사회적 지지(정서적·물질적·정보적 지원 등)

1 인구사회학적 변인

문화적응과정에서 인구사회적 요인은 중요한 변인으로 작용한다. 일반적으로 '새로운 문화적 환경에 일찍 그리고 장기간 노출될수록 새로운 문화에 대한 적응 수준이 더 높아지는 것으로 알려져 있는데, 젊은 연령층일수록 익숙하지 않은 새로운 환경에 더욱 융통성 있게 잘 적응하며, 새로운 문화에 적응하고자 하는 의지가 더 높은 것으로 보고되었다(김연수, 2013). 이는 개인의 다른 변인과의 상관관계에 따라 다르게 적용될 수 있다. 예를 들어 또 다른 일반적인 결과로 '직업이 있는 경우 원문화 정체감과 이주문화 정체감을 잘 통합하는 모습을 보이며, 직업이 없는 경우 주변화되는 경향이 있다'를 적용할 경우, 직업이 없으면 체류기간이 오래되었더라도 적응에 어려움을 겪고 있을 수 있다는 것이다.

국적취득 유무와 문화적응 관계를 살펴볼 때 결혼이민자의 경우 국적취득자일수록 한국문화 수용태도가 높게 나타났다(권복순 외, 2013). 국적취득을 위한 조건에는 국내 출생 배우자와의 결혼, 높은 한국어능력 등이 필요하기 때문에 한국문화 수용태도가 높게 나오는 것은 자연스러운 현상이라고 할 수 있다.

문화적응에 영향을 미치는 요인 가운데 종교에 대한 부분은 연구가 많지 않은 편이다.

또한 종교를 인구사회학적 요인으로 분류하지만 개인적 요인과도 관련이 많다. 우리나라는 종교의 자유가 보장되어 있으며, 타 종교에 대한 존중을 잘하고 있는 국가로, 이주민의 자유로운 종교활동을 보장하고 있다. 외국인 노동자나 유학생이 국내 유입되던 초기에는 하루에 몇 차례씩 기도하는 시간을 가지는 무슬림에 대한 이해와 배려가 부족하기도 했으나 현재는 기도실을 마련하는 등 이에 대한 문화적 이해를 하고 있다.

그럼에도 불구하고 특정 종교에 있어서는 다른 사회적 분위기를 보이기도 한다. 최근 세계 곳곳에서 일어나는 극우 이슬람주의자의 테러와 2018년 제주 예멘 난민 입국에 대한 반대 여론이 확산되면서 이슬람 종교에 대한 포비아 현상을 보이기도 한다. 정주민이 새로운 종교와 문화에 대한 이해 단계에 진입하기도 전에 이러한 현상이 확산될 경우 수용이 어려워질 수밖에 없다. 또한 심리정서적 안정을 주는 효과를 가진 자신의 종교가 배제된다고 느끼는 이주민은 문화적응 과정에서 어려움을 겪기도 한다.

2 개인적인 변인

문화는 인간이 타인과의 교류를 통해 만들어내는 것으로 '사회적 동물'인 인간은 문화를 벗어날 수 없다. 개인의 내적 자질은 문화적응과 밀접한 관련이 있으며, 특히 자아의 기능과 관련한 변인은 문화적응에 직·간접적으로 많은 영향을 미친다. 개인의 자아기능에는 자아존중감, 자아효능감, 자아탄력성 등과 같은 개념이 있다. 다문화가정 청소년의 자아존중감이나 자아효능감과 같은 심리적 자원은 여러 스트레스 상황을 극복하여 문화적응과 학교적응에서 어려움을 적게 경험할 수 있는 기제로 작용한다.

자아기능의 개념

- 자아존중감(self esteem): 자신에게 가지는 애착, 사랑, 신뢰, 존중을 느끼는 감정
- 자아효능감(self efficacy): 자신이 어떤 상황을 극복하고 과제를 수행할 수 있다고 느끼는 감정
- 자아탄력성(self resilience): 스트레스에 노출된 환경에서 자아통제를 통해 적응하는 성질

3 가족적 변인

가족은 개인이 삶을 영위하는 가운데 가장 중요하고 기본적인 집단으로 가족 내에서 독특한 문화를 형성한다. 문화적응에 영향을 미치는 가족적 변인은 가족관계 및 가족기능의 중요성으로 구분할 수 있다. 가족 내 부부관계, 부모관계, 형제관계, 시부모와의 관계 등 가족구성원 간의 관계는 성공적인 문화적응 수행에 영향을 미친다. 가족구성원과의 관계는 가족의 지지와도 밀접한 관련이 있다. 문화접촉에 의한 어려움이 발생할 때 가족구성원은 문화에 대한 지식을 제공하기도 하고, 문화적응 과정에서 발생할 수 있는 우울감과 스트레스 등 심리정서적 문제가 발생했을 때 지지자 역할을 할 수 있다. 결혼이주여성이 한국문화에 적응하는 과정에서 남편의 친밀한 태도나 비언어적인 부분의 소통이 매우 중요하게 작용한다. 이처럼 가족의 지지는 개인의 어려움을 극복할 수 있는 자원이 되고 타 문화의 적응과정에서도 그 힘을 발휘한다.

4 사회적 변인

개인은 가족을 시작으로 공동체를 이루고 집단과 조직의 구성원으로 문화를 창조하는 주체가 된다. 개인을 기초로 구성된 조직의 구성원의 행동은 어떤 관계나 권리, 의무 등 체계적인 연계망을 이루고 있으며, 조직 외부에도 영향을 미친다(유태용, 1999). 개인, 집단, 조직은 이러한 유기적 관계에서 공동체를 이루고 사회 내에서 살아간다.

사회적 변인을 구성하는 문화의 단위를 집단의 문화와 조직체계의 문화, 지역사회체계의 문화로 세분화할 수 있다. 먼저 집단에서는 집단구성원이 가지는 특유한 문화가 있다. 예를 들어 우리나라의 경우 가족주의에 뿌리를 둔 나이를 중시하는 집단문화가 있다. 조직체계의 문화는 위계적이며 상호작용을 통해 결속력을 강화한다. 지역사회체계는 공통의 지리적 구역과 공유이익과 관심사를 가진 생활공간에서 만들어지는 다양한 문화가 있다.

문화적응에 영향을 미치는 사회적 변인에는 개인에게 공식적 및 비공식적으로 주어지는 정서, 물질, 정보, 평가 등의 지원과 도움을 의미하는 '사회적 지지'가 있다(김연수, 2013). 우리나라는 정부나 지자체 및 지역사회에서 가족센터, 외국인근로자센터, 시민사회단체 등을 통해 다문화가정이나 외국인 근로자를 위한 활동을 하고 있다. 법무부 출입국·외국인청에서는 이민자를 위한 사회통합프로그램(Korea Immigration Integration Program, KIIP)을 통해 415시간의 '한국어 및 한국문화이해' 과목을 0단계(15시간), 1~4단계(각 100시간, 총 400시간)로 시행하고, 100시간의 5, 6단계 '한국사회이해' 수업을 무료로 제공한다. 가족센터에서는 결혼이주여성을 중심으로 다문화가정을 위한 부모교육, 자녀교육, 멘토링 서비스, 여가생활 지원 등 지역 특색에 맞는 다양한 프로그램을 제공한다. 이와 같은 프로그램의 이용 경험이 있는 경우 문화적응 정도가 상대적으로 높게 파악된다.

문화적응에 영향을 미치는 요인에는 제도적 지원뿐만 아니라 사회의 심리적 지지도 중요한 역할을 한다. 다양하게 제공되는 프로그램을 이용하면 타 문화 사회로부터의 심리적 지지를 경험할 수 있다. 한편 프로그램에 접근할 수 있는 기회를 얻지 못할 경우 타 문화 사회와의 소통통로가 부족하여 사회로부터의 소외감을 느낄 수 있다. 사회로부터 분리감과 차별감을 경험할 경우 문화적응에 부정적인 영향을 미치고, 지역사회 내 공동체로부터 보호받고 있음을 인지하면 문화적응 정도에 긍정적인 요인으로 작용한다.

3 이중문화와 문화적 역량

1 이중문화의 이해

(1) 이중문화의 개념

'다문화'는 정주민의 관점에서 사회 내 유입된 여러 문화를 표현한 것이며, 이중문화는 이주국가의 문화와 모국문화를 동시에 가지고 있는 이주민과 이주민이 이루고 있는 가족 구성원의 관점에서 설명한 것이다. 한국 사회에서 모국문화와 더불어 한국 문화를 동시에 접하고 살아가는 사람을 이중문화자(bicultural individual)라고 한다. 다문화가정은 대표적인 이중문화자로 구성된 단위라고 할 수 있다. 특히 다문화가정 자녀의 경우 문화적응 과정에서 주류문화와 비주류문화가 적절한 조화를 이루는 환경에서 성장한다면 긍정적인 심리사회적 적응이 가능할 것이고, 그렇지 못한다면 문화적응 스트레스뿐만 아니라 정체감 형성에도 어려움을 느낄 수 있다. 청소년의 문화적응 유형과 유사한 개념으로 이중문화 수용태도는 또래관계, 자아탄력성, 학교적응에 영향을 미친다.

이중문화 환경에서 가장 이상적인 적응은 주류문화와 모국문화를 모두 수용하여 통합하는 것이다. 이처럼 동일한 가족, 지역사회, 국가 안에서 서로 다른 2개의 문화적 전통을 따르는 것을 이중문화주의(biculturalism)라고 한다.

일상생활에서 상충되는 두 문화로 인해 직면하는 어려움을 해결하거나 통제하는 역량이 낮은 경우에는 그들이 경험하는 심리적 어려움이 악화될 수 있다(Ɔavid, 2009). 따라서 상충하는 두 문화를 이해하고 수용과 통합으로 이끌어갈 개인적 역량인 이중문화역량(bicultural compentence)이 필요하다. 이중문화자의 이증문화역량은 우울과 부적 상관관계이며, 삶의 만족도와는 정적 상관관계를 가지고 있어 이중문화역량의 향상은 이중문화자의 사회적응에 중요한 역할을 한다는 것을 알 수 있다.

이중문화역량에는 어떤 것이 있는지를 살펴보면, ① 두 문화의 가치와 신념에 대한 지식, ② 두 문화집단에 대한 긍정적 태도, ③ 이중문화에 대한 자기효능감, ④ 의사소통 능력, ⑤ 두 문화권에서 수용되는 적절한 행동 또는 역할, ⑥ 두 문화집단과의 사회적 네트워크 형성의 6가지로 구성된다(David, 2009). 이 여섯 가지 차원의 역량 수준이 높은 이중문화자는 다른 문화의 구성원과 조화를 이루며 살아가고, 새로운 문화에 적극적으로 참여하고 적응하는 모습을 보이며, 심리적 어려움 또한 덜 경험하고 있다.

(2) 이중언어

문화적응 과정의 시작은 언어이다. 언어는 이중문화에 대한 두 문화의 이해를 위한 기초도구이다. 낯선 문화의 사람들과 소통하려면 이주국가의 언어를 습득해야 한다. 언어구사능력이 있어야 타인과 소통할 수 있으며, 문화를 이해하고 습득할 수 있다. 모국어가 아닌 이주국가의 언어는 새로운 학습으로 습득해야 하는 것으로, 두 언어의 수준이 동일하지 않는 경우가 대부분이다. 국내에 거주하고 있는 미국이나 유럽권을 제외한 아시아권이 출신국가인 결혼이주여성의 경우 한국 사회와 가정의 생활에 익숙해지기 위해 한국어를 주로 사용하게 되고, 배우자나 시부모로부터 한국어 사용을 요구받기도 한다. 이처럼 결혼이주여성의 대다수는 가정에서 모국어를 사용하지 않고 있으며, 모국에 있는 가족과 통화를 하는 경우나 한국에 들어와 있는 동일 출신국 사람과의 대화에서만 모국어를 사용한다.

따라서 다문화가정 자녀는 이주부(모)의 언어를 습득할 기회를 많이 갖지 못한다. 2021년 전국다문화가족실태조사 결과에 따르면, 결혼이민자와 귀화자의 가족이 평소 모국어 사용을 격려하는지에 대한 설문에서 리커트 5점 척도에서 2.63점으로 나타나 모국어 사용에 대한 가정환경이 이루어지지 않고 있음을 알 수 있었다. 이는 2018년과 비교해

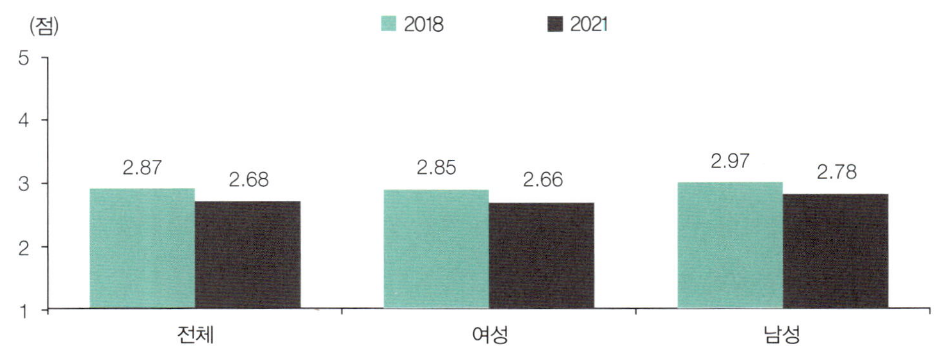

그림 6-2 결혼이민자·귀화자의 평소 가정 내 언어 사용 설문 응답결과(설문내용: 가족이 모국어 사용을 격려한다)

출처 여성가족부(2022). 2021 전국다문화가족실태조사.

2021년의 점수가 낮게 나타나 다문화가정이 증가하고 있는 것과는 다른 양상을 보인다.

다문화가정의 경우 이중언어의 구사능력은 자녀의 성장에 영향을 미칠 수 있다. 첫째, 이주부(모)와 소통의 어려움이다. 기본적인 가정생활을 영위하는 데 필요한 소통에는 문제가 없으나 자녀가 성장할수록 부모와 정서적 대화를 나누기 어렵다고 생각하여 고민이나 문제가 발생해도 소통하지 않기도 한다. 이는 다문화가정 자녀의 정서적 문제에 대응하지 못하는 결과를 만든다. 둘째, 다문화가정 자녀의 정체성 확립에 부정적 영향을 미친다. 다문화가정 자녀는 한국에서 태어난 한국인이므로 다른 친구와 같이 한국어만 잘하면 된다고 생각하고 있다. 그러나 학교에 진학할 경우 이주부(모)의 언어를 할 수 있을 것이라는 주변의 기대가 다문화가정 자녀에게 부담으로 작용한다. 셋째, 이주부(모)의 이중언어가 학습 부담이 될 수 있다. 이중언어는 다문화가정 자녀에게 중요한 자원이 될 수 있다. 이중문화 환경에서 성장함에도 불구하고 이중언어를 사용하지 않기 때문에 이주부(모)의 언어가 자연스러운 노출에 의한 습득이 아니라 외국어 학습이 되어버려 학습 부담으로 이어질 수 있다.

이중언어 문화에 노출되어 있는 경우라도 두 개의 언어를 동일한 수준으로 구사하는 것은 어렵다. 두 언어 모두 연령에 상응하는 수준이 되는 것을 '균형적 이중언어 구사능력(Balanced bilingualism or Proficiency bilingualism)'이라고 하고, 이를 구사하는 사람을 '균형적 이중언어능력 구사자(balanced bilinguals)'라고 한다. 하나의 언어간 연령에 상응하는 수준인 경우는 '부분적 이중언어 구사능력(Partial biligualism or Dominant bilingualism)'이라고 하고, 두 언어 모두 연령에 상응하는 수준에 미치지 못하는 경우는 '제한적 이중언어 구사능력(Limited bilingualism)'이라고 한다. 이중언어 구사능력은 학업성취와 지적 발달에 영향을 미치며, 균형적 이중언어 구사능력을 갖춘 경우 긍정적 효과를 기대할 수 있다(Commins, 1979). 또한 이들의 학업성취도가 더 높게 나타나고 있으므로 결혼이주여성의 한국어 교육만큼 이중언어 환경에 대한 가정 내 인식개선이 필요하고, 지역사회는 다문화가정 자녀의 이중언어 학습 지원에 더욱 관심을 가져야 한다.

(3) 문화적응 스트레스

이중차원 모델은 정착지 문화와 모국문화인 원문화가 일상생활에서 상호작용하면서 조정과 통합 과정을 거치면서 정착지 문화적응과 원문화가 상호배타적이지 않도록 독립적인 형태로 문화적응 과정을 주도해가는 것을 말한다(Berry, 1997). 그러나 두 문화의 적절한 수용을 통한 문화적응은 당연하게 진행되는 것이 아니다.

문화적응 스트레스(acculturative stress)는 한 개인이 문화에 적응하는 단계에서 기존의 문화와 새로운 문화의 접촉으로 발생하는 심리적인 갈등이다(Berry, 1997). 자신의 문화와 타 문화의 이질감을 수용하고 적응해가는 과정에서 주변의 환경요구가 자신의 능력을 넘어서는 경우 심리적·정서적 어려움을 느껴 스트레스 상태에 직면한다. 인간이 사회와 소통하는 가장 기본이 되는 언어부터 다양한 문화의 차이를 경험하는 이민자에게는 문화적응 스트레스가 개인의 정신건강 문제와 사회의 부적응으로도 나타날 수 있다.

결혼이주여성은 자신의 출신 국가와 다른 문화적 환경으로 진입하면서 새로운 언어와 생활방식을 학습하고, 타 문화권 사람과의 사회적 관계를 형성한다. 결혼과 이주를 동시에 선택한 후 이중문화의 갈등을 경험하고 한국 가족문화에 적응해야 하기에 문화적응 스트레스가 많을 수밖에 없다. 이들의 문화적응 스트레스가 해소되지 않고 삶의 질이 낮은 경우 정신건강에 심각한 영향을 미칠 수 있으며, 부모 역할에도 어려움을 초래할 수 있다.

결혼이주여성의 문화적응 스트레스가 높은 경우 다문화가정 자녀의 사회적 위축도 큰 것으로 나타났다(유지희, 2021). 다문화가정 자녀의 경우 부모가 서로 다른 언어와 문화를 가지고 있는 이중문화 환경에 노출되어 있다. 또한 다문화가정 자녀가 경험하는 문화적응 스트레스뿐만 아니라 가정 내에서 보이는 이주부(모)가 경험하는 출신 국가와 이주 국가의 문화적응 스트레스에도 영향을 받을 수 있다. 다문화가정 학령기 자녀의 이중문화 환경에서의 혼란은 학교생활을 시작하면서 겪는 문화적 차이로 인해 더 심한 문화적응 스트레스를 경험하게 된다. 다문화 청소년은 청소년기의 급격한 신체적·정서적·사회적 성장의 발달에 따른 혼란을 겪으며, 이중문화의 경험과 그에 대한 적응의 추가 과업까지 부여받는다(박동진, 2019).

학생의 심리적·정서적 어려움은 학업성취도와도 관련이 있어 학교와 사회가 관심을 기울여야 한다. 학령기의 안정적인 적응이 이루어지지 않은 상태로 사춘기를 경험하는 다문

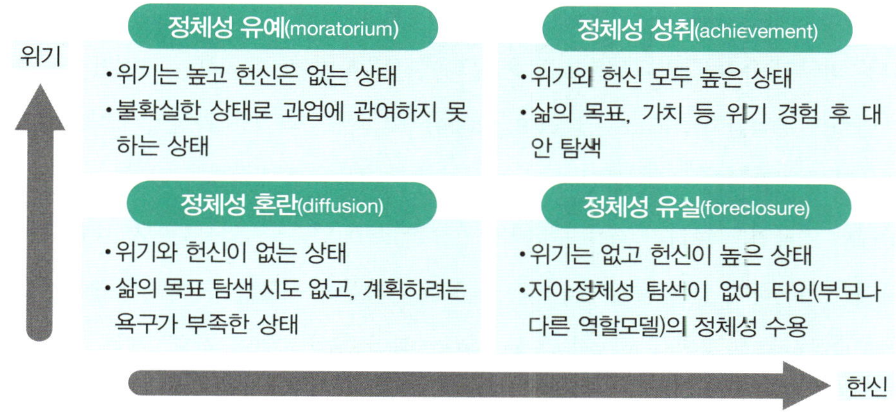

그림 6-3 정체성의 개념

출처 Marcia(1994).

화 청소년은 부모 세대와의 문화 차이로 인한 갈등 외에도 정체성 혼란을 겪을 수 있다. 개인은 발달과정에서 겪는 위기(crisis)와 그 대안을 의미하는 헌신(commitment)을 통해서 자아정체성의 지위가 부여된다. 마르시아(Marcia, 1994)는 위기와 헌신이 모두 높은 상태인 정체성 성취(achievement), 위기는 높고 헌신은 없는 상태를 정체성 유예(moratorium), 위기와 헌신이 모두 없는 상태를 정체성 혼란(diffusion), 위기는 없고 헌신이 높은 상태를 정체성 유실(foreclosure)로 나눴다. 정체성의 확립은 위기를 경험하며 자신의 삶의 목표와 가치 등을 찾아가는 것으로, 위기와 헌신 모두가 필요하다. 하지만 다문화 청소년은 비다문화 청소년과 달리 이중문화 환경과 학교와 사회에서의 차별과 편견에서 오는 외부 환경이 위기를 높이고 그 대안인 헌신은 낮아 정체성 유예를 경험하는 경우가 많다.

자아정체성의 형성은 가정 내 양육태도와 학교에서 교사와 학생 간의 소통 등 주변인과의 관계로부터 영향을 받는다. 다문화가정 청소년의 경우 이중문화 환경을 가진 부모와의 관계가 수용적일 때 자녀는 긍정적이고 바람직한 자아정체성을 확립해갈 수 있다.

저출산과 고령화로 인한 인구감소는 노동력의 위기를 불러왔고, 우리 정부는 외국인 근로자의 적극 유입과 우수인재 확보를 위한 외국인 유학생 유치에 노력을 기울이고 있다. 한편 국내 대학생은 늘어나는 외국인 유학생에게 제공되는 장학금이나 기숙사, 성적평가 등에서 역차별과 상대적 박탈감을 호소하기도 한다. 최근 인식이 상당히 개선되었지만 외국인 유학생이나 외국인 근로자는 일부에서의 편견과 차별적 시선, 향수병, 언어학습과 학업의 어려움, 문화적 생활양식 차이에서 오는 어려움, 소외감 등으로 심리·정서적 문제를 경험한다. 외국인 유학생은 대부분 새로운 문화에 적응하며 학업을 하는 과정에서 문화적응 스트레스를 경험한다(Poyrazil, S. et al., 2004). 이들은 문화적응 과정에서 학업적 부담으로 열등감을 지각하여 우울, 불안과 같은 심리적 어려움을 호소하고 있다.

이 밖에도 외국인 근로자가 겪는 문화적응 스트레스가 있다. 지역사회에서 바라보는 차별적 시선을 비롯하여 일부 산업체의 낮은 임금과 열악한 노동환경 등 외국인 근로자는 이주사회에 적응하는 과정에서 부정적 감정과 우울, 불안 등의 혼란을 겪고 있다.

2 문화적 역량의 이해

(1) 역량의 개념

'역량'은 어떤 일을 해낼 수 있는 힘을 의미한다. 목표한 과업을 수행하기 위해 발휘되어야 하는 역량은 직무활동에 필요한 지식과 기능, 태도를 통해 판단할 수 있다. 쇼트(Short)는 역량을 정의하는 관점을 행동이나 수행(performance), 지식이나 기능의 통제, 충분한 능력(capability), 사람의 자질(quality)의 4가지로 제안한다. 역량의 개념은 기업의 자원인 직원이 가진 능력을 관리하여 기업경쟁력을 높이기 위해 역량모델 개발 등에 적용되었다. 인적 자원 관리에서 적용되던 역량의 개념은 직업적 성공을 거둔 사람들의 개인 특성을 검토하여 해당 직무의 역량 측정을 위한 검사도구 개발이나 기업의 인력배치를 위한 준거 마련에 활용되었다(노기옥 외, 2019). 이와 같이 기업의 입장에서 해석되던 역량의 개념이 개인적 차원으로 범위를 넓히게 되면서 동기(motive), 특질(traits), 자아개념(self-concept), 지식(knowledge), 기술(skill)의 '개인의 내적 특성'으로 정의되었다. 스펜서 등(Spencer & Spencer, 1993)은 5가지의 역량 개념을 사고방식, 가치관 등의 개인의 내적 특성이 강조된 심층역량과 객관적인 지표로 평가할 수 있는 가시적인 항목인 표면역량으로 구분했다. 동기, 특질, 자아개념 등은 개인적 영역이지만 지식과 기술은 교육이나 훈련을 통해 개발이 가능한 역량 개발에 가시적인 효과를 거둘 수 있는 부분이다. 그러나 역량을 구성하고 있는 두 영역 모두 성공적인 직무수행을 위해 필요함을 인식하게 되면서 최근 개인 내부의 심층역량 개발에도 관심을 가지게 되었다.

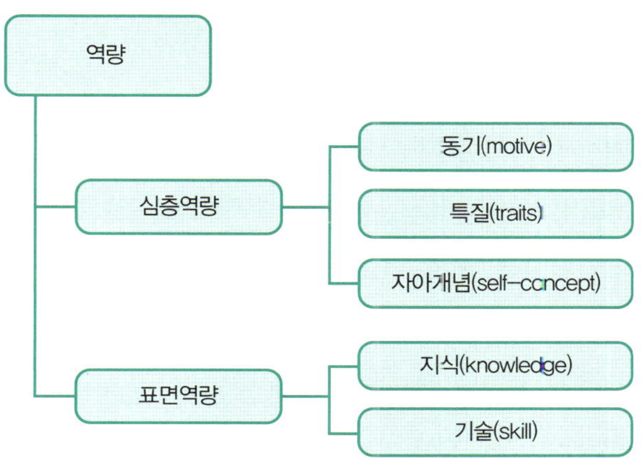

그림 6-4 역량의 개념(Spencer & Spencer)

(2) 문화적 역량의 개념과 특성

문화적 역량은 문화와 관련된 분야에서 가지고 있는 역량을 의미한다. 인간을 대상으로 연구 및 서비스를 제공하는 심리학, 사회복지학, 교육학, 의학, 간호학 분야뿐만 아니라 국제관계, 경영학, 마케팅 등에서도 중요한 개념으로 인식하고 있다(김연희, 2007).

문화적 역량이 있다는 것은 모든 문화에 대한 지식이 있다는 것이 아니라 다른 문화에 대한 차이를 존중하고 차이를 해석할 수 있는 능력을 가지고 있다는 것으로 보아야 한다. 칼레르보 오베르크(Kalervo Oberg)는 두 문화의 접촉에서 인간이 느끼는 감정을 '문화충격(culture shock)'이라고 정의했다. 문화충격 이후 인간이 새로운 문화를 수용하는 방식에는 '동화'와 '적응'이 있다. 이는 수용하는 태도에서 다르게 나타나는데, '동화'는 '새로운 사람'이 되는 것이고, '적응'은 '이중문화적(bicultural)' 또는 '다문화적인(multicultural)' 사람이 되는 것이다(최윤희, 2013). '문화적 역량'은 바로 이중문화적 또는 다문화적인 사람이 되기 위한 역량을 말한다.

(3) 다문화역량

다문화역량은 서로 다른 문화적 배경의 사람과 효과적으로 의사소통하고 다양한 문화적 맥락에서 적절한 행동을 할 수 있는 능력을 의미한다. 사회에서 다문화적 요소가 늘어남에 따라 사람들의 신념이나 가치, 행동 등에 변화가 발생할 수밖에 없다. 다문화역량(multicultural competency)은 문화적 다양성과 상호작용할 수 있는 역량을 의미한다. 다문화역량의 개발은 다문화사회에 적응해야 하는 개인적 측면과 상호문화작용으로 이루어지는 사회통합의 관점에서 상당히 중요하다.

수(Sue, 2006)는 문화적 역량을 개발하는 특성을 신념과 태도, 지식, 기술의 세 가치 측면으로 구분했다. 문화적 역량의 특성은 다양한 문화적 배경을 접촉하면서 다문화역량으로 발전시킬 수 있다는 것이다. 첫째, 문화적 인식은 자신의 신념이나 태도, 가치에 영향을 미칠 수 있는 문화적 환경에 대한 이해를 위한 인식을 의미한다. 이는 신념과 태도를 인식(awareness)하는 것으로 타 문화와 원문화의 현상을 인식하고 차별과 편견 없는 태도를 보이는 것이 다문화역량이다. 문화적인 민감성으로 자신이 인식하고 있는 문화에 대한 편견이나 고정관념을 찾아낼 때 자신의 문화와 타 문화의 차이를 인식하고 문화의 지위에 따라 차별하지 않으며 자신의 행동이 타 문화에 미치는 영향을 생각하는 상호문화작용으로 삶의 질을 향상할 수 있다. 둘째, 문화적 지식은 타 문화 사람과의 접촉에서 필요한 정보이다. 지식의 범위를 세계관과 그 이론으로 확장함으로써 자신의 문화정체성 지식과 타 문화의 차이에 대한 내용지식을 알고, 타 문화가 개인과 사회에 미치는 구체적인 영향을 이해함으로써 문화적 자원을 활용할 수 있는 힘을 갖게 된다. 다른 문화의 영화나 다큐멘터리 등의 영상을 시청하거나 타 문화 축제에 참여하는 등 직접·간접의 경험을 통해 문화적 지식을 획득한다. 셋째, 문화적 기술은 타 문화 배경의 사람과 실질적인 상호작용을 할 수 있

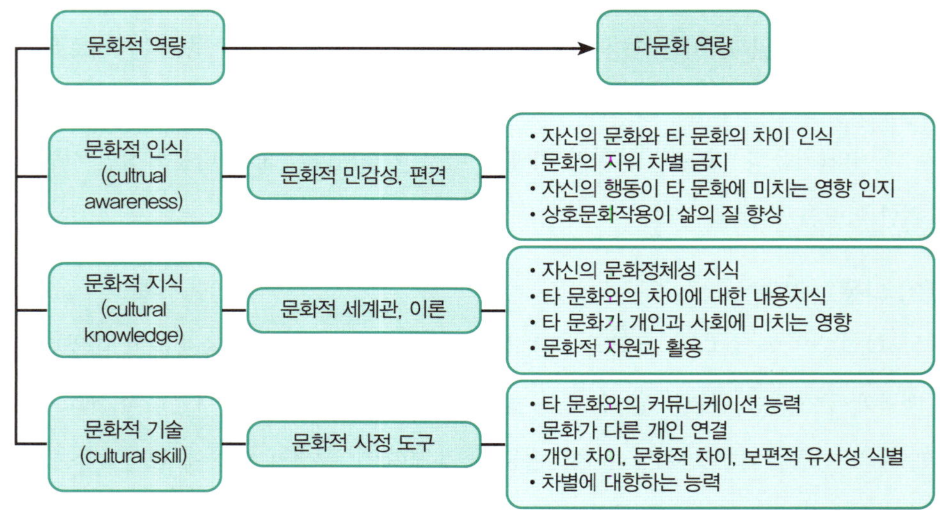

그림 6-5 문화적 역량과 다문화 역량

는 개인의 기술이다. 문화를 평가하고 연결할 수 있는 문화적 사정도구를 통해 타 문화와의 의사소통 능력을 갖추고 문화적으로 다른 개인을 연결할 수 있다. 또한 개인의 차이와 문화적 차이, 보편적 유사성을 식별할 수 있고, 차별에 대항하는 능력을 갖출 수 있다.

문화적 역량에서 나아가 다문화역량을 갖춘 인재 양성을 위해 대학교육과정 개발과 연계할 수 있는 내용은 〈표 6-2〉와 같이 정리할 수 있다. 다문화역량에 대한 지식과 기술은 상호 유기적인 관계이다. 예를 들면 자기성찰, 문화 간 유사점과 차이점을 이해하는 능력, 타인과 문화에 대해 표현할 수 있는 능력은 자신의 문화정체성을 인식하고 다른 문화와의 유사점과 차이점에 관한 지식을 습득할 수 있는 기초능력이 되면서 이러한 지식 습득을 통해 역량(기술)을 강화할 수 있다는 것이다. 지식과 기술은 자신의 문화집단에 대한 자부심을 가지는 태도에 변화를 일으킨다.

표 6-2 대학생의 다문화역량 개발

	지식	기술	태도(인식)
인식	자신에 대한 지식: 자신의 문화적 정체성에 관련된 지식	자기성찰 (self-reflection)	자신의 문화집단 내에서의 자부심
	다른 문화 및 다른 문화와의 유사점과 차이점에 관한 지식	문화 간 유사점과 차이점 이해 능력, 타인과 문화에 대해 표현할 수 있는 능력	다르게 존재한다는 것도 좋음
이해	타 문화집단에 대해 가지고 있는 압박감(oppression)에 대한 이슈와 영향에 대해 이해하기	다양한 관점에서 사물(things)을 볼 수 있는 능력	문화적 지위로 인한 차별은 정의롭지 못함
	인종, 젠더, 계급, 생활양식 및 종교 등과 같은 다문화적 압박 간의 상호작용에 대해 이해하기	다양한 맥락에서의 차이 이해	
가치	사회 변화에 포함된 요소들 이해하기	차별행위에 도전할 수 있는 능력	삶의 사회적 변화에 있어서의 의험을 감수해야 함
	다른 문화가 의사소통 방식에 미치는 영향 이해	다양한 문화에 대해 의사소통할 수 있는 능력	다양한 문화 간의 의사소통은 삶의 질을 향상시킴

출처 김남희(2023). 대학생의 다문화역량 관련 변인 간 구조분석.

의사소통 역량	글로벌 역량	자원·정보기술의 활용 역량
듣기, 읽기, 쓰기, 말하기 및 토론과 조정 능력 평가	외국어 능력과 다문화 이해 및 수용능력	시간·예산·인적·물적 자원, 문자, 숫자·그림 정보, 정보통신·과학 원리·기기 작동기술 등을 수집·분석·활용하는 능력 평가

종합적 사고력	대인관계 역량	자기관리 역량
고등정신능력인 평가적·대안적·추론적·분석적 사고력 평가	정서적 유대, 협력, 중대, 리더십, 조직에 대한 이해도 평가	자기주도적 학습능력, 계획 수립 및 실행능력, 정서적 자기조절능력 및 직업의식 평가

그림 6-6 K-CESA 대학생 핵심역량

출처 한국직업능력개발원(2018).

대학교육에서 다문화역량과 대학생 핵심역량은 어떤 관련이 있는지를 살펴보자. 우선 대학생 핵심역량진단시스템(Korea Collegiate Essential Assessment, K-CESA)은 한국직업능력개발원과 교육부가 개발한 것으로, 직업세계에서 요구되는 역량을 갖추기 위해 대학교육에서 체계적인 준비를 할 수 있도록 현재의 역량 수준을 진단하는 도구이다. 이 시스템의 목적으로는 대학생의 핵심역량(Core-Competencies) 측정을 통한 사회적 변화와 기업의 요구에 부응하는 인재 양성, 대학교육과정 개발, 진로지도 지침 제공 등이 있다(고경일, 2022). K-CESA의 핵심역량은 〈그림 6-6〉에 나타난 바와 같이 의사소통 역량, 글로벌 역량, 자원·정보·기술의 활용 역량, 종합적 사고력, 대인관계 역량, 자기관리 역량의 6가지다. 이 가운데 글로벌 역량은 대표적인 다문화 역량이라 할 수 있으며, 의사소통, 대인관계, 자기관리 역량도 밀접한 관련성이 있다는 것을 알 수 있다.

또한 한국대학평가원이 주축이 되어 개발한 '미래형 대학생 핵심역량'은 주체적 역량군(자기계발, 진로개발, 자기이해, 자기관리), 도구적 역량군(4 IR 기술활용, 정보관리, 정보탐색, 문제해결, 문해력), 사회적 역량군(글로벌, 공감과 소통, 시민의식, 협동)의 3개 항목으로 구성되어 있다. 이 가운데 사회적 역량군에 속하는 핵심역량은 ① 개방적인 태도로 국제적인 소통과 학습을 할 수 있는 글로벌 역량, ② 타인의 감정이나 의견, 주장을 이해하고 교류하는 공감과 소통(symapth & communication) 능력, ③ 공동체 의식으로 사회에 관심을 갖고 조화를 이루는 능력인 시민의식(citizenship), ④ 대학생활에서 타인이나 공동체와 함께 사회적 가치를 수행하는 능력으로, 다문화 역량의 강화와 같은 영역이라고 볼 수 있다.

대학교육은 4차 산업혁명시대의 급격한 변화 속에서 '혁신'을 거듭하고 있다. 학과, 전공 간의 칸막이를 없애는 등 연계와 융복합으로 미래 사회를 대비하고 있다. 다문화 역량을 통해 기대할 수 있는 다양성의 수용, 인간존중, 국제사회의 이해 등은 대학교육과정의 핵심역량에서 중요한 영역이 되고 있다.

"흑인도둑 잡은 빵집에 '차별'누명씌운 미(美)대학... "500억 배상"

1885년에 개업한 미국의 깁슨 베이커리는 2016년 11월 와인을 절도하는 오벌린대학에 재학중인 흑인 학생을 붙잡은 일로 인종차별 누명을 쓰게 되었다. 와인을 절도한 학생은 사진을 찍으려고 했던 깁슨의 휴대전화를 빼앗아 달아났고 뒤쫓던 깁슨과 다른 흑인 2명을 상대로 몸싸움이 일어났다. 경찰에 연행된 절도범 일행 3명은 절도 사실을 인정하고 인종적 이유가 아님을 밝혔으나 오벌린대학 학생들은 깁슨 베이커리가 오래전부터 인종차별을 해왔다며 규탄 전단지를 만들어 규탄시위를 하고 가게 종업원의 자동차 바퀴를 망가뜨렸다.

깁슨 베이커리(사진 : 연합뉴스)

또한 학교측은 깁슨 베이커리와의 거래를 전면중단하는 조치를 취했다. 깁슨베이커리는 이를 견디다 못해 오벌린대학과 당시 총장을 상대로 오벌린대학 관계자들이 학생들을 제대로 지도하지 못한 책임이 있다고 소송을 제기했으나 오벌린대학은 학생 주도의 시위였으므로 대학의 법적 책임이 없음을 주장했다. 긴 법정 다툼 끝에 2022년 9월 오하이오주 대법원은 "배심원단 만장일치로 대학이 깁슨 베이커리의 명예를 훼손했고, 대학이 뭐라고 변명하든, 명예훼손 표현은 언론의 자유를 명시한 수정헌법 제1조의 보호를 받지 못한다"며 500억 원의 배상금을 지급하라고 판결했다.

출처 연합뉴스(2022.9.4.), https://www.yna.co.kr/view/AKR20220904055000009

생각해보기

01 다문화정책은 온정적 관점의 지원 중심으로 추진되기도 한다. 이는 다문화정책에 대한 역차별 논란을 유발하기도 하며, 이로 인한 반(反)다문화주의 현상이 나타나기도 한다. 깁슨 베이커리 사례를 통해 다문화정책 추진과정에서 필요한 역량은 어떤 점이 있는지 논의해보자.

참고문헌

01 고경일(2022). “선진국 대학교육 혁신 사례연구: 대학생핵심역량 제고방안을 중심으로”. 「경영컨설팅연구」, 22(1), 499–508.

02 권복순, 임보름(2013). “대구 · 경북지역 결혼이주여성의 문화적응태도의 영향요인 연구”. 「민족연구」, 53, 130–151.

03 김남희(2023). 「대학생의 다문화역량 관련 변인 간 구조분석」. 중원대학교 대학원 박사학위논문.

04 김연수(2013). “여성결혼이민자의 문화적응 영향요인 연구:서울 · 경기 및 충청지역을 중심으로”. 「보건사회연구」, 33(4), 5–38.

05 김정하(2021). “Bennet의 상호문화적 감수성 발달모델을 통한 초등 민속표현 제고 방안”. 「Asian Journal of Physical Education of Sport Science(AJPESS)」, 9(1), 77–88.

06 노기옥, 송미승, 전미순, 전정희, 정천석(2019). 「문화다양성사회와 건강」. 파주: 수문사.

07 박동진(2019). “다문화청소년의 문화적응 스트레스가 학교적응에 미치는 영향에서 교사 지지의 조절효과 분석”. 「융합정보논문지」, 9(9), 175–184.

08 여성가족부(2022). 「2021 전국다문화가족실태조사」.

09 유지희(2021). “다문화가정 어머니의 문화적응 스트레스가 자녀의 사회적 위축에 미치는 영향: 어머니의 한국어 수준과 양육효능감의 이중 매개효과를 중심으로”. 「학교사회복지」, 53, 297–325.

10 전경수(1999). 「문화의 이해」. 안산: 일지사.

11 정혜영, 김진우(2010). “베트남 여성결혼이민자 가족의 문화적응과정에서 나타나는 갈등 연구”. 「한국사회복지학」, 62(2), 29–55.

12 지은진, 최지명, 김교헌, 권선중, 박은진, 이민규(2012). “국제결혼이주여성의 문화적응 스트레스가 우울에 미치는 영향:정서적 의사소통의 매개효과”. 「한국심리학회지: 건강」, 17(1), 243–252.

13 최윤희(2013). 「문화 간 커뮤니케이션」. 서울: 커뮤니케이션북스.

14 학국직업능력개발원(2018). 「진단 참여학생을 위한 K–CESA 매뉴얼」. K–CESA연구팀.

15 한국대학평가원(2021). 「미래형 대학생 핵심역량 진단 분석결과보고서: 백석대학교」.

16 Bennet, M. (1998). *Basic concepts of intercultural communication*. Yarmouth, ME: Intercultural Press.

17 Berry, J. W.(1997). Immigration, acculturtion and adaptation. *Applied Psychology: An International Review*, 46, 5–34.

18 Bochner, S.(1982). Coping with unfamiliar cultures: Adjustment or culture learning?, *Australian Journal of Psychology*, 38.

19 Castro, V.S.(2003). *Acculturation and psychological adaptation*. Greenwood Press: Westport · Connecticut · London.

20 Cummins, J. (1979). Linguistic Interdependence and the Educational Development of Bilingual Children. Review of Educational Research, 49(2), 222–251.

21 David, E. *J. R., Okazaki, S., & Saw,* A. (2009). Bicultural self–efficacy among college students: Initial scale development and mental health correlates. Journal of Counseling Psychology, 56(2)

22 Howared–Hamilton(2000). *Programming for multicultrual competencies*. New Directions for Student Services, 90.

23 Poyrazli, S., Kavanaugh, P. R., Baker, A & Al–timimi, N. (2004). Social Support and Demographic Correlates of Acculturative Stress in International Students. *Journal of College Counseling*, 7(1).

24 Wurzel, J.S.(1988). *Toward Multiculturalism : A Reader in Multicultural Eduction*. Yarmouth, ME, Intercultural Press.

25 연합뉴스(2022.9.4). “흑인도둑 잡은 빵집에 ‘차별’ 누명씌운 美대학...‘500억 배상’”. https://www.yna.co.kr/view/AKR20220904055000009, 검색일: 2023.6.3.

제 7 장

다문화 관련 법과 제도

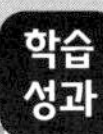

1. 한국의 다문화정책 발전과정을 이해하고 설명할 수 있다.
2. 한국의 다문화 법제 현황과 정책의 구조를 이해하고 설명할 수 있다.
3. 「재한외국인 처우 기본법」, 「출입국 관리법」, 「외국인근로자의 고용 등에 관한 법률」에 대해 이해하고 설명할 수 있다.
4. 재외동포, 난민, 북한이탈주민과 관련된 법제에 대해 이해하고 설명할 수 있다.
5. 한국의 이민자 사회통합정책의 목표와 한계, 개정방향을 이해하고 설명할 스 있다.

1 한국의 다문화정책의 발전과정

한국은 1980년대 이전까지 외국인을 받아들이기보다는 우리 국민을 외국으로 송출하는 정책을 추진해왔다. 그러나 1990년 이후 급격한 경제성장으로 한국의 경제·문화 수준이 높아지자 개발도상국 젊은이들의 선망의 대상으로 떠오르기 시작했다. 또한 대기업과 중소기업 간의 임금격차가 크게 벌어지기 시작하기 시작하면서 중소기업의 저임금, 저숙련 직종의 인력난이 심화되었다. 무엇보다 경제규모가 커지면서 팽창하는 노동력 수요를 공급이 따라가지 못하는 상황이 전개되었다. 자국의 임금보다 훨씬 높은 임금과 한류의 매력 등은 이주노동자가 한국을 선택하게 된 요인이 되었다. 또한 남녀 성비 불균형으로 인한 배우자 부족 현상으로 외국인 여성과 한국 남성의 결혼이 크게 늘었으며, 2000년대 이후에는 학위 취득을 위해 한국으로 유학을 오는 학생이 늘어났다.

2022년 말 기준 한국 국내 체류 외국인은 224만 5,912명이다. 인구 대비 체류외국인 비율은 4.37%로 국제평균을 상회하며, 유학생, 전문 노동인력, 단순기능 노동인력, 결혼이민자, 영주자격취득자가 매년 증가 추세를 보이고 있다. 대한민국도 점차 다민족·다인종 사회로 진입하고 있다. 한국 사회는 이러한 변화에 대응하기 위해, 사회통합을 위해 관련 법령과 정책을 추진하고 있다. 초기의 다문화정책은 강력한 동화주의 정책이 주류를 이루었으나 현재는 변화의 모습도 보이고 있다.

이 장에서는 한국의 다문화정책 발전과정과 한국 다문화정책 기본원리, 한국의 다문화 법제 현황과 정책의 구조, 출입국 관련 법제, 노동 관련 법제(고용허가제)에 대해 살펴보고, 재외동포, 난민, 북한이탈주민과 관련된 법제, 한국의 이민자 사회통합정책의 목표와 한계, 개정방향에 대해 고찰해보려 한다.

전 세계적으로 이주가 빠르게 증가하면서 우리나라도 사회적 변화에 직면하고 있다. 이주의 증가는 다양한 문화를 경험할 기회를 제공하지만 동시에 다양한 문화에 대한 거부감을 초래하기도 한다. 이주는 단순히 사람만 이동하는 것이 아니라 문화까지 이동 정착한다는 점에서 이주의 증가는 곧 다문화사회로의 전환을 의미한다(이용균, 2017).

1990년 전후로 한국의 경제규모가 성장하면서 산업구조에도 변화가 일어났고 팽창하는 노동력 수요를 공급이 따라가지 못하는 상황이 전개되었다. 특히 중소제조업의 인력난이 심각해지면서 정부는 생산직 중심의 비전문 외국인 근로자를 국내로 유입할 수 있는 산업기술연수생제도를 도입했다. 그러나 산업기술연수제도가 시행되면서 외국인 인력의 편법 활용, 사업체 이탈, 임금체불 및 외국인 근로자의 인권침해 문제 등이 발생했다. 한국 정부는 이러한 문제점을 해결하기 위해 2003년 「외국인근로자의 고용 등에 관한 법률」을 제정하고 고용허가제를 도입했으며, 2007년 산업기술연수생제도를 고용허가제로 통합 일원화하여 외국인 근로자가 겪는 문제를 해결하기 위해 노력하고 있다.

2000년대 들어서면서 결혼이주여성이 크게 늘어나자 다문화가정에 대한 정책이 본격적으로 논의되기 시작했다. 2004년 여성결혼이민자 가정에 대한 실태조사가 실시되었고, 2005년 외국인 이주여성 자녀의 인권실태 및 차별개선 문제가 주요 정책과제로 지정되었다. 2006년 외국인정책위원회가 설치되면서 여성결혼이민자·혼혈인·이민자 사회통합 지원대책을 논의하기 시작했고, 2007년에는 「재한외국인 처우 기본법」이 제정되었다. 「재한외국인 처우 기본법」은 다문화정책 및 사회통합의 기본방향, 외국인정책의 법적 근간이 되었고, 이 법에 의거 2008년 제1차 외국인정책 기본계획이 수립되었다. 2008년 제1차 외국인정책 기본계획은 개방적 이민 허용을 통해 국가경쟁력을 강화하고, 외국인이 한국사회의 가치와 문화에 잘 동화되어 질 높은 사회통합을 이루하는 것을 목표로 제정되었다(제1차 외국인정책 기본계획, 2008). 제2차 외국인정책 기본계획(2013~2017년), 제3차 외국인정책 기본계획(2018~2022년)에서는 경제활성화를 위해 외국인 고용 확대와 인재 유치, 외국인 사회통합 지원 강화, 외국인 차별 방지 및 문화다양성 존중, 외국인 안전 확보, 국제사회와의 협력 강화를 기본방향으로 제시하고 있다.

2009년부터는 사회통합프로그램 이수제(KIIP)가 결혼이주자를 대상으로 실시되었다. 사회통합 프로그램은 이민자가 우리사회 구성원으로 적응·자립하는 데 필수적인 기

한국의 사회통합 프로그램의 기본방향

국가경제활성화를 위해 외국인 전문인력, 우수인재는 적극적으로 유치하고, 생산직 중심의 비전문 외국인 근로자는 필요에 따라 입국을 허가하되 원칙상 일정기간 이상의 정주는 지양한다.

본소양인 한국어를 체계적으로 배울 수 있는 기회를 제공하고, 한국 사회문화 강의를 통해 장래에 발생할 수도 있는 사회적 갈등 및 국가부담을 최소화하기 위한 교육과정이다. 2010년부터는 귀화신청자도 사회통합 프로그램 이수대상으로 확대되어 시행 중에 있다. 사회통합 프로그램 참여가 의무사항은 아니지만 사회통합 프로그램 교육과정을 이수하는 경우 영주자격 신청 시 기본소양요건 충족 인정, 귀화신청자 대상 귀화용 종합평가 합격 인정(귀화용 이수완료자), 귀화면접심사 면제(5단계 70시간 수료, 귀화용 종합평가 합격 시), 사증 신청 시 한국어능력 입증 면제, 그 밖에 체류자격 신청 시 가점 등 점수 부여, 한국어능력 입증 면제의 혜택이 주어진다.

지금까지 한국의 다문화정책의 발전과정을 개괄적으로 살펴보았다. 여기서는 다문화정책 및 사회통합의 기본방향, 외국인 정책의 법적 근간이 된 「재한외국인 처우 기본법」, 「출입국관리법」, 「외국인근로자의 고용 등에 관한 법률」, 「재외동포의 출입국과 법적지위에 관한 법」, 「난민법」, 「북한이탈주민의 보호 및 정착지원에 관한 법률」이 다루는 내용과 특징 및 한계점을 살펴본다.

2 한국의 다문화 법제 현황

1 재한외국인 처우 기본법

체류외국인의 증가로 외국인 체류 유형 또한 다양해지면서 이들을 한국사회에 안착시키고 통합시키는 문제가 대두하기 시작했다. 「재한외국인 처우 기본법」은 외국인정책의 법적 토대가 된 최초의 법으로, 재한외국인이 대한민국 사회에 적응하여 개인의 능력을 충분히 발휘할 수 있도록 하고, 대한민국 국민과 재한외국인이 서로를 이해하고 존중하는 사회환경을 만들어 대한민국의 발전과 사회통합에 이바지함을 목적으로 한다(「재한외국인 처우 기본법」 제1조).

「재한외국인 처우 기본법」 제2조에서는 재한외국인의 범위를 "대한민국의 국적을 가지지 아니한 자로서 대한민국에 거주할 목적을 가지고 합법적으로 체류하고 있는 자"로 정하고, 국가 및 지방자치단체가 재한외국인을 그 법적 지위에 따라 적정하게 대우하도록 하고 있다. 제5조에서 제9조까지는 외국인정책의 기본계획, 중앙행정기관, 지자체의 연도별 시행규칙의 작성, 외국인정책위원회의 구성방법과 정책연구 추진사항에 대해 정하고 있다. 제10조에서 제17조까지는 재한외국인의 인권옹호, 사회적응의 지원, 결혼이민자 및 그 자녀의 처우, 난민의 처우, 특별기여자의 처우, 국적취득 이후의 처우, 전문외국인력의 처우, 과거 대한민국 국적을 보유했던 자의 처우 등을 규정하고 있다.

국적취득 이후의 처우

재한외국인이 대한민국의 국적을 취득한 경우에는 국적을 취득한 날부터 3년이 경과하는 날까지 제12조 제1항에 따른 시책의 혜택을 받을 수 있다. 제12조는 결혼이민자와 그 자녀에 대한 처우로 다른 재한외국인에게는 해당 사항이 없다.

「재한외국인 처우 기본법」은 외국인정책의 근간이 된 법이긴 하지만 재한외국인의 범위를 한정적으로 규정하여 비판을 받고 있기도 하다. 제1조에서 "대한민국의 국적을 가지지 아니한 자로서 대한민국에 거주할 목적을 가지고 합법적으로 체류하고 있는 자"라고 규정하여 외국인 이주노동자는 배제하고 있기 때문이다. 즉 통합의 대상을 한국인과 국제결혼을 한 외국인 배우자(결혼이주민), 국제결혼을 한 외국인과 한국인 사이의 자녀(다문화자녀)로만 한정하고 있다. 등록이주노동자와 그 자녀(이주노동자의 자녀도 법적으로는 불법체류자이나 최소한의 인권은 보장하고 있음)는 원칙상 일정기간 이상의 정주는 허가하지 않고 귀환 대상으로 구분하고 있다. 그리고 제16조 "국가 및 지방자치단체는 전문적인 지식·기술 또는 기능을 가진 외국인력의 유치를 촉진할 수 있도록 그 법적 지위 및 처우의 개선에 필요한 제도와 시책을 마련하기 위해 노력하여야 한다."라는 규정은 E-1~7 비자(전문인력)를 가진 외국인을 우대함으로써 다른 범주의 재한외국인에게는 차별적인 요소로 작용할 수 있다는 점이 비판의 대상이 될 수 있다.

2 출입국관리법

「출입국관리법」은 대한민국에 입국하거나 대한민국에서 출국하는 모든 국민 및 외국인의 출입국관리를 통한 안전한 국경관리, 대한민국에 체류하는 외국인의 체류관리와 사회통합 등에 관한 사항을 규정함을 목적으로 한다(「출입국 관리법」 제1조). 외국인 근로자의 입국·체류 및 출국 등에 관한 일반적인 사항은 「출입국관리법」에서 관리하며, 특정 분야의 근로를 위한 외국인 근로자의 고용, 취업에 관한 사항은 「외국인 근로자의 고용 등에 관한 법률」에서 규정한다.

「출입국관리법」 제3조~제6조까지는 대한민국 국민의 출국, 출국금지의 사유, 출국금지 기간의 연장, 출국금지결정의 통지와 출국금지결정에 대한 이의신청, 긴급출국금지 사유, 입국에 대한 내용을 담고 있다. 제7조~제13조까지는 외국인의 입국, 허위초청의 금지, 사전여행허가, 사증의 종류와 발급인정서, 외국인 체류자격, 영주자격, 입국금지의 분류, 입국심사, 입국 시 생체정보의 제공, 불법출입국 알선 조력 금지, 조건부 입국 허가의 내용을 담고 있다. 제13조~제16조는 승무원의 상륙허가, 관광상륙허가, 긴급상륙허가, 재난상륙허가, 난민임시상륙허가에 관해 규정하고 있다. 제17조~제27조는 외국인의 체류 및 활동범위, 외국인 고용의 제한, 외국인을 고용한 자의 신고의무, 외국인의 기술연수활동, 외국인유학생의 관리, 외국인 체류자격 이외의 활동에 대한 허가, 근무처 변경 및 추가, 외국인 활동범위의 제한, 체류자격 부여와 변경허가, 체류기간 연장허가, 결혼이민자에 대한 특칙, 국가비상사태 등에 있어서 체류기간 연장허가에 대한 특칙, 허위서류제출 금지, 외국인 체류자의 여권, 신분증명서, 외국인 등록증, 모바일외국인 등록증, 상륙허가서 휴대 제시의무를 규정하고 있다.

체류기간 연장허가에 대한 특칙

이 규정은 2022년 2월 3일에 개정된 규정이다. 현행법에 따르면 외국인이 체류기간을 초과하여 계속 체류하기 위해서는 대통령령으로 정하는 바에 따라 체류기간이 끝나기 전에 법무부장관의 체류기간 연장허가를 받아야 하나, 전시, 사변 등의 비상사태 발생 등으로 출국이 제한될 경우 외국인의 귀책사유 없이 체류기간이 도과할 수 있다는 지적이 있었다. 전시, 사변, 코로나와 같은 전염병의 확산 등 비상사태나 장기적인 항공기 중단 등으로 인해 외국인의 귀책사유 없이 출국이 제한된 경우에는 직권으로 또는 외국인의 신청에 따라 체류기간 연장을 허가할 수 있도록 법안이 개정되었다.

제28조~제30조는 외국인의 출국심사, 출국의 정지, 긴급출국정지의 사유, 재입국허가의 내용을 규정하고 있으며, 제31조~제37조는 외국인의 등록, 등록사항, 외국인 등록증 발급, 외국인 등록표 작성관리, 등록사항 변경신고, 체류지 변경의 신고, 외국인 등록증의 반납과 말소, 생체정보의 제공 및 이용에 대해 규정하고 있다. 제39조~제41조는 사회통합 프로그램 운영에 대한 내용을 담고 있다. 제46조는 강제퇴거의 사유를 분류하고 있으며, 제47조~제50조는 외국인 참고조사 규정을, 제51조~제57조는 심사결정을 위한 보호내용, 보호기간, 보호통지, 보호집행 및 이의신청, 강제력의 행사에 대한 절차와 방법에 대한 내용을 규정하고 있다. 제58조~제61조는 외국인 용의자의 심사결정 및 이의신청, 외국인 용의자의 체류허가 특례를 규정하고 있다. 제62조~제64조는 출입국관리공무원의 강제퇴거명령집행 방법과 절차, 외국인 송환절차에 대해 내용을 담고 있다.

3 노동 관련 법제 – 외국인근로자의 고용 등에 관한 법률

1990년대 이후 한국은 경제성장과 대기업과 중소기업의 임금격차, 노동력 수요 증가로 외국인 노동자 수용 정책을 추진했다. 정부는 중소제조업의 인력난 심화 대처방안으로 생산직 중심의 비전문 외국인 근로자를 국내로 유입할 수 있는 산업기술연수생제도를 도입했다.

그러나 산업기술연수생제도에는 많은 문제점이 존재했다. 외국인 근로자는 실제 노동자임에도 불구하고 이들의 법적 지위가 연수생이기 때문에 이들은 최저임금, 노동시간, 법적 휴가, 사회보험 등 기본적인 노동권을 전혀 보장받을 수 없었다. 인권침해문제, 산업연수생이 사업장을 이탈하거나 불법체류하는 경우, 이들을 불법채용하는 현상이 다반사로 일어났다. 이 문제를 해결하기 위해 취업연수제도가 도입되었으나 이 제도는 기술연수생제도에서 산업기술연수생의 연수기간을 연장한 정책에 불과했다.

이러한 문제를 해결하기 위해 「외국인근로자의 고용 등에 관한 법률」이 제정되었다. 고용허가제는 산업연수생제도와 병행 실시되다가 2007년부터 고용허가제로 일원화되었고, 고용허가제가 외국인력 관리제도가 되었다. 고용허가제 도입으로 외국인 근로자 도입규모는 증대되었으며 외국인 근로자의 권익도 상승하여 고용허가제도는 2011년 UN 공공행정 대상을 받기도 했다. 고용허가제는 체류기간(3년) 이후 재고용 시 출국요건 없이 2년 더 고용할 수 있으며, 사용자가 재고용기간 만료 전에 일정 요건 충족자에 대해 재입국 후의 고용허가 신청 시 출국일부터 3개월 후에 재입국해 취업할 수 있다.

「외국인근로자의 고용 등에 관한 법률」의 가장 큰 특징은 외국인 근로자를 내국인과 동일한 근로자로 인정하며, 외국인 근로자는 취업기간 내 내국인과 동일하게 「근로기준법」, 「최저임금법」의 노동관계법령의 적용을 받는다는 점이다. 제2조는 외국인 근로자의 정의, 제4조는 외국인력정책위회의 구성과 역할, 제6조~제12조는 외국인 근로자의 고용절차, 고용허가, 근로계약의 작성, 취업교육, 외국인 근로자의 고용특례에 대해 규정하고 있다. 제13조~제21조는 외국인 근로자의 고용관리, 건강보험, 귀국비용보험 신탁, 취업활동 기간의 제한, 재입국 취업의 제한, 재입국 취업의 재한의 특례, 고용제한에 대한 내용을 규정하고 있다. 제22조~제25조는 외국인근로자의 보호내용을 규정하고 있으며, 제29조~제32조는 벌칙과 처벌규정을 두고 있다.

우리 정부의 노동정책은 외국인 근로자 정주화 방지와 내국인 고용 우선의 원칙을 전제로 하기에 외국인 근로자의 자유나 권리를 충분히 보장해주기 어려운 면이 있다. 고용허가제의 목적은 비정주 단기교체 순환방식으로 외국인 근로자를 유입하려는 정책으로, 외국인 근로자의 취업활동기간 제한(원칙적 취업 기간 3년)과 재입국 취업의 결정권이 사용주에게 주어지기 때문에 외국인 근로자의 고용종속이 심화되고 외국인 근로자의 사업장 이탈과 더불어 불법체류의 가능성을 높이며, 고용계약의 갱신 거부권이 법적으로는 외국인 근로자에게도 있지만 사용자의 권한이 더욱 크게 작용하여 외국인 근로자의 지위나 처우가 불안정해질 수 있다는 문제점이 있다. 근로계약 만료 후 갱신을 거절하면 1개월 이내 구직신청을 하고 3개월 이내에 구직을 해야 하며, 그렇지 못하면 출국하도록 되어 있기 때문에 외국인 근로자와 사용자 간의 관계가 더욱 종속될 수 있다는 문제점이 있다. 또한 「외국인근로자의 고용 등에 관한 법률」에서는 외국인 근로자의 사업장 변경권을 원칙적으로 인정하지 않고 있다. 계속 근무가 불가능한 경우에도 사업장 변경이나 변경신청이 까다롭고 제한적으로 인정되어서 사용자의 부당행위를 감수해야 한다는 문제가 있다. 외국인 근로자의 인권과 노동권 보호에 대한 양면적인 제도 개선이 필요하다.

4 대상별 지원법제 – 재외동포, 난민, 북한이탈주민을 중심으로

(1) 재외동포: 재외동포의 출입국과 법적지위에 관한 법률

재외동포는 재외국민과 외국 국적 동포로, 재외국민은 "대한민국의 국민으로서 외국의 영주권을 취득한 자 또는 영주할 목적으로 외국에 거주하고 있는 자"를 의미하며, 외국 국적 동포는 "대한민국 국적을 보유했던 적이 있는 자 또는 그 직계비속으로서 외국 국적을 취득한 자 중 대통령령이 정하는 자"를 의미한다. 「대한민국 헌법」은 제2조 제2항에서 "국가는 법률이 정하는 바에 의하여 재외국민을 보호할 의무를 진다."라고 규정하고 있다. 헌법 정신을 구체화하기 위해 「재외국민등록법」, 「재외국민의 교육지원 등에 관한 법률」, 「재외국민보호를 위한 영사조력법」이 제정되었으며, 외국 국적 동포의 대한민국에의 출입국과 대한민국 안에서의 법적 지위의 보장을 위해 「재외동포기본법」, 「재외동포의 출입국과 법적 지위에 관한 법률」이 제정·시행되었다. 이러한 재외동포를 위한 법안이 마련된 이유는 재외동포의 한국 문화와 정체성 유지를 돕고, 한국에 대한 관심과 애국심을 고취하기 위함이다. 이에 따라 재외동포는 한국에서 취업, 거주, 교육, 의료, 출입국 등에서 다양한 혜택을 받을 수 있다.

그러나 1999년 제정된 「재외동포의 출입국과 법적 지위에 관한 법률」 제2조 제2호 재외동포 지위를 규정하는 조항과 「재외동포의 출입국과 법적지위에 관한 법률 시행령」 제3조에서 1948년 대한민국 정부 수립 이전 해외에서 외국 국적을 취득한 사람은 재외동포 지위에서 제외하여 위헌 논란을 빚었고, 이는 위헌소송으로 이어졌다. 헌법재판소는 "정부 수립 이후 이주동포와 정부 수립 이전 이주동포는 이미 대한민국을 떠나 그들이 거주하고 있는 외국의 국적을 취득한 우리의 동포라는 점에서 같고, 국외로 이주한 시기가 대한민국 정부 수립 이전인가 이후인가는 결정적인 기준이 될 수 없는데도, 정부 수립 이후 이주동포(주로 재미동포, 그중에서도 시민권을 취득한 재미동포 1세)의 요망사항은 「재외동포법」에 의해 거의 완전히 해결된 반면, 정부 수립 이전 이주동포(주로 중국동포 및 구 소련동포)는 「재외동포법」의 적용대상에서 제외됨으로써 그들이 절실히 필요로 하는 출입국 기회와 대한민국 내에서의 취업기회를 차단당했고, 사회경제적 또는 안보적 이유로 거론하는 우려도 당초 「재외동포법」의 적용범위에 정부 수립 이전 이주동포도 포함시키려 했다가 제외시킨 입법과정에 비추어보면 엄밀한 검증을 거친 것이라고 볼 수 없으며, 또한 「재외동포법」상 외국 국적 동포에 대한 정의 규정에는 일응 중립적인 과거 국적주의를 표방하고, 시행령으로 일제시대 독립운동을 위해 또는 일제의 강제징용이나 수탈을 피하기 위해 조국을 떠날 수밖에 없었던 중국동포나 구 소련동포가 대부분인 대한민국 정부 수립 이전에 이주한 자들에게 외국 국적 취득 이전에 대한민국의 국적을 명시적으로 확인받은 사실을 입증하도록 요구함으로써 이들을 「재외동포법」의 수혜 대상에서 제외한 것은 정당성을 인정받기 어렵다(99헌마494)."라고 판시했다.

헌법재판소는 정부 수립 이전 이주동포를 「재외동포법」의 대상에서 제외한 것은 자의적인 입법이며, 「대한민국 헌법」 제11조 평등의 원칙을 위배했다고 판단함으로써 헌법불합치 판정을 내렸다. 2004년 「재외동포의 출입국과 법적 지위에 관한 법률」 제2조 제2호 재외동포 지위를 규정하는 조항과 동법 시행령 제3조가 개정되어 대한민국 정부수립 이전에 국외로 이주한 동포까지 재외동포로 인정되었다.

「재외동포의 출입국과 법적 지위에 관한 법률」에 따라 재외동포는 부동산 거래(제11조), 금융거래(제12조), 외국환거래(제13조), 건강보험(제14조), 국가유공자·독립유공자와 그 유족의 보훈급여금(제16조)에 있어서 대한민국 국민과 동등한 대우를 받는다. 그러나 일부에서는 재외동포 혜택이 한국 국민의 혜택을 축소하고, 재외동포가 한국 사회에 적응하는 것을 방해하며, 재외동포 혜택이 재외동포의 한국 문화와 정체성 유지에 실질적인 도움이 되지 않는다는 주장도 제기되고 있다.

특히 병역비리 문제로 영구입국 금지명령을 받은 스티브 유(한국 이름: 유승준)의 재외동포비자 신청은 대한민국 사회에 큰 논란을 빚었다. 2018년 개정 이전「재외동포의 출입국과 법적 지위에 관한 법률」제5조에서는 "법무부장관은 병역을 기피할 목적으로 외국 국적을 취득하고 대한민국 국적을 상실하여 외국인이 된 경우에 재외동포 체류자격을 부여하지 아니한다. 다만 외국 국적 동포가 38세가 된 때에는 그러하지 아니하다."라고 규정하고 있었다. 이를 근거로 스티브 유(유승준)는 F-4 비자 발급을 신청했으나, LA 총영사관은 F-4 비자 발급을 거부하여 대한민국 법원에 비자 발급 거부 취소소송을 진행하고 있다. 스티브 유는 두 번째 행정소송 항소심에서는 승소했으나 2023년 8월, LA 총영사관은 상고를 했고, 이 소송은 대법원에서 또다시 판단하게 되었다. 특히 F-4 비자는 대한민국 국민이면 누릴 수 있는 모든 혜택을 부여하고 있고 영리활동, 보험혜택을 누릴 수 있기 때문에 논란이 되었다. 이처럼 재외동포 혜택에 대한 논란은 재외동포의 한국 정체성과 한국 사회의 통합이라는 두 가지 가치 사이의 갈등을 반영한다. 이에 한국 정부는 재외동포 혜택의 혜택과 불이익을 종합적으로 고려하여 재외동포 혜택을 조정하고 개선해나갈 필요가 있다.

(2) 난민: 난민법

난민의 역사는 인류 역사와 그 맥을 같이하며, 현재도 난민은 계속해서 발생하고 있다. 특히 최근에는 종교적 이유와 국가 간 정치, 그리고 정치적 이유 등이 맞물려 발생하면서 난민 문제가 심각한 국제정치적 문제로 대두하고 있다. 난민의 정의는 난민 협약에서 정한다. 난민 협약 제1조 "1951년 1월 1일 이전에 발생한 사건의 결과로서 인종, 종교, 국적, 특정 사회집단의 구성원 신분 또는 정치적 의견을 이유로 박해를 받을 우려가 있다는 충분한 근거가 있는 공포로 인해 자신의 국적국 밖에 있는 자로서, 국적국의 보호를 받을 수 없거나 또는 그러한 사건의 결과로 인해 종전에 상주하던 국가 밖에 있는 무국적국자로서 그 상주국에 돌아갈 수 없거나, 그러한 공포로 인해 그 상주국으로 돌아가는 것을 원하지 아니한 자(Convention relating to the Status of Refugees Article 1(2))"를 난민으로 정의한다.

그러나「국제난민법」에는 난민 자격 인정 및 보호에 대한 강제 규정이 없다. 국제법상 난민 자격의 인정 및 보호는 기본적으로 국가 주권에 속하는 사안이다. 이 때문에 UN 회원국은 개별적으로 자국의 고유한 법체계에 따라 난민 자격 인정절차를 마련하고 있으며, 그에 따라 난민의 법적 지위, 권리, 특전 등을 부여하고 결정한다. 난민의 보호는 수용국의 재량 또는 입법 의사에 위임되어 있다(山本章二, 1999). 난민 규정과 협약에 기재되어 있지 않은 전쟁, 내란 및 내전의 원인에 따른 난민, 환경적 원인에 따른 난민과 경제적 원인에 따른 난민이 발생하는 경우 「국제난민법」 규정에 따라 보호받지 못하고 있다(Elizabeth, 2007).

내란 및 내전으로 인한 난민의 대표적인 사례가 시리아 난민이다. 시리아 난민 대부분이 내전을 이유로 난민 신청을 하지만, 내전은 난민 인정사유에 포함되지 않아 각국의 행정청에서 기각 판정을 내리는 경우가 많다. 한국의 경우도 행정청에서 시리아 난민 인정 신청에 대해 기각 판정을 내리고 있다. 대신 인도적 견지에서 시리아 난민에게 인도적 체류자 자격을 부여하여 국내체류를 제한적으로 허용하고 있다(이진우, 2022).

인도적 체류허가

난민법상 난민인정사유에는 해당되지 않으나, 고문 등 비인도적인 처우나 처벌 또는 그 밖의 상황으로 한하여 생명이나 신체의 자유 등을 현저히 침해당할 수 있다고 인정할 만한 합리적인 근거가 있는 경우

한국은 1992년 12월 난민 지위협약과 난민의정서에 가입했다. 이에 따라 1993년 12월 10일 「출입국관리법」에 난민심사에 대한 조항이 신설되어 난민심사제도가 운영되었다(정도희, 2021). 그러나 「출입국관리법」은 사회질서 유지와 국가안보에 관한 규정을 둔 법안으로, 국제난민의 보호에는 적극적이지 못하다는 주장이 제기되어 난민보호를 위한 난민법 제정이 추진되었고, 한국은 2013년 아시아 최초로 「난민법」을 제정하여 운영 중에 있다(김용철, 2020; 이기완, 이진우, 2021).

표 7-1 난민업무 현황

구분	신청	심사완료				철회	대기
		소계	인정	인도적 체류허가	불인정		
전체 누적 (1994~2022년)	84,922	51,394	972	1,991	48,431	7,238	11,603
2022년	11,539	5,463	141	45	5,277	639	

출처 출입국외국인정책본부, 2022년 통계연보.

난민보호율

난민보호율 = (난민인정 건수 +인도적 체류허가 건수) / 심사완료 건수

한국 정부는 1992년부터 2000년까지 난민을 수용하지 않다가, 2001년 이후로 난민을 제한적으로 수용하고 있다. 1994년 이후 2022년까지 누적 난민신청 건수는 8만 4,922건이며, 누적 심사결정 완료 건수는 5만 1,394건이고 이 중 난민인정 건수는 972건으로, 난민인정율은 1.14%이다. 인도적 체류허가는 1,991건으로, 1994년 이후 2022년 간 누적 난민보호율은 8.2%이다. 누적 난민이의신청 건수는 3만 8,164건, 2022년 난민신청 건수는 1만 1,539건, 심사결정 완료 건수는 5,463건이며, 이 중 난민인정 건수는 141건으로, 난민인정율은 1.22%에 불과하고, 인도적 체류허가는 67건으로, 2022년 난민보호율은 4.5%이다. EU의 경우, 코로나 상황임에도 불구하고 2021년 평균 난민인정비율이 38%로, 한국의 난민인정비율은 현저히 낮은 수치이다.

국민 또한 난민 수용에 대한 반대여론이 크다. 2018년 예멘 난민 수용문제는 찬반 논란으로 번졌으며, 난민 수용 반대청원 운동이 일어나기도 했다. 그 당시 난민 수용 반대의견은 56%, 수용 찬성의견은 24%로 반대 여론이 다수였다. 2020년 유인난민기구 제1차 대한민국 난민 인식 보고서 결과 또한 크게 다르지 않다. 한국인은 난민 수용 반대가 53%로, 반대 여론이 다수이다(유엔난민기구, 2021).

표 7-2 국적별 난민신청 현황

	계	카자흐스탄	중국	러시아	파키스탄	이집트	기타
전체 누적	84,922	9,367	8,224	7,961	6,962	5,351	46,787
	계	카자흐스탄	인도	튀르키예	러시아	중국	기타
2022년	11,539	2,456	1,278	1,188	1,038	772	4,807

출처 출입국외국인정책본부. 2022년 통계연보.

2022년 기준 누적 난민인정신청 총 8만 4,922건 중 카자흐스탄 국적자의 신청이 9,637건(11.3%)으로 가장 많았으며, 중국 8,224건(9.7%), 러시아 7,961건(9.4%), 파키스탄 6,962건(8.2%), 이집트 5,351건(6.3%) 등의 순으로 신청 건수가 많았다. 카자흐스탄 국적자의 난민신청이 많은 이유는 다민족 국가로 자원을 둘러싼 민족분쟁, 정치적 갈등, 종

교박해가 주된 이유로 추정된다. 중국 국적자의 난민신청의 이유는 정치적 박해, 종교적 박해, 소수인종 차별 박해를 주장하는 경우가 많고, 국내의 경우 체류기간 연장을 위한 수단으로 난민신청도 있을 것이라 판단된다. 러시아의 경우 2022년 우크라이나와의 전쟁과 우크라이나 침공에 대한 러시아 정부의 정책에 대한 반대 및 러시아 정부의 강제징집을 피하기 위한 난민신청 및 러시아 정부의 정치적 탄압, 경제적 어려움, 종교적 박해, 인권침해 등의 이유로 난민신청이 늘고 있다.

파키스탄 국적자의 난민신청 이유는 종교적 박해, 정치적 박해, 인권침해로 추정된다. 파키스탄은 이슬람 국가로, 종교적 소수자인 기독교인, 힌두교인, 시아파 무슬림은 종교적 박해를 받고 있으며, 또한 파키스탄은 군부독재가 지속되고 있어 군부독재에 반대하는 정치인, 시민의 정치적 박해가 이어지고 있어 난민신청이 늘고 있는 것으로 판단된다. 이집트는 2010년 아랍의 봄 이후 불안해진 정국 상황, 이슬람교 이외의 종교박해, 정치적 박해 등이 난민 신청의 이유로 추정된다.

2022년 한 해 동안의 난민인정신청 1만 1,539건 중에서는 카자흐스탄 국적자의 신청이 2,456건(21.3%)으로 가장 많았고, 다음으로 인도 1,278건(11.1%), 튀르키예 1,188건(10.3%), 러시아 1,038건(9.0%), 중국 772건(6.7%) 등의 순으로 신청 건수가 많았다.

표 7-3 사유별 난민인정신청 현황

	계	기타	종교	정치	특정 집단	인종	국적	가족결합
전체 누적	84,922	33,922	18,421	15,756	8,608	4,328	515	3,372
2022년	11,539	5,626	1,986	2,340	502	440	136	509

출처 출입국외국인정책본부, 2022년 통계연보.

2022년 기준 누적 난민인정신청 중 「난민법」상 난민인정사유 외의 신청(인종, 종교, 국적, 특정 사회집단의 구성원 신분, 정치적 이유 이외의 박해를 의미)이 3만 3,922건(39.9%)으로 가장 많은 비중을 차지한 가운데, 종교 사유 신청이 1만 8,421건(21.7%)으로 가장 많았고, 다음으로 정치적 의견 1만 5,756건(18.6%), 특정 사회집단의 구성원 신분 8,608건(10.1%), 인종 4,328건(5.1%), 가족결합 3,372건(4.0%), 국적 515건(0.6%) 등의 순으로 많았다. 2022년 한 해 동안의 난민인정신청의 경우에도 「난민법」상 난민인정사유 외의 신청이 5,626건(48.8%)으로 가장 많았으며, 정치적 의견 2,340건(20.3%), 종교 1,986건(17.2%), 가족결합 509건(4.4%), 특정 사회집단의 구성원 신분 502건(4.4%), 인종 440건(3.8%), 국적 136건(1.2%) 등의 순으로 많았다.

통계에서 나타난 가장 특이한 점은 가족결합을 사유로 난민 신청자가 크게 늘었다는 점이다. 2020년 이전까지만 하더라도 가족결합을 이유로 난민을 신청하는 경우는 전무했다. 2020년 이후 가족결합을 이유로 한 난민신청이 늘어난 이유는 2021년 5월 27일 서울행정법원의 '2020구단19418' 판결이 큰 영향을 미친 것으로 판단된다. 서울행정법원에서 가족결합권을 인정하여 난민신청자를 난민으로 인정함이 타당하다고 판결함으로써 난민신청에도 큰 영향을 미친 것으로 판단된다.

표 7-4 사유별 난민 인정 현황

	계	가족결합	정치	인종	종교	특정 집단	국적
전체 누적	1,338	490	413	254	123	54	4
2022년	175	64	90	4	10	7	0

출처 출입국외국인정책본부, 2022년 통계연보.

2021년 5월 27일 서울행정법원의 판례는 행정청의 난민인정에도 큰 영향을 미친 것으로 판단된다. 2022년 기준 누적 난민인정자 중 가족결합을 사유로 인정받은 경우가 490명(36.6%)으로 가장 많았고, 다음으로 정치적 의견 413명(30.9%), 인종 254명(19.0%) 등의 순이었으며, 2022년 한 해 동안의 난민인정자의 경우에는 정치적 의견을 사유로 인정받은 경우가 90명(51.4%)으로 가장 많았고, 다음으로 가족결합 64명(36.6%), 종교 10명(5.7%) 등의 순으로 많았다.

표 7-5 국적별 난민 인정 현황

	계	미얀마	에티오피아	방글라데시	이집트	파키스탄	기타
전체 누적	1,388	432	151	122	102	102	429
	계	미얀마	이집트	파키스탄	수단	에티오피아	기타
2022년	175	77	42	16	6	6	28

출처 출입국외국인정책본부, 2022년 통계연보.

2022년 기준 누적 난민인정자 중 미얀마 국적자가 432명(32.3%)으로 가장 많았고, 다음으로 에티오피아 151명(11.3%), 방글라데시 122명(9.1%) 등의 순으로 많았으며, 2022년 한 해 동안의 난민인정자의 경우에도 미얀마 국적자가 77명(44.0%)으로 가장 많았으며, 다음으로 이집트 국적자가 42명(24.0%), 파키스탄 16명(9.1%), 수단 및 에티오피아 국적자가 각 6명(3.4%) 등의 순으로 많았다. 통계에서 가장 큰 특이점은 미얀마 난민 누적인정 비율이 가장 높다는 점이다. 미얀마 난민 인정비율이 2021~2022년 사이 크게 늘어난 이유는 미얀마의 정치 상황 때문이다. 미얀마 군부는 2021년 2월 쿠데타를 일으켜 민주적으로 선출된 정부를 축출했으며, 이후 군부는 민간인, 야당 정치인, 반정부 시민단체에 대해 탄압을 가하고 있고, 반 군부단체와 내전 수준의 전투가 지속되고 있다. 이러한 정치적 박해를 피해서 많은 미얀마인이 한국에서 난민신청을 하고 있으며, 행정청에서도 미얀마 난민 인정을 높이고 있는 추세이다.

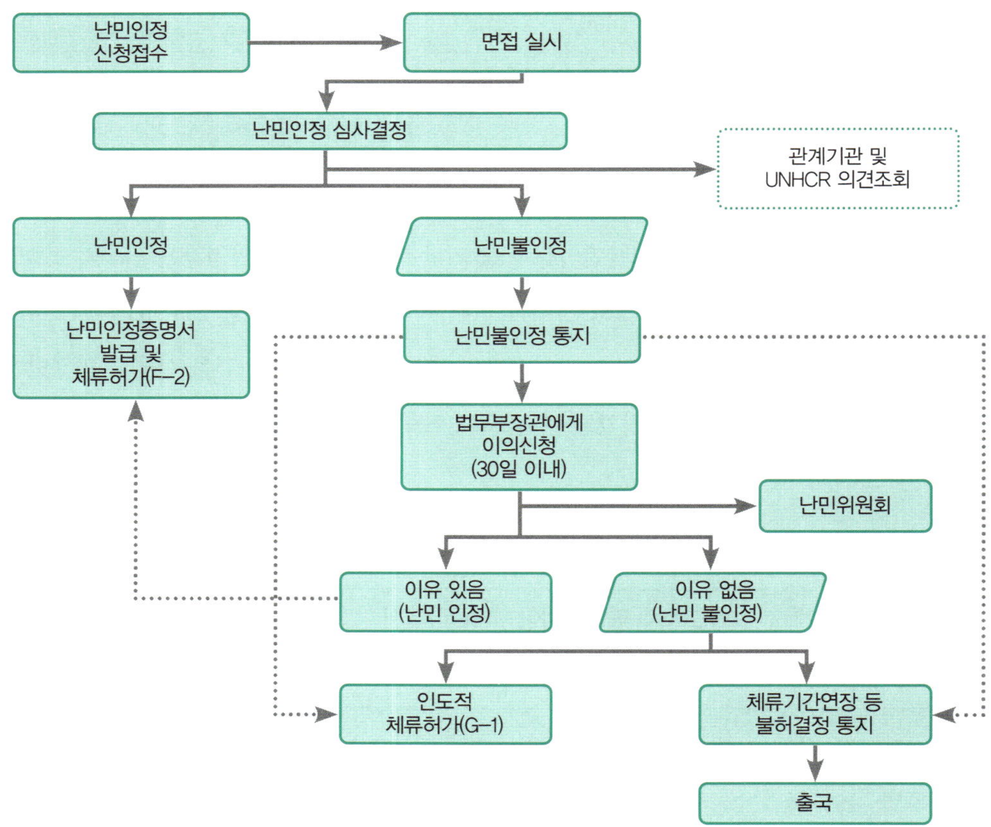

그림 7-1 난민인정 신청 및 처리 절차

「난민법 시행령」 제17조 제1항 "법무부 장관은 난민법 제40조 제1항에 따라 난민 신청자에게 난민 인정 신청서를 제출한 날부터 6개월을 넘지 않는 범위에서 생계비 등을 지원할 수 있다. 다만, 중대한 질병 또는 신체장애 등으로 생계비 등의 지원이 계속 필요한 부득이한 경우에는 6개월을 넘지 않는 범위에서 생계비 등의 지원 기간을 연장할 수 있다."라고 규정하고 있다. 그러나 난민 모두에게 지원되는 것이 아니라 심사에 통과해야만 지급된다.

표 7-6 난민 생계지원액

	1인 가구	2인 가구	3인 가구	4인 가구	5인 가구
난민시설 비이용자	432,900원	737,200원	953,900원	1,170,400원	1,386,900원
난민시설 이용자	216,450원	368,600원	476,950원	585,200원	693,450원

출처 법무부 고시 제2017-254호.

「난민법」 제40조 제2항 "법무부장관은 난민인정 신청일로부터 6개월이 지난 경우에는 대통령령으로 정하는 바에 따라 난민신청자에게 취업을 허가할 수 있다."라고 규정하고 있어 6개월이 지났음에도 생계가 어려운 경우에는 6개월을 넘지 않는 범위 내에서 법무부장관이 지원을 연장할 수 있다. 또한 난민으로 인정되어 국내에 체류되는 외국인은 「난민법」 제31조에 의거하여 예외적으로 대한민국 국민과 같은 보장을 받을 수 있으며, 「난민법」 제32조에 의거하여 기초생활보장도 받을 수 있다. 또한 난민이 원하는 경우 대통령령으로 정하는 바에 따라 직업교육도 받을 수 있다.

또한 난민신청자에 대한 제도적 보장을 강화함에 따라 난민불인정 판정을 받는 경우, 이의신청 및 행정심판, 행정소송이 가능하다. 2013년 「난민법」이 시행된 이후 행정청의 난민심사 불회부 판정, 난민불인정 판정을 받은 난민은 판정에 불복하여 법원의 사법구제를 요청하여 현재 수천 건의 판례가 형성되었다. 법원의 판례를 살펴보면 행정청의 판단착오, 실체적 위법사례, 절차적 위법을 지적하고 시정을 요구하는 법원의 판단이 나오고 있다. 양적으로 보아도 아시아에서 가장 많은 난민판결이 선고되고 있어 한국 법원의 난민판례는 해외 법원에서도 원용되고 있다(이진우, 2022).

한국은 난민심사 결과 불복에 대한 이의신청심사의 전문성을 확보하기 위해 난민위원회 제도를 두고 있으며, 또한 '난민과'를 신설하여 난민업무를 종합적으로 기획·총괄하고 있다. 2016년부터는 난민위원회 업무를 담당하는 법무부 난민과에도 공익법무관 9명을 배치

난민위원회

3개의 분과로 나뉘어 있으며, 위원장 1명을 포함하여 15명으로 구성되어 있다.

하여 난민위원회 준비업무를 담당하게 되었으며, 급증하는 난민 소송에 대응하기 위해 가장 많은 소송이 제기되고 있는 서울출입국관리사무소에 19명의 인원(출입국 관리공무원 1명, 공익법무관 18명)을 배치하여 난민소송 대응업무를 전담하고 있다. 대부분의 난민소송 사건을 처리하는 서울행정법원은 현재 8곳의 난민 전담 재판부를 운영하고 있다(법무부·외국인정책본부, 2016). 「난민법」상 난민신청 기한이나 횟수의 제한이 없고, 난민심사 기간과 결과 불복에 따른 행정소송 기간 동안에는 국내 체류자격이 주어지기 때문에 불법 취업자에 의한 '가짜 난민'이 발생할 수 있다는 비판과 우려의 목소리도 존재한다.

1994년부터 2022년 12월까지 누적 불복 이의신청은 2만 8,414건이었으며, 2022년 한 해 3,784건의 이의신청이 있었다. 2022년까지 누적 이의신청 건수는 3만 8,164건이며, 이의신청 심의를 완료한 3만 1,800건 중 불인정 건수는 3만 1,018건으로, 이의 완료 신청기준으로 불인정 확률은 97%에 다다른다.

1994년부터 2022년까지 한국에 난민신청을 한 8만 4,922명 중 1,388명만이 난민으로, 2,485명만이 인도적 체류자격을 각각 인정받았다. 전 세계 난민인정비율이 대략 37%인 점을 감안하면, 2022년 12월 기준으로 한국의 난민인정비율 2.9%는 대단히 낮은 수치임을 알 수 있다. 한국은 원조 공여국으로 매년 1조 원 상당의 펀딩을 하고 있고, 아시아 최초로 「난민법」을 제정한 국가임에도 불구하고, 난민 수용에 대해서는 매우 박한 모습을 보이고 있다. 최근 전 세계적으로 다양한 이유로 난민 발생이 빈발하면서 난민신청자의 수가 비약적으로 증가하고 있다. 이런 상황을 고려해볼 때, 한국으로 난민신청을 하려는 사람은 앞으로 계속 증가할 것으로 예상되며, 한국이 글로벌 리더 국가로서 국력에 걸맞는 역할을 수행하기 위해서는 난민 수용에 적극적인 입장을 취해야 할 것이다.

(3) 북한이탈주민: 북한이탈주민의 보호 및 정착지원에 관한 법률

북한이탈주민이란 "북한에 주소, 직계가족, 배우자, 직장 등을 두고 있는 자로서 북한을 벗어난 후 외국의 국적을 취득하지 아니한 사람"을 말한다(「북한이탈주민의 보호 및 정착에 관한 법률」 제2조 제1항). 「북한이탈주민의 보호 및 정착에 관한 법률」이 제정되기 이전

귀순용사

1953년 한국전쟁 휴전협정이 체결된 이후부터 1993년까지 40년 동안 북한이탈주민은 총 641명으로, 이들이 주로 20~30대 군인 출신이어서 귀순용사라는 표현이 사용되었다.

에는 귀순용사, 귀순북한동포로 불렸으며 언론에서는 탈북자라는 명칭을 주로 사용해왔다. 그러다 탈북자라는 명칭이 주는 부정적인 이미지를 탈피하기 위해 새터민이라는 표현을 사용하기 시작했으나 북한이탈주민, 국민에게도 큰 호응을 받지 못하여 더 이상 새터민이라는 표현을 사용하지는 않으며, 현재는 북한이탈주민이라는 표현을 사용하고 있다.

2022년 12월 31일 기준 국내 입국한 북한이탈주민은 총 3만 3,882명이다. 입국 인원은 2000년대 이후 지속 증가하여 2006~2011년에는 연간 입국 인원이 2,000~3,000명 수준에 이르렀으나, 2012년 이후 2019년까지 입국 인원이 점차 줄어들어 연간 평균 1,300여 명 수준을 유지했다. 다만, 최근 입국인원이 2020년 229명, 2021년 63명, 2022년 67명(2022년 12월말 기준)에 그치고 있다. 이는 코로나-19로 인한 국경통제 및 제3국 이동제한 등에 기인한 것으로 보인다. 탈북 동기는 경제적 어려움, 체제 및 현실 불만, 더 나은 삶의 조건 등 다양한 요인이 복합적으로 작용하고 있다(통일교육원, 2023). 1980년대 후반 공산주의 국가의 붕괴와 같은 대외정세 변화, 1995년 북한의 대홍수에 따른 식량난, 고난의 행군에 따른 경제적 동기에 따른 탈북, 생활개선에 대한 욕망 및 이주가족의 권유에 따른 탈북, 외부정보 유입으로 인한 체제불신과 자녀의 교육환경 개선욕구 및 노후생활 보장에 대한 기대에 따른 탈북이 주요한 원인으로 작용하고 있다.

정부는 북한이탈주민의 안정적인 사회 정착에 대한 지원체계를 확충하여 통일기반 조성에 기여하고자 노력하고 있다. 이를 위해 북한이탈주민의 정착지원 강화를 통해 고용의 질 및 삶의 질을 개선하고, 사회적응 안전망을 강화해나가고 있다. 북한이탈주민의 지원 근거는 우선 최상위 법인 「헌법」에 바탕을 두고 있다. "대한민국의 영토는 한반도와 그 부속도서로 한다(「헌법」 제3조)." 헌법에 규정되어 있는 영토조항과 분단 이후 형성된 국제관계의 특수맥락에서 북한주민을 한국 국민으로 인정하는 사법부와 행정부의 판단 경향이 그 근거가 되고 있다. 또한 "대한민국은 통일을 지향하며, 자유민주적 기본질서에 입각한 평화적 통일정책을 수립하고 이를 추진한다(「헌법」 제4조)." 「헌법」 제4조의 통일지향과 통일의 당위성이 북한이탈주민을 지원하는 근거가 되고 있다.

표 7-7 북한이탈주민 지원법령

	법령	제정 · 개정 시기	법령 제정 · 개정 목적
1	국가유공자 및 월남귀순자 특별 원호법	1962(재정)	귀순자에게 국가유공자와 동등한 지위를 부여하여 원호대상자로 우대하며, 최초로 체계적인 지원 실시
2	월남귀순용사 특별보상법	1979(재정)	정부는 귀순자를 사선을 넘어 자유민주주의를 택한 '귀순용사'로 간주하며, 이전보다 더욱 체계화된 지원 실시
3	귀순북한동포보호법	1993(재정)	귀순자를 국가유공자에서 생활능력이 결여된 생활보호 대상자로 전환하고, 정착금 하향 조정 등 지원규모를 대폭 축소
4	북한이탈주민의 보호 및 정착지원에 관한 법률	1997(재정)	기존의 '귀순' 개념을 '북한이탈'로 대체하고, 자립 및 자활 능력 배양에 중점을 둠
		1999(개정)	교육지원 연령범위 확대 등 북한이탈주민의 생활안정 및 정착지원 강화
		2004(개정)	정착금의 인센티브제, 임대주택 제공 확대, 정착도우미제도 도입
		2006(개정)	이혼특례조항 신설, 자격인정제도 개선, 취업보호기간 확대
		2009(개정)	해외 장기체류자 보호범위 확대, 지역적응교육, 청소년-학교 등 지원근거 마련
		2010(개정)	'북한이탈주민지원재단'과 '북한이탈주민예비학교' 설립, 취업지원 강화
		2014(개정)	• 북한이탈주민 지역적응센터와 전문상담을 위한 상담사제도 운영 및 공공기관 평가 시 북한이탈주민의 고용률을 반영할 수 있도록 하는 등 취업지원 강화 • 법 문장 표기의 한글화 · 간결화 • 북한이탈주민의 보호 및 정착지원에 관한 기본계획을 수립 · 시행 • 보호대상자에 대한 실태조사를 실시하도록 하는 한편, 취업보호기간을 현행 2년에서 3년으로 연장

	법령	제정 · 개정 시기	법령 제정 · 개정 목적
4	북한이탈주민의 보호 및 정착지원에 관한 법률	2014(개정)	• 북한이탈주민의 고용을 영농정착 촉진지원금 부당수령 처벌 규정 및 지급받은 고용지원금을 반환하도록 명할 수 있는 근거규정 마련 • 보호대상자의 보호 및 정착지원에 관한 기본계획에 보호대상자의 사회통합과 인식개선에 관한 사항 포함 • 북한이탈주민이 보호신청기간 이후에 보호신청을 하더라도 대통령령으로 정하는 부득이한 사정이 있는 경우에는 보호대상자가 될 수 있도록 함 • 직업훈련 대상자를 현재 '보호대상자 또는 보호대상자이었던 사람'에서 '비보호대상자'까지 확대
		2016(개정)	「국민기초생활 보장법」이 개정됨에 따라, 최저생계비를 기준으로 생계급여 · 주거급여 · 의료급여 · 교육급여 등을 받던 북한이탈주민이 「국민기초생활 보장법」에 따른 기준 중위소득으로 산정되는 급여별 최저보장수준의 급여를 받을 수 있도록 하기 위해 「국민기초생활 보장법」의 개정규정에 맞게 급여 관련 조문 정비
		2017(개정)	• 북한이탈주민 중 아동 · 청소년 · 여성 · 노인 · 장애인 등과 같은 사회적 약자에 대해 특별히 지원 및 배려할 수 있는 근거 마련 • 북한이탈주민의 보호 및 정착지원에 관한 기본계획과 시행계획의 평가 의무화 • 북한이탈주민 정착지원시설내의 예비학교(하나둘 학교)에 제3국에서 출생한 북한이탈주민의 자녀도 교육대상에 포함하여 북한이탈주민의 보호 및 정착지원 강화
		2018(개정)	탈북청소년 증가하는 추세: 탈북청소년을 위한 학교의 설립 · 운영을 적극 지원. 그러한 학교의 부지 및 건물 확보, 학교 설립과정에서 공유재산 대루 수용 수익에 대한 법적 근거 마련

	법령	제정 · 개정 시기	법령 제정 · 개정 목적
4	북한이탈주민의 보호 및 정착지원에 관한 법률	2019(개정)	• 북한이탈주민에 대한 보호 및 지원 기준을 정할 때에 성별을 고려하도록 함. • 국가정보원장은 보호신청자에 대해 보호결정 등을 위해 필요한 조사 및 일시적인 신변안전조치 등 임시보호조치를 한 후 지체 없이 그 결과를 통일부장관에게 통보하고 조사 및 임시보호조치를 하기 위한 시설을 설치운영 의무화 • 북한이탈주민의 보호 신청기간 연장 • 우선구매기업 요건을 '취업보호대상자 고용기업'에서 '북한이탈주민 고용기업'으로 완화 • 보호대상자에게 지급하는 정착금품의 감액 근거규정 마련 • 거주지에서의 신변보호 기간은 5년을 원칙으로 하되, 보호대상자의 의사, 신변보호의 지속 필요성 따라 기간연장 가능
		2021(개정)	• '북한이탈주민 대책협의회'의 '대책'이라는 용어가 부정적 어감을 가지고 있으므로 이를 '북한이탈주민 보호 및 정착지원협의회'로 변경
		2021(개정)	• 가족관계 등록대장에 형제, 자매를 포함하여 작성하도록 함으로써 등록대장의 기재범위 명확화
		2022(개정)	• 무연고 탈북 청소년 효과적 보호방안 마련 • 보호자·후견인 지정 근거를 마련하고 보호·교육·취업·주거·의료 및 생활보호 등을 긴급하게 지원하기 위해 소재 파악이 필요한 경우 통일부장관이 전기통신사업자에게 무연고청소년의 전화번호를 요청가능하게 법안 개정
		2023(개정)	• 청년 북한이탈주민의 성공적인 정착을 위해 국가 및 지방자치단체가 북한이탈주민의 취업·주거 등의 지원시책을 마련할 때 특별히 배려해야 하는 대상에 '청년' 추가

출처 국가법령정보센터.

표 7-8 중앙부처의 북한이탈주민 관련 담당업무

소관부처	지원업무
통일부	관련 정책 총괄, 관련 민간단체 지원, 하나원 및 하나센터 운영, 각종 지원프로그램 시행
국가정보원	북한이탈주민 관련 정보수집, 국내 유입자의 합동신문 주관
행정안전부	정착관리(정착금, 주민등록, 확인서, 정착도우미), 거주지 보호담당자 지정, 지역협의회 운영, 생활실태조사, 직접지원업무(기초생활수급자, 의료보호수급자 지정 및 지원)
교육부	아동, 청소년 등에 대한 교육지원(등록금지원, 대학특례입학), 한겨레학교 위탁운영
국토교통부 및 한국토지주택공사	주거지원(주택알선, 주거지원금)
보건복지부	사회복지(생계급여, 의료보호, 가산금), 수급자 지정 및 지원, 자활후견기관 연계, 공공근로 참여 지원, 장애인과 노인 등 요보호자 지원
고용노동부	고용지원(직업훈련, 장려금, 취업보호담당관, 고용지원금, 적성검사 및 직업능력테스트, 직업알선), 일자리 창출(자활후견기관과의 연계), 새터민 산업단지 시범운영(경공업, 특수작물, 화훼단지 등), 취업보호담당자 역량강화)
여성가족부	탈북여성 지원 프로그램
경찰청	신변보호담당 및 신상파악

출처 김순양(2013).

북한이탈주민에 대한 지원은 초기 입국지원, 정착지원시설에서의 보호지원, 거주지 전입·적응지원 등 크게 세 영역으로 구분할 수 있다. 먼저 해외에 체류하고 있는 북한이탈주민이 한국행 희망의사를 표명하는 경우 재외공관 등이 신변안전을 위해 필요한 조치를 취하고, 주재국과의 교섭 등 국내입국을 지원한다. 북한이탈주민이 입국하면 사회적응 교육, 정착지원금 및 주거알선 등 자립·자활에 필요한 초기 자립지원을 받는다. 사회적응 교육은 북한이탈주민이 우리 사회에 적응해 생활하는 데 필요한 기본적인 소양을 갖출 수 있도록 정착지원시설인 '북한이탈주민 정착지원사무소(1999.7. 개소, 이하 하나원)'에서 12주 동안 집중적이고 체계적인 교육훈련으로 진행되고 있다. 교육 프로그램은 정서 안정 및 건강증진, 진로지도 및 직업훈련, 그리고 우리 사회에 대한 이해 증진, 정착지원 제도 등으로 구성되어 있다(통일교육원, 2023).

또한 정부는 하나원에서 사회적응 교육을 마치고 거주지로 전입하는 북한이탈주민이 초기정착에 필요한 자립기반을 마련할 수 있도록 정착기본금, 정착장려금 및 주거지원금 등을 지원하고 있다. 2009년부터는 지역적응센터인 하나센터를 신설해 북한이탈주민이 자신의 거주지에서 신속히 적응할 수 있도록 하나원을 수료하고 거주지로 전입한 직후 초기 집중교육과 취업·교육·의료·생계 등 개인별 맞춤형 지원서비스를 제공하고 있다. 2009년 6개 지역에 시범운영한 후 2010년 전국 16개 시·도에 30개 센터를 운영했으며, 2022년 12월 말 기준 25개 센터를 운영하고 있다. 북한이탈주민이 정착한 각 지역에서 삶의 질을 높이며 안정적으로 정착하기 위해서는 지방자치단체의 보다 체계적인 지원의 필요성도 요청되고 있다. 이에 따라 중앙–지방 간 협업을 강화하여 정착지원체계를 보다 효과적으로 개선하기 위해 노력하고 있다(통일교육원, 2023).

표 7–9 북한이탈주민 정착지원 내용

구분	항목	내용
정착금	기본금	1인 세대 기준 600만 원 지급
	장려금	직업훈련, 자격증 취득, 취업장려금 등 최대 2,440만 원
	가산금	노령, 장애, 장기치료 등 최대 1,540만 원
주거	주택알선	임대아파트 알선
	주거지원금	1인 세대 기준 1,300만 원
취업	직업훈련	훈련기간 중 훈련수당 월 30만 원 전후 지급(노동부)
	고용지원금	급여의 1/2(50~70만 원 한도)을 최대 3년간 지원
	취업보호담당관	전국 55개 고용지원센터에 지정, 취업상담/알선
	기타	취업보호(우선구매), 영농정착지원, 특별임용 등
사회복지	생계급여	국민기초생활보장 수급권자(1인 세대 월 약42만 원)
	의료보호	의료급여 1종 수급권자로서 본인 부담 없이 의료혜택
	연금특례	입국 당시 50세 이상 60세 미만 국민연금 가입 특례
교육	특례 편·입학	대학진학 희망자의 경우 특례로 입학
	학비지원	중/고 및 국립대 등록금 면제, 사립대 50% 보조

출처 통일부(2010); 이성미(2010). "다문화코드: 코리언드림 해법 찾기".

정부는 1997년 「북한이탈주민의 보호 및 정착지원에 관한 법률」을 제정하여 북한이탈주민의 우리 사회 정착을 지원하고 있다. 현재 20개 정부 부처 및 3개 지자체가 위원으로 참여하는 '북한이탈주민 보호 및 정착지원협의회(구, 북한이탈주민대책협의회)'를 통해 주요 북한이탈주민 정책에 대한 협의를 실시하고 있으며, 3년마다 '북한 이탈주민 정착지원 기본계획'을 수립하고, 이에 따른 연도별 시행계획을 수립·시행하고 있다. 2021년에는 '제3차 북한이탈주민 정착지원 기본계획(2021~2023년)'을 수립했으며, 이에 따른 시행계획을 수립하여 북한이탈주민의 삶의 질 향상과 우리 사회의 포용적 환경조성을 위해 노력하고 있다.

「북한이탈주민의 보호 및 정착지원에 관한 법률」 제1조는 북한이탈주민의 보호 및 정착지원에 관한 법률의 목적을, 제3조는 적용범위, 제4조는 법의 기본원칙, 국가 지방자치단체의 책무와 기본계획 및 시행계획, 제5조는 북한이탈주민의 보호기준, 제6조는 북한이탈주민 보호 및 정착지원협의회 구성과 역할, 제7조~제9조는 북한이탈주민의 보호신청, 보호결정, 보호결정의 기준을 규정하고 있다. 제10조~제11조는 정착지원시설의 설치, 보호규정, 무연고청소년 보호(2023년 신설), 제12조는 보호대상자, 가족관계의 등록대장기재방법, 제13조~14조는 학력, 자격 인정, 제15조는 사회적응교육, 제16조는 직업훈련, 제17조는 취업보호, 영농정착지원, 세제혜택, 우선구매, 창업지원, 제18조는 특별임용, 제19조는 가족관계신청방법, 제20조~제21조는 주거지원, 정착금지원, 정착자산 형성의 지원을 규정하고 있다.

이처럼 북한이탈주민에 대한 지원은 그들이 현재 법적으로 우리 국민이라는 점, 정서적으로 통일해서 같이 살아야 할 동족이라는 점 등에 근거하고 있다. 북한이탈주민의 지원을 위한 법적 근거는 초기의 「국가유공자 및 월남귀순자 특별원호법」으로 시작해서, 현재는 1997년부터 시행된 「북한이탈주민의 보호 및 정착지원에 관한 법률」이 적용되고 있다. 이 법에 따라 북한이탈주민의 보호요청이 있는 경우, 절차를 밟아 국내로 이송하여 합동신문을 한 후 보호 결정이 나면 하나원에서 정착준비과정을 거치고, 거주지 보호에 들어가며, 북한이탈주민에 대한 경제적인 지원, 정착금과 주거지원금 그리고 취업과 지방거주를 유도하는 각종 장려금 등이 주어지고 있다.

그러나 북한이탈주민에 대한 특별한 온정정책은 한국사회 저소득층으로 하여금 불만을 제기하게 할 가능성이 있다. 북한이탈주민에 대한 특별지원은 한국 저소득층의 반발을 초래할 우려가 있으며, 장기적 통합에 저해요인으로 발전할 가능성도 있다. 따라서 한국의 복지시스템을 개선하고 좀 더 보편화하여 북한이탈주민을 그에 포함시킬 필요가 있다고 판단한다. 한국 국민과 한국 사회는 북한이탈주민에 대한 수용의지가 높은 편도 아니며, 북한이탈주민에 대한 편견과 차별이 존재한다. 편견과 차별은 북한이탈주민의 자립의지와 사회통합에 걸림돌로 작용할 가능성이 크다. 따라서 한국인의 관점 및 의식 전환을 위한 사회화 및 시민교육이 필요하다. 북한이탈주민을 동등한 이웃으로 수용하는 교육, 일방적인 '동화' 요구보다는 '통합'에의 길을 모색하고, 북한이탈주민 수용과 그들에 대한 정책을 통해 통일에 대비하고 통일을 연습할 필요가 있다.

3 이민자 사회통합정책

1 사회통합정책의 개념과 목표

다문화정책 및 사회통합의 기본방향, 외국인정책의 법적 근간이 된 「재한외국인 처우 기본법」 제1조에는 "재한외국인이 대한민국 사회에 적응하여 개인의 능력을 충분히 발휘할 수 있도록 하고, 대한민국 국민과 재한외국인이 서로를 이해하고 존중하는 사회 환경을 만들어 대한민국의 발전과 사회통합에 이바지함을 목적으로 한다."라고 규정하고 있다. 이와 같이 외국인 이주자가 우리사회의 가치와 문화에 동화되어 질 높은 사회통합을 이룩하는 것을 목표로 하고 있다.

이런 방향성은 제1차 외국인 정책회의 및 제3차 외국인 정책회의의 기본계획 및 목표에도 일관적으로 나타난다. 개방을 통해 국가 경쟁력을 강화하기 위해 전문인력, 우수인재는 적극적으로 유치하고, 단순노동인력은 필요에 맞게 수용하며, 일정기간이 되면 정주를 허가하지 않고 귀환시킨다. 재외동포는 사회통합, 한민족 역량강화를 위해 입국 및 취업에 우대하며, 국내정착 이민자 증가에 따른 다문화사회 도래를 대비하고, 외국인 차별 방지 및 문화다양성 존중, 외국인 안전 확보, 국제사회와의 협력 강화를 기본방향으로 제시하고 있다. 법과 원칙에 따라 불법체류자에 대해서는 일관되고 엄정하게 법을 집행하고, 체계적으로 국경을 관리하여 외국인 범죄에 효과적으로 대처를 내용을 담고 있다(제3차 외국인 정책회의, 2018).

외국인 정책회의 계획은 실제로 국적법 개정에도 영향을 미쳤다. 2017년 「국적법」 개정으로 영주자격 전치주의가 도입되었다. 국적취득을 원하는 외국인은 먼저 영주자격을 취득하고 5년 이상 국내에 체류하면서 국민으로서 기본적 소양을 갖춘 후 국적신청이 가능하도록 요건이 강화되었으며, 귀화허가 신청자 기본소양 평가도 강화되었다. 귀화적격심사 시 대한민국 헌법의 가치, 국민정체성 평가항목이 강화되었으며, 일반귀화 신청요건 중 생계유지능력 요건을 강화하여 자립능력을 검증하는 제도가 도입되었다. 이민자가 한

국적법 제5조

제5조(일반귀화 요건) 외국인이 귀화허가를 받기 위해서는 제6조나 제7조에 해당하는 경우 외에는 다음 각 호의 요건을 갖추어야 한다.
1. 5년 이상 계속하여 대한민국에 주소가 있을 것.
4. 자신의 자산(資産)이나 기능(技能)에 의하거나 생계를 같이하는 가족에 의존하여 생계를 유지할 능력이 있을 것
5. 국어능력과 대한민국의 풍습에 대한 이해 등 대한민국 국민으로서의 기본 소양(素養)을 갖추고 있을 것

국사회에 안정적으로 정착할 수 있도록 지원하고, 이주민의 사회통합을 위해 법무부에서는 사회통합 프로그램, 이민자 조기적응 프로그램, 국제결혼 안내 프로그램 등을 운영하고 있다.

2 이민자 사회통합지원 프로그램 현황

(1) 법무부 사회통합 프로그램(KIIP)

우리나라는 이민자가 한국사회 구성원으로 적응·자립하는 데 필수적인 기본소양을 체계적으로 함양할 수 있도록 지원하기 위해 2009년 4월부터 한국어와 한국문화 및 한국사회 이해 교육과정으로 구성된 사회통합 프로그램을 도입·운영하고 있다. 2017년 「국적법」 제5조의 개정으로 영주자격 전치주의가 도입되면서 귀화·영주 자격 부여 시 국민 및 사회 구성원의 자격을 측정하던 과거와 달리 입국 초기부터 언어와 사회이해 교육을 통해 이민자의 사회통합을 강화하는 추세로 사회통합 프로그램의 역할이 더욱 중요해지고 있다. 참여대상은 결혼이민자, 동포, 유학생, 외국인 근로자, 난민, 전문인력 등 대한민국에 합법적으로 체류하는 모든 이민자이다.

표 7-10 연도별 사회통합 프로그램 운영기관 및 참여자 현황

구분	2017년	2018년	2019년	2020년	2021년	2022년
운영기관 수	309	309	308	348	347	339
교육참여자	41,500	50,639	56,535	36,620	43,552	42,163

출처 법무부(2023).

사회통합 프로그램 도입 첫해인 2009년에는 사회통합 프로그램 운영기관이 20개에 불과했으나 2022년 12월 기준으로 339개가 운영 중이며, 참여자 수도 2009년 1,331명에서 2019년 5만 6,535명까지 매년 큰 폭으로 증가했다. 2020년 코로나-19 발생으로 입국자 수가 감소하고 대면교육이 제한되면서 2020년 참여자가 전년에 비해 큰 폭으로 감소했으나 2021년부터 온라인교육 활성화로 교육 참여자 수가 점차 회복되어 2022년에는 4만 2,163명이 교육에 참여했다(법무부, 2023).

전체 참여자 4만 2,163명 중 결혼이민자는 1만 4,582명으로 34.6%, 비전문취업(E-9) 체류자격은 7,754명으로 18.4%가 사회통합 프로그램에 참여하여, 전년 대비 결혼이민자의 비중은 줄고 비전문취업(E-9) 체류자격 소지자의 참여는 증가했다(법무부, 2023).

표 7-11 사회통합 프로그램 구성

	한국어와 한국문화					한국사회이해	
단계	0단계	1단계	2단계	3단계	4단계	5단계	
과정	기초	초급 1	초급 2	중급 1	중급 2	기본	심화
교육시간	15시간	100시간	100시간	100시간	100시간	70시간	30시간
평가	없음	1단계 평가	2단계 평가	3단계 평가	중간 평가	영주용 종합평가	귀화용 종합평가
참고	• 5단계 심화과정은 기본과정 수료 후 참여 • 영주신청자 대상 영주용 종합평가 합격자는 5단계 기본과정부터 수업에 참여하고 심화과정을 참여할 수 있음						

사회통합 프로그램은 한국어와 한국문화 과정, 한국사회이해 과정으로 구성되어 있으며, 한국어 과정은 사전평가를 통해 한국어능력에 따라 단계를 구분한다. 사전평가 내용은 한국어능력 및 기본소양이며, 필기시험은 시험시간 60분, 총 50문항으로 이루어지며, 객관식 48문제, 단답형 주관식 2문제로 구성된다. 구술시험은 시험시간 10분, 5문항으로 이루어지며, 읽기, 이해하기, 대화하기, 듣고 말하기 문제로 구성된다. 사전평가 결과 85점

사전평가 면제 대상자

사전평가 면제 대상자는 0단계 참여희망자, 한국어능력시험(TOIPIK) 등급 보유자, 연계과정을 통해 중간평가를 합격한 사람, 한국어능력 입증 후 결혼이민사증을 받아 입국한 결혼이민자이다.

이상 득점자는 결과일로부터 2년 이내 교육 참여 없이 영주신청자 대상 종합평가를 신청할 수 있다.

단계별 과정이 종료되면 해당 과정 수료자는 거점기관 주관으로 각 단계별 성취도 평가를 받는다. 단계평가는 필기시험(20문항, 30분), 구술시험(5문항 , 10분)으로 이루어지며, 100점 만점에 60점 이상 득점하면 합격이고, 합격자는 다음 교육단계로 승급된다. 불합격자는 동일 교육단계를 재수료하면 해당 단계가 이수되어 다음 교육단계로 승급이 가능하다(법무부, 2023).

한국어와 한국문화 교과과정 4단계 종료 이후에는 중간평가(Korea Language and Culture Test, KLCT)가 시행된다. 한국어와 한국문화 중간평가는 필기시험(30문항, 50분), 구술시험(5문항, 10분)으로 구성되며, 100점 만점에 60점 이상 득점하면 합격이다. 합격자에게는 관할 출입국외국인관서장 명의로 '사회통합프로그램 한국어와 한국문화시험(KLCT)' 합격증이 발급되고 5단계로 승급된다. 불합격자는 중간평가에 재응시하여 합격하거나, 4단계 교육을 재수료하고 다시 응시한 중간평가에서 최저점수 40점을 초과득점하는 경우에 한해 5단계로 승급된다(법무부, 2023).

5단계는 영주용 종합평가 트랙과 귀화용 종합평가 트랙으로 구분된다. 5단계 기본과정(70시간)을 수료한 사람, 5단계 기본과정을 수료하지 않았으나 사전평가에서 85점 이상 득점한 날로부터 2년 이내인 사람은 영주용 종합평가를 응시할 수 있다. 귀화용 종합평가는 5단계 전체 과정(기본과정, 심화과정)을 수료한 사람, 2018년 3월 1일 이후 귀화허가 신청자, 2018년 3월 1일 이전 반복수료에 의한 귀화용 이수완료를 한 사람, 12년 종합평가에서 50~59점 득점으로 이수완료된 결혼이민자가 귀화용 종합평가에 응시할 수 있다. 종합평가는 필기시험(40문항, 60분), 구술시험(5문항, 10분)으로 100점 만점에 60점 이상 득점하면 합격한다. 5단계 기본과정 수료자가 영주용 종합평가에 합격하는 경우 "한국이민영주적격과정 이수완료 및 합격증(Korea Immogration and Permanent Residence Aptitude Test, KIPRAT)"이 발급되고, 5단계 기본과정 미수료자가 합격하는 경우 "영주신청자 대상 종합평가 합격증(KIPRAT)"이 발급된다(합격증에는 기본과정 '미이수'로 표기되며, 추후 5단계 기본과정을 이수하는 경우 '이수'로 변경됨).

• 5단계 기본과정 수료자가 영주용 종합평가에서 불합격되는 경우: 영주용 종합평가

재응시를 통해 합격하거나, 5단계 전체과정을 1회 재수료하고 영주용 종합평가에서 40점을 초과득점하면 이수완료처리가 된다.

- 5단계 전체과정 수료자가 귀화용 종합평가에 합격하는 경우: '한국이민귀화적격과정 이수완료 인정 및 귀화허가 신청자 대상 종합평가 합격'을 인정하고 귀화면접심사가 면제된다.
- 5단계 기본과정 수료자가 귀화용 종합평가에서 불합격하는 경우: 귀화용 종합평가 재응시를 통해 합격하거나, 5단계 전체과정을 1회 재수료하고 귀화용 종합평가에서 40점을 초과득점하면 이수완료처리가 된다. 그러나 귀화허가 신청자 대상 종합평가 응시자가 3회 불합격하는 경우 귀화신청을 불허한다(법무부, 2023).

사회통합 프로그램은 입법 취지에 따라 무료로 진행되고 있다. 그러나 프로그램이 무료로 진행되다 보면 학습자의 수업의지와 참여율이 낮아지는 문제점이 존재한다. 이런 문제를 해결하기 위해 사회통합 프로그램 평가방식이 이수제 형식에서 승급제(60점 이상 합격)로 변경되었지만, 단계평가 유급 시 해당 단계 재교육과정을 다시 거치면 평가와 관계없이 자연 승급이 되다 보니 오히려 유급자의 수업참여도 및 수업의지가 약화되고 있다고 판단된다. 한국어능력이 실질적으로 향상되지 않았는데도 불구하고 시간만 보내면 승급을 시키는 것이 과연 이주자에게 실질적이 도움이 되는지 고민해봐야 할 것이다. 또한 사회통합 프로그램이 개정되면서 한국사회이해 교과목 과정의 시간이 늘기는 했지만 이주민의 한국 사회 적응 정착을 위해서는 한국사회이해 수업 교과목 강화가 필요하다고 판단된다.

(2) 이민자 조기적응 프로그램과 국제결혼 안내 프로그램

2009년 7월 결혼이민자의 초기정착과정에서 국내생활방식 등 문화적 차이로 겪는 어려움을 해소하고, 체류연장, 영주권 내지 국적취득절차, 기초생활지식 등 한국사회정착에 필요한 각종 정보를 제공하는 '행복드림-해피스타트 프로그램'을 도입했다. 2014년 5월부터는 중도입국자녀, 외국인 유학생, 방문취업 외국 국적 동포, 외국인 연예인 등 장기체류 외국인으로 대상을 확대한 '이민자 조기적응 프로그램'으로 통합하여 실시하고 있다. 이민자 조기적응 프로그램은 2022년 기준 법무부장관이 지정한 대학, 외국인지원단체 등 전국 141개 기관에서 운영하고 있으며, 이민자 및 가족 등의 참여를 적극적으로 유도하여 안정적인 국내 정착을 지원하고 있다.

기본적 참여요건은 국내에 장기체류할 목적으로 합법적으로 체류하고 있는 외국인이다. 이민자 조기적응 프로그램은 자율적 참여대상과 의무적 참여대상을 구분하고 있다. 의무적 참여대상은 외국국적 동포 중 국내 최초 입국하여 방문취업(H−2) 자격으로 외국인 등록을 하려는 사람, 외국국적 동포 중 방문취업(H−2) 자격이 만료되어 출국 후 재입국하여 방문취업(H−2−7) 자격으로 외국인 등록을 하려는 사람, 외국국적 동포 중 방문취업(H−2−99) 자격으로 체류자격 변경허가를 받으려는 사람으로 정하고 있다. 호텔업 시설·유흥업소 등에서 공연 또는 연예활동에 종사하는 예술·흥행(E−6−2) 자격으로 외국인등록을 하려는 사람, 결혼사증(F−6)을 소지하고 최초 입국한 국민의 외국인(중국, 베트남, 필리핀, 태국, 캄보디아, 우즈베키스탄, 몽골 등 7개국) 배우자는 이민자 조기적응 프로그램 참여를 의무화하고 있다(법무부, 2022).

스티브 유, 한국 땅 밟나… 法 "비자발급 거부처분 취소해야"

병역 기피 논란으로 전 국민적 공분을 샀던 유승준(미국명 스티브 승준 유)씨가 한국 재외동포(F-4) 비자 신청 거부 관련 두 번째 소송 2심서 승소했다. 13일 법조계에 따르면, 서울고등법원 행정9-3부(조찬영·김무신·김승주 부장판사)는 유씨가 주 LA 총영사를 상대로 제기한 여권·사증 발급 거부처분 취소소송 항소심서 원심과 달리 원고 승소로 판결했다.

이날 재판부는 "병역을 기피한 재외국민동포의 포괄적 체류를 반대하는 사회적 목소리가 지금까지 나온다"면서도 "유씨가 만 38세를 넘었다면, 대한민국의 이익을 해칠 우려가 있는 특별한 사정이 없는 한 체류 자격을 부여해야 한다"고 판시했다. 작년 4월 1심 재판부의 경우 유씨의 청구를 기각한 바 있다. 재외동포법은 지난 2017년 10월 개정에서 외국 국적 동포의 체류자격을 부여하도록 하는 나이의 기준이 41세로 올라갔다. 주 LA 총영사 측은 개정 조항을 근거로 유씨가 39세였던 2015년 신청한 비자 발급을 거부한 바 있다. 반면 법원은 개정 이전 법 조항을 적용했다. 이번 판결은 유씨가 비자 발급을 거부당한 후 주 LA 총영사를 상대로 제기한 두 번째 불복 소송의 항소심 판단이다. 이 판결이 확정될 경우 유씨는 입국 금지 약 21년만에 한국 땅을 밟을 수 있게 될 것으로 보인다.

인기 가수로 활동 중이던 유씨는 2002년 입대를 앞두고 미국 시민권 취득을 통한 병역 기피 논란에 휩싸여 입국을 금지당한 바 있다. 이에 유씨는 2015년 입국을 위한 재외동포 비자(F-4)를 신청했다가 거부당한 것이 부당하다는 취지로 사증 발급 거부취소 소송을 냈다. 유씨의 입국을 불허한 1·2심과 달리 대법원은 주 LA 총영사관이 재량권을 행사하지 않고 비자 발급을 거부한 게 부적절하다며 유씨의 승소를 확정지었다.

이후 유씨는 재차 비자 발급을 거부당하자 앞선 대법원의 결정의 취지에 부합하지 않는다며 2020년 10월 두 번째 소송전에 나섰다. 반면 우리 외교당국은 앞선 대법원 확정 판결이 '비자 발급 거부 과정이 적법하지 않다'는 취지였던 만큼, 적법 절차에 의한 비자 발급 거부는 타당하다는 취지의 주장을 폈다.

두 번째 소송의 1심 재판부는 외교당국 측 주장이 타당하다고 보고 유씨의 청구를 기각한 바 있다.

출처 시사저널(2023.7.13.), http://www.sisajournal.com/news/articleView.html?idxno=267880

생각해보기

01 스티브 유(한국명: 유승준)는 2002년부터 현재까지 영구입국 금지조치가 내려져 있다. 이 조치에 대해 어떻게 생각하는지 의견을 나누어보자.

02 병역회피를 목적으로 국적을 포기한 사람에게 F-4(재외동포) 비자를 발급하는 것에 대해 논의해보자.

참고문헌

01 국가법령정보센터. "난민법". https://www.law.go.kr/법령/난민법.
02 국가법령정보센터. "난민법 시행령". https://www.law.go.kr/법령/난민법시행령.
03 국가법령정보센터. "대한민국 헌법". https://www.law.go.kr/법령/대한민국헌법.
04 국가법령정보센터. "북한이탈주민의 보호 및 정착지원에 관한 법률". https://www.law.go.kr/법령/북한이탈주민의보호및정착지원에관한법률.
05 국가법령정보센터. "외국인근로자의 고용 등에 관한 법률". https://www.law.go.kr/법령/외국인근로자의고용등에관한법률.
06 국가법령정보센터. "재외동포의 출입국과 법적 지위에 관한 법률". https://www.law.go.kr/법령/재외동포의출입국과법적지위에관한법률.
07 국가법령정보센터. "재한외국인 처우 기본법". https://www.law.go.kr/법령/재한외국인처우기본법.
08 국가법령정보센터. "출입국관리법". https://www.law.go.kr/법령/출입국관리법.
09 김용철(2020). "우리나라 난민법 체계의 문제점과 개선방안". 「한국행정사학지」, 50, 139-158.
10 법무부(2018). 「제3차 외국인 정책 기본계획」.
11 법무부(2023). 「2022년 출입국 외국인정책본부 통계연보」.
12 유엔난민기구(2021). 「난민에 대한 태도 및 인식변화 결과 보고서」.
13 이기완, 이진우(2021). 「미래사회의 이해」. 창원: 창원대학교 출판부.
14 이용균(2017). 「글로벌 이주 : 이동관계 주변화」. 광주: 전남대학교 출판부.
15 이진우(2022). "한국의 난민제도의 문제점과 개선방안에 대한 연구 - 난민 불복 소송 판례 분석을 중심으로". 「민족연구」, 79, 68-91.
16 정도희(2021). "난민법의 개정과 제언". 「중앙법학」, 23(3), 157-196.
17 통일교육원(2023). 「북한이해」. 국립통일교육원 교육총괄과.
18 통일교육원(2023). 「통일문제 이해」. 국립통일교육원 교육총괄과.
19 山本章二(1999). 「國際法」. 東京:有斐閣.
20 McNamara, K. Elizabeth(2007). *Conceptualizing discourses on environmental refugees at the United Nations*. Popul Environ.

외국의 다문화정책

1. 미국, 캐나다의 다문화정책을 이해한다.
2. 영국, 독일, 프랑스의 다문화정책을 이해한다.
3. 중국, 일본의 다문화정책을 이해한다.
4. 호주의 다문화정책을 이해한다.
5. 해외 사례에서 한국의 다문화정책이 가질 수 있는 시사점에 대해 논의해본다.

북미의 다문화정책 : 미국, 캐나다

1 미국의 다문화정책

(1) 미국의 다문화주의(multiculturalism)

이민자에 의해 이루어진 미국은 '다수로부터 하나(E pluribus unum)'라는 건국이념으로 건국 초기에 인종주의 이민정책을 도입했다. 유럽에서는 1820~1880년대에 들어와 실직자가 증가하자 노동력이 부족했던 미국으로의 대량이주가 시작되었다. 아울러 아시아계의 노동력 유입도 늘어나면서 많은 중국인이 이주했다. 미국은 1882년 「중국인 배제법(Chinese Exclusion Act)」를 제정해 중국인의 유입을 봉쇄하고 국적쿼터제를 도입하여 국가별로 차등화된 이민정책을 시행했다.

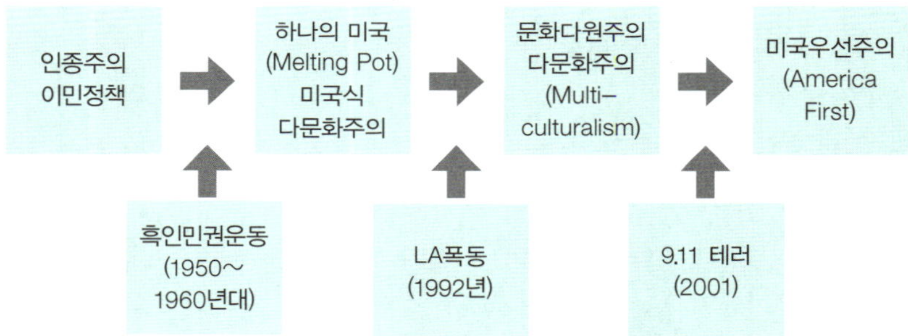

그림 8-1 미국 다문화정책 변화에 영향을 미친 주요 사건

1955년 말 시작된 흑인민권운동이 1960년대까지 이어지자 미국의 인종주의 이민정책은 '하나의 미국'을 위한 사회통합이 필요해지면서 '용광로(melting pot)'로 비유되던 동화주의적 이념으로 변화되었다. 미국은 이민은 이민자의 자발적인 선택이므로 공적 영역에서는 미국의 정책과 법규를 수용하면서 미국 사회에 적극적으로 참여하여 적응하고 동화해야 한다고 보았다(배경임 외, 2021). 하지만 동화정책만으로 다양한 집단을 문화와 가치로 순응시킨다는 것은 불가능함을 인식하고, 평화적 공존과 존중을 기반으로 하는 다문화정책을 추진하게 되었다. 미국은 1971년 다문화주의를 도입했으나 이는 여전히 주류문화를 우선하는 '미국식 다문화주의'라고 할 수 있다.

흑인민권운동

1955년 미국 앨라배마주 몽고메리의 한 버스 안에서 백인 승객에게 자리를 양보하라는 운전사의 지시를 거부하여 현행범으로 체포되는 사건이 발생하면서 마틴 루터 킹 목사가 참여하여 382일 동안 몽고메리 버스 보이콧 운동으로 이어진 흑인민권운동

로자 파크스
(1913~2005)

몽고메리 버스
보이콧 운동을 소재한 동화
「사라, 버스를 타다」

그러나 미국식 다문화주의는 인종 간의 갈등으로 새로운 국면에 접어들었다. 1991년 과속운전을 하던 흑인 로드니 킹이 단속하던 백인 경찰에 의해 무차별 구타당하는 장면이 방송되면서 4명의 경찰관이 기소되었으나 2명은 유죄, 2명은 무죄판결이 난 것에 대해 분노한 흑인들의 폭동으로 3일간 54명이 사망하는 사건이 발생했는데, 이를 '로드니 킹 사건'이라고 한다. 이 사건이 계기가 되어 1992년 한국인이 많이 거주한 LA 지역에서 폭동이 일어나 미국식 다문화주의에 대한 재성찰이 시작되었다. 그러나 2001년 9·11 테러 사건 이후 미국인에게 국가안보의 중요성이 대두하면서 반(反) 무슬림 정서에서 시작된 반(反) 이민정서가 확산되었다. 주정부가 관할하던 여러 행정조치가 연방정부의 기준을 준수하도록 하는 등 연방정부의 이민 관련 권한을 강화하고, 국경 보안을 목적으로 외국인의 입국이 까다로워지는 등 미국의 이민정책은 보다 수구적이고 보수적으로 변화되었다(김성배, 2017).

(2) 미국의 다문화정책

미국의 백인 인구는 2050년이 되면 50.1%로 줄어들 것으로 전망되고 있으며, 미국 카운티 중 백인이 소수인 곳이 이미 10%가 넘는다(심미경, 2016). 미국에서 다문화정책의 중요성이 커지고 있는 이유이다. 미국은 연방정부가 다문화정책의 큰 틀을 제시하고 50개의 자치주가 각 주의 상황에 적합한 정책을 펼치고 있다.

① 드림법

미국이 가장 고민하는 다문화정책의 하나는 교육이다. 이주의 역사가 긴 미국에서 이주민 자녀의 교육지원방안으로 2001년부터 15개의 주 이상에서 「드림법」을 시행했다. 15세 이전에 미국으로 이주한 학생이 최소 5년 이상 거주하며 고교졸업 후 대학에 진학하거나

군복무를 할 경우 시민권을 발급한다.

② 낙오학생방지법(No child Left Behind Act)

일부 주에서 미국화(americanization)를 위한 정책으로 ESL(English as a Second Language)을 교과영역에 포함하지 않는 등 의사소통을 영어로만 하여 이주 배경 학생이 학업에 어려움을 겪게 되었다. 이에 부시 정권은 교육격차 해소를 위해 소외계층 학생의 학력 증진 및 교육기회의 평등이라는 취지에서 「낙오학생방지법」을 시작했다. 이 법은 생활 수준이나 교육성취도가 낮은 소외계층, 소수민족 학생, 영어가 능숙하지 않은 이민자 학생 등을 대상으로 각 주에서 정한 학업성취 기준에 도달할 수 있도록 지원하는 것이다.

③ 이중언어교육법

1968년 「이중언어교육법」을 제정하여 영어가 숙달되지 않는 학생에게 언어교육을 지원하고 있다. 그러나 법 집행에 있어 강제성이 부족하고 시행방법의 모호성으로 성과를 올리지 못하고 있는 실정이었다. 1974년에 발생한 Lau 판결이 이 법이 실효성을 가질 수 있는 계기가 되었다. 이후 미국정부는 다문화학생의 통합 증진을 위해 이중언어교사를 채용하거나 ESL 자격을 소지한 교사를 배치하면서 이중언어교육 효과를 높이고자 하고 있다.

④ 헤드스타트(Head Start) 정책

원래의 헤드스타트는 저소득층 0~5세 자녀의 인지적·사회적·정서적 개발 증진으로 취학 전 준비를 할 수 있도록 지원하는 연방 프로그램이었다. 미국의 이민자 헤드스타트 정책은 주정부에 등록된 아동과 그들의 가족에게 교육, 건강, 영양, 사회적 서비스 등의 서비스를 제공하며 빈곤계층과 이주민의 정착을 지원하는 사회통합정책이 되었다.

Lau 판결

1970년 캘리포니아주 샌프란시스코 소재 공립학교의 약 3,000여 명의 중국계 미국인 학생이 영어를 전혀 또는 거의 사용하지 못하고 있었고, 이들 중 약 1,800명은 어떠한 특별교육 서비스도 받지 못하게 되면서 학생들과 학부모들은 '1964년에 제정된 민권법 제6편과 연방헌법 수정 14조의 동등보호권리가 공립학교에 의해 침해당했다'고 연방지방법원에 집단소송을 제기했고, 연방지방법원은 '동일한 기간과 조건으로 교육한 것은 영어를 사용하지 않는 학생의 권리 침해는 아니다'라는 판결을 했다. 이에 원고들은 연방대법원에 상고했고 연방대법원은 '영어가 수업의 유일한 수단인데 영어를 전혀 못하는 학생에게 영어를 가르치려는 노력을 하지 않은 것은 동등한 교육기회가 거부된 것이다'라는 판결을 내렸다.

⑤ 긴급 이민자 교육 프로그램(Emergency Immigrant Education Program, EIEP)

EIEP는 연방정부가 주정부에 예산을 지원하여 지역의 교육기관에서 이민자 아동과 청소년에게 교육기회를 제공하도록 하는 것이다. 예상하지 못한 이민자 학생이나 긴급지원이 필요한 학생이 있는 교육기관을 지원함으로써 이들의 미국 사회로의 진입을 돕기 위해 기본교육, 멘토링, 카운슬링 등을 지원하고 있다. 이는 불법체류 중인 경우라도 동일한 교육기회를 제공한다.

⑥ 소수자우대정책(Affirmative Action)

1961년 미국의 캐네디 대통령의 사회적 약자에게 평등한 기회가 주어질 수 있도록 인종이나 신념, 피부색, 국적에 관계없이 고용될 수 있도록 해야 한다는 행정명령에서 시작되었다. 이후 기업의 채용, 대학 입학정책에도 적용되었고 대상 또한 흑인에서 히스패닉, 아시아계로 확대되었다. 이에 대해 학업성적이 우수한 학생이 소수인종이 아니라는 이유로 대학에 진학하지 못하는 것은 위헌이라는 소송이 몇 차례 제기되었고, 2023년 7월 미국 대법원에서는 '소수인종 대입 우대 위헌'으로 판결을 내렸다. 이에 대한 찬반 논란은 다문화정책과 함께 사회갈등을 보여준다.

2 캐나다의 다문화정책

(1) 캐나다의 다문화사회 형성 배경

캐나다는 1971년에 세계에서 가장 먼저 다문화주의를 공식적인 국가정책으로 채택한 대표적인 이민국가이다. 캐나다의 다문화사회 형성은 소수집단의 권리보호나 문화를 존중하기 위해서 시작한 것이 아니라 역사적 배경이 주요하게 작용한다.

16세기 프랑스인이 캐나다로 이주한 이후 캐나다는 영국과 여러 차례 영토전쟁을 하게 되었다. 18세기 후반에는 영국령 캐나다 자치연방이 되면서 프랑스계는 퀘벡지역에서 모여 살게 되었는데, 이로 인해 프랑스계의 영향력이 지배적이었던 퀘벡지역에서는 프랑스어 사용을 주장하는 사람이 늘어나며 갈등이 계속되었다. 그후 영어와 프랑스를 공용어로 사용하고 있으며, 퀘벡(Quebec)주에서는 지역주민의 85%가 프랑스어를 모국어로 사용하고 있다. 1963년 '2언어 2문화주의 왕립위원회'를 발족하고 프랑스어와 영어를 공용어 채택했으며, 1969년에는 「공용어법」을 제정했다.

캐나다는 1885년 「중국인 배척법」을 제정하여 유색인종에 대한 억압과 차별을 해왔는데, 1970년대까지만 해도 영국계가 기득권을 가지고 통합을 유도해나갔다. 이에 영국계 우위의 사회체제에 불만이 있던 퀘벡지역에 거주하는 프랑스계는 자치권을 요구하며 분리독립을 시도하기도 했다.

국민통합을 어렵게 만드는 프랑스계와 영국계의 갈등과 대립 해소를 위해 1971년 캐나다 총리 피에르 엘리오트 트뤼도(Pierre Elliott Trudeau)는 "캐나다에는 두 가지의 공식언어가 존재하나 공식문화는 존재하지 않는다."라고 '다문화주의'를 선언하여 민족 간 문화적 평등을 강조했다.

캐나다는 다문화사회의 선언 이후 다양한 다문화정책을 시행해왔다. 1982년 헌법 개정을 통해 "인권과 자유 헌장(The Canadian Charter of Rights and Freedom)"을 제정하여 문화적 다원성의 가치를 포함하며 다문화주의에 대한 국가의 의지를 표명했다.

이처럼 캐나다의 다문화주의는 이민정책에서 출발했다기보다 사회통합정책으로 시작해 이민정책에 영향을 미쳤다고 볼 수 있다(홍영균 외, 2020).

(2) 캐나다의 다문화정책 특징

다문화주의를 국가정책 차원으로 받아들이고 있는 캐나다는 다문화정책에 대한 체계적인 법과 제도를 갖추고 안정적인 정책을 시행하는 국가이다. 1988년 「다문화주의법(Canadian Multiculturalism Act)」의 제정을 통해 다문화주의 중요성과 긍정성을 강조했다(박진경 외, 2012). 이러한 국가의 정책방향에 대한 캐나다 국민의 대중적 지지도 높아 다문화사회의 선진국다운 면모를 보여준다. 캐나다 사회통합정책의 목표는 이민자가 캐나다 사회에 조기정착하여 자아실현을 통해 사회에 기여하는 완전한 시민이 되도록 하는 것이다. 캐나다의 다문화정책의 특징을 정리하면 다음과 같다.

캐나다 다문화정책의 특징

① 다문화주의가 모든 캐나다인의 국가정체성이 되어 이민자를 소속감과 정체성을 가진 동등한 사회구성원으로 인식함으로써 통합과 사회적 기여

② 국가의 역할을 「헌법」과 「다문화주의법」에 명시하여 사회적 공감대 형성 및 안정적 정책 운용

③ 협력적 거버넌스 구축을 통한 정책 추진

④ 캐나다인의 다문화주의의 이해와 지지를 기반으로 한 정책 수행

출처 배경임 외(2022).

(3) 캐나다의 다문화정책 현황

캐나다 연방정부는 이민자를 위한 정착 프로그램과 언어교육을 운영한다. 이민자의 조기정착을 지원하는 이민자 정착 및 적응 프로그램과 지역사회와의 유대 강화로 소속감을 높일 수 있는 호스트 프로그램 등과 같은 다양한 형태의 이중언어교육이 있다.

표 8-1 캐나다 이민자 정착 프로그램 현황

구분	내용
이민자 정착 및 적응프로그램 (Immigrant Settlement and Adaptation Program, ISAP)	• 연방정부와 주정부가 이민자 정착기관인 신구이민자정보센터(NIC, Newcomer Information Center)에 자원을 지원하는 서비스 • 신규이민자의 조기정착에 필요한 서비스 연계 및 일상생활 정보제공 등
호스트 프로그램 (HOST Program)	• 친구·가족 맺기의 교류 프로그램 • 지역사회와 네트워크 형성으로 이민자의 조기적응과 선주민의 다문화체험으로 상호 유대 강화 → Citizenship 강화
신규 이민자 언어교육	• 이중언어교육(모국어 지원, 현지어) • ESL(English as a Second Language): 모든 학생의 기초영어회화능력 강화 • ELD(English Literacy Development): 읽기, 쓰기 훈련 • LEAP(Literacy Enrichment Academic Program): 교과학습 언어능력 향상 • 소수언어 학생 지도교사 자격제도

2 유럽의 다문화정책 : 영국, 독일, 프랑스

1 영국의 다문화정책

(1) 영국의 다문화사회 형성 배경

제2차 세계대전 이후 영국은 식민지의 독립을 허용했고, 영국의 식민지 출신 국가는 영연방(Commonwealth of Nations)을 결성했다. 1948년 영국은 「국적법」을 제정하여 영연방 국민의 영국으로의 이주를 허용했다. 영국의 다문화사회는 19세기에는 아일랜드인, 제2차 세계대전 이후에는 유대인과 영국 식민지로부터 이동한 이주민으로 형성되었다(배경임 외, 2022). 이는 국제사회에서 영국의 국가이미지 제고와 노동력 문제를 해결하기 위한 것이었다. 이주한 영연방 국민은 대부분 영국 내 백인이 기피하는 업종에 고용된 저숙련 노동자였다. 외국인 노동자의 유입으로 노동력 문제 해결과는 별개로 정주민과의 갈등 등 사회문제가 발생하기 시작하면서 이민자에 대한 규제를 강화하게 되었다(금혜성 외, 2012). 1962년에는 「연방이민법(commonwealth Immigrants Act)」을 제정해 이민자 수를 제한했고, 1972년에는 개정을 통해 영국에서 출생한 부모나 가족의 초청이 있는 경우만 정착할 수 있도록 했다.

영국의 이민정책은 국가가 필요한 인력 활용의 목적에 따라 진행되었으므로 이민자에 대한 최소한의 보호정책을 제공하고 이민자 권리보장 등에는 소극적이었다. 그러나 이주민과의 사회갈등이 발생하면서 정책이 변화되고 있다. 1981년의 이민자 폭동으로 「국적법」을 개정하며 '영국시민권', '보호령시민권', '영국재외시민권'의 세 가지 유형의 시민권 개념이 등장했는데, 이는 영연방 국민이 아닌 경우 이주를 제한하겠다는 것이다. 이민자가 시민권을 취득하기 위해서는 테스트를 통과하거나 기술자와 숙련노동자에게 점수를 부여하는 이민상한제를 도입하는 등 이민정책의 변화를 통해 사회갈등에 대응해가고 있다.

시리아, 중동과 북아프리카 등에서 넘어오는 난민의 수가 증가하면서 유럽연합(European Union, EU) 회원국의 부담이 커지는 상황에서 영국은 브렉시트(Brexit)를 선택했다. EU 회원국의 시민권을 가지고 있는 사람은 EU 시민권자의 권리를 동시에 가질 수 있으므로 난민의 이주 또한 자유롭다. 브렉시트의 결정에 있어 난민이라는 하나의 문제가 원인이라고는 할 수 없지만 결정적인 요인으로 작용한 것은 분명하다. 난민뿐만 아니라 이주민의 노동시장 점유율이 높아진다는 인식하에 반(反) 이민정서가 확산된 것도 원인이 되었다. 그러나 영국통계청(ONS)에 따르면, 브렉시트 후 영국은 2022년에는 노동력 33만 명이 감소하고, 이민자 수는 사상 최대를 기록했다(중앙일보, 2023.5.26).

영국은 기존의 사회통합정책에 민주주의, 개인의 자유와 권리보장이나 법치주의 등의 '영국적 가치(British Values)'를 준수해야 하는 이주민의 노력을 요구하고 있다.

영국의 이주민 갈등에 따른 이민정책의 변화

① 증가한 이민자와 정주민의 사회갈등 → 1972년 「영연방 이민법」 개정, 영국 출생 부모와 가족 초청자만 영국 정착 허가
② 1981년 이민자 폭동 →「국적법」 개정, 시민권 개념 등장, 영연방 국민에게만 이민 허용
③ 2001년 이민자 폭동 → 2002년 이민자 시민권 테스트와 시민권 의식 법안 통과
④ 2004년 동유럽국가 EU 가입 → 비유럽국가 이민자 이민봉쇄, 2008년 '이민상한제(점수제)' 도입으로 기술자와 숙련노동자 유입
⑤ 2005년 런던 지하철 테러 사건 →「인종관계법」 강화, 귀화희망자에게 영어자격증과 영국 생활(Life in the UK) 시험 통과 요구
⑥ 2010년 이후 난민 유입 증가 및 반(反) 이민 정서 확산 → EU 탈퇴(2020)

(2) 영국의 다문화정책

영국의 다문화정책은 내무부가 의원내각회의에서 부처 간의 갈등과 정책조정에 참여하고 있으며, 정책 수행은 지방정부가 책임을 지고 있어 중앙정부와 지방정부의 협력으로 이루어진다. 사회통합정책은 언어교육 및 사회정착 지원 프로그램, 다문화인권보장, 다문화교육으로 분류할 수 있다. 사회정착을 위한 프로그램은 국경청에서 귀화시험과 함께 추진하고 있으며, 다문화인권보장은 인종차별금지정책을 중심으로 중앙정부와 지방정부의 협력으로 진행된다. 영국은 다문화교육을 통해 다문화사회의 갈등을 극복할 수 있다고 보고 1979년 교육개혁을 시도하여 다문화교육을 학교교육 과정에 편입시켰다.

표 8-2 영국의 사회통합정책

언어교육 및 사회정착지원 프로그램	• 국경청: 귀화시험 주관, 언어교육(ESOL), 사회이해교육, 지역공동체 교류프로젝트, 멘토링, 인턴십 제공 • ESOL(English for Speakers of Other Languages), 영국 이민자의 영어구사력 향상과 시민권, 영주권 취득의 선행조건
다문화인권보장	• 인종차별금지정책 추진: 평등위원회(Equality and Human Rights Commission)와 지역인종평등의회(Race Equality Councils)
다문화교육	• 중도입국 청소년 교육지원정책 • 사회구조적 불평등 극복 지원을 위한 선택적 개입(targeted intervention) • 쇼클로 커뮤니티(Shawclough Community): 정규수업 외에 소수인종 이주학생 대상 보충수업 및 상호존중 함양 프로그램 운영(참여와 어울림의 학교문화 조성)

1988년에 발생한 '루시디 사건'으로 시작된 이슬람 종교와의 갈등은 영국사회는 물론 국제사회의 여러 곳에서 발생하였다. 이 사건은 영국의 다문화교육이 종교교육으로 전개되는 계기를 만들었다. 영국의 인종갈등 문제가 종교갈등으로 전환되는 사회현상과 밀접한 관련이 있다고 볼 수 있다(김선미, 2011).

루시디 사건

1988년 출간된 살만 루시디의 소설 "악마의 시"가 이슬람종교를 모독했다는 이유로 이란의 정치종교지도자 호메이니가 루시디의 처형을 명령하자 루시디는 영국경찰의 보호하에 도피생활을 했다. 이 사건으로 유럽 여러 국가가 이란과 단교하고 종교갈등이 증폭되어 세계 각국에서 일어난 시위로 경찰과 시위대가 충돌하여 사망자가 발생하는 등 심각한 국제사회의 문제가 되었다.

살만 루시디의 '악마의 시'
(The Satanic Verses)

2 독일의 다문화정책

(1) 독일의 다문화사회 형성 배경

독일은 EU 회원국 가운데 높은 경제력과 사회복지정책으로 이주민이 선호하는 이민국으로, 유럽 내 외국인 등록자 수 1위 국가이다. 전체인구의 19%에 해당하는 1,530만 명이 외국인이거나 이주배경을 갖고 정착한 사람이다(홍영균 외, 2020). 1950년대 '라인강의 기적'이라 불리는 경제성장을 이룩한 독일은 제2차 세계대전이 끝나고 무너진 독일의 국가 기반시설을 복구하고 경제를 재건하기 위해 많은 노동력이 필요했다. 그래서 이탈리아(1955년), 스페인(1960년), 터키(1961년), 포르투칼(1964년), 유고슬라비아(1968년) 등 주변국과 노동자협약을 체결하여 부족한 노동력을 충원했다. 그러나 1960년대 후반 이민자가 독일 인구의 10%를 넘는 가운데 독일의 경기가 침체되고 자국민의 실업률이 상승하자 1973년에는 외국인 노동자 유입을 억제하기 시작했다.

1990년대 미·소 냉전 이후 소련 및 동유럽 국가에서 외국인 노동자가 다시 유입되기 시작하면서 독일의 사회구성원은 더욱 다양한 형태를 띠게 되었다. 독일의 이주민에는 1961년 베를린 장벽이 설치되면서 동독에서 넘어온 이주민까지 전쟁과 분단과 관련한 계층과 제2차 세계대전 후 국경이 재정립된 다음 독일 점령지에서 추방된 독일 실향민(Heimatvertriebene), 독일동방이주민(Aussiedler), 1980년대 말 사회주의 정권 붕괴로 이주한 후기 독일동방이주민(Spataussiedler), 구동독을 탈주한 동독난민(DDR-Fluchtlinge), 합법적으로 이주한 동독 이주민(Ubersiedler) 등이 포함되어 있다(노기옥 외, 2019).

(2) 독일의 다문화정책

독일은 이주민을 귀환대상자로 보고 있어 정부가 직접 개입하지 않고 간접적인 지원방식을 채택하여 차별적인 배제정책을 추진했었다. 그러다 1991년 「외국인법」을 개정하면서 이주민을 독일 사회의 구성원으로 수용하기 시작했다.

2005년 「이민법」의 개정은 독일의 이민정책에 큰 전환을 가져왔다. 독일은 한국과 같이 속인주의 전통을 고수하는 국가로, 독일에서 태어난 이민자 자녀는 외국인 신분으로 거주하는 반면, 외국에서 태어난 독일혈통의 자녀에게는 독일 시민권이 부여되었다. 그러나 「이민법」의 개정으로 2005년 이후 독일에서 출생한 이민자 자녀도 일정 조건이 충족되는 경우 속지주의를 적용하여 시민권을 받을 수 있게 되어 외국인의 국적취득 조건이 완화되었다.

사람에 대한 법의 효력범위 기준

① 속인주의: A 나라의 국적을 가지고 있다면 거주국과 상관없이 A 국가의 법이 적용된다는 원칙(한국, 일본, 중국, 독일 등)
② 속지주의: A 나라의 영토 안에 있는 사람은 A 국가의 법을 적용받는다는 원칙(미국 등)

또한 「이민법」 개정으로 독일 내무부 소속 '이주난민연방청'을 설립하여 초기 청소년을 포함한 이주민 상담 및 생활지원, 문화이해와 상호 간 소통역할 등의 통합 프로그램을 통해 사회통합정책을 시행했다. 이로써 그동안의 외국인 정책 중심에서 사회통합정책으로 전환되며 연방정부 차원의 추진이 시작되었다.

2007년 국가통합계획(Der Nationale Integrations plan)에서 통합을 사회적 과제로 제시하고, 정부, 주정부, 이민단체 및 비정부기구가 협력하여 400가지 조치를 규정하여 사회통합을 추진했다(신재주, 2010). 특히 아동교육을 강조하고 있으며, 언어교육과 사회통합을 중점적으로 추진하는 어린이집 4,000여 개를 운영하고 있다. 이주민과 선주민 간의 소통을 위한 상호문화중재전문인(Intercultural Mediator)을 채용하여 여러 언어로 교육받을 수 있는 기회를 제공하고 있다(최윤정, 2017).

독일에서 장기체류허가를 받은 모든 외국인은 총 900시간의 통합강좌를 이수해야 한다. 독일어로 진행되는 통합강좌는 45시간의 오리엔테이션 과정에서 독일의 법질서, 역사, 문화, 유럽의 통합, 종교와 문화의 다양성 등의 과목을 선택해서 들을 수 있으며, 수강 이후 필기 또는 구술 시험을 시행하고 있다.

독일 정부가 재정지출을 늘리고 있는 부문은 언어교육과 인권교육이다(배경임 외, 2020). 언어교육의 우수한 사례로 발도로프 학교가 있다. 독일, 아랍, 터키 등 언어나 환경 등에 관계없이 언어와 문화별 그룹으로 활동한다. 독일어 수업을 강제하지 않아 서로 다른 언어가 존재한다는 것을 인식할 수 있는 환경을 제공한다. 다양한 전통과 음악, 종교 행사를 개최하며, 이를 통해 이주민 학생은 모국어를 사용하며 자유롭게 학교생활을 할 수 있게 하고 있다.

또한 이주민의 사회참여를 독려하는 방안으로 자원봉사에서 이주민의 비율을 제고하고 있다. 이주민-선주민 간 피크닉 테이블을 통해 선주민과의 직접적인 의사소통의 장에서 상호 토론하는 시간을 마련하기도 한다(최윤정, 2017).

3 프랑스의 다문화정책

(1) 프랑스의 다문화사회 형성배경

프랑스는 16세기부터 정치, 경제, 문화적인 이유로 이민자가 프랑스 사회로 유입되었다. 프랑스의 이민은 크게 1789년 프랑스 혁명 이후 자유를 찾아온 '정치이민'과 산업혁명 이후 유입된 '경제이민'으로 나눌 수 있다. 르네상스 시대에는 레오나르도 다빈치와 같은 예술 분야 인력의 '기술이민'이 프랑스의 문화예술발전에 크게 기여했다(노기옥 외, 2019). 19세기에는 이탈리아, 독일, 영국, 스페인 등 주변 유럽 국가의 인구가 증가하고 있을 때 프랑스의 인구는 거의 늘지 않게 되어 인구가 부족해지자 외국인 노동인력을 적극 수용하게 되었다.

제2차 세계대전 이후 프랑스의 식민지 국가였던 알제리, 모로코, 튀니지를 포함한 북아프리카 출신의 마그레브(Maghreb) 무슬림의 이주가 증가했고, 이로 인한 프랑스 사회의 갈등 또한 심각해졌다.

1970년 이후에는 오일쇼크 등으로 경제성장이 둔화되자 이민자 유입을 제한하거나 금지했는데, 이미 들어와 있는 이주민의 가족합류는 허용했다. 프랑스 사회는 이처럼 노동이주자의 정착이 증가하면서 다문화사회가 형성되었다.

(2) 프랑스의 다문화정책

프랑스의 다문화정책은 사회질서 보장을 전제하며, 프랑스에 거주하고 있는 모든 구성원은 동일한 권리와 의무를 갖는다. 프랑스는 다양한 이주민의 문화를 수용하기보다 동화(assimilation)와 융합의 '공화주의 모델'을 사회통합정책으로 채택했다. 공화주의 모델은 이민자가 프랑스의 문화와 역사를 수용하고 법과 질서를 잘 준수하기를 요구한다. 특히 공공장소에서 종교적 신념이나 표현의 자유를 엄격하게 금지했다. 다른 종교를 가질 수 있으나 그것은 사적 공간에서만 표현할 수 있고 공적 공간에서는 드러낼 수 없다는 것이다. 이는 프랑스의 정교분리(政教分離)·세속주의 원칙인 '라이시테(laïcité)'가 배경이 된 것이다.

2015년 1월 7일 프랑스 풍자주간지 「샤를리 에보도(Charlie Hebodo)」의 파리 도심에 있는 사무실에서 이슬람 극단주의자에 의한 총기난사로 인해 편집장을 포함한 10명의 직원과 경찰 2명이 사망하는 사건이 발생했다. 이 테러 사건은 정교분리 원칙을 고수하던 프랑스에 '표현의 자유'와 '타 종교의 존중'에 대한 논쟁을 일으켰다(정은정, 2019).

프랑스의 문화우월주의에 의한 동화정책은 프랑스 곳곳에서 발생한 테러로 인해 흔들리게 되었다. 파리의 교외인 방리유(banlieue) 지역은 인종적 소수집단이 모여 살아가는 지역이다. 2005년 방리유에서 경찰의 불신검문을 피하려던 이민 2세 청년이 감전사한 사건에 불만을 가진 이민 청년들이 폭동을 일으키게 되었고, 이 인종소요사태는 200개 도시로 번져 나갔다. 사회에서 배제되고 소외되고 있다고 생각하던 이민 2, 3세에게는 경찰의 과잉단속으로 인한 피해가 증오범죄 발생의 트리거(trigger)로 작용한 것이다. 자유를 중요하게 여기는 프랑스의 '관용(tolerance)'이라는 타 문화와 타인에 대한 관용의 정신을 가진 프랑스는 정교분리의 '라이시테' 사이에서 혼란과 위기를 겪고 있다.

프랑스는 사회통합을 위한 노력의 일환으로 2007년 정부 차원에서 세계에서 처음으로 '국립이민사박물관'을 개관하고 이민의 역사와 이민자의 삶을 들여다볼 수 있는 공간을 마련했다. 이는 프랑스 사회가 역사적으로 단일인종으로 구성된 것이 아닌 다양한 국가 출신의 이민자의 공헌이 함께 녹아 있는 사회라는 것을 공식적으로 인정한다는 점에서 의미가 크다.

3 아시아 및 오세아니아의 다문화정책: 중국, 일본, 호주

1 중국의 다문화정책

(1) 중국의 다문화사회 형성

다문화사회는 일반적으로 세계화로 인해 다양한 민족의 이주로 형성되지만, 중국은 고대부터 여러 민족이 함께 살아가는 다민족사회라고 할 수 있다. 중국은 한족과 55개의 소수민족으로 구성된 다민족국가이다. 한족은 중국 전체 인구의 91%인 12억 8,000만 명이고, 소수민족은 8.9%인 1억 2,000만 명이다(중국통계연감, 2020). 55개의 소수민족은 한족의 10%에 불과하지만 중국에서는 소수민족에 대한 정책을 중요하게 여기고 있다(이혜영, 2019). 그 이유는 첫째, 소수민족이 거주하고 있는 지역은 경제적으로 풍부한 천연자원과 석유, 석탄, 우라늄, 철광석, 티타늄 등의 지하자원을 보유하고 있기 때문이다. 둘째, 지리적으로 소수민족의 거주지는 중국 국토 전체 면적의 60%에 해당한다. 셋째, 정치적으로 인도, 몽골 등 주변 14개국과 국경에 인접해 있는 소수민족의 거주지는 국방과 외교에 중요한 위치이다.

한편 최근 유입되고 있는 국제결혼 배우자나 외국인 노동자에 대한 정책은 부족한 실정이다. 지방자치단체별로 지원이 상이하게 적용되며, 사회보험이나 사회서비스제도는 전무하다(배경임 외, 2022). 이처럼 중국의 다문화정책은 소수민족정책이라고도 볼 수 있다.

(2) 민족구역자치법

1947년 네이멍구 자치구(內蒙古自治區)를 설치하고 1952년 '중화인민공화국 민족구역자치 실시강요'를 발표하면서 소수민족자치제도가 시행되었다. 1960년대 후반에 마오쩌둥(毛澤東)에 의해 주도된 운동으로 전근대적인 문화 및 자본주의 타파와 사회주의 실천운동이었던 문화대혁명 기간 동안 중단되었다가 1984년 「민족구역자치법」을 발표하며 다시 시작되었다.

중국이 시행하고 있는 소수민족구역자치제도를 살펴보면 전국 155개의 민족자치구역으로 나누고 5개의 자치구, 30개의 자치주, 120개의 자치현으로 구성하고 있다. 특히 5개의 자치구 중 신장위구르 자치구(新疆維吾爾自治區)와 네이멍구 자치구(內蒙古自治區), 시짱 자치구(西藏自治區, 티베트)의 3개 자치구는 전국 면적의 40%를 차지하고 있어 중국이 가장 중요하게 여기고 있는 소수민족자치구이다.

1949년 제정된 「신중국헌법」에 해당하는 '중국인민정치협상 공동강령'에 민족 간의 평등과 소수민족 자치지역 실시, 소수민족 문화 유지의 보장 등을 규정하고 있다. 이를 근거로 하여 소수민족정책은 차별과 배제 없이 협력하여 민족의 공동번영을 이루겠다는 민족 평등, 민족 단결, 민족의 공동번영의 3대 기본원칙을 마련하고 있다(표 8-3).

표 8-3 중국 소수민족정책의 기본원칙

기본 원칙	주요 내용
민족 평등	민족들이 모두 동등한 지위, 권리를 가지고 동등한 의무 이행, 모든 형식의 민족 압박과 민족 배제 반대
민족 단결	각 민족 간 서로 평등한 관계를 유지하는 가운데 상호 존중하고 서로 협력
민족의 공동번영	각 민족 간의 협력을 통해 공동번영 추진

출처 이혜영(2020). "스웨덴과 중국의 다문화정책에 대한 비교".

이 같은 중국의 소수민족정책의 기본원칙에는 '분리불가의 원칙'이 전제되어 있다. 「중국헌법」 제4조 제3항에 의해 "모든 민족자치구역은 중화인민공화국에서 분리할 수 없다."라고 규정하고 있다. 중국 정부는 소수민족에 대해 '포용과 견제'의 정책을 펼치고 있는 것이다.

중국의 소수민족정책을 사회문화, 경제, 언어교육문화 영역으로 크게 구분하면 〈표 8-4〉와 같다.

표 8-4 중국 소수민족정책의 내용

사회 문화	민족구역자치 제도	**근거:** 중화인민공화국민족구역자치법 **내용** – 자치기관은 소수민족이고 기타 민족은 비례대표 – 민족 특성에 따른 법률 및 규정 제정 – 두 가지 이상의 언어와 문자 사용 – 민족 특성과 풍속 및 습관 고려 **한계:** 소수민족자치의 횡적 연합을 인정하지 않음

사회 문화	소수민족간부 양성 및 채용	**근거:** 소수민족구역자치법 제16조, 제17조, 제18조, 제67조 **내용:** 자치구의 공공기관 채용 및 승진 시 우선 적용 **한계:** 간부가 자치구와 중국사회 연결 역할에 미칠 수 있음
	소수민족 전통문화 포용정책	**근거:** 중국 형법 "국가기관이 공무원이 국민의 종교·신앙자유와 소수민족 풍속 및 습관을 엄중하게 침해하는 경우, 2년 이하의 징역이 부과된다." **내용** – 음식, 명절, 혼인, 장례 등 문화 유지 – 각 민족기념일의 휴가제도 시행 – 돼지고기 금기지역에서 돼지 사육 권장 금지 – 이슬람 문화권 지역에 특별한 상품의 성산과 공급 **한계:** 종교의 자유를 표명하지단 근본적으로 무신론인 중국정부와의 갈등을 배제할 수 없음
경제	서부대 개발전략	동부지역보다 1인당 GDP가 낮은 서부지역의 경제개발 – 제1단계(2000~2010년): 기초 인프라 구축, 생태환경보호, 투자환경 개선 – 제2단계(2011~2030년): 투자규모 확대, 동부지역과 경제격차 축소 – 제3단계(2031~2050년): 소강사회(안정적인 생활) 건설과 현대화
	소수민족 부자 만들기	중국국경 경계선 주변의 135개 자치현에 지원금 투입하는 프로젝트
	취약지역 지원정책	인구 10만 명 미만의 22개 소수민족에 발전기금 지원
언어 교육 문화	이중언어 교육 및 수험생 우대정책	**근거:** 자치법 제37조, 제71조 "소수민족 언어문자 교육을 중시하고, 이를 위한 교사진을 육성하고, 이와 관련된 경비를 지원한다." **내용** – 중국어와 민족언어를 함께 배울 수 있는 이중언어교육 – 소수민족 수험생에게 대학 입학조건 완화나 가산점(5~20점) 부여 **한계:** 소수민족 우대에 대한 한족학생의 역차별 문제 제기

최근 중국에서는 대학입시와 취업경쟁이 치열해지면서 90%를 차지하는 한족 학생으로부터 소수민족 간 부양성 및 채용에 대한 정책으로 역차별을 받고 있다는 불만이 나오기도 한다.

2 일본의 다문화정책

(1) 다문화사회의 배경

일본은 에도(江戸)시대 말기부터 1868년 메이지 유신을 기점으로 세계자본주의 경제를 도입하여 외국인이 거주하기 시작했으며, 가장 많은 외국인은 한국국적·조선적(朝鮮籍)으로 '재일코리안'이다. 재일코리안은 1910년 일본이 대한민국을 강제침탈한 후 강제징용 등으로 일본으로 건너간 많은 노동자와 그 자손이 대부분이다. 제2차 세계대전이 끝나고 한국이 독립을 했으나 약 60만 명이 고국으로 돌아오지 못하고 일본에 정착했다. 이들은 일제치하에서 일본 국적자였으나, 해방 이후 국적을 상실하여 외국인이 된 것이다. 일본에서는 당시 식민지국가였던 대만 출신 등과 함께 재일코리안을 '올드커머(old-comer)'라고 한다.

한편 한국보다 먼저 저출산·고령화시대로 진입한 일본에서는 농촌의 젊은이가 도시로 유출되면서 농촌은 고령화가 심해지고 농업 후계자가 부족해졌다. 아울러 농촌 총각의 결혼이 어려워지면서 농촌 미혼 남성의 국제결혼이 시작되었다. 일본에서는 이를 '농촌의 신부 부족'이라고 표현한다. 농촌뿐만 아니라 도시에서도 저임금 근로자 부족 현상으로 외국인 노동자가 유입되기 시작했다. 1980년대 후반 제조업, 음식업 등에 종사하는 외국인과 일본인 남성과 국제결혼을 하는 외국인 여성을 '뉴커머(new-comer)'라고 부른다.

(2) 일본의 다문화정책

일본은 후생노동성에서 고용대책기본계획을 수립한다. 1967년 제1차부터 1976년 제3차까지의 기본계획에는 외국인 노동자의 유입을 인정하지 않았으나 1988년 제6차 기본계획에서는 지식과 기술이 있는 '전문기술노동자'는 가능한 한 수용하고, 그렇지 않은 '단순노동자'는 신중하게 대응해야 한다고 명시했다. 이후 1990년에 시행된 출입국 관련 법령 개정으로 일본계 외국인과 그 가족은 취업제한 없는 비자로 입국할 수 있게 되었다.

일본계 외국인이 아닌 기타 외국인은 1993년 「기능실습제도」를 통해 유입되었다. 기능실습제도는 개발도상국의 기술이전을 목적으로 연수·기능 실습생이 최장 3년 동안 일할 수 있는 제도이다. 하지만 연수생의 대부분이 일본의 청년층이 기피하는 3K 업종인 중소기업에서 비숙련 단순노동자로 근무했다. 3K는 한국의 3D와 같은 개념으로, 일본어로 'Kitsui(힘들다)', 'kitanai(더럽다)', 'Kimoi(기분 나쁘다)'의 첫 글자를 의미한다.

일본은 간호 및 개호 분야의 인력 부족이 심해짐에 따라 외국의 간호사와 개호복지사 후보생에 대한 연수의 기회를 넓혔다. 2008년 경제연대협정(Economic Partnership Agreement, EPA)을 통해 인도네시아를 비롯한 동남아시아 국가의 간호사와 개호복지사 후보생이 일본 국가자격을 취득할 수 있도록 했다. 간호사 후보생은 3년, 개호복지사 후보생은 4년간 체류할 수 있으나, 자격 취득 후에는 갱신횟수 제한 없이 체류할 수 있어 사실상 영주가 가능하다. 일본의 고령화로 노인인구 비중이 커짐에 따라 간호 및 개호 분야의 외국인 인력 수요는 계속될 것이라고 전망된다.

일본에 체류하는 외국인은 2022년 기준 총인구의 약 3%를 차지한다. 1995년 말에는 약 65만 명, 2005년 말에는 약 200만 명, 2012년 말에는 203만 명, 2022년 307만 명으로 집계되었다(일본법무성, 2022). 외국인의 유입에 다소 폐쇄적이던 일본은 최근 인구감소로 인한 일본축소사회의 도래로 발생한 노동력 부족현상의 대응방안으로 외국인 노동자를 받아들여야 한다는 입장으로 선회하고 있으며, 특히 산업경쟁력 강화를 위한 고도의 기술을 가진 인재의 영입을 추진하고 있다. '일본재건전략(日本再興戰略)'에서는 외국인 인재 활용에 대한 구체적인 방향성을 명시하고, 글로벌화에 대응하기 위한 외국인 유학생 도입 촉진 전략인 '고급 외국 인재 포인트제도'를 제시했다. 2015년 4월 고급 외국인 인재를 위한 체류자격으로 '고급전문직 1호'를 신설하고, 체류기간 중 활동제한을 대폭 완화하고 체류기간을 무기한 연장한 '고급전문직 2호'를 개설했다.

표 8-5 고급 외국인 인재 포인트제도

구분		주요 요건
고급 전문직 1호	고급학술연구활동	• 기초연구나 최우선단기술연구를 수행하는 외국인 연구자
	고급전문·학술활동	• 전문적인 기술·지식 등을 활용하여 새로운 시장 획득이나 새로운 제품·기술 개발 등을 담당하는 외국인
고급 전문직 2호	고급경영·관리활동	• 일본 기업의 글로벌한 사업 전개 등을 위해 풍부한 실무경험 등을 살려서 기업의 경영·관리에 종사하는 외국인
	–	• 고급전문직 1호의 활동과 합쳐서 취업자격 활동 가능 • 재류기간 무기한 • 영주권요건 완화, 배우자 취업, 가족세대 대동, 가사자 용인 및 대동, 입국·재류수속 우선처리 등 조치를 취함

출처 석주희(2021). "일본의 축소사회 위기와 이민정책–외국인 노동자과 다문화공생을 중심으로".

일본은 외국인의 수가 증가하면서 외국인 수용정책에 관한 중앙부처 설치를 요구받고 있으나, 여전히 소극적인 자세로 대응하고 있다(배경임 외, 2022). 차별적 포섭과 배제의 이주유형에 해당하는 일본의 다문화정책은 이주민이 지역사회의 구성원으로 살아가면서 지역사회가 먼저 다문화공생의 필요성을 인식하면서 시작되었다. 2005년 6월 '다문화공생 추진에 관한 연구회' 설립을 시작으로 지역의 다문화공생플랜을 수립했다. 다문화공생정책을 통해 지역의 구성원으로 수용하고 상호 문화적 차이를 인정하고 함께 살아간다.

다문화공생이란 "국적이나 민족이 서로 다른 사람들 간에 상호 문화적 차이를 인정하고 대등한 관계를 구축하면서 지역사회의 구성원으로서 함께 살아가는 것"이다(배경임 외, 2022). 세계화로 인한 이주의 증가로 국제문제와 국내문제의 경계가 사라지고 있는 추세에서 일본의 지방자치단체는 다문화공생의 중요성을 인식하고 대응정책을 펼치고 있다.

1. 커뮤니케이션 지원: 뉴커머(New comer) 중에서 일본어능력 부족으로 의사소통이 어려워 발생하는 문제에 대응해 외국인 주민에 대한 커뮤니케이션 지원 실시
2. 생활지원: 외국인 주민이 지역에서 생활하는 데 필요한 기본적인 환경이 충분히 갖추어지지 않은 것이 문제가 되고 있으므로 생활 전반에 걸친 지원 실시
3. 다문화 공생지역 정비: 외국인 주민의 지역사회 교류기회 부족으로 고립되거나 일본인 정주민과의 갈등 발생에 대응해 지역사회 전체의 인식 개선과 외국인 주민자립을 촉진하는 지역 정비
4. 다문화 공생 시책 추진체제의 정비: 1~3의 시책 추진을 위한 체제 정비 → 지방자치단체, 지역국제화협회, NPO, NGO, 기타 민간단체의 역할 분담과 협력

출처 일본 총무성

(3) 일본의 다문화정책 특징

지방정부 차원에서 지역에 따라 상이한 다문화정책을 시행함에 따라 외국인 지원에 편차가 있다. 가나가와현의 가와사키시는 외국인도 시민이라는 인식하에 정책을 시행하고 있으며, 공공기관에서 제공하는 자국어 서비스, 생활상담 등과 NGO나 외국인 지원그룹 등의 민간 지원이 함께 이루어지고 있다. 가와사키시는 제2차 세계대전 이후 재일한국인과 조선인 거주자가 많은 지역으로, 이들의 노력이 반영되었다고 볼 수 있다.

일본의 사회보험제도에는 의료·연금·산재·고용·개호(한국의 장기요양보험과 유사) 보험이 있으며, 일본에 거주하는 모든 외국인은 사회보험에 가입해야 한다. 불법체류 상태의

외국인 가입은 인정되지 않고, 지역에 따라 사회복지서비스의 제공에도 차이가 있다.

3 호주의 다문화정책

(1) 호주의 다문화사회 형성 배경

호주는 1850년대 골드러시로 영국, 아일랜드, 독일 등의 유럽 국가와 아시아아의 중국(청나라)에서 많은 이민자가 유입되었다. 이후 이민자와 백인 노동자의 임금경쟁이 발생하면서 유색인종 배척 감정이 확산되었는데, 이는 호주 정부가 영국의 자치령(the Commonwealth of Australia)으로 전환되면서 더욱 깊어졌다. 아시아인의 이주를 막기 위해 1901년 「이민규제법(Immigration Restriction Act)」을 시행하며 호주의 철저한 백호주의(White Australia)정책이 시작되었다. 이 법으로 유럽에서 통용되는 언어 중 하나로 50개 이상의 단어 받아쓰기를 실시하고 그 결과로 이민 적격 여부를 결정하기도 했다.

호주는 유럽인이 도래하기 전 어보리진(Aborigine)이라는 원주민이 존재했는데, 이들에게도 잔혹한 탄압을 하며 반인권적 정책을 고수했다. 백호주의는 언어, 정체성, 결혼 등 사적인 영역까지도 동화의 대상으로 적용했고, 원주민의 문화를 말살하고 동화되지 않는 이민자를 배제하는 정책이었다.

백호주의로 이주민을 받아들이지 않은 호주는 제2차 세계대전 이후 인구가 700만 명에 불과한 수준으로 낮아졌는데, 국가안보의 위기를 인식하게 되면서 이민자 유입에 변화가 시작되었다. 1960년대에는 중동으로부터 이민자가 유입되었고, 1970년대에는 베트남 난민의 유입이 증가하여 아시아인의 비율이 급증했다.

또한 1950~1960년대 들어서면서 UN으로부터 극단적 인종차별정책에 대한 비판을 받게 되면서 정책의 전환이 불가피한 상황이 되어 1966년에 동화주의정책을 통합(integration)정책으로 변경했다. 그러나 이 당시만 해도 통합의 개념은 다문화주의가 아닌 동화의 변형된 형태라고 할 수 있었다.

1972년 노동당 정부가 집권한 이후 '미래를 위한 다문화사회(A Multi-cultural Society for the Future)' 보고서를 발표하며 백호주의정책을 폐기하고 '다문화주의' 정책을 채택했다. 호주의 백호주의는 비영국계 유럽 이민자와 아시아계 이민자의 생활 안정을 마련하지 못했고, 인종 간 갈등이 심화되는 현상을 겪으면서 정책 변화의 선택이 불가피했기 때문이다.

이후 '갈발리 보고서(Galbally Report, 1978)' 발간으로 다문화주의 정책의 공식 추진이 실시되고, 소수민족을 위한 특별방송제도(Special Broadcasting Service, SBS)가 시작되었다. 또 다른 정책으로 이민심사점수제(Numerical Multifactor Assessment System, NMAS)를 시행했는데, 이는 이민자를 기술, 교육 수준 등에 따라 평가하는 이민자 선별정책의 일환이었다(임동진, 2018). 그러나 다문화정책이 국가를 분열시키고 정체성을 파괴한다는 반대 여론도 있었으며, 1996년에는 다문화주의를 반대하는 세력이 집권하면서 '다문화 호주를 위한 새로운 아젠다(New Agenda for Multicultural Australia)'를 발표하며 다문화정책을 축소시켰다. 전통적 호주의 결집으로 호주식 통합정책을 위해 지역사회 조화(Community Harmony), 서비스 접근의 평등(Access and Equity) 생산적 다양성(Productive Diversity)을 전략적 방향으로 추진했다. 호주의 다문화정책의 근거가 되고 있는 보고서의 주요내용을 살펴보면 〈표 8-6〉과 같다.

표 8-6 호주의 다문화정책 보고서의 주요 내용

연도	보고서명	주요 원칙
1978년	갈발리 보고서 (Galbally Report)	① 동등한 기회와 평등한 접근권 ② 타 문화에 대한 이해와 포용 ③ 이민자 프로그램과 서비스 제공 ④ 수요자 협의하에 사업 수립 및 이민자 자립 자조노력 지원
1989년	다문화 호주를 위한 국가 아젠다(National Agenda for a Multicultural Australia)	① 문화적 정체성 ② 사회적 정의 ③ 경제적 효율성
1996년	다문화 호주를 위한 새로운 다문화주의(New Agenda for Multicultural Australia)	① 시민적 의무 ② 문화적 존중 ③ 사회적 공평 ④ 생산적 다양성
2003년	다문화 호주: 다양성 속의 통합 (Multicultural Australia: United in Diversity)	① 모두의 의무(Responsibilities of all) ② 모두에 대한 존중(Respect for each person) ③ 모두에게 공평(Fairness for each person) ④ 모두를 위한 이익(Benefits for all)

연도	보고서명	주요 원칙
2011년	호주의 사람들: 호주 다문화정책 (The People of Australia–Australia's Multicultural Policy)	① 국가 및 지역사회 화합, 민주주의 가치 유지 ② 공평한 기회와 통합적 사회 지향 ③ 경제, 무역, 투자적인 다문화적 국가 ④ 차별 없는 상호 이해와 수용

출처 임동진(2018). "호주 정부수준별 다문화정책의 추진체계 및 프로그램 분석".

(2) 호주 다문화정책의 특성

호주 연방정부는 다문화정책을 주도적으로 추진하고 있으며, 지방정부, 시민단체 간의 파트너십을 통해 이민자를 신속하게 지원하는 시스템을 갖추고 있다. 특히 지방정부의 역할을 강조하며 지방정부의 적극적인 참여를 이끌어내고 있다. 우선 연방정부의 다문화정책지원시스템을 살펴보면 〈표 8-7〉에 나타난 바와 같이 이민자 언어교육 프로그램과 다양성과 사회통합 프로그램, 화합의 날로 크게 구분할 수 있다.

표 8-7 연방정부의 다문화정책 지원시스템

구분	내용
이민자 언어교육 프로그램	• 성인영어교육 프로그램 • 통번역서비스 • 인도주의 정착지원서비스 • 정착지원프로그램 • 복합사례지원서비스
다양성과 사회통합 프로그램 (Diversity and Social Cohesion Program)	• DSCP(Diversity and Social Cohesion Program) Grants: 이민자 통합비영리단체에게 사업비 지원 • 다문화예술축제보조금 지원
화합의 날 (Harmony Day)	• 3월 21일(UN의 인종차별 철폐 국제기념일) • 지역다문화 커뮤니티와 학교의 다양한 문화행사 주관 장려

출처 www.homeaffairs.gov.au

다문화정책을 시행해 나가기 위해서는 사회의 인식 개선이 함께 진행되어야 하므로 방송 미디어의 역할이 중요하다. 호주의 공중파 TV인 SBS(Special Broadcasting Service)는 60개가 넘는 언어로 방송을 제공하며 다문화와 다언어 사회를 잘 반영하고 있다. 방송을 통해 다문화정책을 실현하고자 하는 호주 정부는 SBS에 재정을 지원하고 있다.

호주의 다문화주의에 관한 법률은 주정부 차원에서 제정되었다. 뉴사우스웨일즈주에서는 「공동체관계위원 및 다문화주의 원칙 법률 2000(Community Relations Commission and Principles of Multiculturalism Act 2000)」을 제정하여 지역주민이 사용하는 다른 언어, 종교, 인종, 문화 등을 존중한다는 원칙을 수립했다. 공공의 삶에 모든 주민이 참여하고 프로그램 참가기회를 누리며 다양한 언어 및 문화를 귀중한 자산이 될 수 있도록 한다. 이러한 다문화주의 원칙은 의회에서 승인한 '시민권(citizenship)'에 근거를 두고 있다. 다문화의 원리는 국가정책 추진을 위한 공권력 수행에 있어 다문화주의 원칙을 준수해야 한다. 이처럼 지방정부 차원에서 제정된 다문화주의 내용이 연방정부로 확산되어 호주의 다문화정책의 지위를 가지고 있는 것이다.

호주의 이민정책에서도 지방정부가 주도적으로 추진하고 있다. '주특정지역 이민 프로그램(State Specific and Regional Migration, SSRM)'은 비도시지역이나 낙후지역의 인구유출과 고령화로 인한 지방소멸에 대응하기 위해 지방정부가 시행하고 있는 이민정책이다. SSRM 이민 프로그램은 비도시지역이나 낙후지역에 3년간 의무 거주를 한다는 조건으로 영주권 취득에 필요한 이민점수가 다소 부족한 이민자에게 혜택을 주는 프로그램으로, 비도시지역에 신규 이민자를 정착시키기 위한 것이다.

그림 8-2 호주 SBS방송사의 언어지원

출처 https://www.sbs.com.au/ (호주 SBS 홈페이지)

4 한국의 다문화정책과의 시사점

우리나라는 2022년 자치분권 확대를 내용으로 지방자치법이 개정되어 지방정부와 지방의회의 기능과 역할에 변화가 일어나면서 본격적인 지방분권화시대에 돌입했다. 이는 국토균형발전과 지역의 특성에 적합한 정책을 개발하고 시행을 가능하게 한다.

다문화정책에 있어서 앞서 제시한 해외 사례에서도 지방정부의 적극적인 정책 추진이 있음을 알 수 있었다. 호주의 SSRM 이민 프로그램은 지방정부에서 시작된 프로그램을 연방정부가 지원하고 확대한 대표적인 사례가 될 수 있다. 또한 일본의 다문화정책은 지방정부와 민간단체의 협력으로 시작되었다. 그동안 일본의 다문화정책과 이민정책은 다소 미비하다는 평가를 받았다. 그러나 최근 일본의 인구감소와 고령화, 노동력 부족으로 외국인이 지역사회에 정착할 수 있는 제도적 기반을 모색하고 있으며, 고급인재 확보를 위한 노력을 가하고 있다. 일본의 고령화사회 진입은 한국사회보다 먼저 진행된 현상으로, 일본 지방정부의 적극적인 다문화정책 추진 사례를 관심 있게 살펴보아야 할 것이다.

축구로 세계가 하나가 되는 월드컵은 스포츠 이상의 의미를 가지고 있다. 2022년 카타르 월드컵에서 한국은 16강에 진출했다. 한편 카타르 월드컵 경기장의 웅장하고 화려한 모습 뒤에는 뜨거운 열기 아래 건설 현장에 투입된 이주노동자들의 땀과 희생이 녹아 있었다. 월드컵 경기장 공사 현장에 투입된 네팔 노동자 중 157명이 사망하여 이틀에 한 명꼴로 사망했다는 통계가 나왔다. 이 통계에는 네팔만 포함된 것으로 인도, 스리랑카, 방글라데시 등 다른 나라 노동자는 제외돼 있어 더 많은 사망자가 있었을 것으로 보고 있다. 국내에서도 건설현장 외에도 여러 산업에서 외국인 노동자의 수요가 증가하고 있는 가운데 외국인 노동자의 처우 문제는 계속해서 발생하고 있다.

출처 연합뉴스(2014.12.24.), https://n.news.naver.com/mnews/article/001/0007319095
스포츠투데이(2022.12.8.), http://www.stoo.com/article.php?aid=84227652765

생각해보기

01 여러 해외 사례에서 공통적으로 나타나듯이 다문화정책은 노동력 문제와 관련이 있다. 외국인 근로자에 대한 부당한 처우나 인권침해 사례에는 어떤 것이 있는지 알아보고, 국내에 유입된 외국인 노동자의 한국사회에서의 위치와 상생방안에 대해 토의해보자.

참고문헌

01 금혜성 외(2010). "독일 · 영국 · 한국의 다문화사회로의 이행과정 국제비교 : 외국인의 정치참여를 위한 제도와 정책적 배경을 중심으로". 「다문화사회연구」. 3(2). 33-70.

02 김선미(2011). "영국의 다문화교육 정책 전개의 특성". 「교육문화연구」. 17(1). 59-78.

03 김성배(2017). "미국 이민법체계와 이민법제의 발전과정에서의 시사점". 「토지공법연구」. 79. 711-735.

04 노기옥 외(2019). 「문화다양성 사회와 건강」. 파주: 수문사.

05 박진경 외(2012). "다문화주의와 사회통합: 캐나다와 호주를 중심으로". 「한국정책학회보」. 21(2). 123-152.

06 배경임, 순덕기(2022). 「다문화사회 지역사회와 사회통합」. 고양: 공동체.

07 변수정, 정준호(2014). 「동아시아 국가의 다문화가족 현황 및 정책 비교연구」. 한국보건사회연구원.

08 석주희(2021). "일본의 축소사회 위기와 이민정책-외국인 노동자와 다문화공생을 중심으로". 「민족연구」. 78. 115-136.

09 스포츠투데이(2022.12.8). "英 매체, '카타르 월드컵 노동탄압 내부고발자, 수감돼 고문'". http://www.stoo.com/article.php?aid=84227652765. 검색일: 2023.5.31.

10 신재주(2010). "일본, 독일, 호주의 다문화정책에 관한 비교연구". 「사회과학연구」. 17(3). 5-37.

11 심미영(2020). "미국 다문화정책이 한국 다문화 사회통합정책과 다문화교육 개선에 주는 시사점". 「학습자중심교과교육연구」. 16(3). 441-460.

12 연합뉴스(2014.12.24). "카타르 월드컵 공사장 네팔노동자 이틀에 한명꼴 사망". https://n.news.naver.com/mnews/article/001/0007319095. 검색일: 2023.5.31.

13 이혜영(2019). "스웨덴과 중국의 다문화정책에 대한 비교". 「스칸디나비아연구」. 24. 197-234.

14 일본 법무성(2022.12). "외국인 등록자 통계". https://www.e-stat.go.jp/stat-search/files?page=1&layout=datalist&toukei=00250012&tstat=000001018034&cycle=1&year=20220&month=24101212&tclass1=000001060399. 검색일: 2023.7.8.

15 임동진(2018). "호주 정부수준별 다문화정책의 추진체계 및 프로그램 분석". 한국행정학회 하계학술발표논문집.

16 정은정(2019). "다문화인권교육을 통한 증오범죄 대응방안: 프랑스의 이민 2, 3세의 증오범죄 사례 중심으로". 「민족연구」. 74. 116-136.

17 중국국가통계국(2020). 「중국통계연감」.

18 중앙일보(2023.5.26). "이민 막겠다고 브렉시트하더니… 英, 지난해 이민자 역대 최고". https://www.joongang.co.kr/article/25165581. 검색일: 2023.5.31.

19 최윤정(2017). "다문화수용성 제고를 위한 해외사례 탐구". 「아키스브리핑 제155호」. 한국문화관광연구원.

20 홍영균 외(2020). "캐나다 다문화정책 사례연구". 「다문화아동청소년연구」. 5(3). 39-56.

제 IV 부

다문화사회의 통합과 발전

제 9 장

이주민 인권과 사회통합

1. 인권 사상의 형성과정, 발전과정을 이해할 수 있다.
2. 이주민 인권을 제고하기 위한 국제적 노력을 설명할 수 있다.
3. 이주민에 대한 차별·혐오의 사례를 이해하고, 혐오와 차별을 넘어 이주민의 사회통합으로 갈 수 있는 방안을 제시할 수 있다.

글로벌 리더 국가, 한국의 현실은?!

한국의 2022년 공적개발원조(ODA) 실적은 3조 9,383억 원, 2023년에는 4조 7,771억 원으로 전년 대비 21.3% 증가하여, 역대 최고치를 기록했다. 정부는 ODA 규모를 지속적으로 확대해 국제사회의 인도주의 실현과 빈곤감축 노력에 동참하고, 국제연합(UN)의 지속가능발전목표(SDGs) 달성에 기여함으로써 글로벌 중추국가로서의 위상을 제고해나갈 계획을 갖고 있다(외교부, 2023).

한국은 글로벌 리더 국가로 나아가기 위해 빈곤국가, 개발도상국가에 수조 원의 재정적 지원을 아끼지 않고 있다. 그러나 '정말 한국은 글로벌 리더 국가가 될 준비가 되어 있는가?'에 대해서는 의문이 든다. 한국 정부는 빈곤국가, 개발도상국, 저개발국에 수조 원의 재정 지원은 마다하지 않지만, 이주민의 수용에 있어서는 국민, 국가 모두 인색한 모습을 보이고 있기 때문이다. 한국은 아시아 최초로 「난민법」을 제정한 국가임에도 불구하고, 난민 수용에 대해서는 매우 매정하고 박한 모습을 보이고 있다. EU의 경우 2021년 기준으로 당시 코로나 상황임에도 불구하고 평균 난민인정비율이 38%에 육박한 반면, 한국의 경우 1994년부터 2021년까지의 평균 난민인정률은 2.8%에 불과하며, 2021년에는 0.7%에 그쳤다(이진우, 2022). 2018년 예멘 난민 500명이 제주도로 입도하여 난민지위를 신청한 당시, 난민 입국 반대 및 난민 신청허가제도 폐지를 요구하는 청와대 국민 청원글이 올라 70만 명의 동의를 얻었으며, 그 당시 난민 수용에 대한 국민의 반대의견은 56%, 수용 찬성 의견은 24%로, 반대 여론이 다수였다. 2020년 유엔난민기구 제1차 대한민국 난민 인식 보고서 결과 또한 크게 다르지 않다. 한국인은 난민수용 반대가 53%로, 반대 여론의 다수를 차지하고 있다(유엔난민기구, 2021).

이주민에 대한 혐오 또는 차별적인 정서는 다른 통계에서도 나타난다. 2022년 통계청의 '이민자 체류실태 및 고용조사'에 따르면 이민자의 20%는 한국에서 차별을 받고 있다고 응답했으며, 차별의 주된 원인으로는 이주민의 국적을 손꼽았다(통계청, 2022). 한국은 단일민족 신화를 공유한 사회로 강한 동질의식을 나타내며, 유색인종에 대한 배타성이 강하다.

또한 국가의 발전 정도에 따라 외국인을 대하는 태도에도 큰 차이를 보인다. 북한이탈주민에 대한 혐오, 차별문제도 심각한 수준이다. 2016년 인권위원회의 북한이탈주민 대상 인권의식 조사에서도 북한이탈주민의 45.4%는 북한 국적이라는 이유만으로 차별을 받았다고 응답했으며(인권위원회, 2016), 북한이탈주민에 대한 차별과 냉대에 매년 700명 이상의 탈북민이 다른 국가로 이주하고 있다.

이주민에 대한 또 다른 차별과 혐오는 종교적 배경에서 기인한다. 한국으로 유학을 오는 이슬람국가의 학생이 매년 크게 늘고 있다. 대구로 유학을 온 무슬림유학생은 2014년 대현동의 한 주택을 구매해 기도소로 활용해오다 북구청의 허가를 받고 2020년 12월 교인들이 모은 돈으로 주택을 허물고 2층짜리 이슬람 사원을 짓기 시작했다(BBC, 2021). 그러나 지역주민은 이슬람 사원 건립을 격렬하게 반대하고 있으며, 이슬람교에 대한 적대감, 혐오를 담은 현수막을 걸고 시위를 이어갔고, 건립 중인 이슬람 사원 공사현장에서 이슬람교에서 금기시하는 돼지고기를 굽는 파티를 열어 종교에 대한 적대감, 혐오정서를 표출했다(UN 세계인권선언 제2조, 제18조 위반). 이에 대해 2023년 8월 2일, UN 인권위원회는 외교부에 이슬람 사원을 반대하는 지역주민의 언행과 퍼포먼스가 '시민적 및 정치적 권리에 관한 국제규약(ICCPR)'을 위반했다고 고시하고, 인권침해를 우려하는 서한을 보내왔다.

일련의 사건들은 글로벌 리더 국가를 꿈꾸고 있는 한국에서 현재 일어나고 있는 일들이

UN세계인권선언 제2조, 제18조

Universal Declaration of Human Rights Article 2

Everyone is entitled to all the rights and freedoms set forth in this Declaration, without distinction of any kind, such as race, colour, sex, language, religion, political or other opinion, national or social origin, property, birth or other status. Furthermore, no distinction shall be made on the basis of the political, jurisdictional or international status of the country or territory to which a person belongs, whether it be independent, trust, non-self-governing or under any other limitation of sovereignty.

Universal Declaration of Human Rights Article 18

Everyone has the right to freedom of thought, conscience and religion; this right includes freedom to change his religion or belief, and freedom, either alone or in community with others and in public or private, to manifest his religion or belief in teaching, practice, worship and observance.

다. 이주민에 대한 차별과 혐오는 문화적 갈등과 분쟁으로 이어져 공동체의 위기를 초래할 수 있다. 실제로 프랑스는 이주민에 대한 차별 배제적인 정책으로 2005년 폭동, 2013년 테러사건, 2023년 폭동사건 등이 발생해 큰 혼란을 빚었으며, 엄청난 사회적 비용이 발생하기도 했다. 한국에서도 이런 일이 일어나지 않으라는 법은 없다. 글로벌 리더를 꿈꾸는 국가가 가장 먼저 갖추어야 할 덕목은 바로 관용이다. 이주민에 대한 배려와 이해가 필요하다.

이 장에서는 인권의 역사적 발전과정을 살펴보고, 특히 이주민의 인권을 지키기 위한 국제적 노력을 알아본다. 국제적인 노력이 존재했다는 것은 그만큼 이주민에 대한 인권보호가 쉽지 않음을 나타내는 반증이기도 하다. 이주민에 대한 혐오와 차별 사례와 혐오와 차별을 넘어 이주민의 사회통합으로 갈 수 있는 방안을 살펴보자.

인권의 역사적 발전과정과 이주민 인권을 제고하기 위한 국제적 노력

1 인권사상의 형성과 인권선언사(人權宣言史)

(1) 인권사상의 형성 - 사회계약설의 등장

유럽의 중세는 신(神) 중심의 세계관이 지배하던 시대였다. 그 당시 유럽 사람들은 신(神)은 오직 하나뿐인 절대자이자 창조주이기 때문에, 인간이 발을 딛고 있는 현실세계보다 영적 세계의 차원이 훨씬 높다고 인식했으며, 이런 분위기 아래 자연스럽게 인간의 합리성과 명석함, 노력해서 무언가를 만들어내는 자유로운 발상과 창조력이 모두 억압받았다. "인간은 신의 종(從)으로서 새로운 것은 아무것도 만들어낼 수 없다. 뭔가를 만들어내는 것은 신의 역할뿐, 인간이 함부로 모방해서는 절대로 안 된다. 그래서 교만해진 인간이 제멋대로 무언가를 만들어내지 않도록 신의 대리인인 교회가 관리해야 한다."라는 것이 중세시대의 일반적인 생각이었다(사이토 다카시, 2009). 그래서 중세를 암흑기라 부르기도 한다. 그러나 신(神) 중심의 시대가 흔들리기 시작했다. 신(神)과 신학(神學)의 이름으로 인간의 자유를 무겁게 눌러놓았던 중세로부터 벗어나려는 르네상스 운동이 시작되었다.

르네상스 운동은 신(神) 중심의 세계관을 깨뜨리고, 인간과 자연에 대한 관심을 고조시켰다. 이는 자연과학의 발전을 촉진했고, 과학혁명으로 이어졌다. 과학혁명은 자연현상에 대한 지식의 확장에 크게 기여했고, 정치사상과 법사상, 철학에도 큰 영향을 미쳤다. 이러한 영향은 계몽사상의 발전에 중요한 계기가 되었다. 계몽사상은 자연에 법칙이 있듯이 인간사회에도 자연적 질서가 존재한다는 생각을 바탕으로 하며, 자연법 사상, 사회계약설로 이어져 인간의 자유와 평등을 추구하는 근대적 사상을 발전시키는 데 중요한 역할을 했다.

르네상스 운동

르네상스란 '다시 태어나다.'라는 뜻으로 신중심의 시대에서 인간 중심으로 돌아간다는 의미를 담고 있다.

자연법 사상

자연법론(自然法論)자들은 인간은 자연상태에서 태어나, 태어날 때부터 자연권(생존권, 행복추구권, 의사표현의 자유, 재산권) 등을 가지며, 이 권리는 신으로부터 부여받은 것이므로 인간이 스스로 포기할 수 없다고 주장한다.

인권사상의 역사는 인류의 역사와 그 궤를 같이 하고 있지만, 인권의 관념이 체계적으로 정립된 것은 사회계약론자와 계몽주의적 자연법론자에 의해 천부적 인권설이 주장된 18세기에 들어서면서부터였다. 특히 존 로크(John Locke)는 그의 「시민정부론(1689)」에서 국가 성립 이전의 자연상태에서 인간은 자연법의 지배를 받았으며, 모든 인간은 자연법상의 생명, 자유, 재산에 관한 생래적 권리인 자연권을 향유한다고 했다. 이러한 자연권의 보장을 위해 사회구성원 간에 체결된 계약이 사회계약이라고 하는 그의 주장은 인권관념 형성에 주요한 이론적 근거가 되었다. 근대 자연법론과 결합된 보편적 평등사상은 귀족계급의 항쟁 이념으로서 그리고 시민계급에 대한 노동자계급의 투쟁의 구호로서 결정적 역할을 했을 뿐만 아니라 인권관념을 확산하는 데 크게 기여했다(권영성, 2010).

사회계약설은 왕권신수설(王權神授說)에 의해 왕에게 무조건 복종해야 한다는 사상에 대항하는 사상으로, 국가의 기원을 인민의 동의에 바탕을 두며, 인간은 자신의 생각을 자유롭게 표현하고 법 앞에 모두가 평등하다는 신념, 국민이 주체가 되는 근대국가의 전제가 되었다. 또한 국가의 존립 목적은 개인의 자유, 재산의 보호에 있다고 보았다. 대표적인 사회계약론 사상가는 홉스(Hobbes), 로크(Locke), 루소(Rousseau)를 들 수 있다.

홉스(Thomas Hobbes)는 "정치권력이 없는 자연상태에서 인간은 외롭고 가난하며 동물적인 존재에 불과하고, 서로 상대방과 싸우는 전쟁상태에 있다. 이러한 무정부, 공포, 죽음의 상태를 벗어나기 위해 사람들은 자연적 권리를 포기하고 절대적인 통치자의 보호 속으로 들어가는 합의나 계약을 맺는다."라고 밝히고 있다. 홉스는 국가 이전의 자연상태에서 사람은 모두 동등한 존재임을 가정했을 때, 인간은 자신의 욕망을 채우기 위해 수단과 방법을 가리지 않는 이기적인 존재가 될 수 있다고 보았다. 혼란과 무정부의 상태에서 자신을 보호하고 사회 안정을 위해서는 절대권력인 리바이던(절대군주)에게 통치권을 맡겨야 한다는 생각을 가지고 있었다. 홉스의 사회계약설을 접하면 '아니, 왕권신수설(王權神授說)과 무엇이 다른가?' 하는 의문이 들 수 있다. 그러나 큰 차이가 존재한다. 홉스의 사회

인민(人民)

인민(人民. people)과 국민(國民. nation)은 전혀 다른 개념이다. 인민은 국가 이전에 존재하는 주체이다.

계약설은 왕권신수설(王權神授說)과 달리 인민(人民)의 자발적인 동의(同意), 즉 사회계약에 의해 왕에게 통치권을 부여한 것이다. 개인이 '만인의 만인에 대한 투쟁' 상태, 즉 무정부 상태를 피하기 위해 사회계약을 통해 강한 정부에게 자연권을 양도한 것이다. 신이 왕에게 절대적 권한을 부여했다는 사상과는 큰 차이가 있다.

로크(John Locke)는 홉스와는 달리 자연상태에서 인간은 이성적이고 평화로운 존재라고 판단했다. 그러나 사람들 간에 이해관계, 분쟁이 발생하는 경우 이를 해결할 공정한 법률, 공정하게 처리할 법률가의 존재가 필요하기 때문에 사회계약을 체결한다고 주장했으며, 사회계약의 목적은 인민의 생명, 자유, 사유재산권의 보호에 있다고 판단했다. 로크는 특히 사유재산권을 가장 중요한 자연권 권리라고 보았다. 로크는 통치권자에게 주권(主權)을 전면적으로 양도한 것이 아니므로 지배권력이 권력을 남용하여 인민의 자연권적 기본권리를 침해하는 경우 인민은 저항권을 행사하여 정권을 변경할 수 있다고 보았다. 이 저항권 사상은 이후 미국 독립혁명에 큰 영향을 미쳤다.

저항권 사상

과거 미국은 영국의 식민지로, 영국의 7년 전쟁 승리에 큰 기여를 했다. 그러나 영국 정부는 전쟁에 승리는 했으나 오랜 전쟁으로 재정 상황이 좋지 못했기 떄문에 재정 부담을 줄이기 위해 미국 주민에게 중과세(重課稅)를 부과했다. 7년 전쟁의 승리에 크게 기여한 미국에게 상을 내려야 하는데 벌을 내린 셈이었다. 이에 대해 미국 식민지 주민은 크게 반발하며 중과세를 사유재산 자연권에 대한 침해로 받아들였고, 이는 독립혁명전정으로 이어졌다. 미국은 독립전쟁에서 승리하여 1783년 영국으로부터 독립했다. 미국은 주권재민설(主權在民設)을 담은 헌법을 제정했고 역사상 최초의 대통령제(민주공화정)를 정착시켰다.

루소(Jean Jacques Rousseau)는 "국가의 주권자인 인민은 자신의 자유와 권리를 확보하기 위해 상호간에 계약을 맺었다. 주권은 일반의지의 행사이므로 절대 양도될 수 없고, 주권자는 집합적 존재이므로 오직 자체에 의해서만 대표된다(사회계약론, 1762)."라고 주장했다. 루소가 생각한 자연상태는 평화로운 상태이나 자연상태에서 인간의 욕망과 자유의 남용을 방치하면 혼돈과 갈등을 초래할 수 있기 때문에 자신의 자유와 평등의 일부를 포기하고, 인민 개개인은 합의 계약을 통해 국가를 구성하여 사회질서를 유지해야 한다고 판단했다. 루소의 사회계약은 다른 사회계약 사상자들과 달리 공동체 전체와 구성원 개개인이 계약을 맺는 것이라 생각했다. 루소는 사회구성원의 전체 의사를 주권으로 보고 사회계약을 통해 국가가 형성된다고 보았다. 국가의 권력은 인민에서 나온다는 주권재민(主權在民) 사상을 강조했으며, 프랑스 혁명 발생과 민주주의 이념에 큰 영향을 미쳤다.

주권재민(主權在民) 사상

루소는 대의제를 불신하여 직접민주제를 주장했다. 루소는 대의 민주제에서 선거 당일만 국민이 주인이고, 선거에서 대표, 의원이 선출되고 나면 국민은 노예가 된다고 판단했다.

프랑스 혁명

프랑스 왕실이 연회 등의 사치, 유럽 각국과의 전쟁, 미국 독립전쟁에 개입하면서 재정이 고갈되자 증세를 위해 삼부회를 소집했다. 삼부회의 성분별 표결방식(신분에 한 표씩 표결하는 방식)은 제3신분 평민에게는 매우 불리했다. 제3신분인 평민은 인구의 대다수(전체인구의 98%)를 차지하고 있었지만, 표결권은 제1신분과 제2신분에 비해 현저히 적었다. 이에 평민 대표들은 표결방식의 변경을 요구했으나 국왕이 이 요구를 무시하자 평민과 국왕수비대의 충돌로 이어졌고 이는 프랑스 대혁명으로 이어졌다.

2 각국의 인권선언사(人權宣言史)

(1) 영국의 인권보장 - 권리청원, 인민협정, 인신보호법, 권리장전

영국에서는 1215년 군주와 귀족 간의 약정서로서 마그나카르타(대헌장)가 제정된 바 있지만, 근대적 인권보장의 기반은 17세기에 와서 확립되었다고 할 수 있다. 1628년 권리청원(權利請願, Petition of Rights)은 인신의 자유 등 일련의 인권을 보장하면서 의회의 승인 없는 과세를 금지했다. 1647년 '인민협정(Agreements of the people)'은 종교와 양심의 자유, 평등권, 신체 및 병역의 강제로부터의 자유, 재산권 등을 규정했다. 1679년 「인신보호법(Habeas Corpus Act)」은 인신의 자유를 위한 절차적 보장을 강화하고 구속적부심사제를 제도화했다. 명예혁명의 소산인 1689년 '권리장전(Bill of rights)'은 청원권과 언론의 자유 및 형사 절차의 보장 등을 규정했을 뿐만 아니라 국왕이 의회의 동의를 얻지 않고 법률과 효력을 정지하거나 상비군을 설치하거나 조세를 부과할 수 없게 했다. 하지만 영국의 인권선언사에서 주목할 점은 위의 권리장전들에서 보장되는 자유와 권리는 영국인의 기존의 자유와 권리를 재확인한 것이거나 절차적 보장에 역점을 둔 것일 뿐, 미국이나 프랑스처럼 천부적 인권의 불가침을 선언한 것은 아니라는 점이다(권영성, 2010).

(2) 미국의 인권보장 - 미국 독립 선언문

> "우리는 다음과 같은 사실을 분명한 진리라 믿는다. 모든 사람은 평등하게 태어났으며, 창조주로부터 생명, 자유, 행복의 추구를 포함하여 타인에게 양도할 수 없는 확실한 권리를 부여받았다. 이 권리들을 지키기 위해 사람들 사이에 정부가 만들어졌으며, 이 정부의 정당한 권력은 통치를 받는 사람들의 동의로부터 나온다. 만일 어떠한 형태의 정부이든 이러한 권리들을 침해한다면 사람들은 그 정부의 형태를 바꾸거나 폐지하고, 인간의 안전과 행복을 가장 잘 이룩할 수 있는 원칙에 기초를 둔 새로운 정부를 조직하는 것이 국민의 권리이다(미국 독립선언문, 1776)."

미국 독립선언의 전문에는 생명, 자유, 행복추구의 권리를 천부적 권리(천부인권설)로 선언하고 있으며, 로크의 저항권 사상이 담겨 있다. 권리를 위임한 권력자가 권력을 남용하여 인민의 기본권을 침해하는 경우 저항권을 행사하여 정부 또는 권력자를 변경할 수 있다고 규정한다.

(3) 프랑스의 인권보장 - 인간과 시민의 권리선언(Declaration des droits de l'homme et du citoyen)

> "국민의회를 구성하고 있는 프랑스 인민의 대표자들은 인권에 관한 무지와 망각, 또는 멸시가 공공의 불행과 정부 부패의 여러 원인이라는 것에 유의하면서, 하나의 엄숙한 선언을 통해 인간에게는 자연적이고, 양도할 수 없으며 신성한 여러 권리가 있음을 다음과 같이 선언한다(인간과 시민의 권리선언 서문, 1789)."

프랑스의 "인간과 시민의 권리선언"은 몽테스키외와 루소 등 자유주의적 인권론자들이 계몽사상에 입각하여 천부인권설, 인간의 자유와 평등, 국민 주권, 사유재산의 불가침성, 압제에 대한 저항권과 같은 이념을 천명하고 있다. 봉건체제의 사망증명서라고도 불리며, 서문과 17개 조항으로 이루어져 있다.

"인간은 자유롭고 평등한 권리를 가지고 태어나며 생존한다. 사회적 차별은 공동의 이익을 위해서만 가능하다(제1조)." 제1조에서 인권을 자연권으로 규정하고 평등권을 특히 강조한다. "모든 정치적 결사의 목적은 자유, 재산, 안전 그리고 압제에 대한 저항이라는 인간의 천부적 권리를 보존하는 데 있다(제2조)." 제2조에서는 소유권 재산권을 '신성불가침의 권리'로 규정하고 있으며, 침해에 대해서는 저항권으로 맞선다는 내용을 담고 있다. "모든 시민은 재판을 받기 위해 법에 의해 설립된 독립된 법원에 접근할 권리가 있다(제7조).", "모든 시민은 무죄추정의 원칙에 따라 재판을 받으며, 유죄 판결을 받기 전까지는 자유를 박탈받지 않는다(제8조).", "모든 시민은 죄를 범한 경우, 법에 의해 정해진 절차에 따라 처벌을 받는다(제9조).", "모든 시민은 자유롭게 말하고, 언론을 발행하고, 종교를 믿을 권리가 있다(제11조)." 제7조~제9조는 신체의 자유를 규정하고 있으며, 제11조는 정신적 자유로서 표현의 자유와 종교의 자유를 규정하고 있다. 1789년의 인권선언은 1791년 헌법에 수용되었으며, 프랑스의 인권선언은 민주주의 국가의 헌법 제정에 큰 영향을 미쳤다.

(4) 한국의 인권보장 - 건국 헌법~9차 헌법

1945년 광복 이후 1948년에 건국 헌법이 제정되면서 서구의 기본권 보장이론 및 인권이론이 도입되기 시작했다. "모든 국민은 법률 앞에 평등이며 성별, 신앙 또는 사회적 신분에 의하여 정치적, 경제적, 사회적 생활의 모든 영역에 있어서 차별을 받지 아니한다. 사회적 특수계급의 제도는 일체 인정되지 아니하며 여하한 형태로도 이를 창설하지 못한다. 훈장과 기타 영전의 수여는 오로지 그 받은 자의 영예에 한한 것이며 여하한 특권도 창설되지 아니한다(건국헌법 제8조)", "모든 국민은 신체의 자유를 가진다. 법률에 의하지 아니하고는 체포, 구금, 수색, 심문, 처벌과 강제노역을 받지 아니한다(건국헌법 제9조)." 건국헌법은 평등권과 신체의 자유를 비롯한 고전적 기본권을 보장하고 있으며, 법률유보에 따른 자유권적 기본권의 제한을 규정했다. "근로자의 단결, 단체교섭과 단체행동의 자유는 법률의 범위 내에서 보장된다. 영리를 목적으로 하는 사기업에 있어서는 근로자는 법률의 정하는 바에 의하여 이익의 분배에 균점할 권리가 있다(건국헌법 제18조)." 건국헌법에서 나타나는 가장 특징적인 모습은 근로자의 이익분배 균점권으로 사회적 기본권이 포함되었다는 점이다.

1960년 헌법(4차 헌법)은 제28조 제2항 "국민의 모든 자유와 권리는 질서유지와 공공복리를 위해 필요한 경우에 한하여 법률로써 제한할 수 있다. 단, 그 제한은 자유와 권리의 본질적인 내용을 훼손하여서는 아니 되며 언론, 출판에 대한 허가나 검열과 집회, 결사에 대한 허가를 규정할 수 없다."라고 규정하였다. 그 이전 헌법에 존재하던 언론출판의 사전 허가 검열제가 금지되었고, 질서유지와 공공복리를 위허 기본권을 제한하는 경우에도 자유와 권리의 본질적 내용은 훼손할 수 없도록 규정한 점이 특징이다.

1972년 유신헌법(7차 헌법)은 군사정권의 권위주의 통치체제가 강화되던 시기로 헌법에서 보장하는 기본권 보장이 약화되었다. 미군정(美軍政)하에서 도입된 구속적부심제도가 폐지되었으며, "군인·군속·경찰공무원 기타 법률로 정한 자가 전투·훈련 등 직무집행과 관련하여 받은 손해에 대하여는 법률이 정한 보상 이외에 국가나 공공단체에 공무원의 직무상 불법행위로 인한 배상은 청구할 수 없다(7차 헌법 제26조 제2항).", "공무원과 국가·지방자치단체·국영기업체·공익사업체 또는 국민경제에 중대한 영향을 미치는 사업체에 종사하는 근로자의 단체행동권은 법률이 정하는 바에 의하여 이를 제한하거나 인정하지 아니할 수 있다(7차 헌법 제29조 제3항)." 국가배상청구권에 있어서 군인, 군속, 경찰, 공무원 등에 대한 제한의 특례가 규정되어 기본권의 본질적 내용이 크게 훼손되었다.

1980년 헌법(8차 헌법)은 "모든 국민은 인간으로서의 존엄과 가치를 가지며, 행복을 추구할 권리를 가진다. 국가는 개인이 가지는 불가침의 기본적 인권을 확인하고 이를 보장할 의무를 진다(8차 헌법 제9조)." 천부인권의 불가침의 뜻문화하고, "모든 국민은 자기의 행위가 아닌 친족의 행위로 인해 불이익한 처우를 받지 아니한다(8차 헌법 제12조 제3항).", "형사피고인은 유죄의 판결이 확정될 때까지는 무죄로 추정된다(8차 헌법 제26조 제4항)." 등을 규정하여 연좌제를 폐지했으며, 형사피고인의 무죄추정원칙을 확립하여 죄형법정주의를 보다 강화했다. "모든 국민은 사생활의 비밀과 자유를 침해받지 아니한다(8차 헌법 제16조).", "모든 국민은 통신의 비밀을 침해받지 아니한다(8차 헌법 제17조)."사생활의 비밀과 자유의 불가침을 규정했으며, "모든 국민은 깨끗한 환경에서 생활할 권리를 가지며, 국가와 국민은 환경보전을 위해 노력하여야 한다(8차 헌법 제33조)." 한국 헌법 최초로 환경권과 환경보전에 대한 내용이 입법되었으며, "모든 국민은 근로의 권리를 가진다. 국가는 사회적·경제적 방법으로 근로자의 고용의 증진과 적정임금의 보장에 노력하여야 한다(8차 헌법 제30조 제1항)." 근로자의 적정임금 보장을 규정하는 현대적 유형의 인권이 새로이 입법되었다.

현행 9차 헌법은 "모든 국민은 인간으로서의 존엄과 가치를 가지며, 행복을 추구할 권리를 가진다. 국가는 개인이 가지는 불가침의 기본적 인권을 확인하고 이를 보장할 의무를 진다(9차 헌법 제10조)."라고 규정하고 있다. 또한 구속적부심사청구권의 전면보장, 형사보상제도의 확대, 범죄피해자에 대한 국가구조제 신설(9차 헌법 제12조 제1항~제5항)로 국민의 인권 및 신체와 생명에 대한 보호와 기본권의 절차적 보호를 강화하고, 언론·출판·집회·결사에 대한 허가·검열의 금지등 표현의 권리(9차 헌법 제21조 제2항)를 최대한 보장하며, 근로3권의 실질적 보장(9차 헌법 제33조)과 최저임금제(9차 헌법 제32조 제1항)의 실시 등 근로자의 인간다운 생활을 할 권리를 확충하여 기본적 인권을 신장했다. 이뿐만 아니라 "국민의 자유와 권리는 헌법에 열거되지 아니한 이유로 경시되지 아니한다(9차 헌법 제37조 제1항)."라고 규정하여 실정헌법이 규정하고 있는 권리 이외의 자유와 권리까지도 보호를 규정화했다.

1991년 9월에는 한국도 UN에 가입하여 UN 헌장과 세계인권선언을 비롯한 대부분 문명국가가 준수하고 있는 국제인권법제를 적극 수용할 의무를 지게 되었다.

지금까지 인권 사상의 형성과정 및 발전과정을 살펴보았다. 이제 이주민의 인권을 지키기 위한 국제적 노력을 살펴본다. 내국민에 대한 인권보호는 자국의 헌법에 의해 보호되기 시작했지만 제1·2차 세계대전 및 국제적인 분쟁과 사건으로 외국 이주민에 대한 인권보호가 큰 문제로 부각하기 시작했다. 이에 따라 이주민에 대한 인권보호를 위한 국제적 노력이 시작되었다. 국제적인 노력이 존재했다는 것은 그만큼 이주민에 대한 인권보호가 쉽지 않음을 나타내는 반증이기도 하다. 이제 국제인권법 규범에 대해 살펴보자.

국제인권(외국인·이주민)을 제고하기 위한 국제적 노력 - 국제규범의 등장

1 인권보장과 인권법제의 국제화 경향

인권사상 및 인권개념의 발전으로 내국민에 대한 인권보호는 자국의 헌법에 의해 보호되기 시작했다. 그러나 일반적으로 각국의 헌법 규정은 "모든 국민은 ○○○ 자유를 갖는다.", "모든 국민은 ○○○ 권리를 가진다."라고 규정되어 있어 외국인의 인권보호와 처우는 상대국가의 선의나 재량에 기대야 하는 한계가 존재했다. 또한 제1·2차 세계대전 당시 벌어진 살육과 학살로 인해 국제적 차원에서 인권보호의 필요성이 제기되기 시작했다.

19세기 중후반 서구열강국가에서 나타난 공통적인 현상 중 하나는 소수의 거대기업이 시장을 독점하고 금융까지 장악하는 독점자본주의가 등장했다는 점이다. 이 당시 서구열강국가의 주요 산업은 중화학공업으로 철강과 석유 등의 자원의 안정적인 수급이 중요했으며, 생산제품의 판매시장이 필요했다. 서구열강국가는 압도적인 군사력과 경제력을 바탕으로 식민지 개척에 적극적으로 나섰다. 이런 서구열강국가의 대외 팽창정책을 제국주의라고 한다. 제국주의에 민족주의와 사회진화론이 결합되면서 서구열강국가 간의 식민지 개척 경쟁은 더욱 치열해졌다. 사회진화론은 인종주의로 발전되어 '백인은 우수한 인종이며, 황인과 흑인 등의 유색인종은 미개하고 열등한 인종이므로 강대국의 식민지배는 당연하고, 우월한 국가가 미개하고 열등한 국가를 식민지배통치하는 것이 오히려 식민국가에

대한민국 헌법

대한민국 헌법도 "모든 국민은 ○○○ 권리를 갖는다."라는 형식으로 규정되어 있다. 예를 들면 "모든 국민은 소급입법에 의하여 참정권의 제한을 받거나 재산권을 박탈당하지 아니한다(헌법 제13조 제2항)."라는 형태로 나타난다.

사회진화론

경쟁을 통해 강한 종만 살아남는다는 다윈의 생물학적 진화론을 사회에 적용하여, 인간사회, 국제사회에서도 우월한 주체가 지배하는 것을 정당화했다.

게는 영광과 은혜이며, 열등한 국가를 문명화시키는 것이 강대국의 의무'라고 주장하며 약소국의 식민지 지배를 정당화했다. 식민지 지배로 인해 약소국의 국민은 정치적, 인종적, 경제적, 문화적, 사회적, 종교적 측면에서 다양한 인권침해를 당했다. 민족주의를 앞세운 서구열강국가는 서로 더 많은 식민지를 차지하기 위해 경쟁했으며, 이는 제1차 세계대전으로 이어졌다.

총력전을 벌였던 제1차 세계대전은 약 900만 명의 사망자와 2,200만 명의 부상자 등 엄청난 인적 손실을 초래했으며, 폭격과 학살로 1,000만 명에 이르는 민간인이 희생되었다(마야자키 마사카츠, 2018). 제1차 세계대전과 1917년 러시아 혁명으로 200만 명 이상의 난민이 발생했으며, 이 난민이 유럽 각국으로 이동하면서 난민 수용문제로 유럽 국가마다 사회적 부담과 갈등을 빚게 되었다. 난민 문제 해결을 위해서는 국제적인 협조체제가 필요했다. 제1차 세계대전은 국제적 차원에서 인권보호의 필요성이 제기된 첫 사례라고 할 수 있다.

제1차 세계대전 이후, 전후 복구과정 속에서 나타난 인플레이션 현상과 1929년 경제대공황에 따른 경제위기사태는 또다시 세계대전으로 이어지는 단초가 되었다. 제2차 세계대전은 60개 국이 넘는 참전국이 유럽, 아시아, 아프리카, 태평양에 이르는 여러 지역에서 벌인 인류 역사상 최악의 전쟁이었으며, 군인과 무고한 민간인을 포함하여 4,200만 명에 달하는 인원이 희생되었다(김덕수 외, 2018). 제2차 세계대전은 치열한 전쟁으로, 전쟁터에서 많은 사람이 사망하기도 했지만, 전쟁기간 중 정치적, 종교적, 국적, 인종적 이유로 민간인의 대량학살(홀로코스트)이 자행되었다. 특히 독일의 나치스는 유대인 인종 전체를 없애려는 의도로 유대인을 대량학살했다. 히틀러는 제2차 세계대전 발발 전부터 독일인과

총력전

제1차 세계대전은 이전과의 전쟁과는 완전 다른 모습의 전쟁 형태였다. 과거와 달리 전방과 후방의 개념이 사라졌고, 과학기술의 발전으로 생겨난 대량살상무기로 인해 많은 민간인이 희생되었다.

홀로코스트

'완전히 태워 바치는 희생제물'이라는 뜻을 가지고 있다. 나치스의 홀로코스트 대상은 유대인 외에도 집시족, 공산주의자, 동성애자, 장애자 등으로 다양했다.

유대인을 구분하기 위해 유대인에게 '다윗의 별'이라고 불리는 노란색의 육각형 별을 강제로 달게 했고, 유대인을 게토로 강제이주시킨 후 유럽 각지의 수용소로 보냈다. 수용소에서 유대인은 강제노동에 시달렸으며, 수용소 내 노동인력 분류과정에서 집단학살이 자행되었다. 유럽 전역에서 600만 명 이상의 유대인이 사망했으며, 아우슈비츠 수용소에서만 300만 명 이상 사망했다(공미라 외, 2020).

이렇게 제2차 세계대전에서 자행된 대규모 학살 만행과 전쟁의 잔혹함은 국제사회에서 인권보호의 필요성을 일깨웠다. 이념적 문화적 장벽을 초월하여, 전쟁을 막고, 인간의 존엄과 가치, 인권 및 처우에 관해 국제적 기준이 수립되어 있어야 한다는 인식의 확산 속에서 UN이 탄생했다. UN은 '말할 수 없는 슬픔을 인류에 가져온 전쟁의 불행에서 다음 세대를 구하고, 기본적 인권, 인간의 존엄과 가치, 남녀 및 대소 각국의 평등권에 대한 신념을 재확인하며, 정의와 조약 및 기타 국제법의 연원으로부터 발생하는 의무에 대한 존중이 계속 유지될 수 있는 조건을 확립하고, 더 많은 자유 속에서 사회적 진보와 생활수준의 향상을 촉진할 것'을 결의했다(UN 헌장 서문). 이러한 배경에서 탄생한 UN은 인종, 성별, 언어 또는 종교에 따른 차별이 없는 모든 사람을 위한 인권 및 기본적 자유의 보편적 존중과 준수(UN 헌장 제55조)의 달성을 위해 각 회원국은 UN과 협력하여 공동으로 또는 개별적인 조치를 취할 것을 약속했다(UN 헌장 제56조).

UN 헌장은 인권의 국제적 보호를 규정한 최초의 조약으로, 인권문제의 국제화를 선언했다는 점에 의의가 있다. UN은 헌장상의 인권규정을 발판으로 인권보호에 관한 국제규범을 제정하고, 이의 실천을 각 회원국에 요구할 수 있게 되었다. UN 헌장의 인권개념은 국제사회에서 모든 인간의 존엄성을 존중해야 한다는 인식을 고양시켰고, 각국의 국내법 운영질서를 민주화시키는 데 커다란 동력을 제공했다.

UN 총회는 1948년 세계인권선언을 채택해 향후 인권의 국제적 보호를 위한 방향을 제시했다. 이후 20세기 후반부터 인권의 국제적 보호라는 개념은 국제관계와 국제법에 있어서 가장 눈부신 변화와 발전을 보인 분야 중 하나가 되었다. 또한 현재 국제인권법규들은 약 50여 개의 범세계적 인권조약과 선언이 그 내용을 중심을 이루며, 여러 경로를 통해 채택된 각종 국제적 최저기준, 기타 보편적으로 인정되는 일반원칙, 그리고 대륙별로 성립되어 있는 지역적 인권조약이 이를 보완하고 있다(정인섭, 2020).

인권법제의 국제화는 4단계 과정을 거친다. 제1단계는 1945년 10월의 UN 헌장이 인권에 관한 국제적 관심을 확인한 점, 제2단계는 1948년 12월의 세계인권선언이 다양한 인권을 열거하고 있다는 점, 제3단계는 세계인권선언 중에 규정된 기본적 인권의 실효성을 뒷받침하기 위한 또 하나의 노력인 국제연합인권규약(International Covenant on Human Rights)을 채택한 점이다. 제4단계는 특정한 영역의 인권침해를 다룬 국제인권조약과 선언이 채택된 점이다(권영성, 2010).

국제연합인권규약

'경제적, 사회적, 문화적 권리에 관한 국제규약(A규약)', '시민적 및 정치적 권리에 관한 국제규약(B규약)', '시민적, 정치적 권리에 관한 국제규약의 선택의정서', '경제적, 사회적 문화적 권리에 관한 국제규약 선택의정서', '사형폐지에 관한 제2선택 의정서'가 있다.

① 세계인권선언(Universal Declaration of Human Rights)

"Whereas recognition of the inherent dignity and of the equal and inalienable rights of all members of the human family is the foundation of freedom, justice and peace in the world, Whereas disregard and contempt for human rights have resulted in barbarous acts which have outraged the conscience of mankind, and the advent of a world in which human beings shall enjoy freedom of speech and belief and freedom from fear and want has been proclaimed as the highest aspiration of the common people, Whereas it is essential, if man is not to be compelled to have recourse, as a last resort, to rebellion against tyranny and oppression, that human rights should be protected by the rule of law, Whereas it is essential to promote the development of friendly relations between nations, Whereas the peoples of the United Nations have in the Charter reaffirmed their faith in fundamental human rights, in the dignity and worth of the human person and in the equal rights of men and women and have determined to promote social progress and better standards of life in larger freedom, Whereas Member States have pledged themselves to achieve, in cooperation with the United Nations, the promotion of universal respect for and observance of human rights and fundamental freedoms, Whereas a common understanding of these rights and freedoms is of the greatest importance for the full realization of this pledge, Now, therefore, The General Assembly, Proclaims this Universal Declaration of Human Rights as a common standard of achievement for all peoples and all nations, to the end that every individual and every organ of society, keeping this Declaration constantly in mind, shall strive by teaching and education to promote respect for these rights and freedoms and by progressive measures, national and international, to secure their universal and effective recognition and observance, both among the peoples of Member States themselves and among the peoples of territories under their jurisdiction(Universal Declaration of Human Rights Preamble).

세계인권선언의 서문에서 밝히고 있듯이 UN 총회는 이념과 문화의 벽을 넘어 인권과 인간존엄과 가치와 처우에 관해 국제적 기준 수립을 위해 주력했고, 그 노력의 결과로 '세계인권선언(Universal Declaration of Human Rights)'이 채택되었다. '세계인권선언'은 말 그대로 선언에 불과했지만, 각국뿐만 아니라 국제사회의 인권보호 증진을 위한 가이드라인을 제시했으며, '세계인권선언'이 보장하는 권리의 실효성을 뒷받침하고 구속력을 갖추기 위한 세부조약의 체결로 이어졌고, 각국의 헌법과 국내법에 세계인권선언의 내용이 포함되었다.

세계인권선언은 전문(Preamble)과 30개 조문으로 구성되어 있으며, 전 세계 모든 사람은 태어날 때부터 자유롭고, 존엄성과 권리에 있어 평등하고(제1조), 인종, 피부색, 성, 언어, 종교, 정치적 또는 기타 의견 등 어떠한 차별도 받지 않고 모든 권리와 자유를 누릴 자격이 있으며(제2조), 모든 사람은 생명권과 신체의 자유와 안전을 누릴 권리(제3조), 모든 사람은 법 앞에 평등하고, 어떠한 차별도 없이 법의 평등한 보호를 받을 권리(제7조), 모든 사람의 거주 이전의 자유(제13조), 박해를 피하여 타국에서 피난처를 구하고 비호를 향유할 권리(제14조), 모든 사람은 사상, 양심 및 종교의 자유에 대한 권리(제18조) 등 향유할 수 있는 인권과 기본적 자유를 규정하고 있다. 세계인권선언은 "모든 인류의 양도할 수 없는 천부인권에 관한 인류의 공통의 견해를 선언하고, 전 세계인이 준수하야 할 의무를 천명"했다고 평가된다(1968년 테헤란 선언).

② 국제인권규약(International Covenants)

'세계인권선언'이 보장하는 권리의 실효성을 뒷받침하고, 구속력을 갖추기 위해 세부 국제인권규약들이 체결되었다. 1966년 체결된 '경제적, 사회적 및 문화적 권리에 관한 국제규약(International Covenant of Economic, Social and Cultural Rights)', '시민적 및 정치적 권리에 관한 국제규약(International Covenant on Civil and Political Rights)', 개인통보

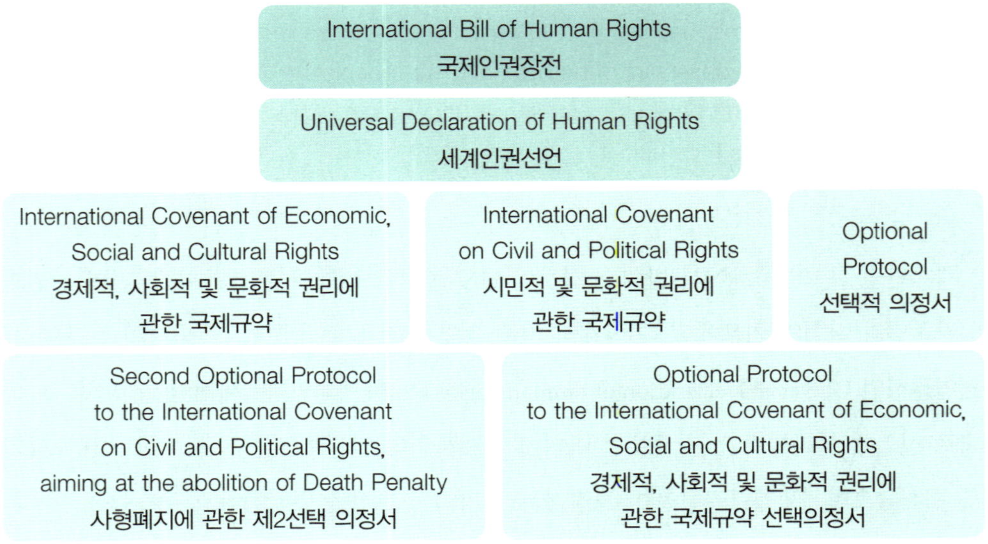

그림 9-1 국제인권장전의 구성

를 규정한 '선택의정서(Optional Protocol)'를 시작으로, 1989년에 추가된 '사형폐지에 관한 제2선택의정서(Second Optional Protocol to the International Covenant on Civil and Political Rights, aming at the Abolition of the Death Penalty)', 그리고 2008년 채택된 '경제적, 사회적 및 문화적 권리에 관한 국제규약 선택의정서(Optional Protocol to International Covenant of Economic, Social and Cultural Rights)'가 존재한다. 세계인권선언과 위에서 언급한 5개 국제인권규약을 합해 국제인권장전(International Bill of Human Rights)이라고 부른다.

• 경제적, 사회적 및 문화적 권리에 관한 국제규약

'경제적, 사회적 및 문화적 권리에 관한 국제규약(International Covenant of Economic, Social and Cultural Rights)'은 전문과 31개의 조문으로 구성되어 있으며, 모든 사람이 자유로이 선택하거나 수락하는 노동에 의해 생계를 영위할 권리를 포함하는 근로의 권리(제6조), 모든 사람이 공정하고 유리한 근로조건을 향유할 수 있는 권리(제7조), 경제적·사회적 이익을 증진 보호하기 위해 노동조합을 결성하고, 노동조합에 가입할 수 있는 권리(제8조), 모든 사람이 사회보험을 포함한 사회보장에 대한 누릴 권리(제9조), 가정 보호 권리(제10조), 모든 사람이 적당한 식량, 의복 및 주택을 포함하여 자기 자신과 가정을 위한 적당한 생활수준을 누릴 수 있는 의식주의 권리(제11조), 모든 사람이 도달 가능한 최고 수준의 신체적 · 정신적 건강을 향유할 권리(경제적, 사회적 및 문화적 권리에 관한 국제규약 12조), 모든 사람이 누릴 교육권(제13조), 문화생활에 참여하고 누릴 권리(제14조) 등의 사회권적 기본권을 규정하고 있다.

'경제적, 사회적 및 문화적 권리에 관한 국제규약'에서 인정된 권리의 완전한 실현을 점진적으로 달성하기 위해 개별적으로 또한 특히 경제적 · 기술적인 국제지원과 국제협력을 통해 자국의 가용자원이 허용하는 최대한도까지 조치를 취할 것을 규정하고 있다(제2조 1). 그러나 개발도상국은 인권과 국가 경제를 충분히 고려하여 이 규약에서 인정된 경제적 권리를 어느 정도까지 외국인에게 보장할 것인지 결정할 수 있도록 하여 유예를 두고 있다(제2조 2).

• 시민적 및 정치적 권리에 관한 국제규약

'시민적 및 정치적 권리에 관한 국제규약(International Covenant on Civil and Political Rights)'은 전문과 53개의 조문으로 구성되어 있으며, 모든 인간이면 누려야 할 생명권(제6조), 어느 누구도 고문 또는 잔혹하거나 비인도적이거나 굴욕적인 대우를 받지 않을 권리(제7조), 노예제도의 금지(제8조), 모든 사람이 누려야 할 신체의 자유와 안전에 대한 권리(제9조), 인간의 고유한 존엄성이 존중되는 대우를 받을 권리(제10조), 거주이전의 자유에 대한 권리(제12조), 재판에 있어 평등할 권리, 즉 법률에 따라 설치된 권한 있는 독립적이고 공평한 법원에 의한 공정한 재판을 받을 권리(제14조), 소급처벌금지(제15조), 어느 누구도 사생활, 가정, 주거 또는 통신에 대해 자의적이거나 불법적인 간섭을 받지 않을 권리(제17조), 사상 · 양심 · 종교의 자유에 대한 권리(제18조), 모든 사람은 간섭받지 않고 의견을 가질 표현의 자유에 대한 권리(제19조), 집회 · 결사의 자유(제22조), 가정과 혼인의 보호(제23조), 아동보호(제24조), 참정권(제25조) 등의 자유권적 기본권을 규정하고 있다.

'시민적 및 정치적 권리에 관한 국제규약'의 각 당사국은 현행 입법조치 또는 그 밖의 조치에 의해 아직 규정되어 있지 않은 경우, 이 규약에서 인정되는 권리가 실현될 수 있도록 필요한 입법조치 또는 그 밖의 조치를 채택하기 위해 자국의 헌법 절차 및 이 규약의 규정에 따라 필요한 조치를 취할 것을 약속했다(제2조 2).

표 9-1 경제적, 사회적 및 문화적 권리에 관한 국제규약과 시민적 및 정치적 권리에 관한 국제규약의 공통점과 차이점

	경제적, 사회적 및 문화적 권리에 관한 국제규약	시민적 및 정치적 권리에 관한 국제규약
공통점	차별금지 원칙을 공통적으로 규정	
차이점	사회적 기본권의 보호	자유권적 기본권의 보호
보장 방식	규약에 보장된 권리실현을 위해 국가의 가용자원이 허용하는 최대한 조치 (예: 개도국은 국가경제 수준을 고려하여 외국인에 대한 권리보장 유보)	규약상 권리 실현을 위해 필요한 입법이나 기타 조치를 바로 취해야 함

③ 모든 형태의 인종차별 철폐 협약(International Convention on the Elimination of All Forms of Racial Discrimination)

19세기 중반, 서구열강은 생물학적 진화론을 사회에 적용하여 자신을 우월한 인종으로, 약소국은 열등한 인종으로 규정했다. 이러한 인종주의는 식민지배를 정당화하는 이론으로 활용되었고, 약소국 국민은 다양한 인권침해를 당했다. 제1차 세계대전 이후에도 인종주의의 망령은 사라지지 않고 활용되었다. 독일의 나치즘은 우성학을 근거로 유대인을 열등한 인종으로 규정하고, 대량학살인 홀로코스트를 통해 유대인을 말살하려 했다. 제2차 세계대전 당시 아우슈비츠 수용소에서만 유대인 300만 명 이상이 학살되었으며, 유럽 전역에서는 600만 명 이상의 유대인이 사망한 것으로 추정된다.

UN은 제1·2차 세계대전의 이러한 비극을 초래한 인종차별을 철폐하기 위해 많은 노력을 기울였다. UN은 식민주의와 인종차별의 모든 관행을 비판하고, 1960년 12월 14일 '식민지 및 그 국민에 대한 독립 부여에 관한 선언'을, 1963년 11월 '모든 형태의 인종차별 철폐에 관한 국제연합선언'을 통해 모든 형태와 양상의 인종차별을 철폐하고 인간의 존엄성에 대한 이해와 존중을 확보할 필요성을 알렸다. 1965년 12월 UN 총회에서 '모든 형태의 인종차별 철폐에 관한 국제협약(International Convention on the Elimination of All Forms of Racial Discrimination)'이 만장일치로 통과되었으며, 협약은 1969년 1월에 정식 발효되었다.

'모든 형태의 인종차별 철폐에 관한 국제협약'은 인종차별에 근거한 어떠한 우수인종 학

설도 과학적으로 허위이고, 도덕적으로 비판받아야 하며, 사회적으로 부당하고 위험하고, 인종적 장벽의 존재가 어떠한 인류사회의 이상과도 배치됨을 확신하며, 세계 일부 지역에서 아직 남아있는 모든 형태와 양상의 인종차별을 신속히 철폐시키기 위한 모든 필요 조치를 채택하고, 인종 간의 이해를 증진하고 인종차별이 없는 국제공동사회를 건설할 것을 결의하고 있다(모든 형태의 인종차별철폐에 관한 국제협약 전문).

'모든 형태의 인종차별 철폐에 관한 국제협약'은 전문과 25개의 조문으로 구성되어 있다. 협약 가입 당사국은 인종차별을 규탄하며 모든 형태의 인종차별 철폐와 인종 간의 이해 증진정책을 적절한 방법으로 지체 없이 추구할 책임을 지며, 이 목적을 위해 인간이나 인간의 집단 또는 단체에 대한 인종차별 행위를 하지 않을 의무 또는 인종차별을 실시하지 않을 의무를 진다. 또한 모든 국가 및 지방공공기관과 공공단체가 그러한 의무에 따라 행동하도록 보증할 의무, 인종차별을 유발하거나 또는 영구화시키는 효과를 가진 정부, 국가 및 지방정책을 면밀히 조사하고 또한 상기 효과를 가진 법규를 개정, 폐기 또는 무효화시키는 효율적 조치를 취하고, 인종차별행위를 범죄로 규정하고 처벌할 의무를 지는 적극적인 조치를 요구하고 있다(모든 형태의 인종차별 철폐에 관한 국제협약 제2조).

④ 모든 이주노동자와 그 가족의 권리보호에 관한 국제협약(International Convention on the Protection of the Rights of All Migrant Workers and Members of their Families)

1990년대 이후 세계 각국의 경제시장과 노동시장이 개방·확대되면서 국제이주현상은 계속 증가하는 추세이다. 2022년 말 기준 한국 국내 체류 외국인은 224만 5,912명이고, 인구 대비 체류외국인 비율은 4.37%로 국제평균을 상회하며, 특히 이주노동자가 큰 폭으로 증가하고 있다. 취업자격 체류 외국인은 2022년 12월 31일 기준으로 44만 9,402명으로 취업자격 전체 체류자 중 전문인력은 11%, 단순기능인력이 89%이다. 비전문취업(E-9)은 취업자격 체류자 중 59%를 차지하며, 단순기능인력에서는 67%에 해당한다. 방문취업(H-2)은 취업자격 체류자 중 23%를 차지하며. 단순기능인력에서는 26%에 해당한다.

이주노동자의 경우 전문인력으로 숙련된 기능과 지식을 바탕으로 높은 임금을 받는 경우도 있지만, 전 세계적으로 이주노동자의 대부분은 낮은 임금, 열악한 근로환경에서 근무하며, 합법적 체류자격을 갖추지 못한 불법체류 노동자인 경우도 많아 작업장에서 인권유린 문제, 임금체불 문제로 많은 논란을 빚었다. 이에 1990년 12월 UN 총회는 '모든 이주노동자와 그 가족의 권리보호에 관한 국제협약(International Convention on the Protection of the Rights of All Migrant Workers and Members of their Families)'을 채택하여 이주노동자와 그의 가족을 보호할 필요성을 제기했다. 이주노동자가 유입국의 내국민에 비해 기본 인권을 보호받지 못하는 점을 인식하고, 국제적 협약을 통해 이주노동자의 인권과 기본권을 보호하려 했다.

'모든 이주노동자와 그 가족의 권리보호에 관한 국제협약'은 전문과 93개의 조문으로 구성되어 있으며, "이주노동자"를 국적국이 아닌 나라에서 유급활동에 종사할 예정이거나, 이에 종사하고 있거나, 또는 종사하여 온 사람으로 규정한다(제2조). 과거 유급활동을 한 노동자, 현재 유급활동을 하고 있는 노동자, 미래에 유급활동을 할 노동자까지 이주노동자로 폭넓게 인정하고 있으며, 월경노동자, 선원, 순회노동자 등 다양한 형태의 이주노동자에게는 구체적 근로형태에 따라 보호의 내용을 세분화하고 있다(제2조 (a)~(h)). 보호대상을 불법체류자를 포함한 모든 이주노동자, 이주노동자의 가족이 보호될 권리(제53조~56조)와 특히 합법적 상황의 이주노동자에게 추가적으로 보호될 권리로 구분해 규정하고 있다(제36조).

그러나 이주노동자의 보호에 대해서는 송출국과 유입국의 입장에 차이가 있으며, 정작 이주노동자의 보호가 이루어져야 할 인력 유입국은 이 협약을 외면하고 있어 실효성을 거두기가 힘들다. 한국 정부도 이 협약에 비준하지 않고 있다. 특히 한국 정부는 이주노동자(migrant workers)라는 표현을 사용하지 않고, '외국인 근로자(foreign workers)'라는 용어를 사용한다. 이는 한국 정부가 외국인 국적의 노동자 모두를 인정하지 않고, 한정적인 직업군(비전문취업 체류자격, 방문취업자 체류자격 등)에 체류기간 내 체류자격을 인정받은 자만을 외국인 근로자로 인정하겠다는 것을 의미한다. 이는 외국인 유입 규모와 불법체류자를 최소화하고, 제조업, 농축산업 등 일부 산업에 외국인 근로자를 한시적으로 활용한 후 고국으로 돌려보내려는 정부의 정책을 반영하는 것이다.

1990년대 산업연수생제도의 많은 문제점을 보완하기 위해 2004년 고용허가제를 도입하여 외국인 근로자는 내국인과 동일하게 「근로기준법」, 「최저임금법」, 「산업안전보건법」의 적용을 받을 수 있게 되었으며, 사업주의 근로계약 위반, 부당해고 등 위법 부당한 처분에 대해서는 권리구제가 가능해졌다(외국인근로자 고용 등에 관한 법률 제24조의2). 그러나 외국인 근로자의 근로계약의 갱신, 재고용, 사업장 변경에 대한 권한이 사용자, 고용주에 집중되어 있어 외국인 근로자는 매우 불안정한 지위에 놓일 수 있으며, 노동착취와 인권침해에 대한 가능성이 항시 존재한다는 문제점이 있다.

⑤ 난민의 지위에 관한 협약(Convention Relating to the Status of Refugees)

국제사회가 난민문제에 관심을 갖게 된 계기는 1917년 러시아 혁명과 제1차 세계대전으로 많은 난민이 유럽 각국으로 이동하면서였다. 난민 수용문제로 유럽 국가마다 사회적 부담과 갈등을 빚게 되었다. 국제연맹은 러시아 난민문제, 제1차 세계대전 난민문제를 해결하기 위해 국제난센사무소(International Nansen Office)를 설립하여 난민에게 난민여권이나 그에 갈음하는 신분증명서를 발급해주고, 난민의 정착을 지원했다. 1933년 10월 국제연맹 총회에서 '난민의 국제적 지위에 관한 협약(Convention relating to the Status of Refugees)'이 체결되었다. 이 협약은 난민의 법적 지위를 다룬 최초의 국제협정으로, 난민의 입국, 체류, 이동의 권리, 난센여권(Nassen Passport) 발급문제를 규율했으나 8개국의 비준을 얻는 데 그쳤다(김대순, 2018).

난센여권

난센여권은 국제공동체 최초의 국제여권으로, 러시아 난민에게 이동의 자유를 보장하기 위해 만들어졌다.

제1차 세계대전 이후, 전쟁을 막으려는 각국의 노력에도 불구하고, 제2차 세계대전이 발발했다. 제2차 세계대전 당시 유럽 각국에서는 종교, 국적, 인종의 이유로, 특정 사회집단의 구성원이라는 이유로, 정치적 견해의 차이를 이유로 학살과 박해가 자행되면서 유럽 내에서 수만 명의 난민이 발생했다. 제2차 세계대전이 끝나자 UN은 전쟁 전후로 발생한 난민을 보호하기 위해 국제난민기구(International Refugee Organization, IRO)를 설립했으며, 1951년 '난민의 지위에 관한 협약(Convention relating to the Status of Refugees)'이 체결되었다.

'난민의 지위에 관한 협약'은 "1951년 1월 1일 이전에 발생한 사건의 결과로서 인종, 종교, 국적, 특정 사회집단의 구성원 신분 또는 정치적 의견을 이유로 박해를 받을 우려가 있다는 충분한 근거가 있는 공포로 인해 자신의 국적국 밖에 있는 자로서, 국적국의 보호를 받을 수 없거나 또는 그러한 사건의 결과로 인해 종전에 상주하던 국가 밖에 있는 무국적자로서 그 상주국에 돌아갈 수 없거나, 그러한 공포로 인해 그 상주국으로 돌아가는 것을 원하지 아니한 자(제1조(2))"를 난민으로 정의하고 있다.

'난민의 지위에 관한 협약'은 전문과 46개의 조문 및 16항의 조문서로 구성되어 있으며, 난민이 현재 거주국에서 내국민에게 부여되는 대우와 동일한 대우를 받을 권리 및 안정된 생활을 확보할 수 있도록 지원하는 내용(제20조~24조)으로 구성되어 있다.

그러나 점차 다양한 원인의 난민이 발생하면서, 기존의 '난민의 지위에 관한 협약'으로 보호받지 못하는 난민이 나타나기 시작했다. 기존의 난민의 지위에 관한 협약은 유럽의 특수한 상황이 규정에 반영되었고, 주로 제2차 세계대전 와중에 발생한 난민을 보호하기 위해 제정되었기 때문에 보호 적용대상에 시간적 제한, 공간적 제한이 있었다. 즉, 시간적 제한은 "1951년 1월 1일 이전에 발생한 사건의 결과"로 한정하였고, 공간적 제한은 "1951년 1월 1일 이전에 유럽에서 발생하는 사건"으로 정했기 때문에 보호를 받지 못하는 난민이 나타나기 시작했던 것이다. 이에 UN은 1967년 1월 '난민지위에 관한 의정서(Protocol Relating to the Status of Refugees)'를 추가로 채택해 시간적 제한과 공간적 제약을 해제했다.

시간적 제한

"이 의정서의 적용상, "난민"이라는 용어는, 이 조 제3항의 적용에 관한 것을 제외하고, 협약 제1조 A(2)에서 "1951년 1월 1일 전에 발생한 사건의 결과로서 또한…"이라는 표현과 "… 그러한 사건의 결과로서"라는 표현이 생략되어 있는 것으로 볼 경우 협약 제1조의 정의에 해당하는 모든 자를 말한다(난민지위에 관한 의정서 제1조 2).

공간적 제약

"이 의정서는 이 의정서의 당사국에 의하여 어떠한 지리적 제한도 없이 적용된다. 다만, 이미 협약의 당사국이 된 국가로서 협약 제1조 B(1) (a)를 적용한다는 선언을 행하고 있는 경우에 그 선언은 동 조 B(2)에 따라 그 국가의 의무가 확대되지 아니하는 한, 이 의정서하에서도 적용된다(난민지위에 관한 의정서 제1조 3)."

현재 난민의 지위에 관한 협약은 열거적 조항의 성격을 가지고 있어 현재 다양한 원인(전쟁, 내전, 환경재난, 경제적 궁핍 등)으로 발생하는 난민을 보호하지 못한다는 한계가 있다. 그중 하나는 난민의 난민지위 인정 여부를 유입국 정부가 결정한다는 점이다. 이 때문에 난민지위 요건을 충족하더라도 난민으로 인정받지 못하는 경우가 발생한다. 한국의 경우, 1994년부터 2021년까지의 평균 난민인정률은 2.8%에 불과하며, 2021년에는 0.7%에 그쳤다.

1951년에 재정된 난민협약과 1967년에 개정된 난민의정서는 제2차 세계대전 당시 해결해야 할 의제들이 담겨져 있다. 기존의 난민협약은 현재 다양한 원인으로 발생하고 있는 난민을 보호할 수 없다. 시대마다 지배하는 시대정신(Zeitgeist)이 있고 국제규정은 시대정신을 담는 역할을 담당해왔다. 그러므로 다양한 난민을 수용할 수 있도록 국제난민규정의 개정이 필요하다(이진우, 2019).

지금까지 국제인권 규범을 살펴보았다. 국제인권규범을 제정하여 인권에 대한 무시와 경멸을 막기 위해 국제적인 노력이 이어졌으나 여전히 이주민에 대한 차별과 혐오는 지속되고 있으며, 이주민에 대한 차별과 혐오는 많은 갈등을 빚고 있다. 이제 이주민에 대한 차별과 혐오에 따른 갈등 사례와 차별과 혐오를 넘어 사회통합을 위한 노력에 대해 살펴보자.

4 이주민에 대한 차별과 혐오 - 차별과 혐오를 넘어, 사회통합을 위한 노력

1 이주민에 대한 차별과 혐오에 따른 갈등사례

2022년 말 기준 한국 인구 대비 국내 체류 외국인 비율은 4.37%로, 국제평균을 상회하며 유학생, 전문 인력, 단순기능인력, 결혼이민자, 영주자격취득자가 매년 증가 추세를 보이고 있다. 이렇듯 대한민국은 급격히 다민족·다인종·다문화 사회로 진입하고 있다. 이런 급격한 변화에도 불구하고 우리 사회는 이주민에 대한 차별과 혐오가 만연하다. 2012년 4월 총선에서 필리핀 출신의 방송인 이자스민 씨가 비례대표 국회의원으로 선출되면서 인터넷과 SNS에는 "대한민국의 등골을 빼먹는 다문화의 실체가 드러났다!", "불법체류자가 판을 치게 될 것이다." 등의 인종차별성의 막말 악성댓글이 달렸으며, 이주민과 다문화가정에 대해 공격을 감행하자는 카페가 등장하기도 했다. 이러한 이주민에 대한 차별과 혐오는 우리보다 먼저 다문화사회를 경험한 유럽 국가에서 보듯이 수많은 갈등으로 이어졌으며, 이런 갈등은 공동체를 위기에 빠트리기도 했다. 이제 이주민에 대한 차별과 혐오에 따른 갈등 사례를 살펴보자.

차별이란 한 개인이나 집단을 다르게 대우하여 심리적·사회적 불이익을 주는 것을 의미하며, 주류가 비주류에 대해서, 강자가 약자에 대해서, 다수자가 소수자에 대해서 이런 행위를 할 때 일컬어지는 용어이다. 이민자에 대한 차별은 국적, 인종, 경제적 격차를 이유로 한 차별로, 인종차별의 범주로 이해될 수 있다(김현숙, 2014). 혐오란 '어떤 대상을 매우 싫어하고 미워하는 감정'으로, 특정한 이유를 떠나 어떤 집단 전체를 무시, 배제, 증오하는 것을 의미하며, 기존의 차별적인 사회질서를 더욱 강화시키고, 나이, 성별, 인종, 성적 지향, 종교, 직업, 경제적 이유 등에 따른 차별이 더욱 심해질 수 있다(임덕준 외, 2022). 혐오는 특정 집단에 부정적 감정의 표현을 담고 있어 특정 집단은 이런 혐오를 중대한 차별과 위협으로 느낄 수 있다. 이주민은 사회에서 비주류로서 사회적 약자로 기울어진 운동장에 위치하고 있다. 이들에 대한 혐오는 더 큰 위협과 상처로 다가올 수 있다. 이주민에 대한 혐오, 차별은 종교·인종·국적·경제적 이유 등의 여러 요소가 혼재되어 나타나며, 혐오, 차별이 갈등으로 분출된다.

(1) 팔레스타인·유대인의 갈등 - 이주민과 원주민 간의 갈등

제1차 세계대전은 독일제국, 오스트리아 – 헝가리제국, 오스만제국 중심의 삼국 동맹국과 영국, 프랑스, 러시아의 삼국 협상국의 대결구도로 발생했다. 전쟁이 시작되자 영국은 중동에서 오스만 제국과 교전을 벌였는데, 이때 전쟁을 유리한 방향으로 이끌기 위해 삼중외교를 펼쳤다(佐藤優, 2015). 영국은 우선 오스만제국의 지배를 받던 아랍인의 민족주의를 이용했다. 영국은 1915년 '후세인 – 맥마흔 협정'을 통해 아랍이 영국을 도와 대(對) 오스만 전쟁에 참여하면 팔레스타인을 비롯한 아랍지역의 독립을 보장하겠다고 약속했다. 두 번째로 영국은 1917년 유대인의 전쟁비용 지원 조달을 이끌어내기 위해 팔레스타인 지역에 유대인의 독립국가 건립을 약속하는 '벨푸어 선언'을 했다. 영국은 지킬 수 없는 양립 불가능한 약속을 한 것이다. 여기서 더욱 놀라운 사실은 영국과 프랑스가 1916년 5월, 아랍과 유대인과 맺은 두 비밀조약의 중간에 또 다른 비밀조약을 체결했다는 점이다. 영국과 프랑스는 '사이크스–피코 비밀협정(Sykes Picot Agreement)'을 체결하여 프랑스는 시리아의 해안지대와 그 북부를, 영국은 팔레스타인과 바그다드를 점령하기로 했다. 다시 말해 팔레스타인이라는 한 지역에 아랍인에게 아랍국가의 독립을, 유대인에게는 유대민족 국가의 창설을 약속해주고, 실상은 영국과 프랑스가 그곳을 점령하기로 이미 합의한 것이다(이희수, 2016).

제1차 세계대전은 연합국의 승리로 마무리되었지만, 아랍민족의 독립은 영국의 벨푸어 선언으로 유예되어버렸으며 영국의 위임통치가 시작되었다. 유럽 각지에서 탄압을 받아온 유대인은 1917년의 벨푸어 선언에 근거하여 팔레스타인으로 대거 이주하기 시작했다. 영국의 유대인 국가 건설 약속은 1922년 7월 국제연맹이 영국의 팔레스타인 위임통치를 결정하는 문서에 다시 한 번 명기되었고, 아랍인의 분노는 커졌다. 팔레스타인 지역 이주 유대인의 인구 비중과 토지소유 비중이 증가하면서, 원주민이었던 아랍인은 종교, 인종이 다른 이민족으로부터 자신의 터전과 생존권이 위협받는다고 느끼게 되었다. 이주민인 유대인은 대농장 경영을 통해 큰 수익을 남기면서 팔레스타인 지역의 경제를 장악하기 시작했다. 반면 원주민인 아랍인이 일자리를 잃는 상황은 아랍인의 분노와 반발심을 더욱 자극했다.

1920년대 초 시작한 아랍인과 유대인의 갈등은 심각한 상황으로 번졌다. 1921년 5월 자파에서의 원주민 아랍인과 이주민 유대인의 충돌로 유대인 200명이 사망하고 아랍인 120명이 사망하는 사건이 발생했다. 1929년 8월에는 '유대인이 아랍인을 살해하고 예루살렘을 차지할 것'이라는 가짜 소문이 돌면서 아랍인이 유대인을 습격·약탈하는 사건이 발생하여 유대인 67명이 사망했다. 이에 유대인은 군대에 버금가는 민병대를 구성하여 아랍인의 습격에 무력으로 대응하기 시작했다. 1929년 한 해에만 유대인 133명, 아랍인 116명이 사망했다. 1930년대에 들어서 폭력은 한층 더 잦아졌으며 유대인 내 새로운 민병대 '이르군'이 더 공세적인 형태로 아랍인에 대응하여 피의 악순환이 시작되었다. 제2차 세계대전이 끝나고 이스라엘이 건국된 이후 아랍인과 유대인의 충돌은 더욱 강화되었으며, 혐오는 지금까지도 이어지고 있다(박정욱, 2018).

(2) 프랑스의 이주민 폭동 사건 - 원주민과 이주민 간의 갈등

제1·2차 세계대전으로 유럽 전역에 많은 사망자와 부상자가 발생하면서 유럽 각국은 노동인구가 크게 급감했다. 프랑스는 전후 복구 및 경제재건 과정에서 많은 노동력이 필요했다. 이에 단기 노동자 수급정책으로 초청노동자제도를 도입했고, 이 과정에서 과거 프랑스의 식민지 국가(알제리, 튀니지, 모로코) 등에서 수백만 명의 이주노동자가 유입되었다. 프랑스는 전후 부족한 노동력을 이주근로자로 해결했으며, 이후 급속한 경제성장을 이루었다.

1970년대 프랑스에는 200만 명의 외국인 노동자와 70만 명의 노동자 가족이 거주했으나, 1973년 오일쇼크사태가 전 세계를 덮치고 글로벌 경제위기가 발생하면서 프랑스는 이주노동자의 출국을 강요하기 시작했다. 이로 인해 정착하려는 이주노동자와 많은 마찰과 갈등을 빚기 시작하여, 이주노동자 체류문제가 사회적 문제로 비화되었다. 이에 장기체류 중인 이주노동자를 자국 사회로 통합하려는 노력과 정책(사회통합정책)을 병행하기 시작했다. 프랑스의 이주민 통합정책은 동화정책을 바탕으로 이주민에게 프랑스 시민이 되기를 일방적으로 요구하는 정책이었다. 프랑스 공교육에서도 공화주의적인 통일성을 강조하면서 이주민의 인종, 종교적 성향을 고려하지 않고 평등성을 강조했다. 공공장소에서 무슬림의 히잡, 차도르, 부르카, 니캅 착용을 금지하여 종교와 문화를 자유롭게 표현할 권리를 침해했다.

이주노동자의 2세, 3세들은 프랑스의 공교육을 받고 자라난 프랑스인임에도 불구하고 인종과 종교가 다르다는 이유로 교육, 주택, 문화 등 모든 영역에서 차별을 겪었으며, 높은 실업률에 사회에서 소외된 계층으로 전락하여 주류사회로의 편입을 원천적으로 봉쇄당했다(엄한진, 2007). 특히 프랑스 경찰은 인종적·종교적 차이를 이유로 이주노동자의 2세, 3세를 위험한 범죄집단 또는 테러집단으로 간주했다. 그들은 불심검문, 지나친 공권력 행사를 통해 이민자 사회의 불만을 누적시켰다.

프랑스에서는 1977년부터 2002년 사이에 175명의 청년이 경찰에 의해 사망했는데, 대부분 아프리카나 북아프리카 이민자의 자녀였다. 하지만 문제는 그러한 죽음으로 인해 기소된 경찰이 단 한 명도 없으며, 이민 배경을 가진 시민이 경찰에 체포될 확률은 프랑스인보다 7배 높았다는 것이다(고상두, 2014). 이러한 인종차별은 이민자 사회의 분노와 적대감을 키웠고, 2005년 폭동의 원인이 되었다. 2005년 10월 파리 교외의 클리시수브아(Clichy sous−Bois) 지역에서 경찰의 검문과정에서 달아나던 이주민 2세 청소년 2명이 변압기 감전사고로 사망하는 사건이 일어났다. 두 소년의 사망, 경찰의 과잉진압에 대한 항의로 시작된 시위는 프랑스 전역으로 확산되면서 약 한 달 동안 지속되었다. 이 폭동으로 인해 프랑스 사회는 큰 혼란에 빠졌으며, 정부는 비상사태를 선포해야 했다. 2005년 폭동사태 이후, 프랑스 정부는 폭동사태를 해결하기 위한 대책을 마련했지만 프랑스의 이민자 2세 청소년이 겪고 있는 불만과 차별은 여전히 심각한 문제로 남아있다.

2015년 11월 13일 프랑스 테러 사건은 프랑스의 이주민 정책의 실패를 여실히 보여주는 사례이다. 이 사건은 이슬람 극단 무장단체 IS에 의한 테러로 알려졌지만, 테러범은 모두 프랑스에서 태어나고 자란 이주노동자 2세, 3세 청년이었다. 프랑스의 교육을 받고 자란 이 청년들은 인종과 종교가 다르다는 이유로 교육, 주택, 문화 등에서 차별을 받으며 자랐고, 이러한 차별과 소외감이 이 사건의 원인이 되었다고 할 수 있다.

(3) 한국사회에서 나타나는 차별, 혐오 문제

① 중국동포에 대한 차별, 혐오 문제

"이 동네에서는 조선족만 사는데 밤에 칼부림이 많이 나요. 여권 없는 범죄자들이 많아서 경찰도 잘 안 와요. 길거리 다니지 마세요!"

미디어는 사람들의 생각과 인식을 담고 있는 거울로서, 미디어를 통해 사람들의 인식과 생각을 유추할 수 있다. 이는 2017년 565만 명의 관객 수를 기록한 영화 '청년경찰'의 대사로, 현재 한국인이 생각하는 중국동포에 대한 평소의 인식을 유추할 수 있다. 한국영화나 드라마에서는 중국동포 대부분을 조폭, 마약밀매, 장기밀매, 살인자 등의 범죄자나 잠재적 범죄자로 묘사하고 있다. 이는 중국동포에 대한 한국 사회의 부정적인 인식을 강화하고, 차별과 혐오를 조장하는 데 영향을 미치고 있다. 영화 '청년경찰'과 '범죄도시' 개봉 당시 영화의 배경이 되었던 서울 영등포구 대림동, 구로구 가리봉동의 중국동포들은 크게 반발했다. 실제로 대림동과 가리봉동에는 중국동포의 집단 거류지가 형성되어 있고 영화는 중국동포를 범죄인 단체로 묘사했다. 이에 주민들은 영화가 동네 이미지를 왜곡한다고 크게 반발하며 법원에 상영금지 가처분신청 소송을 제기했다. 영화 범죄도시의 경우 지명을 삭제했고, 영화 청년경찰의 제작사는 법원의 화해 권고에 따라 영화로 인해 상처 입은 중국동포 주민에게 사과의 뜻을 전했다. 그럼에도 불구하고 미디어에 확산된 중국동포의 이미지는 확대 재생산되고 있으며, 특히 유튜브 콘텐츠 알고리즘에 의해 중국동포에 대한 왜곡된 이미지가 확증 편향되고 있어 중국동포에 대한 차별과 혐오를 더욱 심화시키는 사회적인 문제가 되고 있다.

② 외국인 근로자에 대한 차별, 혐오 문제

"외국인은 우리나라에 기여, 그동안 해온 건 없죠. 그리고 세금을 낸 것도 물론 없고요. 똑같이 임금 수준을 유지해줘야 된다는 것은 공정하지 않은 것이라고 생각합니다."(KBS 뉴스, 2019.6.20)

모 정당의 대표이자, 한국의 법무부장관, 총리를 지냈던 정치인의 발언이다. 이 발언은 외국인 근로자에 대한 혐오와 차별이 담긴 'hate Speech'에 해당하며, 발언 내용도 사실에 근거하지 않고 있다. 외국인 근로자도 세금을 내며, 외국인에 대한 임금 차별지급은 한국의 「근로기준법」 제6조뿐만 아니라, ILO 협약 111호 1조의 위반사항이 된다.

정치인들의 이런 행태는 '외국인이 내국민의 직업을 빼앗고 있다. 외국인 근로자로 인해 경제적 불평등이 시작되었다', '외국인 임금을 차등 지급하자.'라는 발언을 통해 정치적 이득을 얻으려는 행위로 판단된다. 국내법의 개정을 통해 외국인 임금의 차등지급제가 입법화된다면 어떤 결과를 초래할까? 고용주, 사업자는 내국민보다는 외국인을 고용하게 되므로 내국민의 실업률은 더 높아지고, 사회 전체 임금도 하락하는 문제가 발생할 수 있다. 이

근로기준법 제6조

사용자는 근로자에 대해 남녀의 성(性)을 이유로 차별적 대우를 하지 못하고, 국적·신앙 또는 사회적 신분을 이유로 근로조건에 대한 차별적 처우를 하지 못한다.

ILO 협약 111호 1조

"이 협약의 목적상, "차별"이라 함은 다음 사항을 포함한다.
가. 인종, 피부색, 성별, 종교, 정치적 견해, 출신국 또는 사회적 신분에 근거한 모든 구별·배제 또는 우대로서, 고용 또는 직업상의 기회 또는 대우의 균등을 부정하거나 저해하는 효과를 가지는 것(ILO협약 111호 1조)."
이러한 차별을 금지할 것을 권고하고 있으며, 한국도 ILO협약 111호를 1990년에 비준했다.

와 같이 정치인의 인종차별 조장발언은 이주민에 대한 차별과 혐오를 더 강화시킬 수 있는 결과를 낳을 수 있다.

③ 난민에 대한 차별, 혐오 문제

"난민신청을 하는 즉시 정부가 난민에게 생계비로 매달 138만 원을 계속 준대!", "이슬람교인을 받아들인 스웨덴에서 성폭행이 1,400% 증가했대!"

2018년 예멘 난민 500명이 제주도로 입도하여 난민지위를 신청한 당시, 인터넷과 SNS에서 급속하게 퍼졌던 뉴스였다. 그러나 이 모두는 가짜 뉴스이다. 「난민법」 제40조 제1항에 따라 난민신청서를 제출한 날로부터 6개월을 넘지 않는 범위에서 생계비를 지원할 수 있다. 무조건 다 지급되는 것이 아니라 심사에 통과해야만 지급되며, 금액뿐만 아니라 기간에 대한 내용도 사실이 아니다. 1994년부터 2022년까지의 평균 난민인정률은 2%에 불과하다. 극소수만이 난민 생계지원비를 받을 수 있으며, 2018년 당시 난민생계지원비는 1인인 경우 432,900원이고, 5인 가족인 경우 1,386,900원이었다.

표 9-2 2018년 난민 생계 지원액

	1인 가구	2인 가구	3인 가구	4인 가구	5인 가구
난민시설 비이용자	432,900원	737,200원	953,300원	1,170,400원	1,386,900원
난민시설 이용자	216,450원	368,600원	476,950원	585,200원	693,450원

출처 법무부 고시 제 2017- 254호.

난민생계지원비

5인 이상인 경우에도, 5인 가족 지원금액으로 지원된다. 2023년 1월 난민 생계지원금액이 상향되어 난민지원시설 비이용자의 경우 1인 가구 583,400원, 2인 가구 978,000원, 3인 가구 1,258,400원, 4인 가구 1,536,300원, 5인 가구 1,807,300원이며 난민지원시설 이용자의 경우 1인 가구 291,700원, 2인 가구 489,000원, 3인 가구 629,200원, 4인 가구 768,150원, 5인 가구 903,650원이다(법무부고시 제2023-9호).

스웨덴 성폭행 기사 또한 가짜 뉴스로, 스웨덴 법무부 장관은 '스웨덴 통계 당국은 인종에 따른 데이터를 집계하지 않는다'고 밝혔다. 이는 미국의 '게이트 스톤(Gatestone Institute)'이라는 한 단체에 실린 기고문에 실린 내용을 독일의 언론이 잘못 인용하면서 발생했고, 독일의 언론을 국내에서 외신으로 소개하면서 퍼진 가짜 뉴스였다. 게이트 스톤에 실린 기고문은 1975년과 2015년의 스웨덴의 성폭행 범죄 건수를 단순 비교한 것으로, 범죄자가 내국인인지 외국인인지, 범죄자가 어떤 종교를 갖는지에 대한 구분이 없는 단순 통계였다(JTBC news, 2018.6.19).

그럼에도 불구하고 특정 종교를 중심으로 "이슬람교를 믿는 자들은 모두 테러리스트이다.", "예멘 사람은 난민이 아니라 극우 이슬람일 뿐이다.", "이슬람이 들어와 여러분의 아들을 죽이고 딸과 며느리를 강간할 것이다. 이슬람이 퍼지지 않도록 절대 육지에 발 못 붙이게 해야 한다." 등의 인종주의적 혐오 내용을 담고 있는 가짜 뉴스가 퍼졌다. 이에 2018년 12월 유엔인종차별철폐위원회(UN Committee on Elimination of Racial Discrimination)는 인종차별 정서가 심해지는 대한민국을 국가적 위기상황이라 경고했다. 위원회는 특히 2018년 5월 제주도에 입국한 예멘인의 난민 신청이 급증한 이후 인터넷과 소셜미디어를 포함한 모든 매체에서 이주민과 난민을 향한 혐오발언과 인종차별 선동이 확산되는 것에 우려를 나타내며, 한국 정부에 이주민과 난민, 특히 무슬림 난민에 대한 편견과 오해를 종식시키고 이해와 관용을 증진시킬 계획을 수립할 것과 혐오발언에 강력한 방지조치를 마련할 것을 촉구했다(난민인권센터, 2019.1.9).

국민이 걱정할 정도의 대량 난민이 한국으로 몰려와서 난민지위를 인정받는 것이 아니다. 한국은 단일민족 신화를 공유한 사회로, 다른 언어, 종교, 문화가 다른 난민이 한국으로 입국하면 갈등이 발생할 것이라 생각한다. 또한 난민 중에는 범죄자가 섞여 들어와 한

엄격한 난민 심사 사례

"인천지방법원 2015구합 51617 판결"의 예로 들자면, 한국 법원은 세네갈 국적의 난민 신청자에 대해 세네갈 법원에서 난민 신청자가 폭행사건에 연루되어 있는지 여부를 확인했으며 세네갈 국적의 난민 신청자가 법원에서 형사처벌(징역 3개월의 집행유예)받은 기록을 확인했다.

국사회를 위협할 수 있다고 생각한다. 그러나 제1차 난민 심사 시 매우 엄격한 절차를 거쳐 범죄자를 걸러내고 있다. 또한 난민은 3개월마다 거주지 신고를 해야 하며, 일자리를 바꿀 때도 신고의무를 부과하고 있다. '난민을 수용한다면, 한국 취약계층의 저임금 일자리를 빼앗길 수 있다'는 주장에 대해서도 일단 한국의 난민 인정비율이 굉장히 낮다는 점, 그리고 외국인 근로자가 취업할 수 있는 분야가 E-9(비전문취업) 단순노동 중에서도 한국인이 기피하는 업종이기 때문에 난민이 국민의 일자리를 뺏는다는 주장은 적절하지 않다고 본다.

2 차별과 혐오를 넘어, 사회 통합을 위한 노력

한국은 이제 초고령화 사회로 진입했으며, 2020년 11월을 기점으로 인구감소국가로 전환되었다. 이에 한국 정부는 외국인 이민비자정책을 개편하여, 외국인의 정주를 허가하고 노동력을 충당하려고 계획 중이다. 한 국가가 유지되기 위해서는 노동을 할 사람, 세금을 내는 사람, 고령인구를 부양할 사람이 있어야 한다. 이제 한국은 이주민을 받아들여야만 하는 상황에 직면한 것이다. 이주민을 받아들이는 것은 참으로 어려운 문제이다. 우리는 낯선 장소에 가면 두려움을 느낀다. 그런데 낯선 사람, 이주민과 함께 사회를 구성하여 살아가는 것은 더 큰 두려움으로 다가올 수 있다.

이주민에 대한 차별과 혐오는 우리보다 먼저 다문화사회를 경험한 유럽 국가에서 보듯이 수많은 갈등으로 이어졌으며, 이 갈등은 공동체의 위기를 초래하기도 했다. 민주주의 국가의 가장 중요한 가치는 관용과 포용이다. 이민자에게도 관용을 베풀고 그들을 포용해야 한다. 인권의 차원에서, 이주민은 내국민과 마찬가지로 존중과 배려를 받을 권리가 있으며, 국적, 인종, 종교, 성별, 성적 지향 등에 관계없이 누구나 차별받지 않고 평등하게 대우받아야 할 권리가 있다. 사회적 차원에서 이주민은 다양한 문화적 배경과 경험을 가지고 있기 때문에 우리 사회에 새로운 활력을 불어넣고 경제발전에 기여할 수 있다. 따라서 이주민을 공동체의 구성원으로 공감하고 포용해야 한다. 제도적으로 이주민 차별 금지법을 제정하여 이주민의 국적, 인종, 종교, 성별 등을 이유로 한 차별혐오행위를 유형화하고 처벌 규정을 마련한다면 이주민과의 갈등을 최소화하고 사회통합에 도움이 될 것으로 예상한다.

프랑스 이민자 통합의 이상과 현실

프랑스가 이민자 2세들의 저항과 시위로 혼란을 겪고 있다. 프랑스는 이민자들이 공화주의의 가치에 동의하고 프랑스의 일원이 되는 순간 동등한 권리와 의무를 지닌다는 동화주의 원칙을 고수하고 있다. 스페인에서 태어나 20세에 프랑스 국적을 취득한 마뉘엘 발스가 총리를 역임하고 대통령 후보 선출을 위한 정당 경선에 나간 것이나 이민자 후손인 니콜라 사르코지가 대통령에 당선된 것은 프랑스 공화주의의 모범적 사례라 설명될 수 있다. 그러나 다른 한편에서는 이민자 2세 청년들이 지속되는 차별과 배제에 저항하고 있다. 지난 6월 27일 파리 외곽 도시에서 경찰의 검문을 피해 도망가려던 알제리계 이민자 2세 청소년 나엘이 경찰의 총격으로 사망한 사건은, 2005년 11월 경찰의 검문을 피해 도망가던 두 명의 이민자 2세 청소년의 죽음과 평행이론처럼 반복된 것이다.

2005년 이민자 폭동 이후 2007년 집권한 사르코지 대통령은 문제의 원인을 사회 통합에 소극적인 이민자 집단으로 보았고, 새로운 이민정책은 프랑스 사회로 통합하려는 의지가 높고 인적 역량이 우수한 이민자를 선별하여 수용하겠다는 원칙을 제시했다.

즉 프랑스의 동화주의 원칙이 문제가 아니라 통합에 소극적인 이민자를 줄이고, 프랑스의 가치와 원칙에 동의하고 통합에 적극적이며 프랑스어를 비롯한 인적 역량을 갖춘 이민자를 선별적으로 수용하면 문제가 해결될 수 있다고 본 것이다. 이민자 집거 지역의 고밀화, 이민자에 대한 차별적 처우, 불법체류자 방치와 열악한 삶의 해결은 프랑스의 라이시테(laicite), 동화주의, 관용 등의 원칙이 작동하면 해결될 수 있다고 본 것이다.

그러면 기존 이민자들은 프랑스 사회의 동화에 정말 소극적이었을까. 필자는 10여 년 전 프랑스 이민자 사회를 연구하면서 프랑스 이슬람협회 지도자들을 인터뷰한 적이 있다. 그들은 자신들이 무슬림이기 이전에 프랑스인이라는 점을 강조했다. 프랑스 법률과 가치에 반대되는 이슬람교의 일부 관행을 고집하지 않는다고 말했다.

2005년 폭동 이후 프랑스를 공격한 여러 차례의 이슬람 극단주의자들의 테러 공격은 분명 서로에 대한 대립적 갈등을 심화시킨 것이 분명하다. 그러나 무슬림 이민자 청년들의 차별과 배제를 개선하기 위한 프랑스 정부의 정책 개입이 효과를 내지 못했다는 것이 더 중요하다. 이민정책은 단순히 이민자 규모를 추정하고 선별하여 체류 관리를 하는 것이 아니다. 이민자의 유입으로 발생하는 사회 문화적 변화를 예측하고 비전을 제시하며 단기적 정책 수단뿐만이 아니라 장기적 정책을 구상할 수 있어야 한다.

필자는 지난 7월 12일 파리의 유네스코 본부 회의장에서 인권, 평화, 기본적 자유, 세계시민성 증진을 위한 교육 권고안 개정 작업에 참여하고 있었다. 모든 참여자가 야간 회의까지 감내한 이유는 파리의 폭동과 갈등이 프랑스만의 문제가 아니라 전 세계가 함께 지혜를 모아 풀어 나가야 할 문제라는 확신 때문이었다. 서로에 대한 무지와 편견에서 벗어나고, 차별과 혐오를 극복하며, 다양성을 존중하는 세상을 만들기 위해 다시 한번 새롭게 마음을 다잡아야 한다. 한국의 이민정책이 프랑스로부터 배워야 할 교훈은 이민을 통제하고 조절하는 정책적 기교가 아니라 포용할 결심이 먼저라는 것이다.

출처 매일경제(2023.8.9.), https://www.mk.co.kr/news/contributors/10804428

생각해보기

01 2005년 프랑스 폭동사건, 2015년 11월 파리 테러사건, 2023년 폭동사건은 프랑스 이주민정책의 실패를 여실히 보여주는 사례이다. 프랑스 이주민정책의 문제점에 대해 의견을 나누어보고, 한국 이주민정책의 지향방향에 대해서 생각해보자.

참고문헌

01 고상두, 기주옥(2014). "프랑스 이민자 폭동의 배경요인". 「세계 지역연구논총」, 32(1), 89-110.
02 공미라 외(2020). 「한컷 세계사」. 서울: 해냄에듀.
03 국가법령정보센터. "근로기준법". https://www.law.go.kr/법령/근로기준법.
04 국가법령정보센터. "난민법". https://www.law.go.kr/법령/난민법.
05 국가법령정보센터. "대한민국 1차 헌법 ~ 9차 헌법". https://www.law.go.kr/법령/대한민국헌법.
06 권영성(2010). 「헌법학원론」. 파주: 법문사.
07 김덕수 외(2018). 「세계사」. 서울: 천재교육.
08 난민인권센터(2019.9.15). "2018년 유엔인종차별철폐위원회 최종권고". https://nancen.org/1841, 검색일: 2023.8.30.
09 마야자키 마사카츠(2018). 「하룻밤에 읽는 근현대 세계사」. 오근영 역. 서울: 알에이치코리아.
10 미국(1776). 「독립선언문」.
11 박정욱(2018). 「중동은 왜 싸우는가?」. 서울: 지식프레임.
12 법무부(2023). 「2022년 출입국 외국인정책본부 통계연보」.
13 사이토 다카시(2009). 「세계사를 움직이는 다섯 가지 힘」. 홍성긴 역. 파주: 뜨인돌.
14 엄한진(2007). "프랑스 이민통합 모델의 위기와 이민문제의 정치화- 2005년 '프랑스 도시외곽지역 소요사태'를 중심으로". 「한국사회학」, 41(3), 253-286.
15 외교부 공동보도자료(2023.4.13). "22년 한국 공적개발원조(CDA) 27.9억불 지원".
16 이기완, 이진우(2021). 「미래사회의 이해」. 창원: 창원대학교 출판부.
17 이진우(2022). "한국의 난민제도의 문제점과 개선방안에 대한 연구 – 난민 불복 소송 판례 분석을 중심으로". 「민족연구」, 79, 68-91.
18 이희수(2016). 「이희수 교수의 이슬람」. 파주: 청아출판사.
19 인권위원회(2016). 「북한이탈주민 인권의식조사」.
20 임덕준 외(2022). 「도덕적 시민의 눈으로 세상 읽기」. 서울: 해냄에듀.
21 장 자크 루소(1762). 「사회계약론」. 김영욱 역. 서울: 후마니타스.
22 정인섭(2020). 「신국제법 입문」. 서울: 박영사.
23 통계청(2022). 「이민자 체류실태 및 고용조사」
24 프랑스(1789). 「인간과 시민의 권리선언 서문」.
25 UN(1945). 「UN 헌장」.
26 UN(1950). 「세계인권선언」.
27 UN(1951). 「난민의 지위에 관한 협약」.
28 UN(1966). 「경제적, 사회적 및 문화적 권리에 관한 국제규약」.
29 UN(1966). 「경제적, 사회적 및 문화적 권리에 관한 국제규약 선택의정서」.
30 UN(1966). 「시민적 및 정치적 권리에 관한 국제규약」.
31 UN(1990). 「모든 이주노동자와 그 가족의 권리보호에 관한 국제협약」.
32 UNHCR(2021). "난민에 대한 태도 및 인식변화 결과 보고서」
33 bbc news 코리아(2021.9.18). "한국은 이슬람을 받아들일 준비가 되어있는가?". https://www.bbc.com/korean/news-58592464, 검색일: 2023.8.23.
34 jtbc news(2018.6.19). "[팩트체크] 예멘 난민 신청자, 월 138만 원 지원 받는다?". https://news.jtbc.co.kr/article/article.aspx?news_id=nb11652436, 검색일: 2023.8.30.
35 KBS 뉴스(2019.6.20). "황교안 '외국인에 똑같은 임금 불공정'… 파문 확산". https://news.kbs.co.kr/news/view.do?ncd=4225437, 검색일: 2023. 08.28.

다문화교육과 상담

학습 성과

1. 다문화교육의 개념을 설명할 수 있다.
2. 다문화교육의 목적과 세계시민교육을 이해할 수 있다.
2. 다문화교육의 필요성을 설명할 수 있다.
3. 외국의 다문화교육을 구분할 수 있다.
4. 한국의 다문화교육을 설명할 수 있다.
5. 다문화교육의 체계와 방향성을 제시할 수 있다.
6. 다문화상담의 개념과 이론을 설명할 수 있다.
7. 다문화 대상자의 상담을 계획할 수 있다.

다문화교육의 개념

다문화사회에서 다양성은 국가, 학교, 교사에게 새로운 도전과 기회를 제공한다. 그러나 한국 내 정서는 다문화에 대한 수용성이 여전히 부족한 상태이다. 다문화사회에서 필요한 다문화교육의 목표는 교육자가 다양성과 관련된 문제는 최소화하고, 다양성이 지닌 교육적 기능을 최대로 높일 수 있도록 돕는 데 있다.

이 장에서는 다문화교육의 목적 및 기본적인 개념과 유형을 살펴보고자 한다. 또한 현 시점에서의 다문화교육의 필요성을 검토할 것이다. 그리고 외국 사례를 통해 다문화교육의 시사점을 확인하며, 국내 다문화교육 현황과 앞으로 나아갈 방향과 체계에 대해 논의하고자 한다.

1 다문화교육의 정의

다문화교육의 대표적인 학자인 뱅크스(Banks, 2016)는 다문화교육을 다양한 배경의 학생들이 학교에서 평등한 성취 경험을 갖도록 하는 아이디어 혹은 개념이며, 교육의 평등, 차별 제거를 위해 끊임없이 노력하는 교육개혁운동이자 하나의 과정이라고 정의했다. 팡(Pang, 2004)은 다양한 문화를 이해하고, 모든 형태의 차별에 적극적으로 대응하고 긍정적인 자기애를 발달시키며, 서로 배려하는 관계형성을 강조하는 교육으로 정의했고, 니에토(Nieto, 1992)는 모든 학생을 위한 총체적인 학교개혁과 모든 차별에 도전하고 사회정의를 위한 민주주의적 원칙을 함양하도록 하는 근본 교육으로 정의했다. 다문화교육은 모든 학생이 그들의 성(gender), 성적 지향(sexual orientation), 사회계층, 민족적 · 인종적 · 언어적 · 문화적 특징에 영향을 받지 않고 학교에서 동등한 배움의 기회를 갖도록 해야 한다는 기본적인 생각을 담고 있다.

이상의 관점을 종합해보면, 다문화교육은 다양성과 다원주의에 기초를 두고, 민주주의, 평등, 인간의 권리 및 사회정의를 지향하는 속성을 가지고 있음을 알 수 있다. 다문화교육은 사회분열을 조장하는 교육이 아닌 사회통합을 지향하는 교육이며, 민주적 가치를 전체

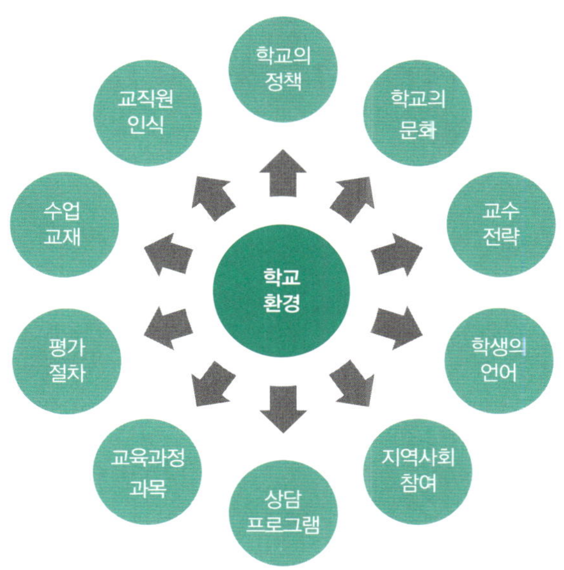

그림 10-1 다문화교육에 적합한 학교 환경 구성 요소

출처 모경환 등(2022). 다문화교육 입문. 제6판.

구성원에게 확산시키는 교육이다. 또한 소수집단을 위한 교육이 아닌 모든 구성원을 위한 교육이 되어야 하며, 다문화교육이 효과적으로 실현되기 위해서는 교육이 시행되는 학교 전체의 각 요소에서의 개혁이 요구된다(Banks, 2016). 다문화교육을 위해 개혁이 필요한 학교 환경의 세부적인 요소는 〈그림 10-1〉과 같다.

2 다문화교육의 목적

자신의 문화적 관점으로만 세상을 바라보는 사람은 사회적 상호관계 속에서 인간 경험의 중요한 측면을 놓치고, 민족적·인종적·문화적으로 갇힌 세계에서 살아가게 된다. 또한 자신의 문화적 배경과 행동을 온전히 파악하기 위해서는 다른 문화의 관점에서 자신을 바라볼 수 있도록 교육받아야 한다.

따라서 진정한 다문화교육은 다음과 같은 5가지 목표를 추구한다.

첫째, 각 개인이 다른 문화의 관점에서 자신을 바라볼 줄 알면서 자신에 대한 이해를 더욱 깊게 하는 것을 목표로 한다. 즉, 다문화교육은 이해와 지식을 통하 다름에 대한 존중이 따라온다는 것을 가정하고 있다.

둘째, 학생에게 민족적·언어적·문화적 대안을 가르치는 것을 목표로 한다. 개인은 다문화교육을 통해 자신이 속한 집단의 문화와 주류사회의 문화, 다른 문화를 이해함으로써 타 문화에 대한 적대감을 낮출 수 있다.

셋째, 모든 학생이 자문화, 주류문화, 타 문화가 공존하는 사회에서 살아가는 데 필요한 지식과 기능, 태도를 육성하는 것을 목표로 한다.

넷째, 소수 인종·민족 집단이 그들의 인종적·신체적·문화적 특성 때문에 겪는 고통과 차별을 감소시키는 것을 목표로 한다. 주류에 속하지 못한 소수인종은 주류사회에 동화되어 성공하기 위해 자신의 민족적 유산과 정체성을 부인하는 자기소외(self-alienation)를 경험할 수 있으며, 이는 민족정체성 혼란의 문제로 이어져 심각한 사회적 문제로 연결된다. 또한 한 개인이 스스로 규정하는 인종적·민족적 정체성과 외부에서 부여된 인종적·민족적 정체성 사이에 간극이 커지는 경우 심한 고통과 혼란을 유발하며, 개인이 속해 있는 주류사회로부터 주변성을 경험한 구성원은 사회에서 설 자리가 없는 소외된 시민이 될 가능성이 높다.

다섯째, 학생이 전 지구적(global)이면서도 평평한(지구는 둥글지만 세계는 평평함) 테크놀로지 세계에서 살아가는 데 필요한 읽기, 쓰기, 수리적 능력을 습득하도록 돕는 것을 목표로 한다. 다문화교육 시 학생에게 다문화적 자료와 정보를 제공하여 학생의 학습의욕을 고취해야 한다는 것이다. 전 세계의 학생은 민족적·인종적·언어적·종교적 문제가 현실적으로 중요해진 세상에서 살고 있다. 따라서 학생이 처해 있는 문화적 공동체와 관련된 범문화적 내용을 제공하는 것이 학생에게 의미 있고 중요하다.

다문화사회에서 교육은 학생이 자신의 가정과 사회의 문화를 긍정적으로 이해할 수 있도록 도울 수 있어야 하며, 학생 자신의 문화적 한계에서 벗어날 수 있도록 도와주어야 한다. 또한 공공선을 구현하는 시민 공동체의 유지를 위해 사회를 더 공평하고 정의롭게 만드는 시민행동(civic action)에 참여할 수 있는 지식, 태도, 기능을 습득하도록 도와야 한다.

서구 사회(미국)에서 다문화교육은 1960년대와 1970년대 인종차별에 대한 저항운동의 성격을 지닌 시민권운동의 시작으로부터 영향을 받아 학교 교육에서 소수 민족·인종 집단의 역사, 문화, 관점을 반영한 교육 및 정책 개혁운동으로 변화되었다. 이후 여성, 성소수자, 장애인 등에 대한 차별문제 해소의 요구를 담아 교육과정과 프로그램의 개발, 교육

제도의 개선이 이루어지게 되었다. 이렇게 다문화교육은 인종차별 철폐운동에서 시작하여 인종, 민족, 성적 지향, 계급 등으로 인한 편견과 차별을 해소하는 교육으로 확산되어 왔다(Banks, 2016). 이는 다문화교육의 전개과정이 편견과 차별 해소 및 인권 존중을 위한 교육 개혁의 역사임을 보여주고 있다.

일부 시각에서는 다문화교육을 둘러싼 근거 없는 오개념과 통념을 제시하기도 한다. 바르게 수정해야 하는 주된 오개념의 내용은 다음과 같다.

- 다문화교육은 소수자만을 위한 교육이다.
- 다문화교육은 반 서구적인 교육이다.
- 다문화교육은 국가를 분열시킨다.

3 세계시민교육

다문화교육과 구별되는 또 다른 개념으로서 국제사회의 일원으로 책임감을 강조하는 세계시민교육이 있다. 뱅크스(Banks, 2016)는 다문화교육의 여섯 번째 목표로 학생이 자신이 속한 문화공동체, 국가적 시민공동체, 지역문화, 전 지구적 공동체에서 제구실을 하는 데 필요한 지식, 태도, 기능을 다양한 인종, 문화, 언어, 종교 집단의 학생이 습득하도록 도와주는 것을 제시하고 있어, 세계시민교육의 개념과 연결지어 생각할 수 있다. 세계시민교육에서는 타인의 문제를 함께 공유하고, 함께 행동하는 것을 기본적인 품성이며 의무로 보고 있다. 이러한 개념은 유엔(UN)의 새천년개발목표(Millenium Development Goals, MDGs)와 함께 세계시민의 국제사회 행동강령으로 발전되었다. 이후 세계시민교육은 역동적으로 변화하는 지구촌에서 타인과 조화를 이루며 성숙한 삶을 설계하기 위해 반드시 필요한 요소로 천명되었다. 유네스코(UNESCO)에서는 세계시민교육의 목적을 '학습자가 지역 및 글로벌 차원에서 능동적 역할을 스스로 하며, 세계의 어려운 문제에 맞서서 해결하고, 궁극적으로 더 정의롭고 평화로우며, 관용적이고 포용적이고, 지속가능한 세상을 만드는 데 앞장설 수 있는 역량을 키우는 것이다.'라고 명시했다. 이러한 목적을 토대로 유네스코에서는 〈표 10-1〉과 같이 세 가지 핵심 영역을 제시했다.

효과적인 시민교육이란 다양한 문화적 배경의 학생이 자신의 문화공동체와 국가, 지역, 나아가 세계공동체의 시민으로서 살아갈 수 있는 지식과 기능, 가치를 교육하는 것이다

표 10-1 세계시민교육의 핵심 영역

영역	세부 내용
인지적 영역	지방, 국가, 지역, 세계적 이슈와 타국 및 타 국민 간의 상호의존성에 대한 이해와 비판적 사고능력을 습득하는 것
사회·정서적 영역	차이와 다양성에 대한 존중과 연대와 공감, 가치와 책임을 공유한 보편적인 인류 소속감을 함양하는 것
행동적 영역	더 평화롭고 지속가능한 세상을 위해 지방, 국가, 세계적 차원에서 효과적이고 책임 있게 행동하는 것

(Banks, 2016). 이러한 교육을 통해 진정한 평등과 정의를 지향하는 세계시민적 관점과 가치를 가르칠 수 있는 것으로 제시되었다(Starkey, 2017). 변혁적이고 비판적인 시민교육을 통해 진정한 교육적 평등을 가져올 수 있는 학교의 개혁이 진행되어야 한다.

4 문화다양성 교육

다문화교육, 세계시민교육에 대한 논의가 계속적으로 이루어지고 있는 가운데 한국의 문화체육관광부나 한국문화예술교육진흥원을 주축으로 '문화다양성'의 개념과 그에 대한 교육이 더욱 강조되고 있다. 문화다양성 교육의 개념은 우리 사회에서 통용되던 다문화사회의 개념을 보다 적극적으로 확장한 개념으로서, 소수인종의 문화 존중을 통한 공존을 넘어 그들을 운영주체로 인정할 것과, 국가, 민족, 인종에 의해 구별되는 소수집단의 문화뿐만 아니라 성별, 계층, 세대, 지역 간의 다양한 문화에 대한 이해를 포함하는 것이다.

2001년 유네스코의 '세계문화다양성 선언'에서 문화는 시공간을 걸쳐 다양한 양식을 가지며, 그 다양성은 인류를 구성하는 사람의 정체성과 문화적 표현의 독특성과 다원성에서 구현된다고 했다. 문화다양성은 인류 공동의 유산이며, 모든 이의 이익을 위해 보존되어야 하는 것이다. 유네스코에서 문화다양성 교육을 위해 제시한 두 개의 선언과 협약에 명시된 문화다양성에 대한 10가지 핵심 가치는 인권과 평등, 대화, 시민성, 문화적 민감성, 존중, 관용과 포용, 상호의존성, 사회정의 및 차이 그리고 공존이다. 이러한 가치를 근간으로 한국문화예술위원회(2015)에서는 다음의 5가지 교육목표를 제시했다.

- 문화의 내적 차이에 대한 감수성과 차이를 존중하는 태도를 함양한다.

- 글로벌 시민으로서 살아가기 위한 시민정신과 인성을 함양한다.
- 경계 간 문화문해력 함양을 통한 문화적 공존을 실천할 수 있다.
- 문화다양성을 바탕으로 한 창의성을 개발한다.
- 모든 구성원이 긍정적인 자기정체성을 확립한다.

2 다문화교육의 필요성

한국은 다문화사회로 급격히 변모했으며, 체류외국인의 수도 점차 증가하고 있다. 또한 새로운 가족의 형태인 다문화가정이 등장하여 확대되고 있다. 이와 함께 다문화가정에서 출생한 아동과 외국인 유학생 등 다문화학생 또한 증가하고 있다. 그리고 마지막으로 다문화구성원의 변화와 함께 다문화구성원과 내국인 사이에서 발생하는 갈등이 있으며, 이를 해소하기 위한 노력이 필요해졌다. 이러한 사회적 현상은 다문화교육이 중요하게 다루어지고 강화되어야 할 필연적인 이유가 된다.

1 문화정체성 발달단계 이해

오늘날과 같은 지구촌 시대에는 다문화적 시민권(multicultural citizenship)이 반드시 형성되어야 한다. 다문화적 시민권은 자신의 문화공통체 및 국가 시민문화 모두에 애착심을 가질 수 있는 시민의 권리와 필요를 인정하고 정당화한다. 다문화사회에서 다문화적 시민권을 발휘할 수 있는 개인의 정체성은 문화적·지역적·국가적·세계시민적 요소로 구성되어 있으며(그림 10-2), 이러한 요소를 잘 확립하고 있어야 한다. 개인이 가지고 있는 문화적·지역적·국가적·세계적 경험과 정체성은 상호 역동적으로 관련되어 있으며, 영향을 주고받는다(Banks, 2016)

문화적으로 서로 다른 집단을 만났을 때 인간은 인지적 혼란을 경험한다. 이러한 혼란 속에서 문화정체성 간 문화적 감수성이 발달하는데, 이러한 개념의 발달과정에 대한 이해는 다문화교육에서 필수적 요소가 된다.

학자에 따라 심리적 발달의 측면에서 문화정체성 발달의 단계를 몇 가지로 설명하고 있다. 그중 5단계의 발달과정의 예시(Sue & Sue, 2008)를 보면 〈표 10-2〉와 같다.

일부 다른 학자들은 약간 변형된 6단계 과정을 제시하기도 한다. 이러한 문화정체성의 발달단계를 이해하면 문화정체성의 형성과정, 인식과정을 이해하는 데 도움을 준다.

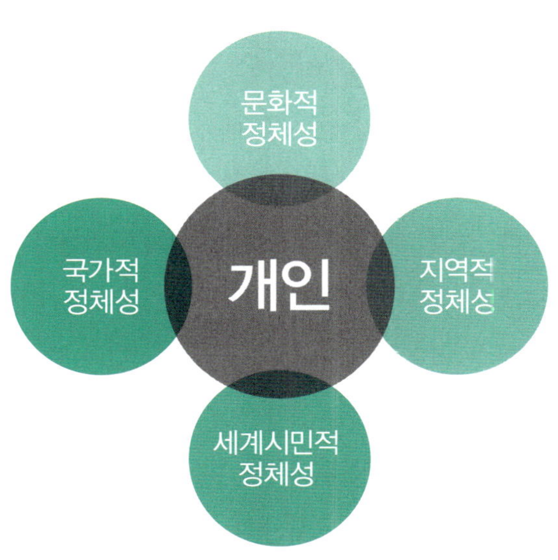

그림 10-2 다문화사회 개인의 정체성 구성 요소

출처 모경환 등(2022). 다문화교육 입문. 제6판.

표 10-2 문화적 소수집단(다문화 집단)에서의 문화정체성 발달

단계	단계별 특징
1단계: 순응	• 자신이 속한 소수집단의 문화보다 주류집단의 문화에 대한 선호가 강한 상태 • 자신이 속한 소수집단의 문화에 대해 부정적인 태도를 보이는 상태
2단계: 부조화	• 개인이 가진 문화적 가치와 신념의 충돌을 경험하는 상태 • 자신이 속한 소수집단과 다른 소수 문화집단, 주류집단 구성원에 대한 긍정적 관점과 부정적 관점의 충돌이 존재하는 상태
3단계: 저항과 몰입	• 자신이 속한 소수집단의 문화적 관점을 선택하여 주류집단의 문화에 대한 거부, 혐오감 등의 감정을 갖게 되는 상태 • 자신이 속한 소수집단과의 강한 연대의식을 형성하기도 함
4단계: 자기성찰	• 주류 문화집단에 대해 가졌던 분노의 감정을 털어내고 자신이 속한 소수집단 문화에 대한 이해를 추구하는 시기의 상태 • 자신이 속한 소수집단 이외의 문화에 대해서 긍정적인 측면과 부정적인 측면에 대한 이해와 더불어 그들의 태도에 대해서도 이해하려는 노력을 보이는 상태
5단계: 통합적 인식	• 모든 문화에 대해 긍정적인 측면과 부정적인 측면을 이해하고자 노력하는 상태 • 자신과 타인의 문화정체성에 관련하여 다양한 문화적 층위를 이해하게 되는 상태

2 문화의 다양성 인지

문화정체성 발달단계를 근거로 생각해보았을 때, 다문화적 상황을 처음 접하는 소수 문화집단의 개인은 자신이 가진 문화가 주류가 아니라는 것 때문에 부정하다가 점차 주류문화에 대해 저항하게 된다. 그 후 문화의 다양성을 인지하게 되면서 문화의 공존을 받아들인다. 반대로 주류 문화집단에 속한 개인은 자신이 가진 문화에 대한 우월감으로 소수 문화집단을 경시하고 차별하는 시각을 보이다가 소수 문화집단을 서서히 수용하고 이해하면서 문화의 공존을 인식하는 방향으로 변화한다.

그러나 이러한 변화 또한 적절한 다문화교육을 통해 효율적으로 발생할 수 있다. 다문화사회는 개인의 차원을 넘어서서 사회나 집단에서 문화의 평등성을 인식할 수 있도록 관점의 전환이 필요하며, 문화정체성의 확장과 더 나아가 다양한 문화의 공존을 통해 문화 간의 연대적 이해가 가능한 수준이 되어야 한다. 그러나 한 사회가 다문화사회가 된 이후에 문화적 공존에 대한 보편적 가치 형성에 도달하는 것은 쉽지 않은 일이다. 이러한 점에서 초기에 주류문화와 소수문화가 충돌하거나 갈등을 일으키는 과정에서 문화 간의 이해와 편견 등을 교육하는 다문화교육이 필요한 것이다.

다문화적 배경을 가진 소수집단에 대한 배제나 차별 행위가 가정, 학교, 직장 등 사회생활의 다양한 영역에서 발생하는 경우가 있어 심각한 교육·사회적 문제로 제기되고 있다. 다문화적 배경을 가진 소수집단에 대한 인권침해 행위는 이들에 대한 이해 부족에서 기인하는 측면도 있으나, 무엇보다 이들에 대한 인권존중의식 부족에서 기인하고 있다는 점에 주목하여 '인권'의 관점에서 교육적 해법을 적극적으로 탐색할 필요가 있다. 특히 '인권'의 관점에서 교육적 해법을 탐색하는 것은 인간 존엄의 가치가 실현되는 공동체 건설을 지향하는 민주시민교육의 목표와도 맥락을 함께 하고 있다는 점에서 이러한 측면을 포괄하는 다문화교육의 의의가 크다.

다문화사회로의 변화는 문화의 다양성에서 발생하는 사회적 문제와 해결을 위한 사회적 비용을 증가시킨다. 특히 한국과 같이 하나의 표준이거나 단일문화로서 문화정체성을 오랫동안 유지해왔던 사회라면 새롭게 나타난 낯선 문화나 이주민으로 인해 문화충돌이나 사회적 갈등이 일어날 가능성이 커진다.

2022년 여성가족부에서 발표한 2021년 국민 다문화수용성 조사 결과에 따르면 일반 성인의 다문화수용성은 52.27점으로 2018년 결과 대비 0.54점 하락했다. 또한 청소년의 경우 71.39점으로 성인의 점수와 상당히 큰 차이를 보였으며, 2018년에 비해서도 0.17점 상승했으나 2015년 67.63점에서 2018년 71.22점으로 급격하게 상승했던 것과 비교했을 때, 상승폭이 현저하게 감소한 것을 알 수 있다. 나이가 어린 청소년에서 다문화 수용성이 높다는 것은 학교에서 시행되는 다문화교육의 효과를 보여주는 결과이며, 지속적인 다문화교육의 필요성을 보여주는 결과로 생각된다.

국제 난민 수용 확대에 대해서는 응답자의 33.7%만이 동의하는 것으로 확인되어 난민에 대한 거부감은 여전히 큰 것으로 확인되었는데, 국내에서 다문화사회로의 변화에 대해 발생하고 있는 사회적 갈등의 일면을 보여주는 결과라고 할 수 있다. 그러나 '외국 이주민이 늘어나면 우리나라 문화가 더 풍부해질 것이다.'에는 37.3%가 동의하여 2018년 결과보다 5% 정도 상승한 것으로 나타나는 긍정적인 측면도 있었다. 코로나-19의 영향으로 새롭게 이주한 외국인의 수가 감소하여 성인과 청소년 모두 길거리 등 일상생활에서 이주민을 '본 적 없다.'는 응답이 2018년과 비교하여 각각 2배 이상 증가했다.

성인의 다문화교육 참여율은 5.2%로, 2018년에 비해 0.6% 증가했으며, 청소년은 지난 1년간 다문화교육을 받은 적이 있다는 응답이 53.6%로, 2018년 대비 20% 이상 증가했다. 이러한 다문화교육 참여의 증가는 다문화 수용성 수준으로 반영되어 성인과 청소년 모두 다문화교육 참여자의 다문화 수용성 점수가 미참여자보다 각각 4.86점, 2.38점 높았다. 이러한 점에서 다양한 방식의 다문화교육이 개발되어 적용되어야 하며, 특히 청소년의 경우 대다수의 다문화교육을 학교에서 경험하고 있는 것이 현실이므로 학교에서 이루어지는 양질의 다문화 수용성 함양 교육이 매우 중요하다.

일반적으로 다문화사회의 형성과정에서 문화의 충돌과 편견은 초기 진입시기부터 나타난다. 그러므로 다문화사회로 진행되는 초기에 다양한 정책 제안을 제시해야 하며, 그중 하나가 다문화교육이 될 수 있다. 이 시기의 다문화교육은 소수 문화집단을 대상으로 하여 주류사회의 문화를 이해시켜 사회에 잘 적응하도록 하는 것으로 구성하는 경우가 많았다. 그러나 이런 방향의 교육은 다문화적 인성 발달과 소수집단의 문화권을 전혀 고려하지 않았다는 비판을 받았다. 이러한 점에서 앞으로 지향해야 하는 다문화교육은 동화주의 관점을 넘어서서 주류 문화집단과 소수 문화집단 모두의 문화에 대한 편견을 걷어내고, 두 집단의 내용이 함께 공존하는 문화 간 차이를 넘어 공존으로 나아갈 수 있도록 구성되어야 할 것이다.

3 다문화교육의 현황과 방향

1 외국의 다문화교육

(1) 미국

미국 사회에서 다문화의 이해를 위한 교육과정은 1960년대 중반부터 연구되기 시작했다. 미국에서는 오래전부터 이민자가 새로운 삶을 개척할 수 있는 능력과 기술을 함양할 수 있는 기회를 보장하는 평생교육체제가 체계적으로 구축되어 있다. 미국의 다문화교육은 주류문화와 구분되는 문화적 배경을 가진 학생에게 더 좋은 교육기회를 제공하는 것을 목적으로 하며, 주로 소수민족을 배려한 교육기회 배분방안과 다문화의 공존을 위한 교육과정 구성에 주목한다. 이를 위해 교과서에 다양한 민족과 인종 집단에 관련된 주제를 삽입하고 있으며, 교원연수에서 교사가 다문화 학습자료 구성방법과 상호관계 촉진 수업방법, 타 문화와 인종 이해, 문화적 자아정체성 형성, 타 문화에 대한 경험 등을 습득할 수 있도록 교육하고 있다. 이러한 내용을 통해 다문화 대상자가 공존할 수 있는 교육과정이 운영될 수 있도록 조정하고 있다.

또 소수학생이 학습하는 방식에서의 특성과 방언의 교육적 의미를 연구하고, 이중언어교육을 시행하고 있으며, 이민자 학생을 위한 공교육에서의 ESL 프로그램을 운영하여 미국 사회의 적응을 돕고 있다. 더 나아가 소수민족뿐만 아니라 다수의 학생을 대상으로 하는 다문화이해 교육과정에 대해서도 폭넓은 연구가 진행되고 있다.

(2) 호주

다문화주의에 대한 강조는 호주 교육에 큰 영향을 미쳤다. 1972년부터 이루어진 다문화주의 정책에 의해 교육계에도 사회통합과 관용, 호주 사회의 문화적·언어적 다양성에 관한 이해를 증진하기 위한 교육이 실시되었다. 호주나 미국 등 전통 다문화국가의 다문화교육의 특징은 주로 공교육을 중심으로 이루어진다는 것에 있다.

호주의 다문화교육은 모든 학생이 '문화적으로 다양한 사회에서 성공적으로 참여하는 데 필요한 지식과 기능, 가치'를 갖출 수 있도록 학교를 개혁하는 프로그램이며, 초·중·고등학교는 'you+me=us(Australia)'라는 기치 아래 유소년교육부터 인종주의, 적대, 편견을 해소하고 소수문화 공동체와 어우러지는 조화로운 삶을 지향하도록 교육을 실시하고 있다.

호주는 연방국가이므로 국가 수준의 교과과정은 존재하지 않으며, 대신 '학교교육의 국가적 목표'가 마련되어 있고, 각 주와 부속영토가 독립적으로 개발하고 있는 교과과정의 틀 내에 합의된 '학습영역'을 포함시키고 있다.

교육 내에서 다문화주의가 기반하고 있는 원칙은 문화적 다양성, 형평성, 국가 내부에 있는 인간자원의 활용이다. 특히 우리나라의 한국어교육과 관련하여 의미 있게 살펴볼 수 있는 부분은 ESL(제2언어로서의 영어) 정책이다. 처음에 '제2언어로서의 영어' 교실은 이주민 아동에게만 제공되었으며, 그들이 학습에서 불리한 위치에 놓이지 않을 수준까지 영어를 학습할 수 있도록 하는 데 목적을 두었다. 그러나 영어수업을 위해 이주민 아동을 다른 교실로 불러냄으로써 이들이 다른 학습자로부터 고립되고, 그 기간 동안 다른 중요한 학습을 놓치는 문제가 나타나면서 모든 학습영역의 교과과정 내에 ESL이 두루 통합되도록 교사를 교육시켰으며, 아동이 더 이상 급우로부터 따로 떨어져 영어를 배우지 않도록 개선했다.

또한 범교과적인 필수 학습요소로 다양한 환경에서 효과적으로 소통할 수 있는 커뮤니케이션 능력을 강조하고, 영어 이외의 언어를 통한 다양한 언어교육을 실시하여 남부 호주의 경우 10학년까지의 모든 아동이 2007년까지 중국어, 프랑스어, 독일어, 그리스어, 인도네시아어 등 9가지 언어 가운데 하나를 선택할 수 있도록 하고 있다.

한편, 호주 정부 해외원조기구(The Australian Agency for International Development, AusAID)는 지구촌 교육 웹사이트를 만들어 학생과 교사를 위한 교육자료를 제공한다. 이 웹사이트의 특징은 통치, 인권, 난민, 여성과 같은 다양한 전 지구적 이슈에 관한 사례 연구와 교육자료를 각급 학교에 수준별로 제공한다는 점이다. 이러한 교육자료는 타 문화에 대한 교수-학습 방법을 향상시키고 소수민족이 겪고 있는 차별을 이해하는 데 큰 도움을 주고 있다(Tilbury & Henderson, 2003).

(3) 영국

영국은 과거 식민지배 시기 이래 외국인의 이주가 지속적으로 이루어져 왔다. 영국에서 과거에는 프랑스, 네덜란드 등과 함께 이민자 지원에 있어서 '동화주의' 경향성이 강한 편이었으나, 최근에는 여러 문화의 공존을 인정하는 다문화주의를 강화해나가고 있다. 또한 이민자 지원에 있어서 과거에는 주로 '인종'에 입각한 다문화정책을 추진했으나 최근에는 점차 '개인별 요구'가 강조되고 있다. 그리고 중앙정부 차원에서 통일적으로 이민자 가족을 지원하기보다는 지방정부별로 지역 특성을 반영한 분권적 지원을 제공한다(채재은, 2012).

영국에서는 이민자를 위한 교육 지원이 저학력 성인을 위한 '문해교육'의 형태로 이루어지고 있다. 문해교육은 민간단체의 주도로 시작되었으나 1992년에 「계속고등교육법(the Furtherand Higher Education Act)」이 제정되면서 정부 차원의 문해교육 지원체제가 확립되었다. 같은 법률을 근거로 문해교육, ESL(제2언어로서의 영어), 저학력자를 위한 자립생활 및 의사소통 교육 프로그램 등을 위해 정부 보조금이 지원되었다. 그리고 2001년부터 영국 정부는 '삶을 위한 기술(Skills for Life)정책'을 수립하여 저소득층과 교육 소외계층의 교육을 지원하고 있다.

또한 이민 아동과 보호자의 교육역량이 함께 증진될 수 있도록 '가족문해 · 언어 · 수리력 프로그램(Family literacy, language and numeracy programmes, FLLN)을 운영하고 있다. FLLN은 이민 아동을 포함한 저소득층 아동과 보호자의 문해력, 언어능력, 수리력 향상을 목적으로 한다. 이와 같이 가족문해 접근이 강조되는 것은 빈곤의 대물림을 막기 위해서는 이민 아동의 유아기부터 가족 단위의 적극적인 개입이 필요하기 때문이다.

(4) 독일

독일의 다문화교육은 자문화 중심주의에 기초한 동화주의 관점에서 출발하여 모든 문화의 동등한 가치, 다문화성, 문화 간 이해능력을 중시하며, 이를 훈련하는 것을 목표로 하는 문화 간 이해교육으로 변화한 것이 특징이다. 문화 간 이해교육은 문화적 동화교육으로서의 외국인 교육학에 대한 비판에서 시작되었으며, 문화란 상호교류를 통해 풍요로워지고 갈등이 해소된다는 관점을 내포한다.

문화 간 이해교육은 학교의 독립 교과는 아니지만 모든 교과영역에 다양한 형식으로 반영되어 있으며, 각종 프로젝트와 이중언어교육을 통해 구체적으로 실천되고 있다. 구체적인 사례로 베를린의 문화 간 이해교육을 살펴볼 수 있다.

베를린의 교육정책은 이중언어교육과 유네스코 프로그램 참여를 통한 문화 간 이해교육으로 구성된다. 이중언어교육을 위해 베를린의 교육 담당기관은 외국계 이주노동자 및 외국계 학생이 집단 거주하고 있는 지역 소재의 학교에 이중언어교육 과정을 운영하며, 2000년부터 14개 초등학교와 4개 사립 고등학교에서 이중언어교육을 비롯한 다양한 문화 간 이해교육을 실시하고 있다.

유네스코 프로그램에 참여하여 문화 간 이해교육을 실시하는 학교는 베를린에서만 13개 학교에 이르며, 교육방식은 각 학교에 따라 다양하게 이루어진다. 예를 들어 '다양한 나라 출신의 예술가를 초청해 창작시간을 가지기' 등의 프로젝트를 통해 학생으로 하여금 외국인에 대한 불안이나 거부감을 제거하고, 외국계 학생이 자신의 정체성을 스스로 확립하는 데 기여하고 있다.

(5) 일본

일본의 경우 모든 도시에 외국인 학생 담당 전문교원이 배치된 학교가 있으며, 이들 대부분이 통역이 가능하다는 점에서 외국인 학생의 사회적응에 도움이 되고 있다.

일본은 외국인 자녀가 희망하는 경우 일본의 공립 의무학교(초·중학교)에 무상으로 취학이 가능하다. 지자체에 따라 다르지만 외국인 자녀가 의무교육을 받을 연령이 되면 지방자치단체로부터 자동으로 취학통지서가 나오는데, 취학을 바란다는 의사표시를 하면 대부분 의무교육을 받을 수 있다.

외국인 학생 중 일본어 지도가 필요한 학생에게는 지자체 수준에서 교육지원 프로그램을 제공한다. 교육지원 프로그램은 주로 '교사용 지도자료, 소책자 작성/배포', '일본어 지도 등을 담당하는 교원의 추가배치', '일본어 지도 등을 담당하는 시간강사 또는 일본어지도 협력자 배치', '담당교원의 연수 실시', '연락협의회 설치', '일본어 지도교재의 작성/배포' 등의 내용으로 구성되어 있다.

이상에서 살펴본 것과 같이 이주국가적 정체성을 지니고 있는 미국, 캐나다, 호주 등은 한 국가 내에 각 구성원과 집단 간의 다양성을 존중하고 인종, 민족, 사회계층, 성별 등 특수한 집단에 대한 이해와 수용을 촉진함으로써 차별이나 편견을 줄이고 균등한 교육의 기회와 문화 선택을 제공하는 것을 목표로 하는 다문화주의를 취했다.

반면 유럽 국가들은 국가의 단위는 시민일 뿐, 한 국가 내에서 민족 등 특수한 집단정체성은 인정하지 않는다. 따라서 이들 국가에서의 다문화교육은 다양한 문화에 대한 인정과 습득이나 각 문화권에 적합한 교수법의 개발 등 다양한 민족과 인종, 문화 배경에 대한 배려나 지원보다 사회통합 측면에서 주류의 문화와 가치를 중심 내용으로 한다. 그리고 민주주의 시민의식에 기반을 둔 타자와 타 문화에 대한 상호의존 태도 기르기와 반차별, 반편견 교육 등을 중심으로 이루어진 동화주의를 근간으로 한다. 즉 유럽의 국가들은 시민정체성에 기반을 둔 '통합'을 지향하기 때문에 학교에서의 시민교육을 다문화교육의 상위범주로서 주요하게 다루고 있다.

서구 사회에서의 이러한 다문화교육의 방향이 한국 다문화교육에 주는 시사점을 다음과 같이 정리해볼 수 있다.

- 다문화교육은 단순히 사람이나 집단 혹은 문화 간을 넘어 체계적인 훈련에 의해 습득해야 하는 '기본인 태도 기르기'라는 점을 시사한다.
- 세계시민교육으로서의 다문화교육을 부각시킬 필요가 있다. 서구의 사례가 암시하는 것처럼 다문화교육은 지구촌 시대에 공존이라는 인식의 인프라를 만든다는 교육적 철학의 바탕에서 지속으로 추구해야 할 장기 프로젝트이다.
- 다문화사회의 교육과제에 한 논의를 지속으로 유지하고 확장할 필요가 있다.
- 다문화교육의 핵심은 교사의 다문화 감수성에 있다고 할 만큼 중요하므로 교사 교육과정에 다문화교육을 필수적으로 포함시켜야 한다.

2 한국의 다문화교육

우리나라도 공교육과 사회기관을 연계하여 다문화가정을 위한 적응·지원 교육과 한국가정을 위한 상호이해교육을 다양하게 실시하고 있다.

국내 다문화교육은 「다문화가족지원법」과 「재한외국인 처우 기본법」 등의 법률적 근거에 정책의 방향성이 맞추어 추진되고 있다. 「다문화가족지원법」에서는 국가와 지방자치단체가 결혼이민자 등이 대한민국에서 생활하는 데 필요한 기본적인 정브를 제공하도록 하고 있다. 또한 사회적응교육과 직업교육 등의 능력 향상을 위한 한국어교육을 받을 수 있도록 필요한 지원을 할 수 있다고 명시한다.

현재 진행되고 있는 국내 다문화교육의 현황을 확인하기 위해 다문화교육의 대상자인

표 10-3 2022년 국내 다문화 학생 현황

구분	초등	중등	고등	합계
2021년 4월	111,640명	39,714명	16,744명	168,098명
2022년 4월	111,371명	33,950명	14,308명	159,629명

출처 교육부(2022). 2022년 교육기본통계 조사 결과.

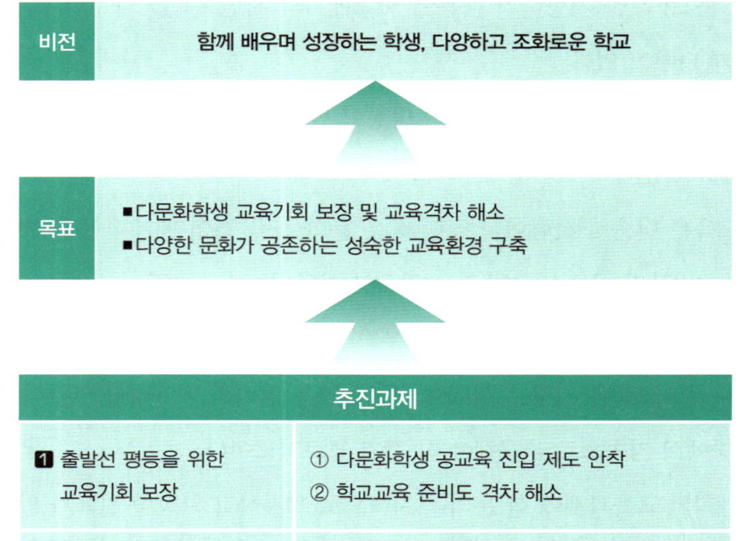

그림 10-3 2022년 다문화교육 지원계획 개요

출처 교육부(2022). 2022년 다문화교육 지원계획.

다문화 학생에 대한 2022년 교육부 통계 결과를 보면, 초·중·고에 재학하고 있는 다문화 학생은 16만 8,000여 명으로 전체 학생 대비 3.2%에 달하며, 2021년 대비 다문화 학생의 수는 27.5% 증가했고, 전체 학생 중 비율로는 0.2% 상승했다(표 10-3). 다문화 학생의 수는 다문화가정의 수가 누적되는 것과 함께 앞으로도 지속적으로 증가될 것으로 예상된다.

문화적 배경이 다른 이주민을 포용하고 이해할 수 있는 태도가 사회 전반에 안착되지 않은 상태에서는 다문화 학생의 수가 많아지는 만큼 학교에서 수많은 갈등 상황이 발생할 수 있고, 이를 해결하기 위한 사회적 비용이 계속적으로 발생할 가능성이 있다.

국내 다문화교육의 현황으로서 2022년 한국의 교육브에서는 '함께 배우며 성장하는 학생, 다양하고 조화로운 학교'라는 비전을 필두로 하여 다음과 같은 다문화교육 지원계획의 추진방향을 제시했다(그림 10-3). 다문화 학생의 교육수요를 고려한 사각지대 없는 맞춤형 교육을 지원하고, 학교구성원의 다문화 수용성 개선으로 다문화친화적 교육환경을 조성하기 위해 4가지 대주제에 따른 9가지 세부 추진과제를 제시했다.

3 다문화교육의 체계와 방향성

다문화교육은 시대적 변화와 구성원에 따라 조정되면서 발전해나가야 한다. 뱅크스(Banks, 2016)는 다문화교육의 구성에 대한 5가지 차원을 〈그림 10-4〉와 같이 제시했으며, 각 차원과 통합적인 측면에서의 발전이 달성되어야 한다. 5가지 차원에는 다양한 내용의 통합, 지식 구성과정, 편견 해소, 학생의 역량을 강화하는 학교문화와 조직, 공평한 교수법이 포함되는 개념이다.

- 내용통합은 교사가 자신의 교과나 학문 영역에 등장하는 주요 개념, 원칙, 일반화, 이론을 설명하기 위해 다양한 문화 및 집단의 사례와 내용을 활용하는 것을 말한다.
- 지식 구성과정은 특정 학문영역에 내재하는 문화적 가정, 준거틀, 관점, 편견 등이 해당 학문의 영역에서 지식이 형성되는 과정에 어떤 영향을 미치는지를 학생이 이해하고 조사하고 판단할 수 있도록 교사가 돕는 것을 말한다.
- 편견 해소는 학생이 인종에 대해 어떠한 태도를 보이는지에 주돈하며, 태도를 변화시킬 수 있는 교수법이나 수업자료 개발에 힘쓰는 것을 말한다.
- 학생의 역량을 강화하는 학교 문화와 조직은 학교의 문화와 풍토를 개선하여 다양한 인종, 민족, 언어, 사회계층 출신 학생에게 평등한 권한을 보장하는 것을 말한다.
- 공평한 교수법은 다양한 인종, 문화, 성, 사회계층 배경을 지닌 학생의 학업성취를 돕기 위해 수업방식을 적절하게 조절하는 것을 말한다.

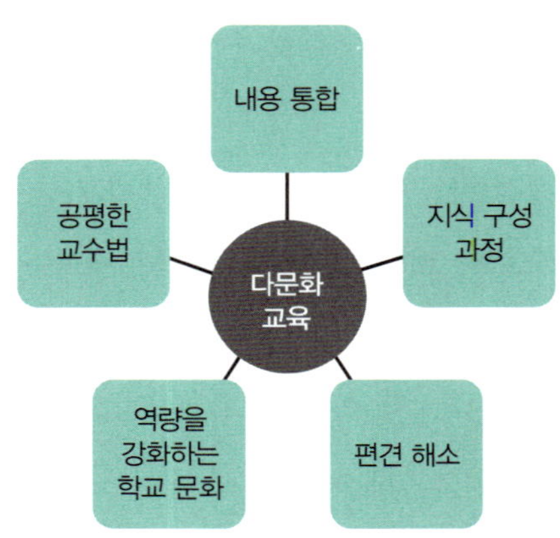

그림 10-4 다문화교육의 다양한 차원

출처 전미순 등(2022). 최신 문화다양성사회와 건강.

제시된 5가지 차원을 충족하기 위해 다음 3가지 추진방향이 제시되었다. 첫째, 문화적 소수집단을 위한 교육기회 제공 및 결과에 대한 보정이 필요하다. 둘째, 모든 사회구성원을 대상으로 하는 다문화교육이 필요하며, 특히 다수자를 위한 다문화교육이 필요하다. 마지막으로 셋째, 문화적 소수집단을 위한 다문화교육이 필요하며, 모든 사회구성원을 대상으로 하는 교육은 상대적으로 적응과 통합을 강조하도록 구성될 필요가 있다.

뱅크스(Banks, 2016)는 다문화 학교의 특징을 다음과 같은 8가지로 설명하고 있다.

① 교사와 교직원은 모든 학생에게 높은 기대 수준을 가지고 있으며, 그들에게 긍정적 태도를 보인다. 또한 학생을 긍정적이고 배려하는 방식으로 대한다.

② 공식적 교육과정은 다양한 문화집단, 민족집단, 남녀집단의 경험, 문화, 관점을 반영한다.

③ 교사가 사용하는 수업양식은 학생의 학습 특성, 문화적 특징, 동기에 부합한다.

④ 교사와 교직원은 학생의 제1언어와 방언을 존중한다.

⑤ 학교에서 사용하는 수업교재는 다양한 문화적·민족적·인종적 관점의 사건과 상황, 개념을 반영한다.

⑥ 학교에서 사용하는 시험과 평가 절차는 학생이 문화적 다양성을 잘 반영하고, 따라서 영재학급에도 모든 인종의 학생이 적절한 비율로 배정된다.

⑦ 학교 문화와 잠재적 교육과정은 문화적·민족적 다양성을 반영한다.

⑧ 학교 상담교사는 다양한 인종, 민족, 언어 집단의 학생에게 높은 기대 수준을 가지고

있으며, 학생이 긍정적인 직업목표를 정하고 달성할 수 있도록 돕는다.

(1) 다문화교육의 방향

국내 다문화교육의 방향은 서구에서 진행되고 있는 다문화교육의 시사점을 반영하여 실질인 평등을 구하도록 노력하는 동시에, 지구촌 시대의 공존에 대한 사회구성원의 인식을 유도할 수 있는 방향으로 발전되어야 할 것이다. 이러한 부분에 더하 한국사회의 실정과 상황에 대한 보다 체계적인 분석을 토대로 어떤 다문화교육을 실시해야 할 것인가에 대한 전략을 끊임없이 모색해나가야 한다.

(2) 다문화교육에 대한 체계

다문화교육에 대한 체계는 다문화교육에 대한 적합한 이론을 선택하고 올바른 실천을 유도하는 데에서 시작되어야 한다. 교육내용은 다문화교육의 대상자에 적합한 내용으로 다양하게 변형되어 구성될 수 있을 것이다. 학교교육과정 내에서 적용할 수 있는 다문화교육의 모형으로는 동화주의 교육과정, 국제이해 교육과정, 다문화주의 교육과정, 사해동포주의 교육과정 등이 제시될 수 있으며, 각 교육과정을 상황과 대상자에 맞추어 적절하게 선택할 수 있어야 한다.

(3) 다문화교육의 내용

다문화교육의 내용 구성은 지식적인 측면, 기능적인 측면, 가치 및 태도적인 측면의 복합적인 고려를 통해 완성되어야 한다. 지식적인 측면에서는 문화 이해에 대한 전반적인 내용과 다양한 문화현상을 이해할 수 있도록 하는 데 중점을 두어야 한다. 기능적 영역에서는 다문화사회에서의 의사소통 기능, 다문화 현상에 대한 해석 기능, 대인 및 집단 기능에 대한 고려가 있어야 한다. 마지막으로 가치 및 태도 영역에서는 정체성 확립 및 상호존중, 다름에 대한 인정과 존중, 민주적 공동체 지향 등의 주제에 대한 제고를 다룰 수 있다.

이러한 다문화교육이 전달되는 체계는 초·중·고등학교, 대학교 등 학교체계와 민간단체, 정부기관 등을 중심으로 다문화교육의 각 대상자에게 적합한 교육이 적용될 수 있도록 갖추어져야 한다.

4 다문화상담의 이론과 실제

1 다문화상담의 개념과 이론

(1) 다문화상담의 개념

국내에서 다문화가정의 수는 지속적으로 누적되어 증가하고 있다. 다문화가정에서 태어난 자녀는 한국 문화에 대한 적응과 언어능력 부족 등의 어려움을 경험하고 있다. 또한 일상생활 속에서 경험하는 사회적 시선과 한국 학생과 함께 학교생활을 하는 과정에서 정체성의 혼란을 느끼기도 한다.

다문화 대상자가 함께 학습하는 다문화학교에서는 이러한 문화적 차이에 대한 이해를 바탕으로 다문화가정의 학생이 실제로 경험하는 어려움을 해소할 수 있도록 생활지도와 상담을 제공해야 한다. 이러한 과정에서 일방적으로 수용하는 태도를 보이기보다는 간문화적인 공감을 기반으로 한 대화와 상담이 시행되어야 한다.

(2) 다문화상담 이론

상담 시 고려해야 할 여러 가지 문화적 요인에 대해 헤이스(Hays, 2008)는 각 요소의 첫 알파벳으로 구성된 ADDRESSING 모델을 제시했다. 모델에서는 10가지 문화적 영향을 고려해야 하는 요인에서 주류집단과 소수집단이 형성된다고 설명한다. 소수집단의 경우는 해당 요인과 관련하여 상대적으로 권한을 적게 가지고 있는 것을 의미한다. 모델에서 제시한 10가지 요인은 〈표 10-4〉와 같다.

ADDRESSING 모델에 제시된 요인에 대해 상담자는 스스로의 세계관을 점검할 수 있으며, 다른 사람과의 만남 속에서 모델에서 제시한 요인을 고려할 수 있어야 한다.

표 10-4 ADDRESSING 모델의 요인

문화적 영향을 고려할 요인	소수집단
나이와 세대의 영향 (Age and generational influences)	어린이, 노인, 청소년
발달적 장애 (Developmental disabilities)	선천적으로 장애를 가진 사람
후천적 장애 (Disabilities acquired later in life)	후천적으로 장애를 갖게 된 사람
종교와 영적 지향 (Religion ans spiritual orientation)	종교적 소수자
민족적 그리고 인종적 정체성 (Ethnic and racial identity)	민족적 그리고 인종적 소수자
사회경제적 지위(Socioeconomic status)	직업, 교육, 수입, 거주지, 가족적 배경에 의해 낮은 지위를 가진 사람
성적 지향(Sexual orientation)	동성애, 양성애, 무성애 성향을 가진 사람
토착 유산(Indigenous heritage)	토착 원주민
국적(National origin)	이민자, 난민, 국제학생 등
성(Gender)	여성, 성전환자

출처 방기연(2022). 다문화상담 제3판.

2 다문화상담의 실제

(1) 다문화상담 역량

① 다문화상담 역량의 필요성

다문화사회에서 문화적 배경이 서로 다른 대상자가 많아지면서 이들의 정신건강과 상담 분야에 대한 요구가 증가하고 있다. 다문화 대상자는 이주민으로서 문화적 차이에 대한 경험에서 발생한 스트레스, 게토화(특정 민족이 사회의 주류민족과 고립되어 살아가는 것), 빈곤, 가족 내 갈등 등으로 사회심리적 취약성이 있어 상담을 비롯한 전문적 지원이 필요한 실정이다. 이러한 다문화 대상자의 요구에 민감하게 대처하며 상담을 제공하기 위해서 문화적 역량을 갖춘 실천가의 필요성이 대두했다.

문화적 역량을 갖춘 상담자는 다문화 대상자가 한국사회의 문화에 적응하고 수용하면서 새로운 의미관계를 창출하고, 적응 및 성장에 순기능을 발휘할 수 있도록 도와야 한다. 다문화 상담자는 주류문화와 이주민 문화의 접점에서 다문화정책을 실질적으로 구현하는 매개자(mediator) 역할을 수행하기 때문에 다문화정책 효과성 증진을 위해 문화적 역량을 반드시 갖추어야 한다.

② 다문화상담 역량의 실천

다문화상담 역량이란 상담자의 핵심적인 능력으로, 내담자의 문화적 맥락에서 적절하고 민감하게 반응하고 인식하고 인지하는 역량을 말한다. 다문화상담을 위한 역량으로서 문화적 역량이란 문화적 유능감 또는 다문화/간문화 역량이라고도 한다.

다문화상담 역량은 인식, 지식, 기술의 3가지 차원에서 논의되며, 3가지 차원은 서로 불가분리의 관계이다. 인식하지 못한다면 치료적 관계의 형성이 어렵고, 적절한 지식이 때때로 인식을 확장시키기도 하며, 인식과 지식을 넘어서 실제 다문화상담이 가능하기 위해서는 적절한 기술이 필요하다. 문화적 인식은 상담자 자신의 문화적 배경에 대한 자기 인식과 타 집단 문화의 다양성에 대한 인식, 자신의 문화와 타 집단 문화의 차이에 대한 민감성을 말한다. 문화적 지식은 다문화 대상자의 행동을 그들 문화의 맥락 안에서 이해하기 위한 노력의 일환으로 설명된다. 다양한 문화와 문화집단에 관한 지식에는 역사와 세계관, 정책, 현실적 상황 등 전체적이고 광범위한 지식이 포함된다. 문화적 기술은 문화적으로 적절하게 개입할 수 있는 기술로서, 민감한 의사소통 기술, 문제해결 기술, 특정 문화집단과 상호작용하고 문제해결 과정에 책임감 있게 참여하는 기술 등을 말한다.

문화적으로 유능한 상담자의 특징으로 〈표 10-5〉와 같이 5가지를 제시할 수 있다.

(2) 내담자에 대한 평가와 상담계획

① 내담자에 대한 문화적인 평가

상담 초기에 내담자와 상담관계를 형성함과 동시에 문제 확인을 위해 다양한 정보를 수집해야 한다. 특히 내담자의 의료적·심리적 개인사에 대한 정보를 수집할 때 질병이나 건강, 장애에 대한 역사적 변화와 문화적 차이를 알고 있어야 한다.

내담자에 따라 직접적인 방법으로 정보를 확인하기 어려울 수 있으며, 문화적인 이유로 내담자가 특정 질문에 대한 답을 꺼릴 수 있다. 그러므로 내담자의 개별적인 특성을 이해하고, 다양한 출처를 통해 내담자에 대한 정보를 확인하는 노력이 필요하다. 또한 내담자에 대한 다양한 정보가 수집되었다면 더 넓은 의미에서 역사적·문화적 상황을 고려하는

표 10-5 문화적으로 유능한 상담자의 특징

특징	내용
차이에 대한 지각과 수용	내담자의 세계관과 활동 속에 존재하는 문화적 차이 인식
자기 인식	자신이 가지고 있는 소수민에 대한 선입견을 인식할 수 있는 능력
차이의 역동에 대한 대응	내담자와의 상호작용에 내재한 문화 간의 미묘한 차이를 상담자가 알고 있음을 보여주는 적절한 호칭이나 말투를 사용하는 능력
내담자의 문화에 대한 지식	내담자와 협동적 관계를 형성하기 위한 지식, 내담자가 성장할 수 있는 생활문화권에 대한 지식
상담기술의 문화적 적용	내담자의 문화적 가치에 맞는 상담 프로그램과 개입전략을 고려하는 능력

연습을 할 필요가 있다.

내담자가 문화적 소수집단에 해당하는 경우 주류집단에 속한 사람들과 사회로부터 지속적으로 장기간 차별을 받으면서 잠행성 외상장애를 경험하기도 한다. 잠행성은 자신의 안에 숨어 있지만 밖으로는 나타나지 않은 상태를 말한다. 잠행성인 상태를 포함한 외상장애는 면역기능과 뇌의 변화에 부정적인 영향을 미친다. 예를 들면 난민과 같은 소수집단의 사람들은 제3국을 통한 도피과정에서 외상 사건을 경험하고, 이후 면역기능 손상이 더 많이 발생한다는 보고가 있다. 따라서 다문화 내담자에 대한 평가 시 외상장애 부분에 대한 고려를 포함해야 한다.

예를 들자면 인종, 종교 또는 정치적, 사상적 차이로 인해 외국이나 다른 지방으로 탈출하는 난민은 모국을 떠나는 과정에서 상당한 외상을 경험한다. 새로운 사회에서 생존하기 위해 난민은 외상으로 인한 심리적 충격을 감추고 방어적인 태도를 보이는 경우가 많다. 따라서 외상 회복을 위해서는 심리적으로 충격적이었던 사건을 기억하고 긍정적인 방향으로 처리하는 과정이 필요하다(김정란, 김영근, 2018). 난민이 겪은 의상의 초기반응은 심리적 고통감이라고 말할 수 있다. 초기반응 이후 2차 반응으로 반추화(reflection)가 나타나면서 무슨 일이 일어났었는지, 어떻게 대처해야 할 것인지 등을 생각하게 되는데, 이 과정에서 긍정적인 외상 후 대처에 대한 경험을 만들어갈 수 있어야 한다.

새로운 문화를 접하면서 낯선 규범과 규칙에 적응해야 하는 상황에서 경험하는 스트레스를 문화적응 스트레스라고 한다. 난민은 문화적응 스트레스에 가장 취약한 집단이라고 할 수 있다. 난민은 새로운 나라에 입국하는 과정에서부터 생존을 위한 적응을 시작해야 하는데, 북한이탈주민이 남한으로 들어오는 과정에서도 비슷한 현상이 발생하기도 한다.

문화적응 스트레스에는 몇 가지 영향을 미치는 요인을 제시할 수 있다. 먼저 개인이 갖는 문화적 접촉 경험, 즉 다양한 국적의 사람과의 교류 경험이 영향을 미친다. 북한이탈주민의 경우 이러한 경험이 부족한 경우가 많다. 또한 스트레스원을 만나기 전 개인적인 소양도 영향을 미친다. 예를 들자면 북한에서는 사회주의체제에서 자기주도적인 활동 경험을 하기 어렵지만 남한에 입국한 이후에는 자기주도적인 결정을 해야 한다는 것이 큰 스트레스로 작용할 수 있는 것이다.

또한 내담자를 평가하는 마지막 단계에서는 내담자에게 자신의 강점과 자원에 대해 질문함으로써 내담자 스스로가 상태를 정확하게 인지하고, 문제를 해결할 수 있는 실마리를 찾을 수 있도록 할 수 있다. 내담자가 자신의 강점에 대해 잘 인식하지 못하는 경우 상담자가 강점과 자원을 언급해주는 것도 좋은 상담방법이 된다.

② 문화적으로 적절한 상담 계획하기

상담계획은 내담자를 만나기 시작하는 순간부터 시작하고, 전체적인 계획은 초기에 결정하는 것이 좋다. 상담자는 내담자의 정보를 토대로 내담자가 지닌 문제의 성격과 원인에 대한 일련의 가설을 세우는 사례개념화를 작성한다. 사례개념화 과정에서 다문화 대상자의 경우 내담자의 문화적 배경에 대한 충분한 고려가 있어야 한다. 사례개념화는 다음의 세 단계로 진행된다.

- 내담자의 주호소에 해당하는 문제를 구체화한다.
- 내담자의 주요 문제에 대한 촉발요인을 구체화한다.
- 내담자의 강점을 기술한다.

상담자는 사례개념화를 작성하면서 상담의 목표와 전략을 수립한다. 목표는 평가가능한 구체적인 행동용어로 명시하는 것이 좋다. 또한 내담자의 상황에서 달성가능한 내용이며, 긍정적이어야 한다. 상담목표를 결정한 후에는 구체적인 상담전략 및 상담의 회기를 설정해야 한다. 내담자가 다문화 대상자인 경우 내담자의 문화적 배경 안에서 목표와 전략이 받아들일 수 있는 내용으로 설정되어야 한다.

사례개념화를 작성하고, 문제를 진단하는 것은 상담자가 수행하지만 내담자의 의견을 확인하는 것도 필요하다. 상담자가 제시한 사례개념화 및 목표 등에 동의하는지 확인하고, 다른 의견이 있는지 들은 뒤 내담자의 관점을 고려하여 사례개념화를 수정할 수 있다. 상담을 시작하고 진행하는 과정에서 내담자의 반응이 어떠한 것일지라도 수용할 수 있어야 한다. 우선적인 수용 이후에 내담자의 관점에서 수정이 필요한 부분이 있다면 상담자는 설득적 대화를 통해 내담자의 관점 수정을 유도할 수 있다.

예를 들어 결혼이민여성에 대한 상담을 진행한다면 한국에서의 생활에 적응하는 과정에서 낯선 의식주, 사회적 관계 형성, 의사소통에서 상당 수준의 문화적응 스트레스를 갖게 된다는 배경적 지식을 기반으로 호소하는 문제를 구체화할 수 있어야 한다. 결혼이민여성의 다른 문제로서 자녀양육에 있어서 다양한 어려움을 경험할 수 있으며, 이러한 경우 결혼이민여성이 다양한 어려움에 대해 초기에는 참고 견디면서 스스로 자원을 찾아 해결하려는 노력을 보이기도 하지만 해결되지 않은 문제로 이혼을 결심하기도 한다(최호림, 2015). 결혼이민여성에 대한 상담 시 여성이 호소하는 주요 문제와 관련된 촉발요인에 대한 분석과 함께 결혼이민여성의 현재 상태를 반영하는 사례개념화를 작성하도록 한다. 결혼이민여성의 경우 언어의 사용과 관련한 의사소통의 문제가 있을 수 있어 이 부분을 고려하여 내담자의 이해 수준에 맞춘 목표와 함께 단계적으로 상담을 진행해나갈 수 있다.

"학교가 다문화가정 낙인… 친구들도 외면"

"중학교 때 친구들한테 좀 심하게 따돌림 당했어요. 별명 하나가 있었는데 나한테 다문화라고 불렀거든요. 그게 엄청 싫었어요. 애들은 장난이라고 계속 불렀는데 저는 엄청 싫어했었거든요. 사실 처음에 애들이 우리 엄마가 중국계인거 몰랐어요. 저도 그렇게 (외모가)다르지 않고… 그런데 학교에서 선생님이 다문화 학생들을 모아놓고 뭐 한다고 방송으로 이름을 부른 거예요. 그때부터 애들이 나한테 다문화라고 불렀어요." (A씨)

"(학교를 그만두는 것에 대해) 고민이 많았어요… 그래도 이렇게 학교를 다니는 거나 자퇴하고 검정고시 보는 거랑 비교해 보니까 친구들 졸업하는 기간이랑 비슷하더라고요. 그래서 학교에서 싸우고 다닐 바에 자퇴하고 나가서 검정고시 보는 게 더 낫겠다고 생각했어요." (B씨)

출처 뉴스토마토(2022.5.3.). https://www.newstomato.com/ReadNews.aspx?no=1120767

생각해보기

01 '읽을거리'에 제시된 다문화 학생 관련 문제가 발생한 원인은 무엇인지 생각해보자.

02 다문화 학생과 함께 학습하는 학교에서 학생에게 제공되어야 하는 다문화교육의 내용에는 어떤 것이 포함되어야 할지 생각해보자.

03 다문화 학생과 차별 없는 학습을 진행하기 위한 학생의 생활 속 실천계획을 세워보자.

참고문헌

01 강혜영(2018). 「다문화와 건강」. 서울: 현문사.
02 교육부(2022). 「2022년 교육기본통계 조사 결과」.
03 교육부(2022). 「2022년 다문화교육 지원계획」.
04 구정화, 박윤경, 설규주(2018). 「다문화교육의 이해와 실천」. 파주: 정민사.
05 김경식 외(2022). 「다문화사회와 다문화교육(3판)」. 서울: 도서출판 신정.
06 김정란, 김영근(2018). "외상 경험자의 부적 정서와 신체화 간의 관계에서 정서억제를 통한 수용의 조절된 매개효과". 「상담학연구」, 19(2), 303-322.
07 뉴스토마토(2022.5.3). "(차별받지 않을 권리②) '학교가 다문화가정 낙인…친구들도 외면'". https://www.newstomato.com/ReadNews.aspx?no=1120767
08 모경환, 임정수, 이경윤(2022). 「다문화교육 입문 제6판」. 서울: 아카데미프레스.
09 방기연(2022). 「다문화상담 제3판」. 고양: 공동체.
10 염태근(2021). "다문화 수용성 함양을 위한 교과 통합형 다문화 교육 방안 연구". 「다문화교육연구, 14(4), 29-54, DOI http://dx.doi.org/10.14328/MES.2021.12.31.29
11 은지용, 모경환(2018). "사회 교과서에 나타난 다문화 인권 교육의 실태 및 과제". 「교육문화연구」, 24(1), 7-31.
12 전미순, 송미승, 정천석, 전정희, 노기옥, 김은재(2022). 「최신 문화다양성사회와 건강」. 파주: 수문사.
13 정은지, 노영희, 강정아(2016). "공공도서관에서의 문화다양성교육 프로그램과 인식변화 연구". 「한국비블리아학회지」, 9, 201-233.
14 채재은(2012). "평생학습시대의 다문화교육의 방향 탐색 –미국, 영국, 스웨덴 사례를 중심으로–". 「비교교육연구」, 21(1), 1-23.
15 최호림(2015). "국제결혼에서 귀환까지: 베트남 여성의 한국행 결혼이주 경험에 관한 연구". 「동아연구」, 34(1), 143-182.
16 한국여성정책연구원(2022). 「2018년 국민 다문화 수용성 조사」.
17 Banks, J.(2016). Multicultural Education: Characteristics and Goals. In J. A. Banks & C. A. M. Banks (Eds.), *Multicultural Education: Issues and Perspectives* (9th ed., pp. 2-23). Hoboken, NY: Wiley.
18 Hays, PA.(2008). *Addressing Cultural Complexities in Practice, 2nd Edition: Assessment, Diagnosis, and Therapy*. Washington D.C.: American Psychological Association.
19 Nieto, S.(1992). *Affirming Diversity: The Sociopolitical Context of Multicultural Education*. White Plains, NY: Longman Press.
20 Pang, V. O.(2004). *Multicultural education: A caring centered, reflective approach*. NY: McGraw Hill Higher Education.
21 Starkey, H. W. (2017). Globalization and Education for Cosmopolitan Citizenship. In: Banks, J. A. (ed.) *Citizenship Education and Global Migration: Implications for Theory, Research, and Teaching*. American Educational Research Association: Washington D.C.
22 Sue, D. W., Sue, D. (2008). *Counseling the Cultural Diverse: Theory and practice*. NJ: John Wiley Sons, Inc.
23 Tilbury, D. & Henderson, K.(2003). Education for Intercultural Understanding in Australian Schools: A Review of its Contribution to Education for a Sustainable Future, *Australian Journal of Environmental Education*. 19, 81-95.

미래사회와 다문화

학습성과

1. 4차 산업혁명시대의 다문화역량에 대해 알아본다.
2. 기술의 발전이 문화에 미치는 영향을 이해한다.
3. 다문화사회의 거버넌스의 개념과 유형을 이해한다.
4. 글로컬 시대 다문화사회의 방향을 살펴본다.

1 4차 산업혁명과 다문화 유능성

1 기술의 발전과 문화

수렵과 채집 생활에서 수확물을 가져오던 인류가 짐승을 가축으로 기르게 되면서 농경생활이 시작되었다. 이것은 인간의 삶에 거대한 변화를 일으켰고, 인간이 한 지역에 정착하여 살아가게 했다. 가축의 도움으로 농작물의 생산량이 증가하면서 인구가 늘어나고 더 많은 사람이 정착해 살게 되었는데, 이를 '농업혁명'이라 한다. 인간이 모여 산다는 것은 문화가 형성된다는 것이다. 문화는 둘 이상의 인간이 모여서 만들어내는 현상으로, 정착생활은 문화형성을 촉진했다. 여기서 기술은 문화에 어떤 영향을 미치는가? 인간은 생활의 편리를 위해 도구를 사용하기 시작하면서 더 많은 도구를 발명하고 사용기술을 점차 발달시키기 시작했다. 이처럼 기술은 인간의 삶의 방식을 변화시킬 수 있는 힘을 가지고 있으며, 타인과 함께 살아가며 만들어지는 문화에도 영향을 미치게 된다.

(1) 산업혁명

오랜 역사에서 알 수 있듯이 과학기술은 인간의 생활을 하루가 다르게 변화시키고 있다. 전 세계의 모든 인간에게 영향을 미치게 된 과학기술은 네 차례의 혁명(revolution)으로 산업구조를 변화시켰고, 오늘날 우리는 4차 산업혁명시대를 살고 있다.

증기기관의 개발로 시작된 제1차 산업혁명은 '기계화 혁명'이라고 부른다. 인간의 손에 의한 가내수공업 방식의 생산에서 기계에 의한 생산으로 전환되는 획기적인 변화가 나타났다. 이후 1870년대 전기의 발명으로 기계의 소형화가 가능해지면서 더 많은 공장이 세

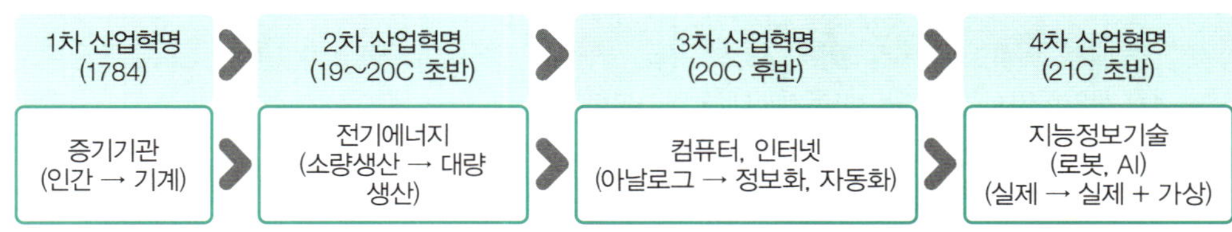

그림 11-1 산업혁명과 기술

워질 수 있었다. 이로 인해 '대량생산혁명'이라 불릴 만큼 생산량이 급격하게 증가하는 2차 산업혁명 시기가 도래했다. 전기의 발명은 제3차 산업혁명의 동력이 되는 전기를 기반으로 한 통신기술의 발달을 이끌었다. 20세기 후반 제3차 산업혁명은 컴퓨터와 인터넷을 통한 '지식정보혁명'의 시대이다. 대다수의 공장은 정보화·자동화 생산시스템으로 구동되고, 새로운 산업인 정보통신업의 탄생은 인간의 일상에 많은 변화를 가져왔다. 현재의 제4차 산업혁명은 '제2차 정보혁명'이라고도 하며, 2010년 이후 지능과 정보가 융합된 AI 시대라고 불린다. 사물을 자동적·지능적으로 제어하는 가상물리시스템을 갖춘 제4차 산업혁명의 또 다른 특징은 '가상' 공간의 탄생이다. 실제와 가상을 기술적으로 통합하여 인간의 삶의 공간을 가상으로 확장하고 있다.

4차 산업혁명은 디지털, 바이오, 온·오프라인 등의 여러 기술이 새로운 형태로 융합하여 부가가치를 생성한다. 초연결이 가능해져 수요와 공급을 연결하는 '플랫폼'을 구축하여 운반비용을 절감하고 '공유경제'를 창출한다. 그러나 거대한 플랫폼이 소수의 독점 소유자에 의해 운영되거나 모바일 기반으로 확대됨에 따라 개인정보 데이터 관리의 문제점이 발생하기도 한다.

(2) 기술혁신과 문화

4차 산업혁명시대는 모든 것을 연결하고 보다 지능적인 사회로 진화했다. 초연결은 인간, 사물, 문화를 연결하고 이동시키며 융합으로 인한 새로움을 창출해내고 있다. 그러나 문화는 접촉한다고 해서 바로 수용되지 않기 때문에 수용과 변화의 단계까지 사람이나 사회가 감수해야 할 문제가 발생한다.

한편 문화는 과학기술의 발전에도 영향을 미친다. 코페르니쿠스는 모두가 믿고 있는 태양이 돈다는 이론에 의문을 가지고 연구를 시작해 지구가 돈다는 사실을 발견한다. 오늘날 '코페르니쿠스적 전환'이라는 말은 지금까지 사람들이 알고 있는 사실이나 생각과 반대되는 변화에 쓰이는 것으로, '혁명(revolution)'을 의미한다. 그러나 코페르니쿠스의 지동설은 당시 사회적 통념에 의해 수용되지 않았다. 특히 종교적 관점에서의 과학은 신에 대한 도전이라고 여겼기에 더욱 인정될 수 없었다. 사회적 통념은 한 사회에서 보편적 상식으로 적용되는 것으로 옳고 그름의 영역을 떠나서 사람들에게 전파되는 것을 말한다. 사회적 통념은 인간이 만들어내는 문화의 한 모습이자 새로운 문화 수용 환경이 되는 것이다.

권력구조가 집중된 정치체제나 계급구조가 수직적인 환경에서는 과학기술의 발전속도가 느려질 수 있다. 16세기 중국은 기술 선진국인 서유럽보다 앞서 종이, 화약, 나침반을 발명한 국가였다. 그러나 서구 유럽은 개인의 자유로부터 시작된 민주주의의 확산으로 시작된 자본주의가 산업혁명과 함께 변화를 지속하면서 과학기술의 비약적 발전을 이루어 세계적으로 앞선 선진기술력의 중심이 되었고 중국의 과학기술 발전은 정체되었다. 이는 중국과 유사하게 엄격한 계급구조와 유교문화 속에 있던 조선도 마찬가지였다. 한편으로 사회적 통념과 문화를 파괴한 장영실의 등용이 오늘날 한국의 과학기술 발전의 토대가 되었다는 사실은 이를 반증하는 것으로 볼 수 있다. 이처럼 사회는 과학발전에 필요한 조건을 제공한다. 자유로운 사고와 표현이 가능한 민주적 사회는 과학기술 발전의 기초적인 환경이 된다. 과학적 방법에서 사고의 '독립성'과 이를 수용할 수 있는 '관용'의 가치가 지켜질 때 공정성, 명예, 인간의 존엄성 등의 가치도 존중될 수 있다. 결국 기술의 혁신과 수용은 문화적 토대로부터 시작되는 것이다.

(3) 디지털격차(digital divide)와 불평등

인공지능(AI), 빅데이터, 사물인터넷(IoT) 등 디지털 기술의 발전으로 인간은 디지털과 공존하며 살아가게 되었다. 이와 같은 디지털 대전환(digital transformation)은 산업은 물론이며, 인류의 미래 가치와 사고에도 변화를 일으키고 있다. 2030년 우리의 미래는 산업혁명에서 정보혁명을 거쳐 디지털 대전환의 시대를 맞이하고 있다. 무형자산(intangible capital), 인적 자본(human capital)의 중요성이 높아지고, 데이터 기반의 자원분배와 의사결정이 정책의 중심을 차지하게 될 것이다(정보통신연구원, 2022).

기술 발전을 기반으로 한 디지털 전환의 미래 사회는 ① 급격한 기술 발전의 부작용을 우려하여 개발된 기술을 상용화하지 않는 안전지향적인 공동체, ② 현재 기득권 세력의 혁신에 의한 미래 사회의 변화에 움직이지 않는 '지대추구', ③ 혁신적인 기술이 일상화되어 사회 전반에 큰 변화가 일어남에 따라 이를 독점적으로 활용하는 집단이 등장하는 '디지털 승자독식 사회', ④ 메타버스, 블록체인 등의 데이터 기반 기술 상용화 사회로 진입하고 디지털 기술 재분배가 가능한 공동번영의 네 가지 사회로 예측해볼 수 있다.

디지털 전환으로 사회에 일어날 메가트렌드와 이를 연계하여 발생하는 트렌드를 예측해보면 〈표 11-1〉과 같다.

표 11-1 디지털 대전환 사회 부문 메가트렌드 및 연계트렌드

순번	메가트렌드	세부 내용	연계트렌드
1	디지털 군중의 시대	정보의 공급과 수요가 폭증하면서 수요자는 알고리즘을 통해 자신이 이미 믿고 있는 바를 다시 확인하는 경향을 더욱 강하게 지니게 되며, 자신과 동일하거나 유사한 믿음을 가지고 있는 이들과 상호교류가 증가하면서 군중의 속성을 지니게 되고, 상반된 믿음을 지닌 다른 군중과 경쟁과 투쟁관계	• 정보 수요와 공급 폭증 • 확증편향 • 팔로어의 군중화
2	사회적 거리두기에서 심리적 거리두기로	감염병으로 인간과 인간의 거리를 두게 하는 방식을 일상화시키면서 소위 사회적 거리두기(실질적으로 물리적 거리두기) 규범이 작동되었음. 향후 디지털기술을 활용하여 더욱 뚜렷하게 나타날 것이며, 이로 인해 인간과 인간의 심리적 거리가 늘어나 서로 고립되는 상황	• 원격의 일상화 • 심리적 공간의 확장 • 전시된 삶에 대한 동경과 우울 증가
3	가상적 인간과의 관계의 증가	가상공간 안에서의 다른 인간과의 관계뿐만 아니라 디지털 휴먼, NPC 등 인간의 감성을 이해하기 시작하는 기술과의 관계 맺기가 시작되고 확산	• 인공감성의 시대 • Self 돌봄의 시대
4	비접속의 불평등 심화	이익, 편익과 행복감을 가져다주는 모든 서비스와 기회에 대한 접속이 디지털화, 플랫폼화될 것이며, 접속을 할 수 있는 능력과 경험을 가지지 못한 이들은 그 모든 이익, 편익과 행복감에서 소외되어 불평등이 더욱 심화	• 인간노동가치의 하락 • 기계판단가치의 상승 • 디지털편익 격차의 심화
5	고정적/안정적 관계에서 유동적/유목적 관계로	개인-개인, 개인-조직의 관계에 있어서 지속적으로 고정적·안정적인 관계를 지향하던 흐름이 플랫폼 경제, 원격소통방식의 확산과 같은 기술적 변화, 개인주의적 성향 강화 및 사회적 변화에 맞물려 필요에 따라 혹은 감성 변화에 따라 유동적으로 관계 변화를 시도하는 흐름이 나타나는 관계의 유목주의적 성격으로 변화	• 모르는 이들과의 관계 폭증 • 평생직장의 의미 쇠퇴
6	초분열 사회	수많은 정보를 접하는 개인은 자신이 이미 동의하고 있는 정보들만을 주로 접하면서 이에 동의하지 않는 다른 견해가 들어간 정보를 접하는 사람들과 소통이 더욱 어려워짐. 정치 뿐 아니라 젠더, 종교, 통일, 외교, 기술 등 거의 모든 영역에서 여러 개의 쪼개어진 집단으로 분열되는 현상을 심화	• 듣지 않는 사회 • 백래시(backlash) 문화전쟁의 시대

순번	메가트렌드	세부 내용	연계트렌드
7	학력사회에서 D력 사회로의 전환 시작	디지털 대전환을 이끌 수 있는 이들이 노동시장에서 가치가 급상승하게 되면서 기존의 대학서열제 기반 학력사회의 시대에서 디지털 능력 보유 유무에 따라 학력에 상관없이 인정받는 시대	•데이터활용 역량의 인적 자본화 •체화되는 디지털역량의 문화자본화
8	메타버스 시대의 도래	가상세계, 온라인세계는 점점 현실세계와 모습뿐 아니라 작동방식까지 유사해지고 있으며, 이에 따라 가상세계와 현실세계에서 모두 일상생활이 이루어지게 되면서 두 세계의 융합세계인 메타버스의 시대가 빠르게 도래할 것	인공현실의 시대
9	늙지 않는 고령화사회	고령화사회는 기존의 트렌드이지만 고령화가 된다고 해서 기존의 개념처럼 '늙은 고령자'가 증가하는 것이 아니라 건강관리, 피부성형 등을 통해 육체적으로도 자기계발 등으로 정진석으로도 잘 '늙지 않는 고령자' 증가	•자신을 위해 사는 고령사회 •바이오기술의 비약적 발전
10	고용 없는 노동의 현실화	육체노동뿐만 아니라 정신노동, 예술노동까지 인공지능으로 대체되면서 고용의 가치나 중요도가 약화되는 사회가 될 것이며, 생산성과 효율성을 위해 기업은 적극적으로 기술을 활용하고 팬데믹으로 대면관계를 꺼리게 된 소비자의 수용도도 증가 가능	단순노동의 소외 심화

출처 정보통신정책연구원(2022), "디지털 대전환 메가트렌드 연구".

디지털 기술의 친숙도와 수용도에 따라 변화된 사회를 누리는 정도는 달라지며, 디지털 전환시대에서 기술과 정보의 격차는 국가, 지역, 개인에 따라 다르게 나타난다. 2019년 말부터 시작된 팬데믹으로 디지털 전환은 가속화하고 있으며, 디지털 전환에 따른 불평등이 확대되고 있다. 코로나-19 감염병의 확산으로 디지털 기술을 활용한 '비대면' 일상이 익숙해지면서 초개인주의(hyper-individualism) 시대를 불러왔다. 사회에서 이념이나 지역, 가치 등으로 인한 갈등은 공동체의 가치보다 우선시되는 개인의 행복 추구로 인해 더욱 심화되는 경향을 보인다. 연령, 성별, 소득, 계층 등의 개인적 특성에 따른 디지털 격차로 인해 정보취약계층이 발생하고 이는 경제적 격차로 이어진다. 디지털 접근성이 뛰어난 계층이 경제적 부를 독점하게 될 수 있다.

디지털 서비스의 확산은 빅데이터와 인공지능기술을 적용한 알고리즘에 의해 개인의 성향과 사고를 더욱 편향시키는 정보를 제공한다. 이를 이용자의 관심에 필터링된 정보를 제공하여 이용자가 편향된 정보 속에 갇히게 되는 '필터 버블(filter bubble)' 현상이라고 한다. 이러한 현상은 정치, 젠더, 종교, 통일, 외교, 기술 등 거의 모든 영역을 여러 집단으로 분열시키는 초분열사회를 불러올 수 있다. 이는 서로 듣지 않는 사회를 만들고 사회정치적 변화의 반발심리가 작용하여 백래시(backlash)의 문화전쟁을 겪게 할 수도 있다.

또한 인공지능기술의 대체는 노동력의 가치와 중요도를 약화시키고, 고용 없는 노동이 현실화되면서 외국인 노동자가 많이 고용되고 있는 단순노동에서의 소외현상을 심화시킬 수 있다.

2 다문화유능성 사회

(1) 초연결시대의 문화적 역량

세계화에 따른 자본과 노동력의 이동으로 원문화와 이주문화가 전 지구적으로 공존하는 다문화사회를 형성하고 있다. 이로 인해 서로 다른 언어와 사회적 제도, 전통, 가치관 등을 가진 사람들이 함께 살아가게 되고 사회의 변화가 불가피해지면서 정도의 차이는 있지만 이를 수용해야 했다. 하지만 자신이 속한 집단의 오래된 문화양식이 새로운 문화와 접촉하는 과정에서 종교, 정치, 경제, 사회 전반에서의 갈등이 드러나게 되었다.

이주로 인한 사회적 갈등 해결은 '문화다양성'을 통해 문화 간의 조화로운 상호관계를 유지하여 현재와 미래 세대가 지속가능한 발전을 하기 위한 필수요건이다(노기옥 외, 2019). 이를 위해 2001년 제31차 유네스코 파리총회에서 "유네스코 문화다양성 선언(Universal Declaration on Cultural Diversity)"이 채택되었다. 이 선언은 유네스크가 문화다양성의 가치를 보존하고 다양한 문화에서 인류가 평화롭게 살아가겠다는 다짐이다. 문화갈등은 특정 지역이나 공간이 아닌 전 세계가 동참하여 해결해야 하는 과제임을 의미한다.

'4차 산업혁명'은 2016년 World Economic Forum인 다보스 포럼에서 시작된 의제였다. 4차 산업혁명의 특징이 초연결(hyperconnectivity)과 초지능(superintelligence)이므로 인간의 일상과 사회의 경계를 초월하여 연결하고 지금까지 인식하던 지능의 범위를 넘어서야 한다는 것이다. 아울러 빠르게 변화하는 사회와 문화에 적응하는 일은 이주문화에 한정되지 않고 전 영역에서 요구된다. 기술혁명이 창조해내는 새로운 문화의 수용은 개인, 집단, 사회의 특질에 따라 정도와 속도가 다르다. 이를 모든 국가와 집단, 개인이 똑같이 맞출 수는 없지만 나아갈 방향의 제시는 필요하다.

4차 산업혁명의 기술혁신은 '혁명(revolution)'이라는 용어에 걸맞게 세계에 거대한 변화를 일으키고 있으며, 이를 이끌어갈 새로운 인재상을 요구하고 있다. 2016년 다보스 포럼이 제시한 '21세기 인재가 갖춰야 할 핵심능력 16가지'는 기초문해력, 역량, 인성 자질의 세 그룹으로 구분하여 교육의 새로운 비전을 제시하고 있다.

기초문해력(literacy)은 다양한 분야의 이해와 지식 습득의 중요성을 강조하는 것이고, 역량과 인성은 현 상황을 해석할 수 있는 이해력과 기초지식을 갖추기 위해 필요한 능력이다. 특히 문화 및 시민 문제의 이해는 다문화사회에 적용할 수 있는 직접적인 기술이다.

인간은 살아가면서 많은 문제를 해결해나가야 한다. 기술혁명으로 초연결된 사회는 급변하고 있으며, 그동안 경험하지 못했던 문제가 발생할 수 있으므로 이를 해결하기 위한 역량이 필요하다. 다보스 포럼에서 제안한 핵심역량에는 '4C'라고 일컫는 비판적 사고/문제해결(critical thinking), 창의성(creativity), 의사소통(communication), 협력(collaboration)의 4가지가 있다.

4차 산업혁명 이후의 사회에 문화적 역량을 갖춘 인재가 필요한 이유는 초연결사회이기 때문이다. 세계의 각국은 국제사회의 역학관계 속에서 정치·경제적으로 분리될 수 없다. 초연결사회가 되면서 문화의 이동이 본격적으로 진행되고 있어 두 개 이상의 문화가 접촉하는 과정에서 발생하는 문화충격의 빈도 또한 높아지고 있다. 궁극적으로 두 문화의 접촉은 '문화접변'으로 수구적으로 지키려고 했던 원문화의 변화를 만든다. 문화가 변한다는 것은 부정적인 의미만은 아니다. 문화의 변화는 일종의 진화를 의미하는 것으로, 기존 문화에서 보다 안락한 삶을 영위하고자 하는 인간 노력의 한 측면이다. 자신이 속한 집단의 문화에 대한 자부심이나 타 문화의 우수함에 빠져 무조건인 부정이나 수용이 아닌 비판적 사고를 통해 한 단계 발전된 문화접변이 이루어져야 한다.

(2) 다문화 리터러시(multicultural literacy) 역량

4차 산업혁명의 초연결성은 사람과 사람의 의사소통과 사물과 사물, 사물과 사람의 상

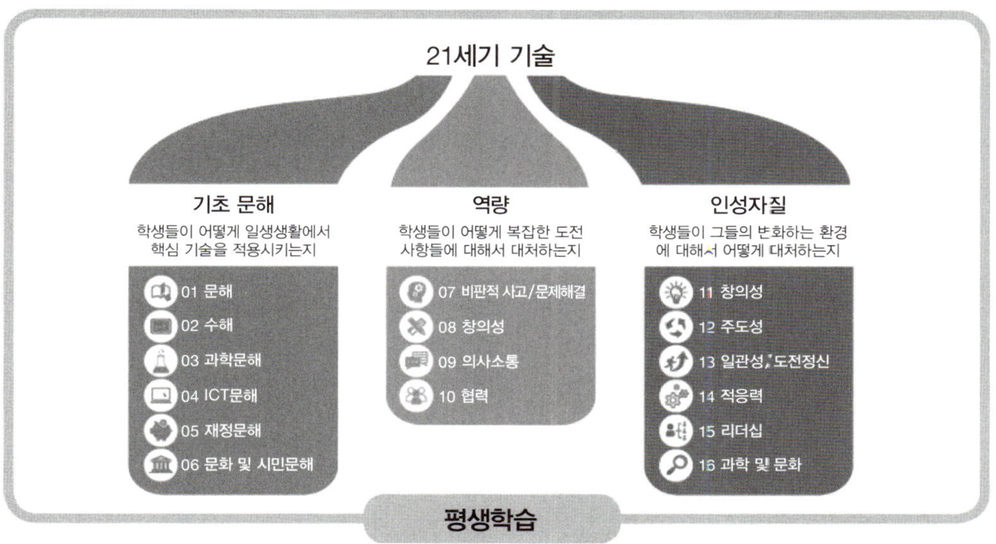

그림 11-2 다보스포럼이 제시한 21세기 인재가 갖춰야 할 핵심역량(2016)

출처 한국유네스코위원회.

호작용이 중요한 시대를 불러왔다. 다문화사회에서 나타나는 문화다양성의 연결은 문화접변으로 고차원적 대응이 필요하다. 단순히 문자를 읽고 쓰는 능력인 리터러시의 개념에 의사소통의 기술이 추가되고 새로운 학습영역을 포함하는 '다문화 리터러시'의 역량이 요구되는 시대이다. 리터러시는 미디어 리터러시, 디지털 리터러시, 비판적 리터러시 등 사회변화에 대응하는 맥락을 가지고 있다. 이처럼 리터러시는 사회구성원으로 생활하기 위해 이해하고 의사소통할 수 있는 기본능력이라는 개념으로 사용한다(박인기, 2002).

미래 사회를 살아가기 위해서는 무엇을 할 수 있어야 하는지, 즉 어떤 역량을 갖추어야 하는지를 알아야 한다. 이는 학생에게 가르쳐야 할 것에 대한 방향을 제시하고 현재의 삶과 더불어 미래의 삶을 대비할 수 있게 한다(유리, 2021). 다문화 리터러시는 언어에 대한 이해와 사회문화에 대한 비판적 사고 및 수행 능력을 의미하는 개념으로, 상호이해와 협력, 소통이 핵심이 된다. 다문화시대의 공동체 소통능력을 함양하여 복합적인 능력을 발휘하기 위한 미래 역량은 〈표 11-2〉와 같다. 외국어와 국제사회의 현상을 이해하고 대응할 수 있는 글로벌 역량, 다양한 매체를 통해 타인 또는 주변 환경과 상호작용하는 소통 역량, 문화의 특수성과 보편성을 이해하고 존중하는 문화 역량, 자신과 타인의 갈등을 조율하고 조화하고 살아가는 대인관계 역량, 진정한 도덕성으로 인간 존중과 가치를 고양하는

표 11-2 다문화 리터러시와 관련된 미래 역량

역량	내용
글로벌 역량	외국어 활용 능력과 글로벌 현상에 대한 이해 및 대응 역량
소통 역량	다양한 매체를 통한 소통 맥락을 파악하고 타인 및 주변환경과 상호작용하는 역량
문화 역량	문화적인 특수성 및 보편성을 이해하고 존중하는 문화소양 역량
대인관계 역량	인간관계에서 자신과 타인의 의견의 접점을 찾아 관계의 갈등을 조율하고, 조화를 이루는 역량
인성 역량	건전한 도덕성을 토대로 인간을 존중하며, 인간의 가치를 고양시킬 수 있는 역량
공동체 역량	타인과의 관계에서 협력적으로 활동하고 공동체 발전에 자발적이고 적극적으로 참여하는 역량
사고 역량	주어진 상황과 문제를 논리적이고 비판적으로 분석 및 종합하며 창의적 관점으로 바라보는 역량
자기 주도 역량	스스로 어려운 상황을 극복할 수 있다는 확신을 갖고, 목표에 도달하는 과정을 자기 주도적으로 설계하는 역량
문제해결 역량	삶의 문제에 대한 원인을 정확하게 진단하고, 적절한 해결책을 찾아 체계적으로 해결하는 역량

출처 유리(2021). "미래사회 역량으로서의 다문화 리터러시 교육".

인성 역량, 타인과 협력하여 공동체 발전에 적극 참여하는 공동체 역량, 문제를 논리적·비판적·창의적 관점으로 바라보는 사고 역량과 어려운 상황에 자신감을 가지고 목표에 도달하는 자기주도 역량, 정확한 문제의 원인을 진단하고 체계적으로 해결하는 문제해결 역량이 있다.

이러한 다문화 역량을 갖춘 다문화 리터러시는 상호 문화이해가 바탕이 되어야 한다. 상호 문화이해는 원문화와 타 문화의 관계에서 일방적인 이해나 수용이 아닌 상호 문화에 대한 이해를 우선으로 타 문화를 수용하는 것이다. 즉, 원문화의 정체성을 이해하지 못하거나 무시하고 타 문화에 적응하여 '동화'되어버리거나 타 문화에 대한 지식과 이해 부족으로 인한 문화 수용에 어려움을 겪지 않도록 함이다.

모든 문화는 완전히 다를 수 없고 겹침이 존재한다. 상호 문화이해는 원문화의 이해와 타 문화와의 겹침을 찾아 확산해나가는 과정에서 문화적응력을 높일 수 있다. 상호 문화주의는 교육과 학습의 특성을 가진다(이병준 외, 2016). 문화에 대한 이해는 교육과 학습으로 가능한 영역이다. 문화적 다양성이 증가하면서 시민성에도 사회문화적인 측면을 강조하고 있다. 전 지구화된 사회에 살고 있는 시민은 갈수록 국제사회의 움직임에 영향을 받으며 살아가야 함에 따라 국제문제를 이해할 수 있는 시민적 역량이 필요하다.

2 다문화사회와 거버넌스

1 거버넌스의 정의와 개념

거버넌스(governance)는 정부, 기업, 비정부기구 등의 다양한 주체가 네트워크를 구축하여 문제를 해결하는 것으로, 정책 결정과 집행 과정에 시민이 참여함으로써 민주주의의 정신을 실현하는 것이다. 유엔개발계획은 "거버넌스란 한 국가의 여러 업무를 관리하기 위해 정치, 경제 및 행정적 권한을 행사하는 것을 뜻한다. 거버넌스는 시민들이 여러 집단에 자신들의 이해관계를 밝히고 권리를 행사하는 동시에 의무를 다하고, 집단 간의 견해 차이를 조정할 수 있는 제도로 구성된다."라고 정의한다.

지방분권화가 촉진되면서 지방정부의 권한이 강화되고 지역시민사회의 거버넌스 참여가 확대되었다. 세계화 과정에서 다양한 인종이 한 사회를 구성함에 따라 공공부문의 정부 역할 외에도 사회 내의 여러 세력이 국정에 참여하게 되었다. 사회는 제1섹터인 정부의 공공부문과 제2섹터인 민간의 영리부분, 비영리부문의 제3섹터로 구성되어 있으며, 비정부조직(nongovernmental organizations)의 역할이 커지고 있다. 최근에는 정부가 주도하여 시민의 참여를 유도하기 위해 민간영역과 비영리부문의 자원을 동원하면서 정부 중심에서 거버넌스 중심으로 추진하는 정책이 늘어나고 있다.

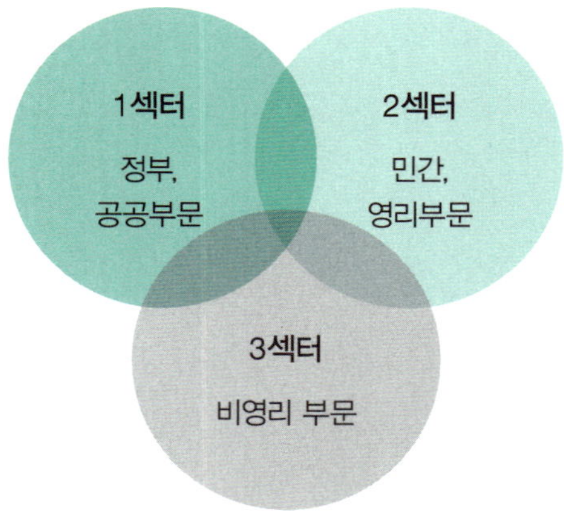

그림 11-3 제3섹터의 개념도

2 다문화사회의 거버넌스 유형

거버넌스는 협의의 의미로 국가 내에서의 공공부문과 사적부문을 넘어 비영리부문의 참여로 정책 추진 권력의 경계를 넘은 것이고, 광의의 의미로 국가 간 권력경계를 초월한 네트워크라고 할 수 있다. 전통적인 국가에서 글로벌라이제이션(globalization)의 이행 속에서 다문화사회의 거버넌스는 '국가 공동화(hollowing out of the state)'의 발전된 모습이라 볼 수 있다.

오늘날 공공정책의 수립과 집행에 있어 거버넌스 체제가 부각되고 있으며, 다문화정책의 경우 거버넌스의 필요성이 더욱 중요해지고 있다. 다문화정책의 추진에 있어 시민사회의 인식과 협력이 기반이 되어야 하는데, 이때 거버넌스 체제의 시민참여가 가장 효과적인 방법이 될 수 있다. 최근 세계 곳곳에서 일어나는 반(反) 이민정서로 이민정책을 축소하거나 여론을 의식해 정책 추진에 소극적인 국가가 늘어나고 있다. 세계화로 이주인구가 증가함에 따라 이민자 사회통합 문제는 반드시 해결해야 할 과제가 되었다. 이민자에 대한 공공서비스 지원의 수요는 높아지고 있지만 이에 대한 부정적인 사회적 여론이 형성된다면 정책 집행에 어려움이 생긴다. 따라서 공론화 및 시민 의견수렴 등을 통해 정책 수립-집행을 위한 시민사회의 역할이 요구되는 것이다.

거버넌스 체제에는 섹터별 권력의 소유 정도, 추진방식 등에 따라 여러 유형이 있다. 뉴만(Newman, 2001)은 거버넌스의 유형을 네 가지 유형으로 분류했다.

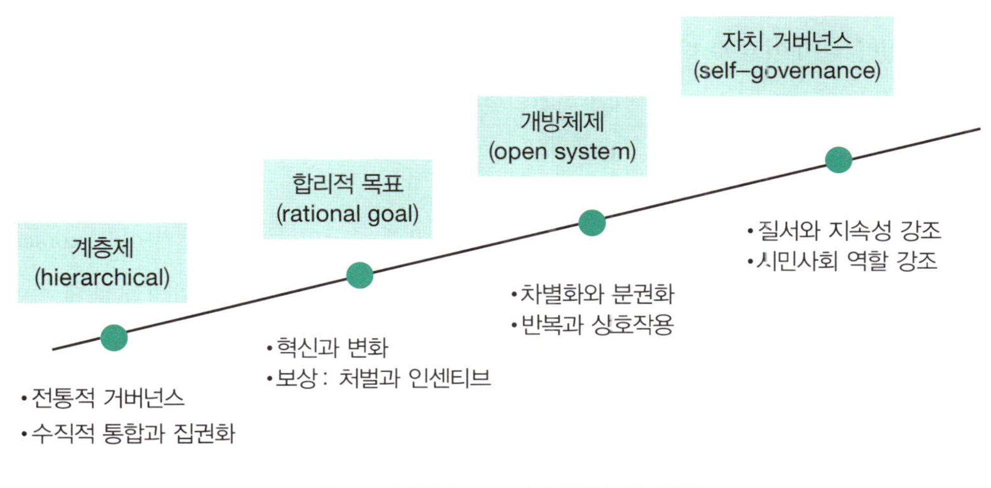

그림 11-4 뉴만(Newman)의 거버넌스 유형

① 계층제(hierarchical): 전통적인 거버넌스 유형으로 수직적 통합과 집권화를 강조하여 규정과 법률로 통제

② 합리적 목표(rational goal): 혁신과 변화를 통해 목표 달성을 위한 산출의 극대화를 추구하여 결과에 대한 보상(처벌과 인센티브)

③ 개방체제(open system): 차별화와 분권화된 네트워크 유형, 변화와 혁신으로 권력 분산

④ 거버넌스(self-governance): 차별화와 분권화된 네트워크하에 질서와 지속성 강조, 시민사회 역할 강조

다문화사회 거버넌스는 중앙정부 차원의 이민정책, 외국인 고용정책, 다문화정책과 지역 현실을 감안한 지방정부의 정책으로 구성되어 있어 차별화되고 분권화된 개방체제 유형에서부터 시작할 수 있다. 개방체제의 안정을 지속하고 시민사회의 참여로 역할을 다할 수 있는 자치 거버넌스가 구축되는 것이 이상적인 다문화사회 거버넌스로 볼 수 있다.

3 다문화사회 거버넌스 사례

이민자 사회통합이 각 국가의 과제로 대두하면서 이민자를 위한 공공서비스에 대한 관심이 높아지고 있다. 대부분의 국가에서 이민자 사회통합정책을 추진하고 있으나 국가 간의 추진 정도는 격차가 크다. 또한 중앙정부의 이민자 사회통합정책만으로는 재정난으로 인한 예산과 인력 지원에 한계를 가지고 있어 지방정부의 역할이 점차 확대되고 있는 추세이다. 아울러 지방정부에서는 지역사회의 세밀한 정책 추진을 위해 시민단체의 참여를 독려하고 있다. 이것이 바로 다문화사회의 거버넌스가 구축되는 형태이며, 최근 운영되고 있는 거버넌스 중 시민사회활동이 가장 활발한 영역이라 할 수 있다.

(1) 일본의 다문화 거버넌스

일본은 한국과는 달리 일제 강점기 때부터 한국인과 중국인 등의 올드커머(old comer) 외국인이 존재하였으나 이들에 대한 정책이나 지원은 없었으며, 그들은 차별과 배제 속에 방치되어 있는 상황이었다. 1960년대 이후 외국인 노동자가 급증하면서 중앙정부는 외국인의 정주를 억제하고 단순노동자의 정착을 불허하는 정책을 펼쳤다. 부족한 노동인력의 자리를 외국인 노동자로 대체하고 있지만 이들을 향후 잠재적으로 불법체류를 하게 될 존

재로 보고 통제와 관리를 하고 있었다. 그러나 외국인 주민이 증가하는 지방정부는 직접적인 대응과 서비스를 제공해야 하는 입장이었다. 일본의 「지방자치법」에 의해 주민의 안전과 건강 및 복지를 보호할 의무가 있는 지방자치단체는 사회적 약자인 외국인 노동자 대상 복지서비스를 제공해야 했다. 또한 지방자치단체가 대응하지 못하는 사각지대에 노출된 외국인 이주자의 지원에는 시민단체의 활동이 중요한 역할을 했다. 지역의 시민단체가 1995년 한신대지진 당시 재해 약자이지만 정부 지원에서 배제된 외국인 지원활동을 추진하였는데, 이것이 향후 '다문화공생'의 본격적인 움직임으로 이어졌다. 이처럼 중앙정부의 무관심 속에서 지방정부를 비롯한 시민단체의 활동이 거버넌스의 시작이 된 것이다. 일본의 다문화공생 거버넌스의 유형을 살펴보면 서비스 제공 주체와 기관의 관계 유형에 따라 다양하다.

이후 중앙정부와 지방정부, 비영리 시민단체, 관변단체 등의 다양한 주체가 이주민 네트워크를 형성하였다. 외국인 정책의 프레임에서 지역사회 공동체 일원에 대한 지원이라

• 시민단체의 독자적 활동

행정당국이 지원하지 못하는 영역에 있는 외국인 주민, 특히 아동에 대한 공공서비스를 시민단체가 독자적으로 제공. 자원봉사자가 일본어교육, 교과학습지도, 각종 상담 등을 지원하는데, 고교진학 등 입시와 진로에 관련된 서비스도 제공

• 시민단체의 독자적 활동 + 행정당국이나 중간 단체 지원

일반적으로 시민단체가 독자적인 활동을 하지만 일정 부문에서 국제교류협회나 행정당국 등의 지원을 받아 활동. 그러나 행정당국과의 관계에서 밀착되지 않은 상태이며, 정부 시책에 관련 의견 제공

• 행정당국 → 비영리단체 (위탁)

행정당국이 수의계약이나 공모사업으로 비영리단체 위탁하는 관주도형 사례로, 한국의 다문화정책 시행에 흔히 볼 수 있는 형태

• 행정당국 → 특수 목적의 비영리단체 (설립)

- 특수한 목적을 수행하기 위해 재원을 투입하여 비영리단체를 설립하고 이후 비영리단체에서 자원봉사자 등을 활용하여 자율적으로 운영
- 특징적인 것은 사업의 재원을 행정당국이 지원하지만 사업에는 미개입

• 민간 + 공공 (사업의 전 과정 참여)

사업의 기획단계에서부터 민간과 공공이 참여하여 기획과 입안을 하는 '관-민 일체' 형태

• 시민단체 → 공공부문

시민단체가 운영하던 사업을 공공부문으로 이전하여 추진(사례: 민간이 추진하던 외국인 의료지원 사업을 행정당국으로 이전)

• 시민단체의 정책 제안

시민단체 활동과정에서 정부 시책이나 법률의 제정이 필요한 점에 대해 정책 제안

는 '다문화공생'의 일본 다문화정책 담론을 형성하였으나 외국인 증가로 인한 문제에 대응하기에 지방정부만으로는 한계가 나타남에 따라 중앙정부 차원의 대응이 필요해졌고, 이를 수렴하여 전국 지방자치단체에 '다문화공생 추진계획'이 책정되었다. 또한 외국인이 밀집되어 있는 지방자치단체는 연합체를 만들어 네트워크를 구축했다. 그 사례로 2001년 각 지역의 국제교류협회가 모여 하마마츠시에 설립한 '외국인집주도시회의(外国人集住都市会議)'가 있다. 분권시대에 여러 도시와의 국제화에 필요한 외국인 주민과의 공생을 목표로 설립하여 '하마마쓰 선언 및 제언'을 5성 2청(법무성, 총무성, 외무성, 문부과학성, 후생노동성, 사회보험청, 문화청)에 신청하며 중앙정부의 참여를 유도해낸 것이다.

(2) 캐나다의 다문화 거버넌스

캐나다는 전통적 이민국가로 중앙정부에서 이민자를 위한 정책을 시행해온 나라이다. 캐나다 이민성이 운영하는 이민자 정착 파트너십(Local Immigration Partnerships, LIPs) 프로그램은 공동체와의 연계를 핵심으로 추진하고 있다. 연방정부, 주정부, 지방정부의 협력을 바탕으로 다양한 이해당사자(multiple stakeholders)가 지역을 기반으로 여러 수준(multi-level)에서 협력적 거버넌스를 진행하고 있다(배경임 외, 2022).

캐나다는 「헌법」 제95조에서 이민에 관한 관할권을 연방정부와 지방정부가 공유하도록 명시하고 있으며, 1976년 연방정부와 지방의 협력을 통한 이민정책을 강조하는 내용을 포함하여 「이민법」을 개정하였다. 이에 따라 주정부는 지방자치단체의 실행력 향상을 위한 전략을 모색하고, 연방정부와의 여러 협정으로 사업협력을 위해 직접적인 파트너십을 구축하고 있다.

캐나다의 다문화주의를 기조로 연방, 주정부, 지방자치단체의 협력에서 주요한 역할을 하고 있는 비정부기구는 정부와 결속하여 사회통합의 가속화를 추진하고 있다. 비정부기구의 활동영역을 살펴보면 ① 정부의 지원을 받아 이민자의 정착과정에서 기본이 되는 언어교육, 주택, 일자리, 법률 지원 등의 제반사업을 운영하는 서비스 제공기관(service provider organizations), ② 다문화에 대한 사회적 공감대 확산 활동을 하는 사회운동단체(issue-based organizations), ③ 캐나다의 전반적인 문제에 대응하는 유니버설 기관(universal organizations), ④ 이민자를 직접 고용하거나 경제협력을 하는 개인이나 기업(private sector)이 있다.

(3) 한국 다문화사회 거버넌스

한국이 이민자 정책에 있어 중앙정부의 권한이 집중된 '관주도형'의 하향식(top-down) 방식 거버넌스를 구축하고 있다면 캐나다는 다문화주의를 표방하는 국가로 연방정부와 지역공동체의 활동이 유기적으로 연계된 패턴이라 할 수 있다. 한국도 최근 다양한 분야에서 거버넌스체계를 국가정책과제 수행에 활용하고 있다. 이 가운데 다문화 거버넌스의 유형은 행위 주체와 수행방식, 수준에 따라 행위자의 관계나 사업의 형태가 달라질 수 있어 유동적이라는 특징을 가지고 있다.

한국 정부는 경제성장에 필요한 외국인 노동력을 고용하며 자국민의 저임금 고용시장에 어려움이 있다는 인식이 확산되고 있다. 이처럼 단기간 중앙정부 주도로 추진된 다문화정책은 시민과의 논의나 토론의 과정이 부족하여 자국민의 불만이 나타나기도 한다. 또한 정부 주도의 자국 중심 동화정책은 외국인의 불만이 되고 있다. 다문화사회의 갈등은 미주와 유럽의 여러 국가에서 반(反) 다문화주의와 반(反) 이민정서로 표출되고 있는 문제이다. 중앙정부, 지방정부, 시민단체 등의 거버넌스는 각 주체별 역할을 제대로 파악해야 한다. 이를 통해 사회갈등을 해소할 수 있는 주체별 의견이 반영된 정책을 추진할 수 있다.

한국 다문화사회 거버넌스의 주체별 역할을 살펴보면, 중앙정부는 정책 추진의 큰 틀을 이루는 법·제도적 기반을 마련하고 장기적인 계획을 수립해야 한다. 또한 여러 부처에 분산되어 있는 정책을 종합하고 조정하며 관리·감독하는 의무를 가진다. 지방정부는 지방차원의 다문화정책 추진에 대한 제도를 구비하고 지역 외국인을 위한 맞춤형 사업을 추진하고, 중앙정부와 지역 간의 협력체계를 구축해야 한다. 시민단체는 정책 추진에 시민의 참여를 독려하고 지역사회의 인식개선을 위해 노력해야 한다.

중앙정부	지방정부	시민단체
• 종합적이고 장기적인 계획 수립 • 외국인 수용 기본방침 결정 • 중장기 법·제도적 기반 마련 • 다문화정책의 모니터링 • 관련 부처의 정책 종합 및 조정	• 지자체 다문화정책 추진체제 정비 • 지역 외국인 맞춤형 사업 추진 • 이주민 정착 지원 • 정부(중앙, 지방)와 지역주민 협력체계 구축	• 다문화정책 수행을 위한 인식 개선 • 시민들의 참여 독려로 이주민 정착 도모

그림 11-5 한국 다문화사회 거버넌스의 주체별 역할

3 글로컬 시대 다문화사회의 방향

글로컬리제이션(glocalization)은 세계화를 의미하는 글로벌라이제이션(globalization)과 지역화를 뜻하는 로컬리제이션(localization)을 합친 용어로, 1980년대 후반 하버드 비즈니스 리뷰(The Harvard Business Review)에서 소니(Sony)의 창업자가 제시한 신조어이다(김태원, 2010). 이후 글로컬리제이션은 보편성과 특수성이 공존하고 있는 '동시성'을 강조하는 의미가 되면서 다문화사회의 특성과 같은 맥락으로 이해되고 있다. 글로컬리제이션이 진행되는 과정은 지역에서 생산된 재화나 문화 등이 다른 지역으로 확산되는 것, 즉 지역의 유·무형 생산품이 세계화되는 것을 의미한다. 아울러 이를 수용하는 지역에서는 세계화가 정착되어 지역화되는 형태가 된다. '지역의 세계화'와 '세계의 지역화'가 일어나는 '글로컬시대'는 4차 산업혁명의 진행으로 더욱 가속화되고 있다.

글로컬시대에 있는 지금의 다문화사회가 가야 할 방향은 첫째, 지역사회의 문화적 역량 강화이다. 두 개 이상의 문화접촉은 문화접변을 통한 사회와 문화의 발전을 이끌어낼 수도 있고, 또 다른 한편으로는 문화충격으로 인한 혼란에서 벗어나지 못해 사회갈등을 유발할 수도 있다. 다문화는 무조건적 수용의 대상이 아니며, 우월한 문화나 주류문화와 같이 문화의 서열을 정하는 것에 순응해서도 안 된다. 또한 이주문화가 제대로 정착하지 못해 '주변 문화'가 되어서는 안 되며, 우월한 글로벌 문화 앞에서 로컬 문화가 배제되지 않아야 한다. 만약 문화를 계급화하는 '문화권력(power of culture)'이 작동된다면 이주민-정주민과 이주민-이주민 집단 간의 권력 쟁취를 위한 사회갈등이 발생할 수 있다. 이러한 문제에 대응하기 위해 다문화에 대한 인식과 다문화에 대한 지식, 다문화에 대한 기술을 습득하고 있는 다문화 역량을 갖춘 인재양성과 시민교육이 기반이 되어야 한다.

둘째, 다문화정책에 대한 사회적 합의이다. 부드디외(P. Bourdieu)는 사회구조가 인간에게 내면화되는 형태는 아비투스(habitus), 즉 인간이 살아가는 일상생활 속인 공간에서 드러난다고 했다. 정책은 사회구조를 만드는 근거가 된다. 인간이 안정되고 가치 있는 삶을 영위할 수 있는 사회를 위해서는 사회구성원의 요구를 파악하고 이에 맞는 정책이 추진되어야 한다. 프레이리(Freire)는 한 사회의 질서는 사회주체 간의 문화적 합의가 선행되어야 하며, 문화참여자는 비판적 투영(reflection)과 대등한 의사소통을 통해 대등한 관계를 형성할 수 있다고 했다. 문화적 합의를 통한 사회질서 유지는 국가 단위로는 불가능하다. 복잡한 사회구조 속에서 지역마다 다른 문화와 가치가 존재하고 있어 지역적 합의를 시도해야 한다. 글로컬(glocal)은 개인과 사회가 상호작용하며 살아가는 일상의 생활공간이므로 다문화정책의 사회적 합의 도출에 적합한 사회형태가 되는 것이다.

셋째, 글로벌(global)과 로컬(local)의 통로이다. 글로컬 사회는 노동과 자본의 이동으로 형성되며, 인간의 이주는 새로운 문화를 교류하게 한다. 이때 이주문화가 사회에 정착하기까지는 사회와 사회구성원의 노력이 필요하다. 출신국의 문화를 가지고 타국으로 이주한 이주민의 경우 '주변인(marginal man)'으로 시작하여 주류문화의 일부가 되어간다. 다문화사회의 발전은 양적 확대만이 아닌 이주민과 이주문화의 건강한 정착을 의미한다. 글로컬 사회를 형성하는 주체가 되는 이주문화는 정착한 지역의 발전에 기여할 수 있다.

넷째, 디지털 사회통합을 위한 협력적 거버넌스의 구축이다. 연령, 성별, 계층, 소득 등 사회구성원의 개인적 특성에 따라 발생하는 디지털 격차에서 정보취약계층이 될 수 있는 이주민을 포용할 수 있는 협력적 사회가 필요하다. 온-오프라인을 넘나드는 기술의 발전으로 또 다른 형태의 차별이나 소외가 발생하지 않도록 정책적 대응을 위한 거버넌스의 구축이 필요하다.

"결국 빈손으로 카페 나왔다"…'키오스크'에 막힌 외국인들

최근 키오스크로 주문을 하는 매장이 증가하고 있는 추세로 2019년 8,587대에서 2021년 2만 6,574대로 3배 넘게 늘어났다. 코로나-19로 인한 비대면 시스템이 확산되고 매장의 인건비 절감이 주요한 원인이 되고 있다고 분석한다. 그러나 키오스크 이용자를 위한 외국어 지원은 부족한 실정이다. 특히 병원의 키오스크 대수 확대로 환자의 병원 진료에도 영향을 미친다. 의료기관이나 주변 한국인의 도움을 받아야 접수를 할 수 있는 상황은 외국인 환자를 더 힘들게 만드는 것이다.

출처 한국경제(2022.11.23.), https://www.hankyung.com/article/202211226584i

생각해보기

01 기술발전으로 인간의 생활이 편리해지는 반면 노인이나 외국인과 같은 사회적 약자는 오히려 불편함을 겪기도 한다. 이처럼 디지털 격차는 국가 간에도 존재하고, 사회 내에서도 발생하고 있다. 주변에서 일어나고 있는 이런 상황에 대해 의견을 나누고 모두가 향유할 수 있는 기술발전을 위한 우리의 노력은 무엇인지 생각해보자.

참고문헌

01 노기옥, 송미승, 전미순, 전정희, 정천석(2019). 「문화다양성 사회와 건강」. 파주: 수문사.
02 김태원(2010). “글로컬 생활세계로서의 다문화사회:공존의 가치에 대한 탐색적 연구”. 「다문화와 인간」, 1(1), 63-89.
03 배경임, 순덕기(2021). 「다문화사회 지역사회와 사회통합」. 고양: 공동체.
04 유리(2021). “미래사회 역량으로서의 다문화리터러시 교육”. 「리터리시연구」, 12(6), 13-35.
01 정보통신정책연구원(2022). 「디지털 대전환 메가트렌드 연구」.
02 한국유네스코위원회(2016). 「다보스포럼이 제시한 21세기 인재가 갖춰야 할 핵심역량」.
03 한국경제(2022.11.23). “결국 빈손으로 카페 나왔다…‘키오스크’에 막힌 외국인들”. https://www.hankyung.com/society/article/202211226584i

부록

법령별 QR 코드

1 재한외국인 처우 기본법

2 출입국관리법

3 외국인근로자의 고용 등에 관한 법률

4 재외동포의 출입국과 법적지위에 관한 법률

5 난민법

6 북한이탈주민의 보호 및 정착지원에 관한 법률

유네스코 문화다양성 선언

(Universal Declaration on Cultural Diversity)

2001년 11월 2일(프랑스 파리 제 31차 유네스코 총회에서 채택)

유네스코 총회는 세계인권선언 및 시민권과 정치권 그리고 경제·사회·문화 권리와 관련해 1966년의 두 국제 규약처럼 인권과 기본 자유의 충실한 이행을 촉구하는, 국제 사회가 승인한 다른 국제 규약들을 유념하고, 유네스코 헌장 서문에서 "문화의 광범위한 전파와 정의·자유·평화를 위한 인류 교육은 인간의 존엄에 꼭 필요하며, 또 모든 국가가 상호 지원과 상호 관심의 정신으로 완수해야 할 신성한 의무이다."고 명시한 바를 상기하며, 다른 여러 목적보다 특히, 유네스코는 문자와 이미지에 의한 아이디어의 자유로운 흐름을 촉진하는 데 필요한 국제 협정을 권고하는 유네스코 헌장 제1조도 상기하고, 유네스코가 제정한 국제 규약 중 문화권 실천과 문화 다양성에 관련된 규정을 참조하며, 문화는 사회와 사회 구성원의 특유한 정신적·물질적·지적·감성적 특성의 총체로 간주해야 하며, 예술 및 문학 형식 뿐 아니라 생활 양식, 함께 사는 방식, 가치 체계, 전통과 신념을 포함한다는 것을 재확인하고, 문화는 정체성, 사회 단결 및 지식기반경제의 발전에 대한 현행 논의의 핵심을 이루고 있음을 인식하고, 서로 믿고 이해하며 문화 다양성, 관용, 대화 및 협력을 존중하는 것이 국제 평화와 안전을 가장 확실하게 보장하는 것임을 확인하며, 문화 다양성의 인식, 인류 화합에 대한 자각 및 문화간 교류의 발전을 기반으로 한 연대를 소망하며, 새로운 정보통신기술의 급속한 발전에 힘입은 세계화 과정이 문화 다양성어 대한 도전이기는 하지만, 문화와 문명 간의 새로운 대화를 위한 조건을 형성한다는 것을 고려하고, 유엔체제 중에서 유네스코에 부여된, 문화 다양성을 알차게 하고 진흥하며 보조할 특별한 임무를 인식해, 다음 원칙들을 공포하고, 이 선언문을 채택한다. 정체성, 다양성 그리고 다원주의

제1조

문화 다양성: 인류의 공동 유산

문화는 시공간에 여러 형태로 나타난다. 이 다양성은 인류를 구성하는 집단과 사회의 정체성과 독창성을 구현한다. 생태 다양성이 자연에 필요한 것처럼 교류·혁신·창조성의 근원으로서 문화 다양성은 인류에게 필요한 것이다. 이러한 의미에서, 문화 다양성은 인류의 공동 유산이며 현재와 미래 세대를 위한 혜택으로서 인식하고 확인해야 한다. 제2조 문화 다양성에서 문화 다원주의로 점점 다양해지는 우리 사회에서는, 함께 살려는 의지와 더불어 다원적이고 다양하며, 역동적인 문화 정체성을 지닌 사람들과 집단의 조화로운 상호 작용을 반드시 보장해야 한다. 모든 시민을 포용하고 모든 시민이 참여할 수 있게 하는 정책은 사회적 단결, 시민 사회의 역동성과 평화를 보장한다. 그러므로, 문화 다원주의는 문화 다양성을 실현하려는 명백한 정책 표현이다. 민주 체계에서 분리할 수 없는 문화 다원주의는 문화 교류와 공공의 삶을 지탱해주는 창조적인 역량을 풍성하게 하는데 이바지할 수 있다. 제3조 발전을 위한 요소로서의 문화 다양성 문화 다양성은 모든 이에게 열려 있는 선택의 범위를 넓혀준다. 발전을 위한 근간 중에 하나인 문

화 다양성을, 단지 경제 성장의 관점이 아니라 좀 더 충분한 지적·감성적·윤리적·정신적 존재를 위한 수단으로 이해해야 한다. 문화 다양성과 인권

제4조

문화 다양성을 보장하는 인권

문화 다양성을 지키는 것은 윤리적으로 의무이며, 인간 존엄성을 존중하는 것과 뗄 수 없는 것이다. 인권과 기본적인 자유의 실천은 특히, 소수 민족과 원주민들의 권리를 포함한다. 누구도 국제법으로 보장하는 인권을 침해하거나 제한하는 데 문화 다양성을 이용할 해서는 안 된다.

제5조

문화 다양성을 위한 환경으로써의 문화권

문화권은 인권을 구성하는 데 뺄 수 없으며, 보편적이고 개인적이며 상호 의존적인 요소이다. 창의적 다양성이 번성하려면 세계인권선언 제 27조와 경제·사회·문화 권리에 대한 국제 협약 제13조 및 제15조에 명시된 문화권을 완전하게 실천해야 한다. 모든 이는 자신이 선택한 언어로 특히, 모국어로 자기 작품을 창조하고 배포할 자유를 누릴 수 있어야 하고, 문화 다양성을 전적으로 존중하게끔 질 좋은 교육과 훈련을 받아야 한다. 또 인권과 기본 자유를 존중하면서 그 바탕 위에 자신이 선택한 문화적 생활에 참여하고, 문화적 실천을 행할 수 있어야 한다.

제6조

모든 이를 위한 문화 다양성

문자와 이미지로 된 아이디어의 자유로운 흐름을 보장하는 동시에, 모든 문화가 자신을 표현하고 알릴 수 있게 하는 조치를 마련해야 한다.

표현의 자유; 매체 다원주의; 다언어주의; 디지털 형식을 포함한 예술과 과학적, 기술적 지식에 대한 동등한 접근; 표현과 배포를 위한 수단에 접근할 수 있는 모든 문화의 가능성은 문화 다양성을 위한 보장이다. 문화 다양성과 창의성

제7조

창의성의 원천으로서의 문화 유산

창조는 문화적 전통에 의존하는 동시에, 다른 문화와 접촉하면서 풍성해 진다. 이 이유로 모든 유형의 유산을 보존하고 고양하며 인간의 경험과 염원의 기록으로서 미래 세대에게 반드시 전달해야 한다. 이렇게 함으로써 창의성을 진작하고 진정한 문화간 대화를 고무할 수 있을 것이다.

제8조

특정한 유형으로써의 문화 상품과 서비스의 특수성

오늘날 창조와 혁신의 거대한 가능성을 연 경제와 기술의 변화 시기를 맞아 ; 작가와 예술가의 권리에 대한 적절한 인식; 정체성, 가치, 의미의 척도로서, 단순한 상품이나 소비재로 취급되어서는 안 되는 문

화 상품과 서비스의 특수성에 비춰 창작품 공급의 다양성에 특별한 관심을 기울여야 한다.

제9조

창의성의 촉매로서의 문화정책

사상과 작품의 자유로운 흐름을 보장하는 동시에, 문화 정책은 지역과 세계 차원에서 강력한 수단인 문화 산업을 통해서 다양한 상품과 서비스의 생산과 배포에 기여 할 수 있는 조건을 마련해 주어야 한다. 각 국가는 국제적인 의무를 지키며, 운영적 지원이든 적절한 규제든 적합한 수단을 통해 문화 다양성을 규정하고 실천해야 한다. 문화 다양성과 국제연대

제10조

세계적 창조와 배포를 위한 역량 강화

현재 세계 차원에서 문화 상품과 서비스의 교역과 유통의 불균형에 직면해, 모든 국가 특히, 발전도상국과 전환기에 있는 국가들을 대상으로 국제 협력과 연대를 강화해 국내·의적으로 생존력 있고, 경쟁력 있는 문화 산업을 육성할 필요가 있다.

제11조

공공 분야, 민간 분야, 시민 사회와의 협력 강화지속 가능한 인간 개발에 핵심인 문화 다양성의 증진과 보호를 시장 기능만으로는 보장할 수 없다. 이러한 의미에서, 민간 분야와 시민 사회와 협력을 통한 공공정책을 강조해야 한다.

제12조

유네스코의 역할

유네스코는 회원국에게서 받은 위임과 기능으로 다음과 같은 책임 있는 역할을 한다.

(a) 여러 정부간 기구의 발전 전략에 이 선언문이 표명한 기본 원칙을 적용하도록 촉진한다.

(b) 문화 다양성을 위한 개념과 목표, 정책을 마무리하기 위해 정부·국제 정부간·비정부간 기구·시민 사회·민간 단체가 함께 참여할 수 있게끔 판단 기준과 토론장을 제공한다.

(c) 능력이 닿는 한, 이 다양성 선언과 관련된 분야에서 기준 설정·인식 제고·역량 강화를 위한 활동을 추구한다.

(d) 이 선언문에 첨부된 주요 행동 계획의 실천을 촉진한다.

세계인권선언

전문

모든 인류 구성원의 천부의 존엄성과 동등하고 양도할 수 없는 권리를 인정하는 것이 세계의 자유, 정의 및 평화의 기초이며, 인권에 대한 무시와 경멸이 인류의 양심을 격분시키는 만행을 초래하였으며, 인간이 언론과 신앙의 자유, 그리고 공포와 결핍으로부터의 자유를 누릴 수 있는 세계의 도래가 모든 사람들의 지고한 열망으로서 천명되어 왔으며, 인간이 폭정과 억압에 대항하는 마지막 수단으로서 반란을 일으키도록 강요받지 않으려면, 법에 의한 통치에 의하여 인권이 보호되어야 하는 것이 필수적이며, 국가간에 우호관계의 발전을 증진하는 것이 필수적이며, 국제연합의 모든 사람들은 그 헌장에서 기본적 인권, 인간의 존엄과 가치, 그리고 남녀의 동등한 권리에 대한 신념을 재확인하였으며, 보다 폭넓은 자유속에서 사회적 진보와 보다 나은 생활수준을 증진하기로 다짐하였고, 회원국들은 국제연합과 협력하여 인권과 기본적 자유의 보편적 존중과 준수를 증진할 것을 스스로 서약하였으며, 이러한 권리와 자유에 대한 공통의 이해가 이 서약의 완전한 이행을 위하여 가장 중요하므로, 이에, 국제연합총회는, 모든 개인과 사회 각 기관이 이 선언을 항상 유념하면서 학습 및 교육을 통하여 이러한 권리와 자유에 대한 존중을 증진하기 위하여 노력하며, 국내적 그리고 국제적인 점진적 조치를 통하여 회원국 국민들 자신과 그 관할 영토의 국민들 사이에서 이러한 권리와 자유가 보편적이고 효과적으로 인식되고 준수되도록 노력하도록 하기 위하여, 모든 사람과 국가가 성취하여야 할 공통의 기준으로서 이 세계인권선언을 선포한다.

제1조

모든 인간은 태어날 때부터 자유로우며 그 존엄과 권리에 있어 동등하다. 인간은 천부적으로 이성과 양심을 부여받았으며 서로 형제애의 정신으로 행동하여야 한다.

제2조

모든 사람은 인종, 피부색, 성, 언어, 종교, 정치적 또는 기타의 견해, 민족적 또는 사회적 출신, 재산, 출생 또는 기타의 신분과 같은 어떠한 종류의 차별이 없이, 이 선언에 규정된 모든 권리와 자유를 향유할 자격이 있다. 더 나아가 개인이 속한 국가 또는 영토가 독립국, 신탁통치지역, 비자치지역이거나 또는 주권에 대한 여타의 제약을 받느냐에 관계없이, 그 국가 또는 영토의 정치적, 법적 또는 국제적 지위에 근거하여 차별이 있어서는 아니된다.

제3조

모든 사람은 생명과 신체의 자유와 안전에 대한 권리를 가진다.

제4조

어느 누구도 노예상태 또는 예속상태에 놓여지지 아니한다. 모든 형태의 노예제도와 노예매매는 금지된다.

제5조

어느 누구도 고문, 또는 잔혹하거나 비인도적이거나 굴욕적인 처우 또는 형벌을 받지 아니한다.

제6조

모든 사람은 어디에서나 법 앞에 인간으로서 인정받을 권리를 가진다.

제7조

모든 사람은 법 앞에 평등하며 어떠한 차별도 없이 법의 동등한 보호를 받을 권리를 가진다. 모든 사람은 이 선언에 위반되는 어떠한 차별과 그러한 차별의 선동으로부터 동등한 보호를 받을 권리를 가진다.

제8조

모든 사람은 헌법 또는 법률이 부여한 기본적 권리를 침해하는 행위에 대하여 권한 있는 국내 법정에서 실효성 있는 구제를 받을 권리를 가진다.

제9조

어느 누구도 자의적으로 체포, 구금 또는 추방되지 아니한다.

제10조

모든 사람은 자신의 권리, 의무 그리고 자신에 대한 형사상 혐의에 대한 결정에 있어 독립적이며 공평한 법정에서 완전히 평등하게 공정하고 공개된 재판을 받을 권리를 가진다.

제11조

1. 모든 형사피의자는 자신의 변호에 필요한 모든 것이 보장된 공개 재판에서 법률에 따라 유죄로 입증될 때까지 무죄로 추정받을 권리를 가진다.
2. 어느 누구도 행위시에 국내법 또는 국제법에 의하여 범죄를 구성하지 아니하는 작위 또는 부작위를 이유로 유죄로 되지 아니한다. 또한 범죄 행위시에 적용될 수 있었던 형벌보다 무거운 형벌이 부과되지 아니한다.

제12조

어느 누구도 그의 사생활, 가정, 주거 또는 통신에 대하여 자의적인 간섭을 받거나 또는 그의 명예와 명성에 대한 비난을 받지 아니한다. 모든 사람은 이러한 간섭이나 비난에 대하여 법의 보호를 받을 권리를 가진다.

제13조

1. 모든 사람은 자국내에서 이동 및 거주의 자유에 대한 권리를 가진다.
2. 모든 사람은 자국을 포함하여 어떠한 나라를 떠날 권리와 또한 자국으로 돌아올 권리를 가진다.

第14조

1. 모든 사람은 박해를 피하여 다른 나라에서 비호를 구하거나 비호를 받을 권리를 가진다.
2. 이러한 권리는 진실로 비정치적 범죄 또는 국제연합의 목적과 원칙에 위배되는 행위로 인하여 기소된 경우에는 주장될 수 없다.

第15조

1. 모든 사람은 국적을 가질 권리를 가진다.
2. 어느 누구도 자의적으로 자신의 국적을 박탈당하지 아니하며 자신의 국적을 변경할 권리가 부인되지 아니한다.

第16조

1. 성인 남녀는 인종, 국적 또는 종교에 따른 어떠한 제한도 없이 혼인하고 가정을 이룰 권리를 가진다. 그들은 혼인에 대하여, 혼인 기간중 그리고 혼인해소시에 동등한 권리를 향유할 자격이 있다.
2. 혼인은 장래 배우자들의 자유롭고 완전한 동의하에서만 성립된다.
3. 가정은 사회의 자연적이고 기초적인 단위이며, 사회와 국가의 보호를 받을 권리가 있다.

第17조

1. 모든 사람은 단독으로 뿐만 아니라 다른 사람과 공동으로 재산을 소유할 권리를 가진다.
2. 어느 누구도 자의적으로 자신의 재산을 박탈당하지 아니한다.

第18조

모든 사람은 사상, 양심 및 종교의 자유에 대한 권리를 가진다. 이러한 권리는 종교 또는 신념을 변경할 자유와, 단독으로 또는 다른 사람과 공동으로 그리고 공적으로 또는 사적으로 선교, 행사, 예배 및 의식에 의하여 자신의 종교나 신념을 표명하는 자유를 포함한다.

第19조

모든 사람은 의견의 자유와 표현의 자유에 대한 권리를 가진다. 이러한 권리는 간섭없이 의견을 가질 자유와 국경에 관계없이 어떠한 매체를 통해서도 정보와 사상을 추구하고, 얻으며, 전달하는 자유를 포함한다.

第20조

1. 모든 사람은 평화적인 집회 및 결사의 자유에 대한 권리를 가진다.
2. 어느 누구도 어떤 결사에 참여하도록 강요받지 아니한다.

第21조

1. 모든 사람은 직접 또는 자유로이 선출된 대표를 통하여 자국의 정부에 참여할 권리를 가진다.
2. 모든 사람은 자국에서 동등한 공무담임권을 가진다.
3. 국민의 의사가 정부 권능의 기반이다. 이러한 의사는 보통·평등 선거권에 따라 비밀 또는 그에 상

당한 자유 투표절차에 의한 정기적이고 진정한 선거에 의하여 표현된다.

제22조

모든 사람은 사회의 일원으로서 사회보장을 받을 권리를 가지며, 국가적 노력과 국제적 협력을 통하여, 그리고 각 국가의 조직과 자원에 따라서 자신의 존엄과 인격의 자유로운 발전에 불가결한 경제적, 사회적 및 문화적 권리들을 실현할 권리를 가진다.

제23조

1. 모든 사람은 일, 직업의 자유로운 선택, 정당하고 유리한 노동 조건, 그리고 실업에 대한 보호의 권리를 가진다.
2. 모든 사람은 아무런 차별없이 동일한 노동에 대하여 동등한 보수를 받을 권리를 가진다.
3. 노동을 하는 모든 사람은 자신과 가족에게 인간의 존엄에 부합하는 생존을 보장하며, 필요한 경우에 다른 사회보장방법으로 보충되는 정당하고 유리한 보수에 대한 권리를 가진다.
4. 모든 사람은 자신의 이익을 보호하기 위하여 노동조합을 결성하고, 가입할 권리를 가진다.

제24조

모든 사람은 노동시간의 합리적 제한과 정기적인 유급휴가를 도함하여 휴식과 여가의 권리를 가진다.

제25조

1. 모든 사람은 의식주, 의료 및 필요한 사회복지를 포함하여 자신과 가족의 건강과 안녕에 적합한 생활수준을 누릴 권리와, 실업, 질병, 장애, 배우자 사망, 노령 또는 기타 불가항력의 상황으로 인한 생계 결핍의 경우에 보장을 받을 권리를 가진다.
2. 어머니와 아동은 특별한 보호와 지원을 받을 권리를 가진다. 모든 아동은 적서에 관계없이 동일한 사회적 보호를 누린다.

제26조

1. 모든 사람은 교육을 받을 권리를 가진다. 교육은 최소한 초등 및 기초단계에서는 무상이어야 한다. 초등교육은 의무적이어야 한다. 기술 및 직업교육은 일반적으로 접근이 가능하여야 하며, 고등교육은 모든 사람에게 실력에 근거하여 동등하게 접근 가능하여야 한다.
2. 교육은 인격의 완전한 발전과 인권과 기본적 자유에 대한 존중의 강화를 목표로 한다. 교육은 모든 국가, 인종 또는 종교 집단간에 이해, 관용 우의를 증진하며, 평화의 유지를 위한 국제연합의 활동을 촉진하여야 한다.
3. 부모는 자녀에게 제공되는 교육의 종류를 선택할 우선권을 가진다.

제27조

1. 모든 사람은 공동체의 문화생활에 자유롭게 참여하며 예술을 향유하고 과학의 발전과 그 혜택을

공유할 권리를 가진다.

2. 모든 사람은 자신이 창작한 과학적, 문학적 또는 예술적 산물로부터 발생하는 정신적, 물질적 이익을 보호받을 권리를 가진다.

제28조

모든 사람은 이 선언에 규정된 권리와 자유가 완전히 실현될 수 있도록 사회적, 국제적 질서에 대한 권리를 가진다.

제29조

1. 모든 사람은 그 안에서만 자신의 인격이 자유롭고 완전하게 발전할 수 있는 공동체에 대하여 의무를 가진다.
2. 모든 사람은 자신의 권리와 자유를 행사함에 있어, 다른 사람의 권리와 자유를 당연히 인정하고 존중하도록 하기 위한 목적과, 민주사회의 도덕, 공공질서 및 일반적 복리에 대한 정당한 필요에 부응하기 위한 목적을 위해서만 법에 따라 정하여진 제한을 받는다.
3. 이러한 권리와 자유는 어떠한 경우에도 국제연합의 목적과 원칙에 위배되어 행사되어서는 아니 된다.

제30조

이 선언의 어떠한 규정도 어떤 국가, 집단 또는 개인에게 이 선언에 규정된 어떠한 권리와 자유를 파괴하기 위한 활동에 가담하거나 또는 행위를 할 수 있는 권리가 있는 것으로 해석되어서는 아니된다.

경제적, 사회적 및 문화적 권리에 관한 국제규약

이 규약의 당사국은, 국제연합헌장에 선언된 원칙에 따라 인류사회의 모든 구성원의 고유의 존엄성 및 평등하고 양도할 수 없는 권리를 인정하는 것이 세계의 자유, 정의 및 평화의 기초가 됨을 고려하고, 이러한 권리는 인간의 고유한 존엄성으로부터 유래함을 인정하며, 세계인권선언에 따라 공포와 결핍으로부터의 자유를 향유하는 자유 인간의 이상은 모든 사람이 자신의 시민적, 정치적 권리 뿐만 아니라 경제적, 사회적 및 문화적 권리를 향유할 수 있는 여건이 조성되는 경우에만 성취될 수 있음을 인정하며, 인권과 자유에 대한 보편적 존중과 준수를 촉진시킬 국제연합헌장상의 국가의 의무를 고려하며, 타 개인과 자기가 속한 사회에 대한 의무를 지고 있는 개인은, 이 규약에서 인정된 권리의 증진과 준수를 위하여 노력하여야할 책임이 있음을 인식하여, 다음 조문들에 합의한다.

제 1 부

제1조

1. 모든 인민은 자결권을 가진다. 이 권리에 기초하여 모든 인민은 그들의 정치적 지위를 자유로이 결정하고, 또한 그들의 경제적, 사회적 및 문화적 발전을 자유로이 추구한다.
2. 모든 인민은, 호혜의 원칙에 입각한 국제경제협력으로부터 발생하는 의무 및 국제법상의 의무에 위반하지 아니하는 한, 그들 자신의 목적을 위하여 그들의 천연의 부와 자원을 자유로이 처분할 수 있다. 어떠한 경우에도 인민은 그들의 생존수단을 박탈당하지 아니한다.
3. 비자치지역 및 신탁통치지역의 행정책임을 맡고 있는 국가들을 포함하여 이 규약의 당사국은 국제연합헌장의 규정에 따라 자결권의 실현을 촉진하고 동 권리를 존중하여야 한다.

제 2 부

제2조

1. 이 규약의 각 당사국은 특히 입법조치의 채택을 포함한 모든 적절한 수단에 의하여 이 규약에서 인정된 권리의 완전한 실현을 점진적으로 달성하기 위하여, 개별적으로 또한 특히 경제적, 기술적인 국제지원과 국제협력을 통하여, 자국의 가용 자원이 허용하는 최대한도까지 조치를 취할 것을 약속한다.
2. 이 규약의 당사국은 이 규약에서 선언된 권리들이 인종, 피부색, 성, 언어, 종교, 정치적 또는 기타의 의견, 민족적 또는 사회적 출신, 재산, 출생 또는 기타의 신분등에 의한 어떠한 종류의 차별도 없이 행사되도록 보장할 것을 약속한다.

3. 개발도상국은, 인권과 국가 경제를 충분히 고려하여 이 규약에서 인정된 경제적 권리를 어느 정도까지 자국의 국민이 아닌 자에게 보장할 것인가를 결정할 수 있다.

제3조

이 규약의 당사국은 이 규약에 규정된 모든 경제적, 사회적 및 문화적 권리를 향유함에 있어서 남녀에게 동등한 권리를 확보할 것을 약속한다.

제4조

이 규약의 당사국은, 국가가 이 규약에 따라 부여하는 권리를 향유함에 있어서, 그러한 권리의 본질과 양립할 수 있는 한도 내에서, 또한 오직 민주 사회에서의 공공복리증진의 목적으로 반드시 법률에 의하여 정하여지는 제한에 의해서만, 그러한 권리를 제한할 수 있음을 인정한다.

제5조

1. 이 규약의 어떠한 규정도 국가, 집단 또는 개인이 이 규약에서 인정되는 권리 및 자유를 파괴하거나, 또는 이 규약에서 규정된 제한의 범위를 넘어 제한하는 것을 목적으로 하는 활동에 종사하거나 또는 그와 같은 것을 목적으로 하는 행위를 행할 권리를 가지는 것으로 해석되지 아니한다.
2. 이 규약의 어떠한 당사국에서 법률, 협정, 규칙 또는 관습에 의하여 인정되거나 또는 현존하고 있는 기본적 인권에 대하여는, 이 규약이 그러한 권리를 인정하지 아니하거나 또는 그 인정의 범위가 보다 협소하다는 것을 구실로 동 권리를 제한하거나 또는 훼손하는 것이 허용되지 아니한다.

제 3 부

제6조

1. 이 규약의 당사국은, 모든 사람이 자유로이 선택하거나 수락하는 노동에 의하여 생계를 영위할 권리를 포함하는 근로의 권리를 인정하며, 동 권리를 보호하기 위하여 적절한 조치를 취한다.
2. 이 규약의 당사국이 근로권의 완전한 실현을 달성하기 위하여 취하는 제반조치에는 개인에게 기본적인 정치적, 경제적 자유를 보장하는 조건하에서 착실한 경제적, 사회적, 문화적 발전과 생산적인 완전고용을 달성하기 위한 기술 및 직업의 지도, 훈련계획, 정책 및 기술이 포함되어야 한다.

제7조

이 규약의 당사국은 특히 다음사항이 확보되는 공정하고 유리한 근로조건을 모든 사람이 향유할 권리를 가지는 것을 인정한다.

(a) 모든 근로자에게 최소한 다음의 것을 제공하는 보수

공정한 임금과 어떠한 종류의 차별도 없는 동등한 가치의 노동에 대한 동등한 보수, 특히 여성에게 대하여는 동등한 노동에 대한 동등한 보수와 함께 남성이 향유하는 것보다 열등하지 아니한 근로

조건의 보장

이 규약의 규정에 따른 근로자 자신과 그 가족의 품위 있는 생활

(b) 안전하고 건강한 근로조건

(c) 연공서열 및 능력이외의 다른 고려에 의하지 아니하고, 모든 사람이 자기의 직장에서 적절한 상위직으로 승진할 수 있는 동등한 기회

(d) 휴식, 여가 및 근로시간의 합리적 제한, 공휴일에 대한 보수와 정기적인 유급휴일

제8조

1. 이 규약의 당사국은 다음의 권리를 확보할 것을 약속한다.

(a) 모든 사람은 그의 경제적, 사회적 이익을 증진하고 보호하기 위하여 관계단체의 규칙에만 따를 것을 조건으로 노동조합을 결성하고, 그가 선택한 노동조합에 가입하는 권리. 그러한 권리의 행사에 대하여는 법률로 정하여진 것 이외의 또한 국가안보 또는 공공질서를 위하여 또는 타인의 권리와 자유를 보호하기 위하여 민주 사회에서 필요한 것 이외의 어떠한 제한도 과할 수 없다.

(b) 노동조합이 전국적인 연합 또는 총연합을 설립하는 권리 및 총연합이 국제노동조합조직을 결성하거나 또는 가입하는 권리

(c) 노동조합은 법률로 정하여진 것 이외의 또한 국가안보, 공공질서를 위하거나 또는 타인의 권리와 자유를 보호하기 위하여 민주사회에서 필요한 제한이외의 어떠한 제한도 받지 아니하고 자유로이 활동할 권리

(d) 특정국가의 법률에 따라 행사될 것을 조건으로 파업을 할 수 있는 권리

2. 이 조는 군인, 경찰 구성원 또는 행정관리가 전기한 권리들을 행사하는 것에 대하여 합법적인 제한을 부과하는 것을 방해하지 아니한다.

3. 이 조의 어떠한 규정도 결사의 자유 및 단결권의 보호에 관한 1948년의 국제노동기구협약의 당사국이 동 협약에 규정된 보장을 저해하려는 입법조치를 취하도록 하거나, 또는 이를 저해하려는 방법으로 법률을 적용할 것을 허용하지 아니한다.

제9조

이 규약의 당사국은 모든 사람이 사회보험을 포함한 사회보장에 대한 권리를 가지는 것을 인정한다.

제10조

이 규약의 당사국은 다음 사항을 인정한다.

1. 사회의 자연적이고 기초적인 단위인 가정에 대하여는, 특히 가정의 성립을 위하여 그리고 가정이 부양 어린이의 양육과 교육에 책임을 맡고 있는 동안에는 가능한 한 광범위한 보호와 지원이 부여된다. 혼인은 혼인의사를 가진 양 당사자의 자유로운 동의하에 성립된다.

2. 임산부에게는 분만전후의 적당한 기간 동안 특별한 보호가 부여된다. 동 기간중의 근로 임산부에

게는 유급휴가 또는 적당한 사회보장의 혜택이 있는 휴가가 부여된다.

3. 가문 또는 기타 조건에 의한 어떠한 차별도 없이, 모든 어린이와 연소자를 위하여 특별한 보호와 원조의 조치가 취하여 진다. 어린이와 연소자는 경제적, 사회적 착취로부터 보호된다. 어린이와 연소자를 도덕 또는 건강에 유해하거나 또는 생명에 위험하거나 또는 정상적 발육을 저해할 우려가 있는 노동에 고용하는 것은 법률에 의하여 처벌할 수 있다. 당사국은 또한 연령제한을 정하여 그 연령에 달하지 않은 어린이에 대한 유급노동에의 고용이 법률로 금지되고 처벌될 수 있도록 한다.

제11조

1. 이 규약의 당사국은 모든 사람이 적당한 식량, 의복 및 주택을 포함하여 자기 자신과 가정을 위한 적당한 생활수준을 누릴 권리와 생활조건을 지속적으로 개선할 권리를 가지는 것을 인정한다. 당사국은 그러한 취지에서 자유로운 동의에 입각한 국제적 협력의 본질적인 중요성을 인정하고, 그 권리의 실현을 확보하기 위한 적당한 조치를 취한다.
2. 이 규약의 당사국은 기아로부터의 해방이라는 모든 사람의 기본적인 권리를 인정하고, 개별적으로 또는 국제협력을 통하여 아래 사항을 위하여 구체적 계획을 포함하는 필요한 조치를 취한다.
   (a) 과학·기술 지식을 충분히 활용하고, 영양에 관한 원칙에 대한 지식을 보급하고, 천연자원을 가장 효율적으로 개발하고 이용할 수 있도록 농지제도를 발전시키거나 개혁함으로써 식량의 생산, 보존 및 분배의 방법을 개선할 것.
   (b) 식량수입국 및 식량수출국 쌍방의 문제를 고려하여 필요에 따라 세계식량공급의 공평한 분배를 확보할 것.

제12조

1. 이 규약의 당사국은 모든 사람이 도달 가능한 최고 수준의 신체적·정신적 건강을 향유할 권리를 가지는 것을 인정한다.
2. 이 규약당사국이 동 권리의 완전한 실현을 달성하기 위하여 취할 조치에는 다음 사항을 위하여 필요한 조치가 포함된다.
   (a) 사산율과 유아사망율의 감소 및 어린이의 건강한 발육
   (b) 환경 및 산업위생의 모든 부문의 개선
   (c) 전염병, 풍토병, 직업병 및 기타 질병의 예방, 치료 및 통제
   (d) 질병 발생시 모든 사람에게 의료와 간호를 확보할 여건의 조성

제13조

1. 이 규약의 당사국은 모든 사람이 교육에 대한 권리를 가지는 것을 인정한다. 당사국은 교육이 인격과 인격의 존엄성에 대한 의식이 완전히 발전되는 방향으로 나아가야 하며, 교육이 인권과 기

본적 자유를 더욱 존중하여야 한다는 것에 동의한다. 당사국은 나아가서 교육에 의하여 모든 사람이 자유사회에 효율적으로 참여하며, 민족간에 있어서나 모든 인종적, 종족적 또는 종교적 집단간에 있어서 이해, 관용 및 친선을 증진시키고, 평화유지를 위한 국제연합의 활동을 증진시킬 수 있도록 하는 것에 동의한다.

2. 이 규약의 당사국은 동 권리의 완전한 실현을 달성하기 위하여 다음 사항을 인정한다.
   (a) 초등교육은 모든 사람에게 무상 의무교육으로 실시된다.
   (b) 기술 및 직업 중등교육을 포함하여 여러가지 형태의 중등 교육은, 모든 적당한 수단에 의하여, 특히 무상교육의 점진적 도입에 의하여 모든 사람이 일반적으로 이용할 수 있도록 하고, 또한 모든 사람에게 개방된다.
   (c) 고등교육은, 모든 적당한 수단에 의하여, 특히 무상교육의 점진적 도입에 의하여, 능력에 기초하여 모든 사람에게 동등하게 개방된다.
   (d) 기본교육은 초등교육을 받지 못하였거나 또는 초등교육의 전기간을 이수하지 못한 사람들을 위하여 가능한 한 장려되고 강화된다.
   (e) 모든 단계에 있어서 학교제도의 발전이 적극적으로 추구되고, 적당한 연구-장학제도가 수립되 며, 교직원의 물질적 처우는 계속적으로 개선된다.

3. 이 규약의 당사국은 부모 또는 경우에 따라서 법정후견인이 그들 자녀를 위하여 공공기관에 의하여 설립된 학교 이외의 학교로서 국가가 정하거나 승인하는 최소한도의 교육수준에 부합하는 학교를 선택하는 자유 및 그들의 신념에 따라 자녀의 종교적, 도덕적 교육을 확보할 수 있는 자유를 존중할 것을 약속한다.

4. 이 조의 어떠한 부분도 항상 이 조 제1항에 규정된 원칙을 준수하고, 그 교육기관에서의 교육이 국가가 결정하는 최소한의 기준에 일치한다는 요건 하에서, 개인과 단체가 교육기관을 설립, 운영할 수 있는 자유를 간섭하는 것으로 해석되지 아니한다.

제14조

이 규약의 당사국이 되는 때 그 본토나 자국 관할내에 있는 기타 영토에서 무상으로 초등의무교육을 확보할 수 없는 각 당사국은 계획상에 정해질 합리적인 연한 이내에 모든 사람에 대한 무상의무교육 원칙을 점진적으로 시행하기 위한 세부실천계획을 2년 이내에 입안, 채택할 것을 약속한다.

제15조

1. 이 규약의 당사국은 모든 사람의 다음 권리를 인정한다.
   (a) 문화생활에 참여할 권리
   (b) 과학의 진보 및 응용으로부터 이익을 향유할 권리
   (c) 자기가 저작한 모든 과학적, 문학적 또는 예술적 창작품으로부터 생기는 정신적, 물질적 이익의 보

호로부터 이익을 받을 권리

2. 이 규약의 당사국이 그러한 권리의 완전한 실현을 달성하기 위하여 취하는 조치에는 과학과 문화의 보존, 발전 및 보급에 필요한 제반조치가 포함된다.
3. 이 규약의 당사국은 과학적 연구와 창조적 활동에 필수불가결한 자유를 존중할 것을 약속한다.
4. 이 규약의 당사국은 국제적 접촉의 장려와 발전 및 과학과 문화분야에서의 협력으로부터 이익이 초래됨을 인정한다.

제 4 부

제16조

1. 이 규약의 당사국은 규약에서 인정된 권리의 준수를 실현하기 위하여 취한 조치와 성취된 진전사항에 관한 보고서를 이 부의 규정에 따라 제출할 것을 약속한다.
2. (a) 모든 보고서는 국제연합사무총장에게 제출된다. 사무총장은 이 규약의 규정에 따라, 경제사회이사회가 심의할 수 있도록 보고서 사본을 동 이사회에 송부한다.
   (b) 국제연합사무총장은 이 규약의 당사국으로서 국제연합전문기구의 회원국인 국가가 제출한 보고서 또는 보고서 내용의 일부가 전문기구의 창설규정에 따라 동 전문기구의 책임에 속하는 문제와 관계가 있는 경우, 동 보고서 사본 또는 그 내용 중의 관련 부분의 사본을 동 전문기구에 송부한다.

제17조

1. 이 규약의 당사국은 경제사회이사회가 규약당사국 및 관련 전문기구와 협의한 후, 이 규약의 발효 후 1년 이내에 수립하는 계획에 따라, 자국의 보고서를 각 단계별로 제출한다.
2. 동 보고서는 이 규약상의 의무의 이행정도에 영향을 미치는 요소 및 장애를 지적할 수 있다.
3. 이 규약의 당사국이 이미 국제연합 또는 전문기구에 관련 정보를 제출한 경우에는, 동일한 정보를 다시 작성하지 않고 동 정보에 대한 정확한 언급으로서 족하다.

제18조

경제사회이사회는 인권과 기본적 자유의 분야에서의 국제연합헌장상의 책임에 따라, 전문기구가 동 기구의 활동영역에 속하는 이 규약 규정의 준수를 달성하기 위하여 성취된 진전사항을 이사회에 보고하는 것과 관련하여, 당해 전문기구와 협정을 체결할 수 있다. 그러한 보고서에는 전문기구의 권한있는 기관이 채택한 규정의 행에 관한 결정 및 권고의 상세를 포함할 수 있다.

제19조

경제사회이사회는 제16조 및 제17조에 따라 각국이 제출하는 인권에 관한 보고서 및 제18조에 따라 전문기구가 제출하는 인권에 관한 보고서중 국제연합 인권위원회의 검토, 일반적 권고, 또는 정보를 위하여 적당한 보고서를 인권위원회에 송부할 수 있다.

제20조

이 규약의 당사국과 관련 전문기구는 제19조에 의한 일반적 권고에 대한 의견 또는 국제연합인권위원회의 보고서 또는 보고서에서 언급된 어떠한 문서에서도 그와 같은 일반적 권고에 대하여 언급하고 있는 부분에 관한 의견을 경제사회이사회에 제출할 수 있다.

제21조

경제사회이사회는 일반적 성격의 권고를 포함하는 보고서와 이 규약에서 인정된 권리의 일반적 준수를 달성하기 위하여 취한 조치 및 성취된 진전사항에 관하여 이 규약의 당사국 및 전문기구로부터 입수한 정보의 개요를 수시로 총회에 제출할 수 있다.

제22조

경제사회이사회는 이 규약의 제4부에서 언급된 보고서에서 생기는 문제로서, 국제연합의 타 기관, 그 보조기관 및 기술원조의 제공에 관여하는 전문기구가 각기 그 권한내에서 이 규약의 효과적, 점진적 실시에 기여할 수 있는 국제적 조치의 타당성을 결정하는데 도움이 될 수 있는 문제에 대하여 그들의 주의를 환기시킬 수 있다.

제23조

이 규약의 당사국은 이 규약에서 인정된 권리의 실현을 위한 국제적 조치에는 협약의 체결, 권고의 채택, 기술원조의 제공 및 관계정부와 협력하여 조직된 협의와 연구를 목적으로 하는 지역별 회의 및 기술적 회의의 개최와 같은 방안이 포함된다는 것에 동의한다.

제24조

이 규약의 어떠한 규정도 이 규약에서 취급되는 문제에 관하여 국제연합의 여러 기관과 전문기구의 책임을 각각 명시하고 있는 국제연합헌장 및 전문기구헌장의 규정을 침해하는 것으로 해석되지 아니한다.

제25조

이 규약의 어떠한 규정도 모든 사람이 그들의 천연적 부와 자원을 충분히, 자유로이 향유하고, 이용할 수 있는 고유의 권리를 침해하는 것으로 해석되지 아니한다.

제 5 부

제26조

1. 이 규약은 국제연합의 모든 회원국, 전문기구의 모든 회원국, 국제사법재판소 규정의 모든 당사국 또한 국제연합총회가 이 규약에 가입하도록 초청한 기타 모든 국가들의 서명을 위하여 개방된다.
2. 이 규약은 비준되어야 한다. 비준서는 국제연합사무총장에게 기탁된다.
3. 이 규약은 이 조 제1항에서 언급된 모든 국가들의 가입을 위하여 개방된다.

4. 가입은 가입서를 국제연합사무총장에게 기탁함으로써 이루어진다.
5. 국제연합사무총장은 이 규약에 서명 또는 가입한 모든 국가들에게 각 비준서 또는 가입서의 기탁을 통보한다.

제27조

1. 이 규약은 35번째의 비준서 또는 가입서가 국제연합사무총장에게 기탁된 날로부터 3개월 후에 발효한다.
2. 35번째 비준서 또는 가입서의 기탁후에 이 규약을 비준하거나 또는 이 규약에 가입하는 국가에 대하여는, 이 규약은 그 국가의 비준서 또는 가입서가 기탁된 날로부터 3개월 후에 발효한다.

제28조

이 규약의 규정은 어떠한 제한이나 예외없이 연방국가의 모든 지역에 적용된다.

제29조

1. 이 규약의 당사국은 개정안을 제안하고 이를 국제연합사무총장에게 제출할 수 있다. 사무총장은 개정안을 접수하는 대로, 각 당사국에게 동 제안을 심의하고 표결에 회부하기 위한 당사국회의 개최에 찬성하는지에 관한 의견을 사무총장에게 통보하여 줄 것을 요청하는 것과 함께, 개정안을 이 규약의 각 당사국에게 송부한다. 당사국 중 최소 3분의1이 당사국회의 개최에 찬성하는 경우, 사무총장은 국제연합의 주관하에 동 회의를 소집한다. 동 회의에 출석하고 표결한 당사국의 과반수에 의하여 채택된 개정안은 그 승인을 위하여 국제연합총회에 제출된다.
2. 개정안은 국제연합총회의 승인을 얻고, 각기 자국의 헌법절차에 따라 이 규약당사국의 3분의 2의 다수가 수락하는 때 발효한다.
3. 개정안은 발효 시 이를 수락한 당사국을 구속하며, 여타 당사국은 계속하여 이 규약의 규정 및 이미 수락한 그 이전의 모든 개정에 의하여 구속된다.

제30조

제26조 제5항에 의한 통보에 관계없이, 국제연합사무총장은 동 조 제1항에서 언급된 모든 국가에 다음을 통보한다.

(a) 제26조에 의한 서명, 비준 및 가입

(b) 제27조에 의한 이 규약의 발효일자 및 제29조에 의한 모든 개정의 발효일자

제31조

1. 이 규약은 중국어, 영어, 불어, 러시아어 및 서반아어본이 동등히 정본이며, 국제연합 문서보존소에 기탁된다.
2. 국제연합사무총장은 제26조에서 언급된 모든 국가들에게 이 규약의 인증등본을 송부한다.

이상의 증거로, 하기 서명자들은 각자의 정부에 의하여 정당히 권한을 위임받아 일천구백육십육년 십이월 십구일 뉴욕에서 서명을 위하여 개방된 이 규약에 서명하였다.

모든 형태의 인종차별 철폐에 관한 국제협약

본 협약의 체약국은,

- 국제연합헌장이 모든 인간에게 고유한 존엄과 평등의 원칙에 기본을 두고 있으며 모든 회원국이 인종, 성별, 언어 또는 종교의 구별없이 만인을 위한 인권과 기본적 자유에 대한 보편적 존중과 준수를 증진시키고 촉진하는 국제연합의 목적중의 하나를 성취하는데 있어서 국제연합과의 협조아래 공동적 및 개별적 조치를 취하기로 서약하였음을 고려하고,
- 세계인권선언이 만인은 존엄과 권리에 있어 태어날 때부터 자유롭고 평등함을 선언하고, 또한 특히 인종, 피부색 또는 출생지에 대하여 어떠한 종류의 구별도 하지 않고 동 선언에 언급된 모든 권리와 자유를 누구나 향유할 수 있음을 선언하고 있음을 고려하고,
- 만인은 법앞에 평등하며 어떠한 차별에 대해서도 그리고 어떠한 차별의 고무에 대해서도 법의 균등한 보호를 받을 자격이 있음을 고려하고,
- 국제연합이 어떠한 형태로든 또한 어디에 그들이 존재하든 식민주의와 그리고 그와 결탁한 차등과 차별의 모든 관행을 규탄하고 1960년 12월 14일자 식민지 및 그 국민에 대한 독립 부여에 관한 선언(총회결의 1514(XV))이 그들을 신속히 무조건 종식시켜야 할 필요성을 확인하고 또한 엄숙히 선언하였음을 고려하고,
- 1963년 11월 20일자 모든 형태의 인종차별철폐에 관한 국제연합선언(총회결의 1904(XVIII))이 전세계에서 모든 형태와 양상의 인종차별을 신속히 철폐하고 인간의 존엄성에 대한 이해와 존중을 확보할 필요성을 엄숙히 확인하고 있음을 고려하고,
- 인종차별에 근거한 어떠한 우수 인종 학설도 과학적으로 허위이며, 도덕적으로 규탄받아야 하며 사회적으로 부당하고 위험하며, 또한 어느 곳에서든 이론상으로나 실제상으로 인종차별에 대한 정당화가 있을 수 없다는 것을 확신하고,
- 인종, 피부색 또는 종족의 기원을 근거로 한 인간의 차별은 국가간의 우호적이고 평화적인 관계에 대한 장애물이며 국민간의 평화와 안전을 그리고 심지어 동일한 단일 국가내에서 나란히 살고 있는 인간들의 조화마저 저해할 수 있다는 것을 재확인하고,
- 인종적 장벽의 존재가 어떠한 인류사회의 이상과도 배치됨을 확신하고,
- 세계 일부 지역에서 아직도 실증적인 인종 차별의 시현과 또한 인종적 우월성 또는 증오감에 근거를 둔 "남아프리카의 인종차별정책", 인종분리 또는 격리와 같은 정부 정책에 경악을 금치 못하고,
- 모든 형태와 양상에 있어 인종차별을 신속히 철폐시키기 위한 모든 필요 조치를 채택하고, 인종간의 이해를 증진시키기 위하여 인종주의자의 이론과 실제를 방지하고 격퇴시키며 모든 형태의 인종분리 및 인종차별이 없는 국제공동사회를 건설할 것을 결의하고,

• 1958년 국제노동기구가 채택한 고용 및 직업에 있어서의 차별에 관한 협약과 1960년 국제연합교육과 학문화기구가 채택한 교육에 있어서의 차별 금지 협약에 유의하고,

• 모든 형태의 인종차별 철폐에 관한 국제연합선언에 포용된 제반원칙을 실행할 것과 이 목적을 위한 실제적 조치의 최단 시일내 채택을 확보할 것을 열망하여,

다음과 같이 합의하였다.

제 1 부

제1조

1. 이 협약에서 "인종차별"이라 함은 인종, 피부색, 가문 또는 민족이나 종족의 기원에 근거를 둔 어떠한 구별, 배척, 제한 또는 우선권을 말하며 이는 정치, 경제, 사회, 문화 또는 기타 어떠한 공공생활의 분야에 있어서든 평등하게 인권과 기본적 자유의 인정, 향유 또는 행사를 무효화시키거나 침해하는 목적 또는 효과를 가지고 있는 경우이다.
2. 이 협약은 체약국이 자국의 시민과 비시민을 구별하여 어느 한쪽에의 배척, 제한 또는 우선권을 부여하는 행위에는 적용되지 아니한다.
3. 이 협약의 어느 규정도 국적, 시민권 또는 귀화에 관한 체약국의 법규정에 어떠한 영향도 주는 것으로 해석될 수 없다. 단, 이러한 규정은 어느 특정 국적에 대하여 차별을 하지 아니한다.
4. 어느 특정 인종 또는 종족의 집단이나 개인의 적절한 진보를 확보하기 위한 유일한 목적으로 취해진 특별한 조치는 그러한 집단이나 개인이 인권과 기본적 자유의 동등한 향유와 행사를 확보하는데 필요한 보호를 요청할 때에는 인종차별로 간주되지 않는다. 단, 그러한 조치가 결과적으로 상이한 인종집단에게 별개의 권리를 존속시키는 결과를 초래하여서는 아니되며 또한 이러한 조치는 소기의 목적이 달성된 후에는 계속되어서는 아니된다.

제2조

1. 체약국은 인종차별을 규탄하며 모든 형태의 인종차별철폐와 인종간의 이해증진 정책을 적절한 방법으로 지체없이 추구할 책임을 지며 이 목적을 위하여
   (a) 각 체약국은 인간이나 인간의 집단 또는 단체에 대한 인종차별행위를 하지 않을 의무 또는 인종차별을 실시하지 않을 의무를 지며 또한 모든 국가 및 지방공공기관과 공공단체가 그러한 의무에 따라 행동하도록 보증할 의무를 지고
   (b) 각 체약국은 인간이나 또는 조직에 의한 인종차별을 후원, 옹호 또는 지지하지 않을 의무를 지며
   (c) 각 체약국은 어디에 존재하든간에 인종차별을 야기시키거나 또는 영구화시키는 효과를 가진 정부, 국가 및 지방정책을 면밀히 조사하고 또한 상기 효과를 가진 법규를 개정, 폐기 또는 무효화시키는 효율적 조치를 취하며

(d) 각 체약국은 어느 인간, 집단 또는 조직에 의한 인종차별을 해당 사정에 따라 입법을 포함한 모든 적절한 수단으로써 금지하고 종결시키며

(e) 각 체약국은 적절한 경우 다종족 통합주의자단체와 인종간의 장벽을 폐지하는 운동 및 기타 방법을 장려하고, 또한 인종분열을 강화할 성향이 있는 어떠한 것도 막아야 한다.

2. 체약국은, 상황이 적절한 경우, 사회적, 경제적, 문화적 그리고 기타 분야에 있어서 특정 인종집단 또는 개인의 적절한 발전과 보호를 보증하는 특수하고 구체적인 조치를 취하여 이들에게 완전하고 평등한 인권과 기본적 자유의 향유를 보장토록 한다. 이와 같은 조치는 어떠한 경우에도 소기의 목적이 달성된 후 별개의 상이한 인종집단에 대한 불평등 또는 별개의 권리를 존속시키는 일을 초래하여서는 아니된다.

제3조

체약국은 특히 인종분리와 "남아프리카의 인종차별정책"을 규탄하고 그들 관할권내의 영역에서 이런 부류의 관행을 방지, 금지 및 근절시킬 의무를 진다.

제4조

체약국은 어떤 인종이나 특정 피부색 또는 특정 종족의 기원을 가진 인간의 집단이 우수하다는 관념이나 이론에 근거를 두고 있거나 또는 어떠한 형태로든 인종적 증오와 차별을 정당화하거나 증진시키려고 시도하는 모든 선전과 모든 조직을 규탄하며 또한 체약국은 이같은 차별을 위한 모든 고무 또는 행위를 근절시키기 위한 즉각적이고 적극적인 조치를 취할 의무를 지며 이 목적을 위하여 세계인권선언에 구현된 제 원칙 및 이 협약 제5조에 명시적으로 언급된 제 권리와 관련하여 특히 체약국은,

(a) 인종적 우월성이나 증오, 인종차별에 대한 고무에 근거를 둔 모든 관념의 보급 그리고 피부색이나 또는 종족의 기원이 상이한 인종이나 또는 인간의 집단에 대한 폭력행위나 폭력행위에 대한 고무를 의법처벌해야 하는 범죄로 선언하고 또한 재정적 지원을 포함하여 인종주의자의 활동에 대한 어떠한 원조의 제공도 의법처벌해야 하는 범죄로 선언한다.

(b) 인종차별을 촉진하고 고무하는 조직과 조직적 및 기타 모든 선전활동을 불법으로 선언하고 금지시킨다. 그리고 이러한 조직이나 활동에의 참여를 의법처벌하는 범죄로 인정한다.

(c) 국가 또는 지방의 공공기관이나 또는 공공단체가 인종차별을 촉진시키거나 또는 고무하는 것을 허용하지 아니한다.

제5조

제2조에 규정된 기본적 의무에 따라, 체약국은 특히 아래의 제 권리를 향유함에 있어서 인종, 피부색 또는 민족이나 종족의 기원에 구별없이 만인의 권리를 법앞에 평등하게 보장하고 모든 형태의 인종차별을 금지하고 폐지할 의무를 진다.

(a) 법원 및 기타 모든 사법기관 앞에서 평등한 대우를 받을 권리

(b) 정부 관리에 의해 자행되거나 또는 개인, 집단 또는 단체에 의해 자행되거나 간에 폭행 또는 신체적 피해에 대하여 국가가 부여하는 인간의 안전 및 보호를 받을 권리

(c) 정치적 권리 특히 선거에 참가하는 권리, 보통·평등 선거의 기초위에서 투표하고 입후보하는 권리, 각급 공공업무의 행사는 물론 정부에 참여하는 권리 그리고 공공업무에의 평등한 접근을 할 권리

(d) 기타의 민권 특히

(i) 당해 체약국 국경이내에서의 거주 이전의 자유에 대한 권리

(ii) 자국을 포함, 모든 국가로부터 출국하고 자국으로 귀국하는 권리

(iii) 국적 취득권

(iv) 혼인 및 배우자 선택권

(v) 단독 및 공공재산 소유권

(vi) 상속권

(vii) 사상, 양심 및 종교의 자유에 대한 권리

(viii) 의견과 표현의 자유에 대한 권리

(ix) 평화적인 집회와 결사의 자유에 대한 권리

(e) 경제적, 사회적 및 문화적 권리, 특히

(i) 근로, 직업 선택의 자유, 공정하고 알맞는 근로조건, 실업에 대한 보호, 동일 노동, 동일 임 금, 정당하고 알맞는 보수등에 대한 권리

(ii) 노동조합 결성 및 가입권

(iii) 주거에 대한 권리

(iv) 공중보건, 의료, 사회보장 및 사회봉사에 대한 권리

(v) 교육과 훈련에 대한 권리

(vi) 문화적 활동에의 균등 참여에 대한 권리

(f) 운송, 호텔, 음식점, 카페, 극장 및 공원과 같은 공중이 사용하는 모든 장소 또는 시설에 접근하는 권리

제6조

체약국은 권한있는 국가법원 및 기타 기관을 통하여 본 협약에 반하여 인권 및 기본적 자유를 침해하는 인종차별행위로부터 만인을 효과적으로 보호하고 구제하며, 또한 그러한 차별의 결과로 입은 피해에 대하여 법원으로부터 공정하고 적절한 보상 또는 변제를 구하는 권리를 만인에게 보증한다.

제7조

체약국은 특히 수업, 교육, 문화 및 공보분야에 있어서, 인종차별을 초래하는 편견에 대항하기 위하여, 민족과 인종 또는 종족 집단간의 이해, 관용과 우호를 증진시키기 위하여 그리고 국제연합헌장, 세계인권

선언, 모든 형태의 인종차별철폐에 관한 국제연합선언 및 이 협약의 제 목적과 원칙을 전파시키기 위하여 즉각적이고 효과적인 조치를 취할 의무를 진다.

제 2 부

제8조

1. 인종차별철폐에 관한 위원회(이후 위원회라 함)를 설치한다. 이 위원회는 체약국이 자국 국민중에서 선정한 덕망이 높고 공평성이 인정된 18명의 전문가로 구성된다. 상기 전문가는 개인자격으로 집무하며, 이들의 선정에는 공정한 지역적 배분이 이르어지고 주요 법체계 및 상이한 문명 형태를 대표하도록 고려한다.
2. 위원회의 위원은 체약국이 지명한 후보자 명단에서 비밀투표로 선출된다. 각 체약국은 자국 국민중에서 후보자 1명을 지명할 수 있다.
3. 제1차 선출은 이 협약 발효일로부터 6개월후에 실시된다. 최소한 선출일 3개월전에 국제연합 사무총장은 체약국에 서한을 송부, 체약국들로 하여금 2개월이내에 후보자명단을 제출하도록 요청한다. 국제연합 사무총장은 후보자를 지명한 체약국명을 명기, 피지명된 전후보자 명부를 알파벳순으로 작성하여 동 명부를 체약국에게 제시한다.
4. 동 위원회 위원의 선출은 국제연합 본부에서 사무총장이 소집한 체약국 회의에서 실시된다. 체약국의 2/3가 정족수를 이루는 이 회의에서, 출석하고 투표한 체약국 대표의 최대다수표 및 절대다수표를 얻는 후보자가 위원회 위원으로 선출된다.
5. (a) 이 위원회의 위원은 4년 임기로 선출된다. 그러나 제1차 선출에서 선출된 위원중 9명의 임기는 2년만에 만료된다. 이 위원 9명의 성명은 제1차 위원 선출 직후 위원회 위원장이 추첨으로 선택한다.
   (b) 부정기적인 공석의 충원에 있어서 자국 전문가가 위원회 위원직을 상실한 당해 체약국은 위원회의 승인을 받아 자국 국민중에서 다른 전문가를 지명한다.
6. 체약국은 위원회 위원들이 위원회의 제반 임무를 수행하는 동안 이들의 비용을 책임진다.

제9조

1. 체약국은 이 협정의 제 규정을 시행하도록 채택한 입법적, 사법적, 행정적 또는 기타 제반 조치에 관한 보고서를 아래와 같이 국제연합 사무총장에게 제출하여 위원회의 심의에 회부되도록 한다.
   (a) 당해 체약국에 대하여 협약의 발효후 1년이내
   (b) 그후 매 2년마다 그리고 위원회가 요청할 때

   위원회는 체약국으로부터 더 이상의 정보를 요청할 수 있다.
2. 위원회는 사무총장을 통하여 자신의 활동에 관하여 매년 국제연합 총회에 보고하며, 체약국으로

부터 접수된 보고와 정보를 검토하고, 이를 근거로 제의와 일반적인 권고를 행할 수 있다. 이러한 제의와 일반적인 권고는 체약국의 논평이 있을 경우 이 논평과 함께 총회에 보고된다.

제10조

1. 위원회는 자체의 절차 규칙을 채택한다.
2. 위원회는 자체의 임원을 2년 임기로 선출한다.
3. 위원회의 사무국은 국제연합 사무총장에 의하여 마련된다.
4. 위원회의 회합은 통상 국제연합본부에서 개최된다.

제11조

1. 체약국이 이 협약의 규정을 시행하지 않는 기타 체약국이 있다고 간주할 때는 이 문제를 위원회에 회부할 수 있다. 위원회는 이 사실을 당해 체약국에 전달한다. 3개월이내에 당해 체약국은 이 문제를 명확히 하는 문서로 된 해명서 또는 성명서와 더불어 동국이 구제조치를 취한 것이 있으면 그 구제조치를 위원회에 제출한다.
2. 만약 이 문제가 당해 국가에서 1차 통보를 받은 후 6개월이내에 쌍무 교섭이나 또는 양자에게 가능한 다른 절차중 어느 한 수단에 의하여 양측에 동등히 납득되도록 해결되지 않을 경우, 양측중 어느 일방은 위원회와 상대방 국가에 통고함으로써 위원회에 재차 이 문제를 회부할 권리를 보유하고 있다.
3. 위원회는 어느 문제에 있어서 모든 가능한 국내적 구제조치가 취하여져 완료되었음을 확인한 후 본조2항에 따라 위원회에 회부된 그 문제를 일반적으로 승인된 국제법 원칙에 따라 처리한다. 이것은 구제조치의 적용이 부당하게 지연되는데 대한 규칙이 될 수 없다.
4. 위원회는 자신에게 회부된 어떠한 문제에 있어서도 당해 체약국에게 관련 정보의 제공을 요청할 수 있다.
5. 본조에서 언급된 문제가 위원회에 의하여 심의되고 있을 때에는 당해 체약국은 동 문제가 심의되는 동안 대표를 파견하여 투표권없이 위원회의 의사 절차에 참여하도록 할 수 있다.

제12조

1. (a) 위원회가 자신이 생각하기에 필요하다고 보는 모든 정보를 획득하여 비교 대조한 후에 위원장은 5명으로 구성되는 임시 조정위원단(이후 위원단이라 함)을 임명한다. 이 위원단의 구성원은 위원회의 위원일 수도 있으며 또 위원이 아닐 수도 있다. 이 위원단의 구성원은 분쟁당사국 전원의 동의를 얻어 임명되며, 위원단의 주선은 이 협약에 대한 존중을 기초로 하여 문제를 호의적으로 해결하기 위하여 당해 체약국에서 이용 가능하여야 한다.

   (b) 분쟁에 관련된 체약국이 3개월이내에 위원단 구성의 전부 또는 일부에 대하여 합의에 도달하지 못할 경우, 분쟁에 관련된 체약국에 의하여 합의되지 못한 위원단의 구성원은 위원회의 비밀투표에

의해 2/3 다수표로 위원회 위원중에서 선출된다.

2. 위원단의 구성원은 개인자격으로 집무한다. 이들은 분쟁당사국의 국민이 되어서는 안되며 이 협약의 비체약국 국민이 되어서도 안된다.
3. 위원단은 의장을 선출하며 자체의 의사규칙을 채택한다.
4. 위원단의 회합은 통상 국제연합본부 또는 위원단이 정하는 기타 편리한 장소에서 개최된다.
5. 이 협약 제10조3항에 따라 마련된 사무국은 체약국간 분쟁으로 인하여 위원단이 구성될 때 동 위원단의 사무국으로 이용된다.
6. 분쟁에 관련된 체약국은 국제연합 사무총장에 의해 제공되는 추계에 따라 위원단 구성원의 모든 경비를 균등하게 부담한다.
7. 사무총장은 위원단 구성원의 경비를 본조6항에 따라 필요하다면, 분쟁에 대한 체약국이 지급하기 전에 지급할 수 있는 권한이 있다.
8. 위원회가 획득하여 비교 대조한 정보는 위원단에서 이용 가능하며, 위원단은 당해 체약국에게 기타 관련정보를 공급해줄 것을 요구할 수 있다.

제13조

1. 위원단은 문제를 충분히 심의하였을 때, 위원회의 위원장에게 보고서를 작성 제출한다. 이 보고서는 당사국간 쟁점에 관련된 사실의 모든 문제에 관한 조사 결과와 분쟁의 호의적 해결을 위해서 적절하다고 생각하는 권고를 내포하고 있다.
2. 위원회의 위원장은 위원단의 보고서를 분쟁에 관련된 각 체약국에게 전달한다. 이 당사국은 3개월이내에 위원회 위원장에게 위원단의 보고서에 내포된 권고의 수락 여부를 통고한다.
3. 본조2항에 규정된 기간이 경과한 후 위원단의 의장은 위원회의 보고서와 당해 체약국의 선언을 이 협약 타 체약국에게 전달한다.

제14조

1. 체약국은 어느 때라도 동 체약국에 의한 이 협약에 규정된 권리 위반의 피해자임을 주장하고 있는 개인이나 또는 개인의 집단으로부터 그 관할권내에서 통보를 접수하여 심사할 권능을 위원회가 보유하고 있다는 것을 승인한다고 선언할 수 있다. 이러한 선언을 하지 않은 체약국에 관련되는 통보는 위원회가 접수하지 아니한다.
2. 본조1항에 규정된 것과 같은 선언을 한 체약국은 자국 법질서 범위내에서 어느 기관을 설치하거나 또는 지정하여, 이 기관이 이 협약에 규정된 권리 위반의 피해자임을 주장하고 가능한 국내구제조치를 완료한 개인과 개인의 집단으로부터 그 관할권내에서 청원을 접수하여 심사할 권능을 가지도록 한다.
3. 본조1항에 따라 취해진 선언과 본조2항에 따라 설치되거나 또는 지정된 기관의 명칭은 당해 체

약국에 의하여 국제연합 사무총장에게 기탁되고, 국제연합사무총장은 이들의 사본을 타 체약국에게 전달한다. 선언은 어느 때라도 사무총장에 대한 통고로써 철회될 수 있으나, 이러한 철회가 위원회 앞으로 계류되어 있는 전달에는 영향을 주지 않는다.

4. 청원의 등록은 본조2항에 따라 설치되거나 또는 지정된 기관에 의해 보관되며, 이 등록의 인증등본은 내용이 공표되지 않는다는 양해 아래 적절한 경로를 통하여 매년 사무총장에게 보관된다.
5. 본조2항에 따라 설치되었거나 또는 지정된 기관으로부터 만족스러운 구제조치를 받지 못하는 경우, 청원자는 6개월이내에 이 문제를 위원회에 전달할 권리를 보유한다.
6. (a) 위원회는 자신이 받은 통보사항에 대하여 본 협정의 규정을 위반하고 있다는 협의를 받고 있는 체약국의 주의를 은밀히 환기시킨다. 그러나 해당 개인이나 또는 개인집단의 신원이 자신들의 명시적인 동의없이 밝혀져서는 아니된다. 위원회는 익명으로 된 통보를 접수하지 아니한다.

   (b) 3개월이내에 접수국은 동 문제를 해명하는 설명이나 혹은 성명을 서면으로 위원회에 제출하며 또한 자국이 취한 구제조치가 있으면 그 구제조치를 위원회에 제출한다.
7. (a) 위원회는 당해 체약국과 청원자에 의해 제공된 모든 정보를 감안하여 통보를 받은 사항을 심의한다. 위원회는 청원자가 모든 가능한 국내구제조치를 완료하였음을 확인하지 않는 한 청원자로부터 어떠한 통보도 심의하지 않는다. 그러나 이것은 구제조치의 적용이 부당하게 지연되는데 대한 규칙이 될 수는 없다.

   (b) 위원회는 당해 체약국과 청원자에게 제의와 권고를 할 사항이 있을 경우 이러한 제의와 권고를 한다.
8. 위원회는 그 연차보고서속에 이러한 통보의 개요와 적절한 경우 당해 체약당사국의 설명 및 성명과 위원회 자신의 제의와 권고의 개요를 포함시켜야 한다.
9. 위원회는 이 협약 체약국중 최소한 10개국이 본조1항에 따른 선언을 하였을 때에만 본조에 규정된 기능을 행사할 권능을 가진다.

제15조

1. 1960년 12월 14일자 총회결의 1514(XV)에 포함된 식민제국 및 민족의 독립허용에 관한 선언의 제 목적을 달성할 때까지 이 협약의 규정은 타 국제기관이나 또는 국제연합 및 그 전문기구에 의하여 이 민족들에게 허용된 청원권을 결코 제한하지 아니한다.
2. (a) 이 협약 제8조1항에 의거 설치된 위원회는 다음 국제연합 소속기관으로부터의 청원의 사본을 접수하고 또한 동 기관에 이러한 청원에 대한 명시적인 의견과 권한을 제출한다. 여기의 국제연합 소속기관은 자신앞에 회부되어 있고 이 협약에 포괄된 문제와 관련하여 총회결의 1514(XV)가 적용되는 신탁통치 및 비자치영역과 모든 기타 영역의 주민들로부터의 청원을 심사함에 있어서 이 협약의 제 원칙과 목적에 관한 사항을 직접 취급한다.

(b) 위원회는 본항(a)에 언급된 영역내에서 행정권에 의해 적용되는 이 협약의 제 원칙과 목적에 직접 관련된 입법적, 사법적, 행정적 또는 기타 조치에 관한 보고서의 사본을 국제연합의 권한있는 기관으로부터 접수하여 명시적인 의견을 표명하고 이러한 기관에 대하여 권고를 한다.

3. 위원회는 총회에 대한 보고서속에 국제연합기관으로부터 접수한 청원과 보고서의 개요를 포함시키고 또한 동 청원과 보고서에 관한 위원회의 명시적인 의견과 권고를 포함시킨다.
4. 위원회는 국제연합 사무총장으로부터 이 협약의 제목적과 관련된 모든 정보와 본조2항(a)에 언급된 영역에 관하여 사무총장이 이용 가능한 모든 정보를 요청한다.

제16조

분쟁이나 이의의 해결에 관한 이 협약의 제 규정은 국제연합과 그 전문기구의 조직 법규속이나 또는 국제연합과 그 전문기구에 의해 채택된 협약속에 규정된 차별에 관련된 분쟁이나 또는 이의를 해결하는 다른 절차를 침해함이 없이 적용되며, 또한 체약국이 자기들 사이에 유효한 일반 또는 특별 국제협정에 따라 분쟁을 해결하는 다른 절차를 채택함을 막지 아니한다.

제 3 부

제17조

1. 이 협약은 국제연합 회원국 또는 국제연합 전문기구의 회원국, 국제사법재판소 규정 당사국 및 국제연합 총회로부터 이 협약의 당사국이 되도록 권유를 받은 국가의 서명을 위하여 개방된다.
2. 이 협약은 비준을 받아야 한다. 비준서는 국제연합 사무총장에게 기탁된다.

제18조

1. 이 협약은 협약 제17조1항에 언급된 어떠한 국가의 가입에도 개방된다.
2. 가입은 국제연합 사무총장에게 가입서를 기탁함으로써 성립한다.

제19조

1. 이 협약은 27번째 비준서 또는 가입서를 국제연합사무총장에게 기탁한 후 30일만에 효력을 발생한다.
2. 27번째 비준서 또는 가입서 기탁 후 이 협약을 비준하거나 또는 가입하는 각국에 대하여서는 이 협약이 동 비준서 또는 가입서 기탁일후 30일만에 효력을 발생한다.

제20조

1. 국제연합 사무총장은 비준이나 또는 가입시 당사국이 행한 유보를 접수하여 이 협약의 기존 체약국이나 또는 체약국이 되는 모든 국가에 회람한다. 이러한 유보에 반대하는 국가는 동 통보일로부터 90일이내에 자국이 이를 수락하지 않는다는 것을 사무총장에게 통고한다.

2. 이 협약의 목적 및 취지에 용납될 수 없는 유보는 허용되지 않으며 또한 이 협약에 의해 설립된 기관의 운영을 저해하는 효력을 가진 유보는 허용되지 않는다. 최소한 이 협약의 체약국중 2/3가 유보를 반대할 경우 동 유보는 용납될 수 없거나 또는 저해되는 것으로 간주된다.
3. 유보의 철회는 그 뜻을 사무총장에게 통고함으로써 어느 때라도 행할 수 있다. 이러한 통고는 접수된 날자에 효력을 발생한다.

제21조

체약국은 국제연합 사무총장에 대한 서면통고로써 이 협약을 폐기할 수 있다. 폐기는 사무총장이 통고를 접수한 일자로부터 1년 후에 효력을 발생한다.

제22조

이 협약의 해석이나 또는 적용에 대하여 2개 또는 그 이상의 체약국간 분쟁이 교섭이나 또는 이 협약에 명시적으로 규정된 절차에 의하여 해결되지 않을 때 이 분쟁은 분쟁당사국이 타 해결 방법에 합의하지 않는 한 분쟁당사국 어느 일방의 요청에 따라 국제사법재판소에 회부하여 판결토록 한다.

제23조

1. 이 협약의 개정은 국제연합 사무총장에 대한 통고로써 체약국이 어느 때든지 요청할 수 있다.
2. 국제연합 총회는 이러한 개정 요청에 대하여 필요한 경우 취할 조치를 결정한다.

제24조

국제연합 사무총장은 이 협약 제17조1항에 언급된 모든 국가에게 특히 다음 사항을 통보한다.

(a) 제17조 및 제18조하의 서명, 비준 및 가입

(b) 제19조하의 이 협정 발효일

(c) 제14조, 20조 및 23조하의 접수된 통보 및 선언

(d) 제21조하의 폐기

제25조

1. 이 협약의 중국어, 영어, 불어, 노어 및 서반아어본은 동등히 정본이며 이 협약은 국제연합 문서보존소에 기탁된다.
2. 국제연합 사무총장은 이 협약의 인증등본을 협약 제17조1항에 언급된 부류에 해당되는 모든 국가에 전달한다.

난민지위에 관한 협약

제1장 일반규정

제1조

"난민"이라는 용어의 정의

A. 이 협약의 적용상, "난민"이라는 용어는 다음과 같은 자에게 적용된다.

(1) 1926년 5월 12일 및 1928년 6월 30일의 약정 또는 1933년 10월 28일 및 2월 10일의 협약, 1939년 9월 14일의 의정서 또는 국제난민기구헌장에 의하여 난민으로 인정되고 있는 자. 국제난민기구가 그 활동기간중에 행한 부적격 결정은 당해 자가 (2)의 조건을 충족시키는 경우 당해 자가 난민의 지위를 부여하는 것을 방해하지 아니한다.

(2) 1951년 1월 1일 이전에 발생한 사건의 결과로서, 또한 인종, 종교, 국적 또는 특정 사회 집단의 구성원 신분 또는 정치적 의견을 이유로 박해를 받을 우려가 있다는 충분한 이유가 있는 공포로 인하여 국적국 밖에 있는 자로서 그 국적국의 보호를 받을 수 없거나 또는 그러한 공포로 인하여 그 국적 국의 보호를 받는 것을 원하지 아니하는 자 및 이들 사건의 결과로서 상주국가 밖에 있는 무국적자로서 종전의 상주 국가로 돌아갈 수 없거나 또는 그러한 공포로 인하여 종전의 상주 국가로 돌아가는 것을 원하지 아니하는 자.

둘 이상의 국적을 가진 자의 경우에, "국적국"이라 함은 그가 국적을 가지고 있는 국가 각각을 말하며, 충분한 이유가 있는 공포에 기초한 정당한 이유없이 어느 하나의 국적국의 보호를 받지 않았다면 당해자에게 국적국의 보호가 없는 것으로 인정되지 아니한다.

B. (1) 이 협약의 적용상 제1조 A의 "1951년 1월 1일 이전에 발생한 사건"이라는 용어는 다음 중 어느 하나를 의미하는 것으로 이해된다.

(a) 1951년 1월 1일 이전에 유럽에서 발생한 사건" 또는

(b) "1951년 1월 1일 이전에 유럽 또는 기타 지역에서 발생한 사건"

각 체약국은 서명, 비준 또는 가입시에 이 협약상의 의무를 이행함에 있어서 상기중 어느 규정을 적용할 것인가를 선택하는 선언을 행한다.

(2) (a)규정을 적용할 것을 선택한 체약국은 언제든지 (b)규정을 적용할 것을 선택한다는 것을 국제연합 사무총장에게 통고함으로써 그 의무를 확대할 수 있다.

C. 이 협약은 A의 요건에 해당하는 자에게 다음의 어느 것에 해당하는 경우 적용이 종지된다.

(1) 임의로 국적국의 보호를 다시 받고 있는 경우, 또는

(2) 국적을 상실한 후 임의로 국적을 회복한 경우, 또는

(3) 새로운 국적을 취득하고, 또한 새로운 국적국의 보호를 받고 있는 경우, 또는

(4) 박해를 받을 우려가 있다고 하는 공포때문에 정주하고 있는 국가를 떠나거나 또는 그 국가밖에 체류하고 있었으나 그 국가에서 임의로 다시 정주하게 된 경우, 또는

(5) 난민으로 인정되어온 근거사유가 소멸되었기 때문에 국적 국의 보호를 받는 것을 거부 할 수 없게 된 경우. 다만, 이 조항은 이 조 A(1)에 해당하는 난민으로서 국적국의 보호를 받는 것을 거부한 이유로서 과거의 박해에 기인하는 어쩔 수 없는 사정을 원용할 수 있는 자에게는 적용하지 아니한다.

(6) 국적이 없는 자로서, 난민으로 인정되어온 근거사유가 소멸되었기 때문에 종전의 상주 국가에 되돌아올 수 있을 경우. 다만 이 조항은 이 조 A(1)에 해당하는 난민으로서 종전의 상주국가에 돌아오기를 거부한 이유로서 과거의 박해에 기인하는 어쩔 수 없는 사정을 원용할 수 있는 자에게는 적용하지 아니한다.

D. 이 협약은 국제연합 난민고등판무관외에 국제연합의 기관이나 또는 기구로부터 보호 또는 원조를 현재 받고 있는 자에게는 적용하지 아니한다.

그러한 보호 또는 원조를 현재 받고 있는 자의 지위에 관한 문제가 국제연합총회에 의하여 채택된 관련 결의에 따라 최종적으로 해결됨이 없이 그러한 보호 또는 원조의 부여가 종지되는 경우 그 자는 그 사실에 의하여 이 협약에 의하여 부여되는 이익을 받을 자격이 있다.

E. 이 협약은 거주국의 권한있는 기관에 의하여 그 국가의 국적을 보유하는 데에 따른 권리 및 의무를 가진 것으로 인정되는 자에게는 적용하지 아니한다.

F. 이 협약의 규정은 다음의 어느 것에 해당한다고 간주될 상당한 이유가 있는 자에게는 적용하지 아니한다.

(a) 평화에 대한 범죄, 전쟁범죄 또는 인도에 대한 범죄에 관하여 규정하는 국제문서에 정하여진 그러한 범죄를 범한 자.

(b) 난민으로서 피난국에 입국하는 것이 허가되기 전에 그 국가 밖에서 중대한 비정치적 범죄를 범한 자.

(c) 국제연합의 목적과 원칙에 반하는 행위를 행한 자.

제2조

일반적 의무

모든 난민은 자신이 체재하는 국가에 대하여 특히 그 국가의 법령을 준수할 의무 및 공공질서를 유지하기 위한 조치에 따를 의무를 진다.

제3조

무차별

체약국은 난민에게 인종, 종교 또는 출신국에 의한 차별없이 이 협약의 규정을 적용한다.

제4조

종교

교체약국은 그 영역내의 난민에게 종교를 실천하는 자유 및 자녀의 종교적 교육에 관한 자유에 대하여 적어도 자국민에게 부여하는 대우와 동등한 호의적 대우를 부여한다.

제5조

이 협약과는 관계없이 부여되는 권리

이 협약의 어떠한 규정도 체약국이 이 협약과는 관계없이 난민에게 부여하는 권리와 이익을 저해 하는 것으로 해석되지 아니한다.

제6조

"동일한 사정하에서"라는 용어

이 협약의 적용상, "동일한 사정하에서"라는 용어는, 그 성격상 난민이 충족시킬 수 없는 요건을 제외하고, 특정 개인이 그가 난민이 아니라고 할 경우에 특정 권리를 향유하기 위하여 충족시켜야 하는 요건(체재 또는 거주의 기간과 조건에 관한 요건을 포함한다)이 충족되어야 한다는 것을 의미한다.

제7조

상호주의로부터의 면제

1. 체약국은 난민에게 이 협약이 더 유리한 규정을 두고 있는 경우를 제외하고, 일반적으로 외국인에게 부여하는 대우와 동등한 대우를 부여한다.
2. 모든 난민은 어떠한 체약국의 영역내에서 3년간 거주한 후 그 체약국의 영역내에서 입법상의상호주의로부터의 면제를 받는다.
3. 각 체약국은 자국에 관하여 이 협약이 발효하는 날에 상호주의의 적용없이 난민에게 이미 인정되고 있는 권리와 이익이 존재하는 경우 그 권리와 이익을 계속 부여한다.
4. 체약국은 제2항 및 제3항에 따라 인정되고 있는 권리와 이익 이외의 권리와 이익을 상호주의의 적용없이 난민에게 부여할 가능성과 제2항에 규정하는 거주의 조건을 충족시키지 못하고 있는 난민과 제3항에 규정하는 권리와 이익이 인정되고 있지 아니한 난민에게도 상호주의로 부터의 면제를 적용 할 가능성을 호의적으로 고려한다.
5. 제2항 및 3항의 규정은 이 협약의 제13조, 제18조, 제19조, 제21조 및 제22조에 규정하는 권리와 이익 및 이 협약에서 규정하고 있지 아니하는 권리와 이익에 관하여서도 적용한다.

제8조

예외적 조치의 면제

체약국은 특정한 외국 국민의 신체, 재산 또는 이익에 대하여 취하여지는 예외적 조치에 관하여, 형식상 당해 외국의 국민인 난민에 대하여 단순히 그의 국적만을 이유로 그 조치를 적용하여서는 아니된다.

법제상 이 조에 명시된 일반원칙을 적용할 수 없는 체약국은 적당한 경우 그러한 난민을 위하여 그 예외적 조치를 한다.

제9조

잠정조치

이 협약의 어떠한 규정도 체약국이 전시 또는 기타 중대하고 예외적인 상황에 처하여, 특정 개인에 관하여 국가안보를 위하여 불가결하다고 인정되는 조치를 잠정적으로 취하는 것을 방해하는 것은 아니다. 다만, 그 조치는 특정 개인이 사실상 난민인가의 여부, 또한 그 특정 개인에 관하여 불가결하다고 인정되는 조치를 계속 적용하는 것이 국가안보를 위하여 필요한 것인가의 여부를 체약국이 결정할 때까지에 한한다.

제10조

거주의 계속

1. 제2차 세계대전중에 강제로 퇴거되어 어느 체약국의 영역으로 이동되어서 그 영역내에 거주하고 있는 난민은 그러한 강제체류기간은 합법적으로 그 영역내에서 거주한 것으로 본다.
2. 난민이 제2차 세계대전중에 어느 체약국의 영역으로부터 강제로 퇴거되었다가 이 협약의 발효일 이전에 거주를 위하여 그 영역내로 귀환한 경우 그러한 강제퇴거 전후의 거주기간은 계속적인 거주가 요건이 되는 어떠한 경우에 있어서도 계속된 하나의 기간으로 본다.

제11조

난민선원

체약국은 자국을 기국으로 하는 선박에 승선하고 있는 선원으로서 정규적으로 근무중인 난민에 관하여서는 자국의 영역에서 정주하는 것에 관하여 호의적으로 고려하고, 특히 타국에서의 정주를 용이하게 하기 위한 여행증명서를 발급하거나 또는 자국의 영역에 일시적으로 입국하는 것을 허락하는 것에 관하여 호의적으로 고려한다.

제2장 법적지위

제12조

개인적 지위

1. 난민의 개인적 지위는 주소지 국가의 법률에 의하거나 또는 주소가 없는 경우에는 거소지 국가의 법률에 의하여 규율된다.
2. 난민이 이미 취득한 권리로서 개인적 지위에 따르는 것, 특히 혼인에 따르는 권리는 난민이체약국의 법률에 정하여진 절차에 따르는 것이 필요한 경우 이들에 따를 것을 조건으로 하여 그 체약

국에 의하여 존중된다. 다만, 문제의 권리는 난민이 난민이 되지 않았을 경우일지라도 그 체약국의 법률에 의하여 인정된 것이어야 한다.

제13조

동산 및 부동산

체약국은 난민에게 동산 및 부동산의 소유권과 이에 관한 기타 권리의 취득 및 동산과 부동산에 관한 임대차 및 기타의 계약에 관하여 가능한 한 유리한 대우를 부여하고, 어떠한 경우에 있어서도, 동일한 사정하에서 일반적으로 외국인에게 부여되는 대우보다 불리하지 아니한 대우를 부여 한다.

제14조

저작권 및 공업소유권

난민은 발명, 의장, 상표, 상호 등의 공업소유권의 보호 및 문학적 예술적 및 학술적 저작물에 대한 권리의 보호에 관하여, 상거소를 가지는 국가에서 그 국가의 국민에게 부여되는 보호와 동일한 보호를 부여받는다. 기타 체약국의 영역에 있어서도 그 난민이 상거소를 가지는 국가의 국민에게 그 체약국의 영역에서 부여되는 보호와 동일한 보호를 부여받는다.

제15조

결사의 권리

체약국은 합법적으로 그 영역내에 체재하는 난민에게 비정치적이고 비영리적인 단체와 노동조합에 관한 사항에 관하여 동일한 사정하에서 외국 국민에게 부여하는 대우중 가장 유리한 대우를 부여한다.

제16조

재판을 받을 권리

1. 난민은 모든 체약국의 영역에서 자유로이 재판을 받을 권리를 가진다.
2. 난민은 상거소를 가지는 체약국에서 법률구조와 소송비용의 담보 면제를 포함하여 재판을 받을 권리에 관한 사항에 있어서 그 체약국의 국민에게 부여되는 대우와 동일한 대우를 부여받는다.
3. 난민은 상거소를 가지는 체약국이외의 체약국에서 제2항에 규정하는 사항에 관하여 그 상거소를 가지는 체약국의 국민에게 부여되는 대우와 동일한 대우를 부여받는다.

제3장 유급직업

제17조

임금이 지급되는 직업

1. 체약국은 합법적으로 그 영역내에 체재하는 난민에게, 임금이 지급되는 직업에 종사할 권리에 관하여, 동일한 사정하에서 외국 국민에게 부여되는 대우중 가장 유리한 대우를 부여한다.

2. 어떠한 경우에 있어서도, 체약국이 국내 노동시장의 보호를 위하여 외국인 또는 외국인의 고용에 관하여 취하는 제한적 조치는 그 체약국에 대하여 이 협약이 발효하는 날에 이미 그 조치로부터 면제된 난민이나, 또는 다음의 조건중 어느 하나를 충족시키는 난민에게는 적용되지 아니한다.
   (a) 그 체약국에서 3년이상 거주하고 있는 자.
   (b) 그 난민이 거주하고 있는 체약국의 국적을 가진 배우자가 있는 자. 난민이 그 배우자를 유기한 경우에는 이 조항에 의한 이익을 원용하지 못한다.
   (c) 그 난민이 거주하고 있는 체약국의 국적을 가진 1명 또는 그 이상의 자녀를 가진 자.
3. 체약국은 임금이 지급되는 직업에 관하여 모든 난민, 특히 노동자 모집계획 또는 이주민계획에 따라 그 영역내에 입국한 난민의 권리를 자국민의 권리와 동일하게 할 것을 호의적으로 고려한다.

제18조

자 영 업

체약국은 합법적으로 그 영역내에 있는 난민에게 독립하여 농업, 공업, 수공업 및 상업에 종사하는 권리 및 상업상, 산업상 회사를 설립할 권리에 관하여 가능한 한 유리한 대우를 부여하고, 어떠한 경우에 있어서도 동일한 사정하에서 일반적으로 외국인에게 부여하는 대우보다 불리하지 아니한 대우를 부여한다.

제19조

자 유 업

1. 각 체약국은 합법적으로 그 영역내에 체재하는 난민으로서 그 체약국의 권한있는 기관이 승인한 자격증서를 가지고 자유업에 종사할 것을 희망하는 자에게 가능한 한 유리한 대우를 부여하고, 어떠한 경우에 있어서도 동일한 사정하에서 일반적으로 외국인에게 부여하는 대우보다 불리하지 아니한 대우를 부여한다.
2. 체약국은 본토 지역이외에 자국이 국제관계에서 책임을 가지는 영역내에서 상기한 난민이 정주하는 것을 확보하기 위하여 자국의 헌법과 법률에 따라 최선의 노력을 한다.

제4장 복 지

제20조

배 급

공급이 부족한 물자의 분배를 규제하는 것으로서 주민전체에 적용되는 배급제도가 존재하는 경우, 난민은 그 배급제도의 적용에 있어서 내국민에게 부여되는 대우와 동일한 대우를 부여받는다.

제21조

주 거

체약국은 주거에 관한 사항이 법령의 규제를 받거나 또는 공공기관의 관리하에 있는 경우 합법적으로 그 영역내에 체재하는 난민에게 주거에 관하여 가능한 한 유리한 대우를 부여하고, 어떠한 경우에 있어서도 동일한 사정하에서 일반적으로 외국인에게 부여하는 대우보다 불리하지 아니한 대우를 부여한다.

제22조

공공교육

1. 체약국은 난민에게 초등교육에 대하여 자국민에게 부여하는 대우와 동일한 대우를 부여한다.
2. 체약국은 난민에게 초등교육 이외의 교육, 특히 수학의 기회, 학업에 관한 증명서, 자격증서 및 학위로서 외국에서 수여된 것의 승인, 수업료 기타 납부금의 감면 및 장학금의 급여에 관하여 가능한 한 유리한 대우를 부여하고, 어떠한 경우에 있어서도 동일한 사정하에서 일반적으로 외국인에게 부여하는 대우보다 불리하지 아니한 대우를 부여한다.

제23조

공공구제

체약국은 합법적으로 그 영역내에 체재하는 난민에게, 공공구제와 공적원조에 관하여 자국민에게 부여하는 대우와 동일한 대우를 부여한다.

제24조

노동법제와 사회보장

1. 체약국은 합법적으로 그 영역내에 체재하는 난민에게, 다음 사항에 관하여 자국민에게 부여하는 대우와 동일한 대우를 부여한다.
   (a) 보수의 일부를 구성하는 가족수당을 포함한 보수, 노동시간, 시간외 노동, 유급휴가, 가내노동에 관한 제한, 최저고용연령, 견습과 훈련, 여성과 연소자의 노동 및 단체교섭의 이익향유에 관한 사항으로서 법령의 규율을 받거나 또는 행정기관의 관리하에 있는 것.
   (b) 사회보장(산업재해, 직업병, 출산, 질병, 폐질, 노령, 사망, 실업, 가족부양 기타 국내법령에 따라 사회보장제도의 대상이 되는 급부사유에 관한 법규). 다만, 다음의 조치를 취하는 것을 방해하지 아니한다.
      취득한 권리와 취득과정중에 있는 권리의 유지를 위하여 적절한 조치를 취하는 것.
      거주하고 있는 체약국의 국내법령이 공공자금에서 전액 지급되는 급부의 전부 또는 일부에 관하여, 또한 통상의 연금의 수급을 위하여 필요한 기여조건을 충족시키지 못하는 자에게 지급되는 수당에 관하여 특별한 조치를 정하는 것.
2. 산업재해 또는 직업병에서 기인하는 난민의 사망에 대한 보상을 받을 권리는 그의 권리를 취득하는 자가 체약국의 영역 밖에 거주하고 있다는 사실로 인하여 영향을 받지 아니한다.
3. 체약국은 취득되거나 또는 취득의 과정중에 있는 사회보장에 관한 권리의 유지에 관하여 다른 체약국간에 이미 체결한 협정 또는 장차 체결할 문제의 협정의 서명국의 국민에게 적용될 조건을

난민이 충족시키고 있는 한 그 협정에 의한 이익과 동일한 이익을 그 난민에게 부여한다.

4. 체약국은 상기한 체약국과 비체약국간에 현재 유효하거나 장래 유효하게 될 유사한 협정에 의한 이익과 동일한 이익을 가능한 한 난민에게 부여하는 것을 호의적으로 고려한다.

제5장 행정적 조치

제25조

행정적 원조

1. 난민이 그의 권리를 행사함에 있어서 통상적으로 외국기관의 원조를 필요로 하는 경우 그 기관의 원조를 구할 수 없을 때에는 그 난민이 거주하고 있는 체약국은 자국의 기관 또는 국제기관에 의하여 그러한 원조가 난민에게 부여되도록 조치한다.
2. 제1항에서 말하는 자국의 기관 또는 국제기관은 난민에게 외국인이 통상적으로 본국의 기관으로부터 또는 이를 통하여 발급받은 문서 또는 증명서를 발급하거나 또는 그 감독하에 이들 문서 또는 증명서를 발급받도록 한다.
3. 상기와 같이 발급된 문서 또는 증명서는 외국인이 본국의 기관으로부터 또는 이를 통하여 발급받은 공문서에 대신하는 것으로 하고, 반증이 없는 한 신빙성을 가진다.
4. 궁핍한 자에 대한 예외적인 대우를 하는 경우 이에 따를 것을 조건으로 하여, 이 조에 규정하는 사무에 대하여 수수료를 징수할 수 있다. 그러나 그러한 수수료는 타당하고 또한 동종의 사무에 대하여 자국민에게 징수하는 수수료에 상응하는 것이어야 한다.
5. 이 조의 규정은 제27조 및 제28조의 적용을 방해하지 아니한다.

제26조

이동의 자유

각 체약국은 합법적으로 그 영역내에 있는 난민에게 그 난민이 동일한 사정하에서 일반적으로 외국인에게 적용되는 규제에 따를 것을 조건으로 하여 거주지를 선택할 권리 및 그 체약국의 영역내에서 자유로이 이동할 권리를 부여한다.

제27조

신분증명서

체약국은 그 영역내에 있는 난민으로서 유효한 여행증명서를 소지하고 있지 아니한 자에게 신분증 명서를 발급한다.

제28조

여행증명서

1. 체약국은 합법적으로 그 영역내에 체재하는 난민에게 국가안보 또는 공공질서를 위하여 어쩔 수

없는 이유가 있는 경우를 제외하고는, 그 영역외로의 여행을 위한 여행증명서를 발급하고, 이 여행증 명서에 관하여서는 이 협정 부속서의 규정을 적용한다. 체약국은 그 영역내에 있는 다른 난민에게도 이러한 여행증명서를 발급할 수 있으며, 또한 체약국은 특히 그 영역내에 있는 난민으로서 합법적으로 거주하고 있는 국가로부터 여행증명서를 받을 수 없는 자에게 이러한 여행증명서의 발급에 관하여 호의적으로 고려한다.

2. 종전의 국제협정의 체약국이 국제협정이 정한 바에 따라 난민에게 발급한 여행증명서는 이 협약의 체약국에 의하여 유효한 것으로 인정되고 또한 이 조에 따라 발급된 것으로 취급된다.

제29조

재정상의 부과금

1. 체약국은 난민에게 유사한 상태에 있는 자국민에게 과하고 있거나 또는 과해질 조세 기타 공과금(명칭 여하를 불문한다)이외의 공과금을 과하지 아니한다. 또한 조세 기타 공과금에 대하여 유사한 상태에 있는 자국민에게 과하는 금액보다도 고액의 것을 과하지 아니한다.
2. 전항의 규정은 행정기관이 외국인에게 발급하는 신분증명서를 포함한 문서의 발급에 대한 수 수료에 관한 법령을 난민에게 적용하는 것을 방해하지 아니한다.

제30조

자산의 이전

1. 체약국은 자국의 법령에 따라 난민이 그 영역내로 반입한 자산을 정주하기 위하여 입국허가를 받은 다른 국가로 이전하는 것을 허가한다.
2. 체약국은 난민이 입국 허가된 타국에서 정주하기 위하여 필요한 자산에 대하여 그 소재지를 불문하고 그 난민으로부터 그 자산의 이전허가 신청이 있는 경우 그 신청을 호의적으로 고려한다.

제31조

피난국에 불법으로 있는 난민

1. 체약국은 그 생명 또는 자유가 제1조의 의미에 있어서 위협되고 있는 영역으로부터 직접 온 난민으로서 허가없이 그 영역에 입국하거나 또는 그 영역내에 있는 자에 대하여 불법으로 입국하거나 또는 불법으로 있는 것을 이유로 형벌을 과하여서는 아니된다. 다만, 그 난민이 지체없이 당국에 출두하고 또한 불법으로 입국하거나 또는 불법으로 있는 것에 대한 상당한 이유를 제시할 것을 조건으로 한다.
2. 체약국은 상기한 난민의 이동에 대하여 필요한 제한이외의 제한을 과하지 아니하며 또한 그러한 제한은 그 난민의 체약국에 있어서의 체재가 합법적인 것이 될 때까지 또는 그 난민이 타국에의 입국허가를 획득할 때까지만 적용된다. 체약국은 그러한 난민에게 타국에의 입국허가를 획득하기 위하여 타당하다고 인정되는 기간과 이를 위하여 필요한 모든 편의를 부여한다.

제32조

추방

1. 체약국은 국가안보 또는 공공질서를 이유로 하는 경우를 제외하고 합법적으로 그 영역에 있는 난민을 추방하여서는 아니된다.
2. 이러한 난민의 추방은 법률에 정하여진 절차에 따라 이루어진 결정에 의하여서만 행하여진다. 국가안보를 위하여 불가피한 이유가 있는 경우를 제외하고 그 난민은 추방될 이유가 없다는 것을 밝히는 증거를 제출하고, 또한 권한있는 기관 또는 그 기관이 특별히 지명하는 자에게 이의를 신청하고 이 목적을 위한 대리인을 세우는 것이 인정된다.
3. 체약국은 상기 난민에게 타국가에의 합법적인 입국허가를 구하기 위하여 타당하다고 인정되는 기간을 부여한다. 체약국은 그 기간동안 동국이 필요하다고 인정하는 국내조치를 취할 권리를 유보한다.

제33조

추방 또는 송환의 금지

1. 체약국은 난민을 어떠한 방법으로도 인종, 종교, 국적, 특정사회 집단의 구성원신분 또는 정치적 의견을 이유로 그 생명이나 자유가 위협받을 우려가 있는 영역의 국경으로 추방하거나 송환하여서는 아니된다.
2. 체약국에 있는 난민으로서 그 국가의 안보에 위험하다고 인정되기에 충분한 상당한 이유가 있는 자 또는 특히 중대한 범죄에 관하여 유죄의 판결이 확정되고 그 국가공동체에 대하여 위험한 존재가 된 자는 이 규정의 이익을 요구하지 못한다.

제34조

귀 화

체약국은 난민의 동화 및 귀화를 가능한 한 장려한다. 체약국은 특히 귀화 절차를 신속히 행하기 위하여 또한 이러한 절차에 따른 수수료 및 비용을 가능한 한 경감시키기 위하여 모든 노력을 다한다.

제6장 실시 및 경과규정

제35조

국내당국과 국제연합과의 협력

1. 체약국은 국제연합 난민고등판무관 사무국 또는 그를 승계하는 국제연합의 다른 기관의 임무의 수행에 있어서 이들 기관과 협력할 것을 약속하고, 특히 이들 기관이 이 협약의 규정을 적용하는 것을 감독하는 책무의 수행에 있어서 이들 기관에게 편의를 제공한다.
2. 체약국은 국제연합 난민고등판무관 사무국 또는 그를 승계하는 국제연합의 다른 기관이 국제 연

합의 관할기관에 보고하는 것을 용이하게 하기 위하여 요청에 따라 다음 사항에 관한 정보와 통계를 적당한 양식으로 제공할 것을 약속한다.

(a) 난민의 상태

(b) 이 협약의 실시상황

(c) 난민에 관한 현행법령 및 장차 시행될 법령

제36조

국내법령에 관한 정보

체약국은 국제연합 사무총장에게 이 협약의 적용을 확보하기 위하여 제정하는 법령을 송부한다.

제37조

종전의 협약과의 관계

이 협약의 제28조 제2항을 침해함이 없이, 이 협약은 체약국 사이에서 1922년 7월 5일, 1924년 5월 31일, 1926년 5월 12일, 1928년 6월 30일 및 1935년 7월 30일의 협약, 1933년 10월 28일 및 1938년 2월 10일의 협약, 1939년 9월 14일의 의정서 및 1946년 10월 15일의 협약을 대신한다.

제7장 최종조항

제38조

분쟁의 해결

이 협약의 해석 또는 적용에 관한 협약 당사국간의 분쟁으로서 다른 방법에 의하여 해결될 수 없는 것은 분쟁당사국중 어느 일당사국의 요청에 의하여 국제사법재판소에 부탁된다.

제39조

서명, 비준 및 가입

1. 이 협약은 1951년 7월 28일에 제네바에서 서명을 위하여 개방되고, 그 후 국제연합 사무총장에게 기탁된다. 이 협약은 1951년 7월 28일부터 동년 8월 31일까지 국제연합 구주사무국에서, 동년 9월 17일부터 1952년 12월 31일까지 국제연합본부에서 서명을 위하여 다시 개방된다.
2. 이 협약은 국제연합의 모든 회원국과 난민 및 무국적자의 지위에 관한 전권회의에 참석하도록 초청된 국가 또는 총회에 의하여 서명하도록 초청받은 국가의 서명을 위하여 개방된다. 이 협약은 비준되어야 하고, 비준서는 국제연합 사무총장에게 기탁된다.
3. 이 협약은 본조 제2항에 언급된 국가들의 가입을 위해 1951년 7월 28일부터 개방된다. 가입은 국제연합 사무총장에게 가입서를 기탁함으로써 효력을 발생한다.

제40조

적용지역조항

1. 어떠한 국가도 서명, 비준 또는 가입시에 자국이 국제관계에 책임을 지는 영역의 전부 또는 일부에 관하여 이 협약을 적용한다는 것을 선언할 수 있다. 이러한 선언은 이 협약이 그 국가에 대하여 발효할 때 효력을 발생한다.
2. 그후에는 국제연합 사무총장에게 언제든지 통고함으로써 그러한 적용을 행하고 또한 그 적용은 국제연합 사무총장이 통고를 수령한 날로부터 90일후 또는 그 국가에 대하여 이 협약이 발효하는 날의 양자중 늦은 날로부터 효력을 발생한다.
3. 관계국가는 서명, 비준 또는 가입시에 이 협약이 적용되지 아니하는 영역에 관하여 이 협약을 적용시키기 위하여 헌법상의 이유로 필요한 경우 그러한 영역의 정부의 동의를 조건으로 하여 필요한 조치를 취할 가능성을 검토한다.

제41조

연방조항

체약국이 연방제 또는 비단일제 국가인 경우에는 다음 규정을 적용한다.

(a) 이 협약의 규정으로서 그 실시가 연방의 입법기관의 입법권의 범위내에 속하는 것에 관하여 서는, 연방정부의 의무는 연방제 국가가 아닌 체약국의 의무와 동일한 것으로 한다.

(b) 이 협약의 규정으로서 그 실시가 연방구성국, 주 또는 현의 입법권의 범위내에 속하고 또한 연방의 헌법제도상 구성국, 주 또는 현이 입법조치를 취할 의무가 없는 것에 관하여서는 연방 정부는 구성국, 주 또는 현의 적당한 기관에 대하여 가능한 한 빨리 호의적인 권고와 함께 그 규정을 통보한다.

(c) 이 협약의 체약국인 연방제국가는 국제연합 사무총장을 통하여 이 협약의 다른 체약국으로부터 요청이 있는 경우, 이 협약의 규정의 실시에 관한 연방과 그 구성단위의 법령 및 관행에 관한 설명을 제시하고, 또한 입법 기타의 조치에 의하여 이 협약의 규정이 실시되고 있는 정도를 보여준다.

제42조

유 보

1. 어떠한 국가도 서명, 비준 또는 가입시에 이 협약의 제1조, 제3조, 제16조(1), 제33조, 제36조 내지 제46조 규정외에는 협약규정의 적용에 관하여 유보할 수 있다.
2. 이 조 제1항에 따라 유보를 행한 국가는 국제연합 사무총장에 대한 통고로써 당해 유보를 언제든지 철회할 수 있다.

제43조

발 효

1. 이 협약은 여섯번째의 비준서 또는 가입서가 기탁된 날로부터 90일 후에 발효한다.

2. 이 협약은 여섯번째의 비준서 또는 가입서가 기탁된 후 비준 또는 가입하는 국가에 대하여는 그 비준서 또는 가입서가 기탁된 날로부터 90일 후에 발효한다.

제44조

폐 기

1. 어떠한 체약국도 국제연합 사무총장에 대한 통고로써 이 협약을 언제든지 폐기할 수 있다.
2. 폐기는 국제연합 사무총장이 통고를 접수한 날로부터 1년후에 당해체약국에 대하여 효력을 발생한다.
3. 제40조에 따라 선언 또는 통고를 행한 국가는 그후 언제든지 국제연합 사무총장에 대한 통고로써 상기한 영역에 이 협약의 적용을 종지한다는 선언을 할 수 있다. 그 선언은 국제연합 사무총장이 통고를 접수한 날로부터 1년후에 효력을 발생한다.

제45조

개정

1. 어떠한 체약국도 국제연합 사무총장에 대한 통고로써 언제든지 이 협약의 개정을 요청할 수 있다.
2. 국제연합총회는 상기 요청에 관하여 조치가 필요한 경우 이를 권고한다.

제46조

국제연합 사무총장에 의한 통보

국제연합 사무총장은 국제연합의 모든 회원국과 제39조에 규정한 비회원국에 대하여 다음 사항을 통보한다.

(a) 제1조 B에 의한 선언 및 통고

(b) 제39조에 의한 서명, 비준 및 가입

(c) 제40조에 의한 선언 및 통고

(d) 제42조에 의한 유보 및 철회

(e) 제43조에 의한 이 협약의 발효일

(f) 제44조에 의한 폐기 및 통고

(g) 제45조에 의한 개정의 요청

이상의 증거로서 하기 서명자는 각자의 정부로부터 정당하게 위임을 받아 이 협약에 서명하였다.

일천구백오십일년 칠월 이십팔일 제네바에서 모두 정본인 영어, 불란서어로 본서 1통을 작성하였다. 본서는 국제연합 문서보존소에 기탁되고, 그 인증등본은 국제연합의 모든 회원국과 제39조에 규정된 비회원국에 송부된다.

시민적 및 정치적 권리에 관한 국제규약

이 규약의 당사국은, 국제연합헌장에 선언된 원칙에 따라 인류사회의 모든 구성원의 고유의 존엄성 및 평등하고 양도할 수 없는 권리를 인정하는 것이 세계의 자유, 정의 및 평화의 기초가 됨을 고려하고, 이러한 권리는 인간의 고유한 존엄성으로부터 유래함을 인정하며, 세계인권선언에 따라 시민적, 정치적 자유 및 공포와 결핍으로부터의 자유를 향유하는 자유인간의 이상은 모든 사람이 자신의 경제적, 사회적 및 문화적 권리뿐만 아니라 시민적 및 정치적 권리를 향유할 수 있는 여건이 조성되는 경우에만 성취될 수 있음을 인정하며, 인권과 자유에 대한 보편적 존중과 준수를 촉진시킬 국제연합헌장상의 국가의 의무를 고려하며, 타 개인과 자기가 속한 사회에 대한 의무를 지고 있는 개인은, 이 규약에서 인정된 권리의 증진과 준수를 위하여 노력하여야 할 책임이 있음을 인식하여, 다음의 조문들에 합의한다.

제 1 부

제1조

1. 모든 사람은 자결권을 가진다. 이 권리에 기초하여 모든 사람은 그들의 정치적 지위를 자유로이 결정하고, 또한 그들의 경제적, 사회적 및 문화적 발전을 자유로이 추구한다.
2. 모든 사람은, 호혜의 원칙에 입각한 국제적 경제협력으로부터 발생하는 의무 및 국제법상의 의무에 위반하지 아니하는 한, 그들 자신의 목적을 위하여 그들의 천연의 부와 자원을 자유로이 처분할 수 있다. 어떠한 경우에도 사람은 그들의 생존수단을 박탈당하지 아니한다.
3. 비자치지역 및 신탁통치지역의 행정책임을 맡고 있는 국가들을 포함하여 이 규약의 당사국은 국제연합헌장의 규정에 따라 자결권의 실현을 촉진하고 동 권리를 존중하여야 한다.

제 2 부

제2조

1. 이 규약의 각 당사국은 자국의 영토내에 있으며, 그 관할권하에 있는 모든 개인에 대하여 인종, 피부색, 성, 언어, 종교, 정치적 또는 기타의 의견, 민족적 또는 사회적 출신, 재산, 출생 또는 기타의 신분 등에 의한 어떠한 종류의 차별도 없이 이 규약에서 인정되는 권리들을 존중하고 확보할 것을 약속한다.
2. 이 규약의 각 당사국은 현행의 입법조치 또는 기타 조치에 의하여 아직 규정되어 있지 아니한 경우, 이 규약에서 인정되는 권리들을 실현하기 위하여 필요한 입법조치 또는 기타 조치를 취하기

위하여 자국의 헌법상의 절차 및 이 규약의 규정에 따라 필요한 조치를 취할 것을 약속한다.

3. 이 규약의 각 당사국은 다음의 조치를 취할 것을 약속한다.

(a) 이 규약에서 인정되는 권리 또는 자유를 침해당한 사람에 대하여, 그러한 침해가 공무집행중인 자에 의하여 자행된 것이라 할지라도 효과적인 구제조치를 받도록 확보할 것.

(b) 그러한 구제조치를 청구하는 개인에 대하여, 권한있는 사법, 행정 또는 입법 당국 또는 당해 국가의 법률제도가 정하는 기타 권한있는 당국에 의하여 그 권리가 결정될 것을 확보하고, 또한 사법적 구제조치의 가능성을 발전시킬 것.

(c) 그러한 구제조치가 허용되는 경우, 권한있는 당국이 이를 집행할 것을 확보할 것.

제3조

이 규약의 당사국은 이 규약에서 규정된 모든 시민적 및 정치적 권리를 향유함에 있어서 남녀에게 동등한 권리를 확보할 것을 약속한다.

제4조

1. 국민의 생존을 위협하는 공공의 비상사태의 경우에 있어서 그러한 비상사태의 존재가 공식으로 선포되어 있을 때에는 이 규약의 당사국은 당해 사태의 긴급성에 의하여 엄격히 요구되는 한도내에서 이 규약상의 의무를 위반하는 조치를 취할 수 있다. 다만, 그러한 조치는 당해국의 국제법상의 여타 의무에 저촉되어서는 아니되며, 또한 인종, 피부색, 성, 언어, 종교 또는 사회적 출신만을 이유로 하는 차별을 포함하여서는 아니된다.
2. 전항의 규정은 제6조, 제7조, 제8조(제1항 및 제2항), 제11조, 제15조, 제16조 및 제18조에 대한 위반을 허용하지 아니한다.
3. 의무를 위반하는 조치를 취할 권리를 행사하는 이 규약의 당사국은, 위반하는 규정 및 위반하게 된 이유를, 국제연합사무총장을 통하여 이 규약의 타 당사국들에게 즉시 통지한다. 또한 당사국은 그러한 위반이 종료되는 날에 동일한 경로를 통하여 그 내용을 통지한다.

제5조

1. 이 규약의 어떠한 규정도 국가, 집단 또는 개인이 이 규약에서 인정되는 권리 및 자유를 파괴하거나, 또는 이 규약에서 규정된 제한의 범위를 넘어 제한하는 것을 목적으로 하는 활동에 종사하거나 또는 그와같은 것을 목적으로 하는 행위를 행할 권리를 가지는 것으로 해석되지 아니한다.
2. 이 규약의 어떠한 당사국에서 법률, 협정, 규칙 또는 관습에 의하여 인정되거나 또는 현존하고 있는 기본적 인권에 대하여는, 이 규약이 그러한 권리를 인정하지 아니하거나 또는 그 인정의 범위가 보다 협소하다는 것을 구실로 동 권리를 제한하거나 또는 훼손하여서는 아니된다.

제 3 부

제6조

1. 모든 인간은 고유한 생명권을 가진다. 이 권리는 법률에 의하여 보호된다. 어느 누구도 자의적으로 자신의 생명을 박탈당하지 아니한다.
2. 사형을 폐지하지 아니하고 있는 국가에 있어서 사형은 범죄 당시의 현행법에 따라서 또한 이 규약의 규정과 집단살해죄의 방지 및 처벌에 관한 협약에 저촉되지 아니하는 법률에 의하여 가장 중한 범죄에 대해서만 선고될 수 있다. 이 형벌은 권한있는 법원이 내린 최종판결에 의하여서만 집행될 수 있다.
3. 생명의 박탈이 집단살해죄를 구성하는 경우에는 이 조의 어떠한 규정도 이 규약의 당사국이 집단살해죄의 방지 및 처벌에 관한 협약의 규정에 따라 지고 있는 의무를 어떠한 방법으로도 위반하는 것을 허용하는 것은 아니라고 이해한다.
4. 사형을 선고받은 사람은 누구나 사면 또는 감형을 청구할 권리를 가진다. 사형선고에 대한 일반사면, 특별사면 또는 감형은 모든 경우에 부여될 수 있다.
5. 사형선고는 18세미만의 자가 범한 범죄에 대하여 과하여져서는 아니되며, 또한 임산부에 대하여 집행되어서는 아니된다.
6. 이 규약의 어떠한 규정도 이 규약의 당사국에 의하여 사형의 폐지를 지연시키거나 또는 방해하기 위하여 원용되어서는 아니된다.

제7조

어느 누구도 고문 또는 잔혹한, 비인도적인 또는 굴욕적인 취급 또는 형벌을 받지 아니한다. 특히 누구든지 자신의 자유로운 동의없이 의학적 또는 과학적 실험을 받지 아니한다.

제8조

1. 어느 누구도 노예상태에 놓여지지 아니한다. 모든 형태의 노예제도 및 노예매매는 금지된다.
2. 어느 누구도 예속상태에 놓여지지 아니한다.
3. (a) 어느 누구도 강제노동을 하도록 요구되지 아니한다.
   (b) 제3항 "(a)"의 규정은 범죄에 대한 형벌로 중노동을 수반한 구금형을 부과할 수 있는 국가에서, 권한있는 법원에 의하여 그러한 형의 선고에 따른 중노동을 시키는 것을 금지하는 것으로 해석되지 아니한다.
   (c) 이 항의 적용상 "강제노동"이라는 용어는 다음 사항을 포함하지 아니한다.
      (i) "(b)"에서 언급되지 아니한 작업 또는 역무로서 법원의 합법적 명령에 의하여 억류되어 있는 자 또는 그러한 억류로부터 조건부 석방중에 있는 자에게 통상적으로 요구되는 것
      (ii) 군사적 성격의 역무 및 양심적 병역거부가 인정되고 있는 국가에 있어서는 양심적 병역거부자

에게 법률에 의하여 요구되는 국민적 역무

(iii) 공동사회의 존립 또는 복지를 위협하는 긴급사태 또는 재난시에 요구되는 역무

(iv) 시민으로서 통상적인 의무를 구성하는 작업 또는 역무

제9조

1. 모든 사람은 신체의 자유와 안전에 대한 권리를 가진다. 누구든지 자의적으로 체포되거나 또는 억류되지 아니한다. 어느 누구도 법률로 정한 이유 및 절차에 따르지 아니하고는 그 자유를 박탈당하지 아니한다.
2. 체포된 사람은 누구든지 체포시에 체포이유를 통고받으며, 또한 그에 대한 피의 사실을 신속히 통고받는다.
3. 형사상의 죄의 혐의로 체포되거나 또는 억류된 사람은 법관 또는 법률에 의하여 사법권을 행사할 권한을 부여받은 기타 관헌에게 신속히 회부되어야 하며, 또한 그는 합리적인 기간내에 재판을 받거나 또는 석방될 권리를 가진다. 재판에 회부되는 사람을 억류하는 것이 일반적인 원칙이 되어서는 아니되며, 석방은 재판 기타 사법적 절차의 모든 단계에서 출두 및 필요한 경우 판결의 집행을 위하여 출두할 것이라는 보증을 조건으로 이루어질 수 있다.
4. 체포 또는 억류에 의하여 자유를 박탈당한 사람은 누구든지, 법원이 그의 억류의 합법성을 지체없이 결정하고, 그의 억류가 합법적이 아닌 경우에는 그의 석방을 명령할 수 있도록 하기 위하여, 법원에 절차를 취할 권리를 가진다.
5. 불법적인 체포 또는 억류의 희생이 된 사람은 누구든지 보상을 받을 권리를 가진다.

제10조

1. 자유를 박탈당한 모든 사람은 인도적으로 또한 인간의 고유한 존엄성을 존중하여 취급된다.
2. (a) 피고인은 예외적인 사정이 있는 경우를 제외하고는 기결수와 격리되며, 또한 유죄의 판결을 받고 있지 아니한 자로서의 지위에 상응하는 별도의 취급을 받는다.

   (b) 미성년 피고인은 성인과 격리되며 또한 가능한 한 신속히 재판에 회부된다.
3. 교도소 수감제도는 재소자들의 교정과 사회복귀를 기본적인 목적으로 하는 처우를 포함한다. 미성년 범죄자는 성인과 격리되며 또한 그들의 연령 및 법적 지위에 상응하는 대우가 부여된다.

제11조

어느 누구도 계약상 의무의 이행불능만을 이유로 구금되지 아니한다.

제12조

1. 합법적으로 어느 국가의 영역내에 있는 모든 사람은, 그 영역내에서 이동의 자유 및 거주의 자유에 관한 권리를 가진다.
2. 모든 사람은 자국을 포함하여 어떠한 나라로부터도 자유로이 퇴거할 수 있다.

3. 상기 권리는 법률에 의하여 규정되고, 국가안보, 공공질서, 공중보건 또는 도덕 또는 타인의 권리와 자유를 보호하기 위하여 필요하고, 또한 이 규약에서 인정되는 기타 권리와 양립되는 것을 제외하고는 어떠한 제한도 받지 아니한다.
4. 어느 누구도 자국에 돌아올 권리를 자의적으로 박탈당하지 아니한다.

제13조

합법적으로 이 규약의 당사국의 영역내에 있는 외국인은, 법률에 따라 이루어진 결정에 의하여서만 그 영역으로부터 추방될 수 있으며, 또한 국가안보상 불가피하게 달리 요구되는 경우를 제외하고는 자기의 추방에 반대하는 이유를 제시할 수 있고 또한 권한있는 당국 또는 동 당국에 의하여 특별히 지명된 자에 의하여 자기의 사안이 심사되는 것이 인정되며, 또한 이를 위하여 그 당국 또는 사람앞에서 다른 사람이 그를 대리하는 것이 인정된다.

제14조

1. 모든 사람은 재판에 있어서 평등하다. 모든 사람은 그에 대한 형사상의 죄의 결정 또는 민사상의 권리 및 의무의 다툼에 관한 결정을 위하여 법률에 의하여 설치된 권한있는 독립적이고 공평한 법원에 의한 공정한 공개심리를 받을 권리를 가진다. 보도기관 및 공중에 대하여서는, 민주 사회에 있어서 도덕, 공공질서 또는 국가안보를 이유로 하거나 또는 당사자들의 사생활의 이익을 위하여 필요한 경우, 또는 공개가 사법상 이익을 해할 특별한 사정이 있는 경우 법원의 견해로 엄격히 필요하다고 판단되는 한도에서 재판의 전부 또는 일부를 공개하지 않을 수 있다. 다만, 형사소송 기타 소송에서 선고되는 판결은 미성년자의 이익을 위하여 필요한 경우 또는 당해 절차가 혼인관계의 분쟁이나 아동의 후견문제에 관한 경우를 제외하고는 공개된다.
2. 모든 형사피의자는 법률에 따라 유죄가 입증될 때까지 무죄로 추정받을 권리를 가진다.
3. 모든 사람은 그에 대한 형사상의 죄를 결정함에 있어서 적어도 다음과 같은 보장을 완전 평등하게 받을 권리를 가진다.
   (a) 그에 대한 죄의 성질 및 이유에 관하여 그가 이해하는 언어로 신속하고 상세하게 통고받을 것
   (b) 변호의 준비를 위하여 충분한 시간과 편의를 가질 것과 본인이 선임한 변호인과 연락을 취할 것
   (c) 부당하게 지체됨이 없이 재판을 받을 것
   (d) 본인의 출석하에 재판을 받으며, 또한 직접 또는 본인이 선임하는 자의 법적 조력을 통하여 변호할 것. 만약 법적 조력을 받지 못하는 경우 변호인의 조력을 받을 권리에 대하여 통지를 받을 것. 사법상의 이익을 위하여 필요한 경우 및 충분한 지불수단을 가지고 있지 못하는 경우 본인이 그 비용을 부담하지 아니하고 법적 조력이 그에게 주어지도록 할 것.
   (e) 자기에게 불리한 증인을 신문하거나 또는 신문받도록 할 것과 자기에게 불리한 증인과 동일한 조건으로 자기를 위한 증인을 출석시키도록 하고 또한 신문받도록 할 것.

(f) 법정에서 사용되는 언어를 이해하지 못하거나 또는 말할 수 없는 경우에는 무료로 통역의 조력을 받을 것.

(g) 자기에게 불리한 진술 또는 유죄의 자백을 강요 당하지 아니할 것.

4. 미성년자의 경우에는 그 절차가 그들의 연령을 고려하고 또한 그들의 갱생을 촉진하고자 하는 요망을 고려한 것이어야 한다.
5. 유죄판결을 받은 모든 사람은 법률에 따라 그 판결 및 형벌에 대하여 상급 법원에서 재심을 받을 권리를 가진다.
6. 어떤 사람이 확정판결에 의하여 유죄판결을 받았으나, 그후 새로운 사실 또는 새로 발견된 사실에 의하여 오심이 있었음을 결정적으로 입증함으로써 그에 대한 유죄판결이 파기되었거나 또는 사면을 받았을 경우에는 유죄판결의 결과 형벌을 받은 자는 법률에 따라 보상을 받는다. 다만, 그 알지 못한 사실이 적시에 밝혀지지 않은 것이 전체적으로 또는 부분적으로 그에게 책임이 있었다는 것이 증명된 경우에는 그러하지 아니한다.
7. 어느 누구도 각국의 법률 및 형사절차에 따라 이미 확정적으로 유죄 또는 무죄선고를 받은 행위에 관하여서는 다시 재판 또는 처벌을 받지 아니한다.

제15조

1. 어느 누구도 행위시의 국내법 또는 국제법에 의하여 범죄를 구성하지 아니하는 작위 또는 부작위를 이유로 유죄로 되지 아니한다. 또한 어느 누구도 범죄가 행하여진 때에 적용될 수 있는 형벌보다도 중한 형벌을 받지 아니한다. 범죄인은 범죄가 행하여진 후에 보다 가벼운 형을 부과하도록 하는 규정이 법률에 정해진 경우에는 그 혜택을 받는다.
2. 이 조의 어떠한 규정도 국제사회에 의하여 인정된 법의 일반원칙에 따라 그 행위시에 범죄를 구성하는 작위 또는 부작위를 이유로 당해인을 재판하고 처벌하는 것을 방해하지 아니한다.

제16조

모든 사람은 어디에서나 법앞에 인간으로서 인정받을 권리를 가진다.

제17조

1. 어느 누구도 그의 사생활, 가정, 주거 또는 통신에 대하여 자의적이거나 불법적인 간섭을 받거나 또는 그의 명예와 신용에 대한 불법적인 비난을 받지 아니한다.
2. 모든 사람은 그러한 간섭 또는 비난에 대하여 법의 보호를 받을 권리를 가진다.

제18조

1. 모든 사람은 사상, 양심 및 종교의 자유에 대한 권리를 가진다. 이러한 권리는 스스로 선택하는 종교나 신념을 가지거나 받아들일 자유와 단독으로 또는 다른 사람과 공동으로, 공적 또는 사적으로 예배, 의식, 행사 및 선교에 의하여 그의 종교나 신념을 표명하는 자유를 포함한다.

2. 어느 누구도 스스로 선택하는 종교나 신념을 가지거나 받아들일 자유를 침해하게 될 강제를 받지 아니한다.
3. 자신의 종교나 신념을 표명하는 자유는, 법률에 규정되고 공공의 안전, 질서, 공중보건, 도덕 또는 타인의 기본적 권리 및 자유를 보호하기 위하여 필요한 경우에만 제한받을 수 있다.
4. 이 규약의 당사국은 부모 또는 경우에 따라 법정 후견인이 그들의 신념에 따라 자녀의 종교적, 도덕적 교육을 확보할 자유를 존중할 것을 약속한다.

제19조

1. 모든 사람은 간섭받지 아니하고 의견을 가질 권리를 가진다.
2. 모든 사람은 표현의 자유에 대한 권리를 가진다. 이 권리는 구두, 서면 또는 인쇄, 예술의 형태 또는 스스로 선택하는 기타의 방법을 통하여 국경에 관계없이 모든 종류의 정보와 사상을 추구하고 접수하며 전달하는 자유를 포함한다.
3. 이 조 제2항에 규정된 권리의 행사에는 특별한 의무와 책임이 따른다. 따라서 그러한 권리의 행사는 일정한 제한을 받을 수 있다. 다만, 그 제한은 법률에 의하여 규정되고 또한 다음 사항을 위하여 필요한 경우에만 한정된다.
   (a) 타인의 권리 또는 신용의 존중
   (b) 국가안보 또는 공공질서 또는 공중보건 또는 도덕의 보호

제20조

1. 전쟁을 위한 어떠한 선전도 법률에 의하여 금지된다.
2. 차별, 적의 또는 폭력의 선동이 될 민족적, 인종적 또는 종교적 증오의 고취는 법률에 의하여 금지된다.

제21조

평화적인 집회의 권리가 인정된다. 이 권리의 행사에 대하여는 법률에 따라 부과되고, 또한 국가안보 또는 공공의 안전, 공공질서, 공중보건 또는 도덕의 보호 또는 타인의 권리 및 자유의 보호를 위하여 민주사회에서 필요한 것 이외의 어떠한 제한도 과하여져서는 아니된다.

제22조

1. 모든 사람은 자기의 이익을 보호하기 위하여 노동조합을 결성하고 이에 가입하는 권리를 포함하여 다른 사람과의 결사의 자유에 대한 권리를 갖는다.
2. 이 권리의 행사에 대하여는 법률에 의하여 규정되고, 국가안보 또는 공공의 안전, 공공질서, 공중보건 또는 도덕의 보호 또는 타인의 권리 및 자유의 보호를 위하여 민주사회에서 필요한 것 이외의 어떠한 제한도 과하여져서는 아니된다. 이 조는 군대와 경찰의 구성원이 이 권리를 행사하는 데 대하여 합법적인 제한을 부과하는 것을 방해하지 아니한다.

3. 이 조의 어떠한 규정도 결사의 자유 및 단결권의 보호에 관한 1948년의 국제노동기구협약의 당사국이 동 협약에 규정하는 보장을 저해하려는 입법조치를 취하도록 하거나 또는 이를 저해하려는 방법으로 법률을 적용할 것을 허용하는 것은 아니다.

제23조

1. 가정은 사회의 자연적이며 기초적인 단위이고, 사회와 국가의 보호를 받을 권리를 가진다.
2. 혼인적령의 남녀가 혼인을 하고, 가정을 구성할 권리가 인정된다.
3. 혼인은 양당사자의 자유롭고 완전한 합의 없이는 성립되지 아니한다.
4. 이 규약의 당사국은 혼인기간중 및 혼인해소시에 혼인에 대한 배우자의 권리 및 책임의 평등을 확보하기 위하여 적절한 조치를 취한다. 혼인해소의 경우에는 자녀에 대한 필요한 보호를 위한 조치를 취한다.

제24조

1. 모든 어린이는 인종, 피부색, 성, 언어, 종교, 민족적 또는 사회적 출신, 재산 또는 출생에 관하여 어떠한 차별도 받지 아니하고 자신의 가족, 사회 및 국가에 대하여 미성년자로서의 지위로 인하여 요구되는 보호조치를 받을 권리를 가진다.
2. 모든 어린이는 출생후 즉시 등록되고, 성명을 가진다.
3. 모든 어린이는 국적을 취득할 권리를 가진다.

제25조

모든 시민은 제2조에 규정하는 어떠한 차별이나 또는 불합리한 제한도 받지 아니하고 다음의 권리 및 기회를 가진다.

(a) 직접 또는 자유로이 선출한 대표자를 통하여 정치에 참여하는 것.

(b) 보통, 평등 선거권에 따라 비밀투표에 의하여 행하여 지고, 선거인의 의사의 자유로운 표명을 보장하는 진정한 정기적 선거에서 투표하거나 피선되는 것.

(c) 일반적인 평등 조건하에 자국의 공무에 취임하는 것.

제26조

모든 사람은 법앞에 평등하고 어떠한 차별도 없이 법의 평등한 보호를 받을 권리를 가진다. 이를 위하여 법률은 모든 차별을 금지하고, 인종, 피부색, 성, 언어, 종교, 정치적, 또는 기타의 의견, 민족적 또는 사회적 출신, 재산, 출생 또는 기타의 신분 등의 어떠한 이유에 의한 차별에 대하여도 평등하고 효과적인 보호를 모든 사람에게 보장한다.

제27조

종족적, 종교적 또는 언어적 소수민족이 존재하는 국가에 있어서는 그러한 소수민족에 속하는 사람들에게 그 집단의 다른 구성원들과 함께 그들 자신의 문화를 향유하고, 그들 자신의 종교를 표명하고 실행하거나 또는 그들 자신의 언어를 사용할 권리가 부인되지 아니한다.

제 4 부

제28조

1. 인권이사회(이하 이 규약에서 이사회라 한다)를 설치한다. 이사회는 18인의 위원으로 구성되며 이하에 규정된 임무를 행한다.
2. 이사회는 고매한 인격을 가지고 인권분야에서 능력이 인정된 이 규약의 당사국의 국민들로 구성하고, 법률적 경험을 가진 약간명의 인사의 참여가 유익할 것이라는 점을 고려한다.
3. 이사회의 위원은 개인적 자격으로 선출되고, 직무를 수행한다.

제29조

1. 이사회의 위원은 제28조에 규정된 자격을 가지고 이 규약의 당사국에 의하여 선거를 위하여 지명된 자의 명단중에서 비밀투표에 의하여 선출된다.
2. 이 규약의 각 당사국은 2인이하의 자를 지명할 수 있다. 이러한 자는 지명하는 국가의 국민이어야 한다.
3. 동일인이 재지명받을 수 있다.

제30조

1. 최초의 선거는 이 규약의 발효일로부터 6개월 이내에 실시된다.
2. 국제연합사무총장은, 제34조에 따라 선언된 결원의 보충선거를 제외하고는, 이사회의 구성을 위한 각 선거일의 최소 4개월 전에, 이 규약당사국이 3개월 이내에 위원회의 위원후보 지명을 제출하도록 하기 위하여 당사국에 서면 초청장을 발송한다.
3. 국제연합사무총장은, 이와 같이 지명된 후보들을 지명국 이름의 명시와 함께 알파벳 순으로 명단을 작성하여 늦어도 선거일 1개월 전에 동 명단을 이 규약당사국에게 송부한다.
4. 이사회 위원의 선거는 국제연합사무총장이 국제연합 본부에서 소집한 이 규약당사국회합에서 실시된다. 이 회합은 이 규약당사국의 3분의 2를 정족수로 하고, 출석하여 투표하는 당사국 대표의 최대다수표 및 절대다수표를 획득하는 후보가 위원으로 선출된다.

제31조

1. 이사회는 동일국가의 국민을 2인이상 포함할 수 없다.
2. 이사회의 선거에 있어서는 위원의 공평한 지리적 안배와 상이한 문명형태 및 주요한 법률체계가 대표되도록 고려한다.

第32조

1. 이사회의 위원은 4년 임기로 선출된다. 모든 위원은 재지명된 경우에 재선될 수 있다. 다만, 최초의 선거에서 선출된 위원 중 9인의 임기는 2년후에 종료된다. 이들 9인 위원의 명단은 최초 선거후 즉시 제30조제4항에 언급된 회합의 의장에 의하여 추첨으로 선정된다.
2. 임기 만료시의 선거는 이 규약 제4부의 전기 조문들의 규정에 따라 실시된다.

第33조

1. 이사회의 어느 한 위원이 그의 임무를 수행할 수 없는 것이 일시적 성격의 결석이 아닌 다른 이유로 인한 것이라고 다른 위원 전원이 생각할 경우, 이사회의 의장은 국제연합사무총장에게 이를 통보하며, 사무총장은 이때 동 위원의 궐석을 선언한다.
2. 이사회의 위원이 사망 또는 사임한 경우, 의장은 국제연합 사무총장에게 이를 즉시 통보하여야 하며, 사무총장은 사망일 또는 사임의 효력발생일로부터 그 좌석의 궐석을 선언한다.

第34조

1. 제33조에 의해 궐석이 선언되고, 교체될 궐석위원의 잔여임기가 궐석 선언일로부터 6개월 이내에 종료되지 아니할 때에는, 국제연합사무총장은 이 규약의 각 당사국에게 이를 통보하며, 각 당사국은 궐석을 충원하기 위하여 제29조에 따라서 2개월 이내에 후보자의 지명서를 제출할 수 있다.
2. 국제연합사무총장은 이와 같이 지명된 후보들의 명단을 알파벳순으로 작성, 이를 이 규약의 당사국에게 송부한다. 보궐선거는 이 규약 제4부의 관계규정에 따라 실시된다.
3. 제33조에 따라 선언되는 궐석을 충원하기 위하여 선출되는 위원은 동조의 규정에 따라 궐석위원의 잔여임기 동안 재직한다.

第35조

이사회의 위원들은 국제연합총회가 이사회의 책임의 중요성을 고려하여 결정하게 될 조건에 따라, 국제연합의 재원에서 동 총회의 승인을 얻어 보수를 받는다.

第36조

국제연합사무총장은 이 규정상 이사회의 효과적인 기능수행을 위하여 필요한 직원과 편의를 제공한다.

第37조

1. 국제연합사무총장은 이사회의 최초 회의를 국제연합본부에서 소집한다.
2. 최초회의 이후에는, 이사회는 이사회의 절차규칙이 정하는 시기에 회합한다.
3. 이사회는 통상 국제연합본부나 제네바 소재 국제연합사무소에서 회합을 가진다.

제38조

이사회의 각 위원은 취임에 앞서 이사회의 공개석상에서 자기의 직무를 공평하고 양심적으로 수행할 것을 엄숙히 선언한다.

제39조

1. 이사회는 임기2년의 임원을 선출한다. 임원은 재선될 수 있다.
2. 이사회는 자체의 절차규칙을 제정하며 이 규칙은 특히 다음 사항을 규정한다.
   (a) 의사정족수는 위원 12인으로 한다.
   (b) 이사회의 의결은 출석위원 과반수의 투표로 한다.

제40조

1. 이 규약의 당사국은 규약에서 인정된 권리를 실현하기 위하여 취한 조치와 그러한 권리를 향유함에 있어서 성취된 진전사항에 관한 보고서를 다음과 같이 제출할 것을 약속한다.
   (a) 관계당사국에 대하여는 이 규약의 발효후 1년 이내
   (b) 그 이후에는 이사회가 요청하는 때
2. 모든 보고서는 국제연합사무총장에게 제출되며 사무총장은 이를 이사회가 심의할 수 있도록 이사회에 송부한다. 동 보고서에는 이 규약의 이행에 영향을 미치는 요소와 장애가 있을 경우, 이를 기재한다.
3. 국제연합사무총장은 이사회와의 협의후 해당전문기구에 그 전문기구의 권한의 분야에 속하는 보고서 관련 부분의 사본을 송부한다.
4. 이사회는 이 규약의 당사국에 의하여 제출된 보고서를 검토한다. 이사회는 이사회 자체의 보고서와 이사회가 적당하다고 간주하는 일반적 의견을 당사국에게 송부한다. 이사회는 또한 이 규약의 당사국으로부터 접수한 보고서 사본과 함께 동 일반적 의견을 경제사회이사회에 제출할 수 있다.
5. 이 규약의 당사국은 본조 제4항에 따라 표명된 의견에 대한 견해를 이사회에 제출할 수 있다.

제41조

이 규약의 당사국은 타 당사국이 이 규약상의 의무를 이행하지 아니하고 있다고 주장하는 일 당사국의 통보를 접수, 심리하는 이사회의 권한을 인정한다는 것을 이 조에 의하여 언제든지 선언할 수 있다. 이 조의 통보는 이 규약의 당사국중 자국에 대한 이사회의 그러한 권한의 인정을 선언한 당사국에 의하여 제출될 경우에만 접수, 심리될 수 있다. 이사회는 그러한 선언을 행하지 아니한 당사국에 관한 통보는 접수하지 아니한다. 이 조에 따라 접수된 통보는 다음의 절차에 따라 처리된다.

(a) 이 규약의 당사국은 타 당사국이 이 규약의 규정을 이행하고 있지 아니하다고 생각할 경우에는, 서면통보에 의하여 이 문제에 관하여 그 당사국의 주의를 환기시킬 수 있다. 통보를 접수한 국가는

통보를 접수한 후 3개월 이내에 당해문제를 해명하는 설명서 또는 기타 진술을 서면으로 통보한 국가에 송부한다. 그러한 해명서에는 가능하고 적절한 범위내에서, 동 국가가 당해문제와 관련하여 이미 취하였든가, 현재 취하고 있든가 또는 취할 국내절차와 구제수단에 관한 언급이 포함된다.

(b) 통보를 접수한 국가가 최초의 통보를 접수한 후 6개월 이내에 당해문제가 관련당사국 쌍방에게 만족스럽게 조정되지 아니할 경우에는, 양 당사국중 일방에 의한 이사회와 타 당사국에 대한 통고로 당해문제를 이사회에 회부할 권리를 가진다.

(c) 이사회는, 이사회에 회부된 문제의 처리에 있어서, 일반적으로 승인된 국제법의 원칙에 따라 모든 가능한 국내적 구제절차가 원용되고 완료되었음을 확인한 다음에만 그 문제를 처리한다. 다만, 구제수단의 적용이 부당하게 지연되고 있을 경우에는 그러하지 아니한다.

(d) 이사회가 이 조에 의한 통보를 심사할 경우에는 비공개 토의를 가진다.

(e) "(c)"의 규정에 따를 것을 조건으로, 이사회는 이 규약에서 인정된 인권과 기본적 자유에 대한 존중의 기초위에서 문제를 우호적으로 해결하기 위하여 관계당사국에게 주선을 제공한다.

(f) 이사회는 회부받은 어떠한 문제에 관하여도 "(b)"에 언급된 관계당사국들에게 모든 관련정보를 제출할 것을 요청할 수 있다.

(g) "(b)"에서 언급된 관계당사국은 당해문제가 이사회에서 심의되고 있는 동안 자국의 대표를 참석시키고 구두 또는 서면으로 의견을 제출할 권리를 가진다.

(h) 이사회는 "(b)"에 의한 통보의 접수일로부터 12개월 이내에 보고서를 제출한다.

(i) "(e)"의 규정에 따라 해결에 도달한 경우에는 이사회는 보고서를 사실과 도달된 해결에 관한 간략한 설명에만 국한시킨다.

(ii) "(e)"의 규정에 따라 해결에 도달하지 못한 경우에는 이사회는 보고서를 사실에 관한 간략한 설명에만 국한시키고 관계당사국이 제출한 서면 의견과 구두 의견의 기록을 동 보고서에 첨부시킨다. 모든 경우에 보고서는 관계당사국에 통보된다.

2. 이 조의 제규정은 이 규약의 10개 당사국이 이 조 제1항에 따른 선언을 하였을 때 발효된다. 당사국은 동 선언문을 국제연합사무총장에게 기탁하며, 사무총장은 선언문의 사본을 타 당사국에 송부한다. 이와 같은 선언은 사무총장에 대한 통고에 의하여 언제든지 철회될 수 있다. 이 철회는 이 조에 의하여 이미 송부된 통보에 따른 어떠한 문제의 심의도 방해하지 아니한다. 어떠한 당사국에 의한 추후의 통보는 사무총장이 선언 철회의 통고를 접수한 후에는 관계당사국이 새로운 선언을 하지 아니하는 한 접수되지 아니한다.

제42조

1. (a) 제41조에 따라 이사회에 회부된 문제가 관계당사국들에 만족스럽게 타결되지 못하는 경우에는 이사회는 관계당사국의 사전 동의를 얻어 특별조정위원회(이하 조정위원회라 한다)를 임명할 수 있다. 조정위원회는 이 규약의 존중에 기초하여 당해문제를 우호적으로 해결하기 위하

여 관계당사국에게 주선을 제공한다.

(b) 조정위원회는 관계당사국에게 모두 수락될 수 있는 5인의 위원으로 구성된다. 관계당사국이 3개월 이내에 조정위원회의 전부 또는 일부의 구성에 관하여 합의에 이르지 못하는 경우에는, 합의를 보지 못하는 조정위원회의 위원은 비밀투표에 의하여 인권이사회 위원중에서 인권이사회 위원 3분의 2의 다수결투표로 선출된다.

2. 조정위원회의 위원은 개인자격으로 직무를 수행한다. 동 위원은 관계당사국, 이 규약의 비당사국 또는 제41조에 의한 선언을 행하지 아니한 당사국의 국민이어서는 아니된다.
3. 조정위원회는 자체의 의장을 선출하고 또한 자체의 절차규칙을 채택한다.
4. 조정위원회의 회의는 통상 국제연합본부 또는 제네바 소재 국제연합사무소에서 개최된다. 그러나, 동 회의는 조정위원회가 국제연합사무총장 및 관계당사국과 협의하여 결정하는 기타 편리한 장소에서도 개최될 수 있다.
5. 제36조에 따라 설치된 사무국은 이 조에서 임명된 조정위원회에 대하여도 역무를 제공한다.
6. 이사회가 접수하여 정리한 정보는 조정위원회가 이용할 수 있으며, 조정위원회는 관계당사국에게 기타 관련자료의 제출을 요구할 수 있다.
7. 조정위원회는 문제를 충분히 검토한 후, 또는 당해문제를 접수한 후, 어떠한 경우에도 12개월이내에, 관계당사국에 통보하기 위하여 인권이사회의 위원장에게 보고서를 제출한다.

(a) 조정위원회가 12개월 이내에 당해문제에 대한 심의를 종료할 수 없을 경우, 조정위원회는 보고서를 당해문제의 심의현황에 관한 간략한 설명에 국한시킨다.

(b) 조정위원회가 이 규약에서 인정된 인권의 존중에 기초하여 당해문제에 대한 우호적인 해결에 도달한 경우, 조정위원회는 보고서를 사실과 도달한 해결에 관한 간략한 설명에 국한시킨다.

(c) 조정위원회가 "(b)"의 규정에 의한 해결에 도달하지 못한 경우, 조정위원회의 보고서는 관계당국간의 쟁점에 관계되는 모든 사실문제에 대한 자체의 조사결과 및 문제의 우호적인 해결 가능성에 관한 견해를 기술한다. 동 보고서는 또한 관계당사국이 제출한 서면 의견 및 구두의견의 기록을 포함한다.

(d) "(c)"에 의하여 조정위원회의 보고서가 제출되는 경우, 관계당사국은 동 보고서의 접수로부터 3개월 이내에 인권이사회의 위원장에게 조정위원회의 보고서 내용의 수락여부를 통고한다.

8. 이 조의 규정은 제41조에 의한 이사회의 책임을 침해하지 아니한다.
9. 관계당사국은 국제연합사무총장이 제출하는 견적에 따라 조정위원회의 모든 경비를 균등히 분담한다.
10. 국제연합사무총장은 필요한 경우, 이 조 제9항에 의하여 관계당사국이 분담금을 납입하기 전에 조정위원회의 위원의 경비를 지급할 수 있는 권한을 가진다.

제43조

이사회의 위원과 제42조에 의하여 임명되는 특별조정위원회의 위원은 국제연합의 특권 및 면제에 관한 협약의 관계 조항에 규정된 바에 따라 국제연합을 위한 직무를 행하는 전문가로서의 편의, 특권 및 면제를 향유한다.

제44조

이 규약의 이행에 관한 규정은 국제연합과 그 전문기구의 설립헌장 및 협약에 의하여 또는 헌장 및 협약 하에서의 인권분야에 규정된 절차의 적용을 방해하지 아니하고, 이 규약당사국이 당사국간에 발효중인 일반적인 또는 특별한 국제협정에 따라 분쟁의 해결을 위하여 다른 절차를 이용하는 것을 방해하지 아니한다.

제45조

이사회는 그 활동에 관한 연례보고서를 경제사회이사회를 통하여 국제연합총회에 제출한다.

제 5 부

제46조

이 규약의 어떠한 규정도 이 규약에서 취급되는 문제에 관하여 국제연합의 여러 기관과 전문기구의 책임을 각각 명시하고 있는 국제연합헌장 및 전문기구헌장의 규정을 침해하는 것으로 해석되지 아니한다.

제47조

이 규약의 어떠한 규정도 모든 사람이 그들의 천연적 부와 자원을 충분히 자유로이 향유하고, 이용할 수 있는 고유의 권리를 침해하는 것으로 해석되지 아니한다.

제 6 부

제48조

1. 이 규약은 국제연합의 모든 회원국, 전문기구의 모든 회원국, 국제사법재판소 규정의 모든 당사국 또한 국제연합총회가 이 규약에 가입하도록 초청한 기타 모든 국가들의 서명을 위하여 개방된다.
2. 이 규약은 비준되어야 한다. 비준서는 국제연합사무총장에게 기탁된다.
3. 이 규약은 이 조 제1항에서 언급된 모든 국가들의 가입을 위하여 개방된다.
4. 가입은 가입서를 국제연합사무총장에게 기탁함으로써 이루어진다.
5. 국제연합사무총장은 이 규약에 서명 또는 가입한 모든 국가들에게 각 비준서 또는 가입서의 기탁을 통보한다.

第49条

1. 이 규약은 35번째의 비준서 또는 가입서가 국제연합사무총장에게 기탁되는 날로부터 3개월 후에 발효한다.
2. 35번째의 비준서 또는 가입서의 기탁후에 이 규약을 비준하거나 또는 이 조약에 가입하는 국가에 대하여는, 이 규약은 그 국가의 비준서 또는 가입서가 기탁된 날로부터 3개월 후에 발효한다.

第50条

이 규약의 규정은 어떠한 제한이나 예외없이 연방국가의 모든 지역에 적용된다.

第51条

1. 이 규약의 당사국은 개정안을 제안하고 이를 국제연합사무총장에게 제출할 수 있다. 사무총장은 개정안을 접수하는대로, 각 당사국에게 동 제안을 심의하고 표결에 회부하기 위한 당사국회의 개최에 찬성하는지에 관한 의견을 사무총장에게 통보하여 줄것을 요청하는 것과 함께, 개정안을 이 규약의 각 당사국에게 송부한다. 당사국 중 최소 3분의1이 당사국회의 개최에 찬성하는 경우, 사무총장은 국제연합의 주관하에 동 회의를 소집한다.동 회의에 출석하고 표결한 당사국의 과반수에 의하여 채택된 개정안은 그 승인을 위하여 국제연합총회에 제출된다.
2. 개정안은 국제연합총회의 승인을 얻고, 각기 자국의 헌법상 절차에 따라 이 규약당사국의 3분의 2의 다수가 수락하는 때 발효한다.
3. 개정안은 발효시 이를 수락한 당사국을 구속하고, 여타 당사국은 계속하여 이 규약의 규정 및 이미 수락한 그 이전의 모든 개정에 의하여 구속된다.

第52条

제48조 제5항에 의한 통보에 관계없이, 국제연합사무총장은 동조 제1항에서 언급된 모든 국가에 다음을 통보한다.

(a) 제48조에 의한 서명, 비준 및 가입

(b) 제49조에 의한 이 규약의 발효일자 및 제51조에 의한 모든 개정의 발효일자

第53条

1. 이 규약은 중국어, 영어, 불어, 러시아어 및 서반아어본이 동등히 정본이며 국제연합 문서보존소에 기탁된다.
2. 국제연합사무총장은 제48조에서 언급된 모든 국가들에게 이 규약의 인증등본을 송부한다.

이상의 증거로, 하기서명자들은 각자의 정부에 의하여 정당히 권한을 위임받아 일천구백육십육년 십이월 십구일 뉴욕에서 서명을 위하여 개방된 이 규약에 서명하였다.

출발선 평등을 위한 2022년 다문화교육 지원계획

대한민국 교육부

2022년 교육부에서는 '함께 배우며 성장하는 학생, 다양하고 조화로운 학교'라는 비전을 필두로 하여 '한국 다문화교육 지원 계획'의 세부 주제별 추진 계획의 항목과 지침을 제시하였다.

① 다문화 학생 공교육 진입 지원

공교육 진입 절차 지원

- **편입학 지원** 지역 다문화교육지원센터를 통해 입학·편입학, 정책학교, 학적 생성 등 공교육 진입 전(全) 과정 지원
- **안내자료 배포** 다문화학생의 교육권 관련 법령상 근거 및 공교육 진입 절차를 담은 안내자료를 지속적으로 개정하고 배포함

유관기관 협업을 통한 국내학교 편입학 안내

- **취학절차 안내** 법무부 정보연계(연 2회)로 중도입국·난민자녀에게학교 편입학 안내자료 및 클립형 영상을 배포함(MMS·우편)
- **외국인 취학정보 확인** 「출입국관리법 시행규칙」개정('20.9.)으로외국인 등록 시 취학여부 파악 후 공교육 진입 지원(법무부)
- **학부모 안내** 다문화 학생 및 학부모 방문이 잦은 유관기관에 공교육 진입 안내자료 배포함

② 학교 교육 준비도 격차 해소

유치원 단계부터 시작되는 지원체계 마련

- **기초조사** 다문화 유아에 대한 체계적인 지원을 위하여 교육기본통계(4.1.일자)를 통해 '다문화 유아(국·공립유치원)'에 대한 기본현황을 파악함
- **교수·학습자료 배포** 다문화유아 조기 적응 및 교육 지원을위한 각종 교수·학습 자료 및 도움 자료를 제작하고 배포함
- **대학생 멘토링** 유아교육·아동학과 등 관련 전공 대학생을 멘토로 선발하고, 국·공립 유치원에서 멘토링 활동을 시행함

초·중학교 적응을 위한 징검다리 과정 운영 안착

- **초등학교** 초등학교 입학·편입학 예정 다문화 학생 대상으로학교생활 조기적응 지원을 위한 준비교육 운영함
- **중학교** 중학교 입학·편입학 예정 중도입국·외국인가정 자녀 대상으로 학교급 전환기·학습자 특성을 반영한 프로그램 운영함

• **학부모 지원** 다문화가정 학부모(초등)가 징검다리 과정에 함께 참여할 수 있도록 학부모용 안내자료를 다국어로 제작하여 배포함

③ 맞춤형 한국어교육 제공

입국 초기 한국어교육 강화

• **한국어학급** 입국 초기 중도입국·외국인학생(유아 포함) 등을 대상으로 한국어 집중교육을 위한 특별학급 운영 지원함

• **찾아가는 한국어교육** 한국어 학급 미운영 학교에 중도입국·외국인학생 편입학 시 한국어 교육을 지원함

한국어 교육과정 운영 지원

• **교수·학습자료** 중도입국·외국인학생 등을 대상으로 체계적인 한국어 교육과정 운영을 위해 원격콘텐츠 및 학습자료를 제작하여 보급함

• **시스템** 진단부터 보정·관리까지 맞춤형 한국어교육을 지원하는 '한국어능력 진단–보정 시스템'을 운영함

• **교원 연수 및 워크숍** 유관기관과 협력하여 한국어 교육(교육과정, 한국어 학급 등) 관련 교원 연수·워크숍 등을 실시함

④ 학교 적응 및 인재양성 지원

다문화학생 배움–채움 프로그램 운영

• **지원내용** 「다문화학생 배움 채움 프로그램」운영을 통해 다문화 학생의 초기 적응부터 학습결손 보완과 진로지도까지 맞춤형으로 지원함

• **지원대상** 초 중 고 재학 중인 다문화학생 등

• **운영방식** 각 지역다문화교육지원센터의 특색사업으로 시·도 교육청 당 1~3개 유형의 프로그램을 운영함

기초학력 향상 지원

• **대학생 멘토링** 다문화학생(멘티)과 멘토 대학생의 멘토링을 통해 학습·숙제지도·고민상담 등 체계적·개별적 학습지원을 제공함

• **영상콘텐츠 제작** 다문화학생이 어려워하는 교과 주요 개념·어휘 등에 대한 교과 보조교재와 연계한 영상 콘텐츠를 제작함

이중언어 강점 개발 지원

• **전자책 보급** 다문화학생의 이중언어 학습 장려를 위해 전자책 형태의 이중언어 교재(총 20종, 5개 언어) 현장 보급 및 활용을 안내함

• **대회 개최** 다문화학생의 이중언어학습을 장려하고 자긍심을 고취하기 위해 민·관·학이 협업하여 '전국 이중언어 말하기 대회'를 개최함

진로 지도

- **원격 멘토링** '원격영상 진로멘토링*' 운영을 통한 소외계층(이주배경학생 등) 대상 맞춤형 진로멘토링을 제공함
- **프로그램 개발 보급** 이주배경 청소년의 특성을 고려한 학생 진로 교육 프로그램(진로탄력성 프로그램, '진로탄탄')을 지속적으로 보급함
- **교육자료 보급** 다문화 학부모의 자녀 진로 지도를 위해 학교급별 '드림레터'를 4개 국어(중·베·영·러)로 연 6회 보급함

학교생활 및 정서 지원

- **정서지원** 다국어버전(10개 언어)의 정서·행동특성 검사지를 제공하여 다문화 학생 대상 정서·행동발달 지원 접근성을 개선함
- **학교폭력 예방 및 후속 지원** 학교폭력 예방 프로그램(어울림) 개발 시 다양성 이해 및 올바른 관계 형성 등 내용 반영함

⑤ 전체 학교의 다문화교육 확대

학교 교육과정 전반에 걸친 다문화교육 실시

- **교육과정 편성·운영** 2015 교육과정 범교과 학습주제로 '다문화교육'을 제시하고 연간 2시간 이상 교과·비교과 활동을 실시하도록 권고함
- **다문화교육 자료 제공** 학교 현장의 다문화교육 지원 및 관련 정보 발굴을 위해 '미디어 클리핑' 서비스 제공 및 교수 학습 참고자료를 제작함

다문화교육 선도모델 개발 및 확산

- **정책학교 운영** 모든 학생을 대상으로 학교 교육과정을 통한 다문화 이해교육 실시 및 한국어교육 지원 필요시 '한국어 학급'을 운영함
- **연구학교 실시** 연구학교 운영*(8교)를 통한 다문화학생의 통합성장 지원을 위한 가정–학교–지역사회 간의 연계·협력모델 개발함

학교의 다문화교육활동 지원 강화

- **포털 운영** '다문화교육 포털(www.edu4mc.or.kr)'을 통해 다문화교육 관련 자료·정보를 제공하고 원활한 활용을 위해 회원 기능을 체계화함
- **가정통신문 보급** 정책학교 및 다문화교육지원센터 개발자료 수집 및 현장 수요조사를 통한 '다국어 학교 가정통신문'을 제작하여 확대함

⑥ 교원의 다문화교육역량 제고

현직 교원에 대한 다문화 역량 강화

- 교원의 다문화교육 역량 제고를 위해 원격연수 콘텐츠 지속 개발 및 보급 추진하고 교원 대상 이수를

권고함

• 다문화교육 관련 교원(한국어교육 담당교원, 한국어 학급 관리자, 다문화교육 중앙지원단 등) 대상으로 역량강화를 위한 연수·워크숍 등 지속적으로 추진함

• 다문화가정 학생 비율이 높은 국가와 교사 교류를 통해 국내 교원의 다문화교육역량 제고 및 학교 현장의 다문화 이해도를 증진함

예비 교원의 다문화 역량 함양

• 예비 교원이 다문화교육에 대한 이해도 제고하고 관련 역량을 함양할 수 있도록 교원양성 교육과정에 편성·운영을 권장함

⑦ 가정 및 지역사회와의 연계

학부모의 다문화 관련 교육활동 참여기회 확대

• **정책학교** 정책학교를 중심으로 학부모가 참여하는 다문화교육 프로그램 운영하고 사례집 발간 통해 프로그램을 공유하고 확산함

• **지역센터** 지역 다문화교육지원센터를 통해 지역 여건에 맞는 학부모 대상 다문화교육 프로그램을 운영함

• **중앙센터** 다문화가정 학부모의 자녀 지도를 위한 학교 편입학 및 학교생활 등 관련 각종 안내자료 제작 및 보급함

다문화학생 밀집지역 지원

• **지역사회 연계** 다문화학생 밀집학교*를 정책학교로 지정하고 연구학교(8교)를 운영하여 다문화학생 통합 지원체제 모델을 발굴함

• **기초학력 제고** 기초학력 보장을 위해 다문화학생 밀집학교에 기초학력 '두드림 학교'를 우선 지정하도록 권장함

지역사회 연계 및 대국민 홍보

• **지역사회** 다문화교육지원센터와 지역사회 내 다문화아동·청소년 관련기관과 연계하여 통번역, 전문상담 등 통합적으로 지원함

• **대국민 홍보** 다문화 인식 개선 및 우수사례 발굴 확산을 위해 다문화교육 우수사례 공모전 및 포럼 성과 공유회를 개최함

⑧ 다문화교육 관련 제도 개선 및 실태 파악

다문화교육 관련 제도 개선

• **초·중등교육법 개정** 다문화학생 비중 증가 및 밀집학교 발생 등에 따른 다문화교육 지원 관련 현장의 요구에 부응하여 법 개정을 추진함

• **시행령 개정** 미등록 이주아동 등 다문화학생의「UN 아동권리 협약」에 따른 교육권을 보장하고 안정적인

공교육 진입을 위한 법 개정을 추진함

다문화교육 관련 실태 파악

- **다문화학생 현황** 교육기본통계(4.1. 일자)를 통해 초·중·고 각종학교 재학 다문화학생 및 국 공립유치원 재원 다문화유아 현황을 파악함
- **사회통합지표** 범부처 통계자료 연계를 통해 다문화학생 취학률 등 다문화학생의 교육기회 보장 관련 지표에 대한 시범 발굴을 추진함

⑨ 중앙-지역 및 유관 부처 간 협력 강화

다문화교육지원단을 통한 선도인력 교류 및 협력 강화

- **중앙** 지역별 추천을 통해 다문화교육 정책학교 활동 경험이 풍부한 교원들로 '다문화교육 중앙지원단'을 구성함
- **지역** 지역 내 선도인력으로 시·도교육청별 '지역 다문화교육지원단'을 구성하고, 지역별 특색을 살린 연수·자료개발·컨설팅 등 활동을 진행하도록 함

다문화교육센터를 통한 긴밀한 추진체계 구축

- **중앙다문화교육센터** 중앙다문화교육센터의 지정·운영(국가평생교육 진흥원)을 통하여 효과적인 정책추진 및 성과 확산을 지원함
- **지역 다문화교육지원센터** 지역별 여건에 맞는 다문화교육 모델 구축을 위해 필수항목을 중심으로 지역 특화사업을 운영함

중앙 차원의 부처 간 협업 증진

- **정책** 범부처 합동 정책방향 설정을 통한 총체적 지원 제공, 부처 간 협력을 통한 각종 제도 개선 사항 발굴 및 개선함
- **사업** 법무부, 여가부, 문체부 등 관계 부처와 사안별 협력을 증진함

찾아 보기

문화다양성의 이해와 실천

Understanding and Practice of Cultural Diversity

| 발행일 2024년 2월 1일 초판 1쇄 발행

| 지은이 이도영 · 노기옥 · 유수영 · 윤채민 · 이진우 · 정은정

| 발행인 박 종 성

| 발행처 사이플러스 Science plus

| 주 소 (우) 07202 서울특별시 영등포구 양평로 30길 14 세종앤까뮤스퀘어 1106호

| 전 화 02-332-6171

| 팩 스 02-332-6185

| 등 록 2005.10.20. 제2022-000100호

| ISBN 979-11-88731-44-2 93510 값 33,000원